跨境电子商务案例

马述忠　柴宇曦　濮方清　朱　成　等◎著

CROSS-BORDER
E-COMMERCE
CASES

ZHEJIANG UNIVERSITY PRESS
浙江大学出版社

图书在版编目(CIP)数据

跨境电子商务案例/ 马述忠等著.—杭州:浙江
大学出版社,2017.8(2023.8 重印)
ISBN 978-7-308-17290-5

I.①跨… II.①马… III.①电子商务 IV.①F713.36

中国版本图书馆 CIP 数据核字(2017)第 198759 号

跨境电子商务案例

马述忠　柴宇曦　濮方清　朱　成　等　著

策　　划	朱　玲曾　熙	
责任编辑	曾　熙	
责任校对	沈炜玲	
封面设计	卓义云天	
出版发行	浙江大学出版社	
	(杭州市天目山路 148 号　邮政编码 310007)	
	(网址:http://www.zjupress.com)	
排　　版	杭州林智广告有限公司	
印　　刷	浙江新华数码印务有限公司	
开　　本	787mm×1092mm　1/16	
印　　张	26.25	
字　　数	580 千	
版 印 次	2017 年 8 月第 1 版　2023 年 8 月第 3 次印刷	
书　　号	ISBN 978-7-308-17290-5	
定　　价	59.00 元	

前言

进入 21 世纪以来,经济全球化进入深度发展时期,物品、资本、生产、技术、信息等生产要素的跨境流动不断加速。信息技术革命使得国际(地区间)贸易进一步突破了传统的地理界限,实体经济与虚拟经济相结合所产生的互联网经济将全球市场更加紧密地联结在一起。云计算、大数据技术的发展既使得传统外贸企业的经营产生了革命性的改变,也为跨境电子商务的发展提供了坚实的技术基础。跨境电子商务作为融合了国际(地区间)贸易和电子商务两种业态的新型跨境交易模式,对传统贸易的交易主体、运行体制、运作流程、竞争态势等都产生了极大的冲击,同时也通过促进分工深化、更新交易手段、改变成本结构、重组贸易条件、影响贸易政策等途径重塑了全球贸易价值链并促进其包容协调发展。

在政策支持和跨境电商平台建设的不断完善下,我国跨境电商企业在全球金融危机后得到了快速的发展,体现出其以创新思维推动产业转型和经济结构调整的独特优势,并将在很长一段时期内面临良好的发展机遇和广阔的发展空间。据统计,2016 年我国进出口跨境电商(含零售及 B2B)整体交易规模达到6.3万亿元。商务部预测 2018 年中国跨境电商进出口总体交易规模将达到 8.8万亿元。在跨境电商行业快速发展的大背景下,跨境电商领域的学术研究却尚未引起足够的重视,相关高端人才的培养也呈现出供不应求的态势,各行各业各部门分别起草独立的跨境电商人才标准,但是却没有核心的课程标准相对应。学术研究与人才培养的脱节从一定程度上制约了这一新兴行业的发展。

党的二十大报告提出,"推进高水平对外开放","稳步扩大规则、规制、管理、标准等制度型开放","加快建设贸易强国","推动共建'一带一路'高质量发展","维护多元稳定的国际经济格局和经贸关系"。这是中国推进高水平对外开放的宣言,对于中国做好在新时期的对外开放工作具有重要指导意义。在这样一种时代大背景下,我们编写了这本《跨境电子商务案例》,在梳理近年来我国跨境电商产业发展轨迹的基础上，遴选了16家全球价值链上极具典型性与代表性的跨境电商企业，介绍了与跨境电子商务相关的大约80个知识点，其内容涉及国际贸易、国际金融、国际商法、跨国公司管理、国际供应链管理、国际市场战略、国际营销等领域，并为这些知识点匹配了企业实务决策方面的鲜活事实，希望能够为相关的专业与课程教学提供第一手材料，加强理论知识与实务操作之间的互动。

与经典的教学型管理案例集相比，这本《跨境电子商务案例》在形式、内容与编写方法方面存在一些不同之处。形式方面，经典案例集中的案例标题通常都是中性的，而本书为每篇案例所取的标题则均略显褒义，这样处理是为了激励目标企业为案例采编提供更加充实的决策素材与数据资料。内容方面，本书希望能够通过较为灵活的结构让读者在尽可能短的篇幅内尽可能多地感受到跨境电商行业的丰富事实，因此放松了对于案例故事线索组织形式的约束，不要求案例正文的每一章节都严格对应一个决策点。编写方法方面，本书撰写的一部分案例在面世之前已经通过了短期的课堂教学试验，但为了尽快推出教学型案例集满足社会各界的需求，一定程度上缩短了这一试用周期，因此这部分工作仍然需要广大师生朋友在教学实践中共同完成，把使用过程中的感受、意见与建议反馈给作者。

本书是我和我的学生团队集体智慧和辛勤汗水的结晶，特别是我的博士生柴宇曦和濮方清，还有伯乐遇马天使基金创始合伙人朱成。由始至终，我们一起共渡难关，柴宇曦和濮方清各自尽职尽责地完成了对其负责的每一个案例的采编跟踪，朱成在企业选择、书稿写作和案例修订过程中给出了诸多建设性意见、做了许多琐碎的事务性工作。

需要说明的是，本书案例在编写过程中得到了目标企业的大力支持与相关工作人员卓有成效的配合，特此致谢。本书中一部分案例正文的压缩版已陆续在《浙商》杂志发表，感谢杂志主编张远帆和记者陈抗为付梓做出的努力。此外，案例《PingPong：跨境电商资金自主的唯一之选》参与了首届中国互联网金融案例大赛并获二等奖，感谢大赛组委会与评委专家对案例提出的宝贵建议。

全国国际商务专业学位研究生教育指导委员会是国务院学位委员会、教育部、人力资源和社会保障部领导下的专家组织，从事国际商务专业学位研究生教育的研究、指导、评估、认证和咨询等工作。2016年11月，全国国际商务专业学位研究生教育年度工作会议在西南财经大学召开。受教指委邀请,我在会上做了题为"IB 案例开发:一个初学者的点滴体会——以《跨境电子商务案例》教材写作为例"的报告。会后,又受教指委委托,经过全面、细致的考察研究,完成了《全国国际商务案例中心案例库案例入库标准》的编制任务,得到了教指委的认可和采纳。在这里,我要衷心地感谢教指委对我的信任和支持。

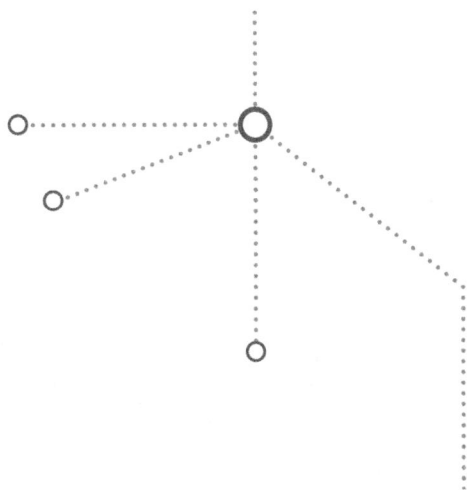

浙江大学出版社创立于 1984 年,是集理工农医和人文社科多学科出版为一身的综合性出版单位,有多种教材、学术专著和电子音像出版物荣获国家和部省级奖励。感谢浙江大学出版社,特别是朱玲女士,对本书付梓所做的各种努力,愿我们一道秉承浙大几代学人的"求是"精神,共同推动跨境电子商务事业的发展。

感谢一切为《跨境电子商务案例》顺利出版提供便利的人们,跨境电子商务因你们而精彩!

马述忠

2023 年 8 月

目录

第一部分

跨境电商平台

在后全球金融危机时代，外贸整体环境恶化，贸易保护严重、出口成本增加、国际（地区间）市场需求下降等诸多不利因素相继出现。在这样复杂严峻的外贸形势下，传统的外贸模式制约着国内中小微企业的发展，过度依赖传统销售、买家需求封闭、订单周期长、汇率风险高、利润空间低等问题长期存在，而只提供信息中介服务的第一代跨境电商平台也已经不能适应新时代的要求，中国出口企业迫切需要能够提供全方位出口服务的新型跨境电商综合平台。第三方跨境电商交易平台正是顺应这一潮流而创立的，它们提供统一的销售平台，平台一方是作为卖家的境内外贸企业，另一方是作为境外买家的消费者，这种跨越时空的交易模式重塑了全球贸易价值链并促进其包容协调发展。在我国政府的政策支持和跨境电商平台建设的不断完善下，我国跨境电商企业在全球金融危机后得到了快速发展，并将在很长一段时期内面临良好的发展机遇和广阔的发展空间。目前中国各类跨境电商平台企业已超过 5000 家，通过平台开展跨境电商的外贸企业逾 20 万家。

在各类跨境电商业态中，我国发展最为成熟、规模最大的，当属 B2B 出口电商。在出口 B2B 业务中，交易双方通过互联网完成金额巨大的商务活动，大大降低了交易活动所需要的时间、金钱与精力，B2B 电商平台上大量流入的优质信息使得国际（地区间）大买家与中小商家都有了相对公平参与经济活动的机会。本书第一部分为读者呈现的，正是四家深耕外贸领域多年的跨境电商平台企业、其自建的B2B 电商平台以及旗下的群体品牌。在日趋激烈的全球跨境贸易竞争中，它们锐意进取，各显神通：敦煌网坚持"为成功付费"，专注于培育优质自主品牌与批发买家，挖掘大数据，开辟"新丝路"；大龙网立足于自主开发的 APP，打通线上线下"龙通道"，通过前展后仓的网贸馆"黏住"境外采购商；环球市场集团奉行减法战略，携手 10 万家优质制造商打造"中国制造国家队"，把 GMC 标准体系与群体品牌推向世界；聚贸瞄准大宗商品与工业制造业领域，建设三大线上特色馆，开创了全品类、全产业链的生态化电商平台新模式。请跟随我们的脚步，感受这些行业领导者的发展历程。

"网上丝绸之路"从"敦煌"开始

线上线下：大龙网与你相约

环球市场集团的战略变革之路

"聚"全球全品类 "贸"工业全链条

"网上丝绸之路"从"敦煌"开始

◎ 马述忠　潘钢健　濮方清
（浙江大学马述忠工作室）

■■■摘　要：敦煌网在跨境电商发展的摸索期开始布局"网上丝绸之路"。为了吸引中小外贸企业关注互联网销售，它颠覆了 B2B 信息服务模式，创立"为成功付费"的跨境电商交易平台。敦煌网利用自身的平台优势协助传统企业、创业型企业在境外市场创建自主品牌，并在大数据分析基础上孵化卖家和培育买家，建立了跨境电商完整的生态链，营造"网上丝绸之路"的繁荣。而随着跨境电商发展的渐趋成熟，敦煌网还致力于投入国家大战略发展，努力引领"网上丝绸之路"走出国门，与沿线国家和地区合作共建"网上驿站"，为国家"一带一路"倡议提供线上支持。

■■■关键词：交易平台；自主品牌；大数据分析；批发买家；网上丝绸之路

The "Silk Road online" Begin with "Dunhuang"

◎ Ma Shuzhong   Pan Gangjian   Pu Fangqing

(Mashuzhong STUDIOS, Zhejiang University)

Abstract: While DHgate was in the trial period to develop the cross-border electricity suppliers, it began preparing for the "Silk Road online". In order to attract small and medium-sized trade enterprises to concern about the Internet sales, it subverted the B2B information service model and created an electricity trading platform which benefit for users' success. DHgate utilizes its own platform advantages to help traditional enterprises, entrepreneurial enterprises to create their own brand in overseas markets. It also hatches sellers and cultivates buyers based on the big data analysis. Finally, it establishes a complete ecological chain of cross-border electricity supplier and creates the prosperity of "Silk Road online". With the development of cross-border electricity supplier becomes gradually mature, DHgate is also committed to investment in national development strategy. It strives to lead the "Silk Road online" to go abroad, and cooperates with countries and regions along to build "station online" to provide online support for national strategy "the Belt and Road Initiative".

Key words: trading platform; self-owned brand; big data analysis; wholesale buyer; Silk Road online

上篇　案例正文

一、引　言

2004年,刚刚离任卓越亚马逊CEO的王树彤思索着自己接下来的工作。虽然在她的领导下,卓越网成为中国最大的网上音像店,被全球最大的电子商务巨头亚马逊收购,但喜欢挑战的王树彤也逐渐认识到电子商务正在从个人应用走向企业应用,B2B企业应用才是未来主流;信息服务必定走向交易服务,电子商务面对的不应该只是中国市场,而更应该是国际(地区间)市场。做电商越久,王树彤对自己未来创新企业模式的想法越来越强烈、思路也越来越清晰。

在为这个新生的公司起名字的时候,她想起了曾经旅游过的敦煌。敦煌是古代"丝绸之路"走出国门最关键的驿站,这里为走出国门的中外商人提供全方位服务,没有了敦煌,就没有"丝绸之路"。在她看来,跨境电商就好比开辟在互联网上的"丝绸之路",尽管贸易从线下发展到线上,但两者都能促进东西方货物流通。而在2004年时,传统外贸依然增速强劲,跨境电商方兴未艾,这不正是缺少像敦煌这样为商旅提供全方位服务的驿站吗?

二、企业背景

2004年,原卓越网创始人兼CEO王树彤再次开始了自己的创业之路。她的目标是打造一个全球贸易的专业化、便捷化的平台,为其取名为敦煌网,旨在利用互联网技术服务于传统外贸企业和外贸创业者,希望通过这样的方式开辟出一条网上"丝绸之路"。在成立之初,她就将敦煌网定位为跨境电商的全方位服务驿站,突破性地提供建立在网上直接销售的服务及基于销售基础上更多的服务。王树彤曾说过,敦煌网建立的初衷就是将中国中小企业与国外的中小企业对接(B2B),建立一个网上"丝绸之路"。

但是这样的一种模式却不被业内看好,当时的外贸企业仍然沉醉于中国刚加入WTO所带来的红利当中。它们大多都是来料加工企业,也由于中国低廉的劳动力成本而完全不担心全球订单。这导致了敦煌网在创建之初不被大多数外贸企业关注,商户规模非常小,甚至有外贸企业还把他们的模式看成骗子的把戏。

但王树彤深谙其中蕴藏的危机,这种缺乏品牌和技术支撑的繁荣是短暂的。要实现传统外贸企业转型升级,摆脱低附加值加工的困境就必须建立起一条网上"丝绸之路"。要布局网上"丝绸之路",让传统外贸企业的产品能够通过互联网途径走出去,对于传统外贸企业来说,这就意味着它们必须要改变被动等待订单的现状,借助敦煌网这类跨境电商平台足不出户就能拿到全球采购订单。

三、为成功付费

王树彤创立敦煌网时正值传统第一代跨境电商平台发展的成熟期。传统的跨境电商平台属于信息服务平台,以网络信息服务为主,线下会展交易为辅,通过提供一个让买卖双方发布自己意向的途径,减少双方信息搜寻的成本。但交易双方仍然是在线下达成交易,其交易的资金并没有流经平台,平台也没有提供更多的服务。而平台的主要盈利来自会员费,只有达到相应级别的会员才能获得相应的平台服务。阿里巴巴无疑是其中的佼佼者。2000 年时,阿里巴巴网站上就拥有超过 210 万中小企业用户,占据中国跨境电商市场份额的 90%。当王树彤把自己想创立敦煌网的方案告诉朋友时,得到的答案是"和阿里巴巴做同样的事情,绝对行不通"。

在王树彤看来,阿里巴巴的模式并没有摆脱线下交易的影响,没有触及"跨境交易"这个根本话题,更没有真正实现网上的"丝绸之路"。王树彤选择将敦煌网打造成新时代的 B2B 跨境电商交易平台。因为有交易,平台上有资金流动,敦煌网得以降低门槛,不收会员费,开创了"为成功付费"的在线交易模式,采用佣金制,免费注册,只在交易成功后收取"交易佣金",佣金一般是交易额的 3%~12%(即动态佣金,总体平均水平大概是 7%)。佣金的收取比例,会根据行业、交易额的不同而有所变化。品类利润越大,佣金比例就越高。这也就是说,敦煌网必须集中大部分资源,用于促进买卖双方达成交易。这种与服务效果挂钩的收费模式无疑更能够适应中小型卖家企业的需求,也让中小企业更容易加入到跨境电商的尝试中。另外,跨境电商交易平台核心在于通过平台来完成交易,这就使得交易平台很容易打通产业链,使得平台能够发展其他衍生服务,如能够为买卖双方提供金融服务,信息服务和物流服务;为买方提供一定的优惠以吸收更多的潜在客户。这些优势都是传统的信息服务跨境电商平台无法比拟的。

敦煌网的尝试无疑是成功的。据 2013 年 PayPal 交易平台数据显示,敦煌网作为电子商务网站的在线外贸交易额在亚太地区排名第一,在全球排名第六。而在 2016 年,敦煌网注册卖家 140 万,注册买家 1000 万人,覆盖 230 个国家和地区,平台上的商品超过 4000 万种,每小时有 10 万买家实时在线,每 3 秒产生一张订单。

敦煌网作为跨境电商交易平台的创新和高速成长让昔日行业巨头阿里巴巴大吃一惊。阿里巴巴开始跟进尝试同样的模式,在 2009 年底推出跨境电商交易平台速卖通。速卖通依托原有阿里巴巴平台这一强大的后盾,无疑是敦煌网的一个强劲对手。然而王树彤并没有因此受到打击,她反而坚定了最开始的想法:交易平台才代表着跨境电商平台发展的趋势。

2013 年,全球经济形势变化加剧,市场低迷、中国制造业成本增加,订单碎片化,跨境电商在中国外贸进出口市场比重快速增加,传统外贸越来越艰难,传统外贸企业深度关注跨境电商,"丝绸之路"企业基础不断壮大。敦煌网提出了跨境电商 3.0 的概念,王树彤认为 3.0 时代是一个"互联网＋传统外贸"的时代,跨境电商要想继续发展,必须要提升自己的品类布局、区域布局和功能布局,既要重视大数据的应用,又要尽可能的满足买卖双方的服务需求,既要提供网上交易和信息流、物流服务,还要提供通关、检验检疫、境外仓、境外线下售后服务等规模性、综合性外贸服务,使得价值链变得更加扁平化。敦煌网全面布局,走上了"网上丝绸之路"快车道。

四、助推创业创品牌

"丝绸之路"上中国的丝绸与茶叶都是高档商品,深受西方贵族的喜爱。而敦煌网想要发展"网上丝绸之路",就必须要打响中国品牌的名声,对外输出优质商品。其中最重要的途径就是协助传统优质企业创建自主品牌。Babyonlinedress 无疑是敦煌网协助自主品牌创建过程中最成功的例子。

苏州贝宝电子商务有限公司(Babyonlinedress 所属公司)创立于 2012 年,蝉联 2012—2015 年敦煌网十大卖家,连续四年荣膺婚纱礼服最大卖家。在这之前,他们和苏州虎丘婚纱一条街很多做婚纱礼服的工厂一样,都只是给一些大品牌做供应商,完全没有自主品牌一说,即大客户大批量下订单,然后贴上他们的领标、吊牌,拿出去再销售。他们根本无法得知自己货物最终的销售市场在哪个地方,也不知道自己的客户是哪些人,甚至不知道自己的货最后卖多少钱。他们只能按订单加工,没有订单他们就只能休业等待。这样利润稀薄,利润率只有 3％左右。特别是虎丘工厂有上千家,三五个人租个车间就能开个工厂,小作坊式的工厂遍地都是,这也导致了虎丘婚纱礼服质量参差不齐,十分不利于行业发展。

Babyonlinedress 品牌创始人田昊麟 2005 年加入敦煌,是敦煌早期的创业团队成员之一。他观察到混乱不堪的虎丘婚纱礼服市场所存在的商机,毅然决定开设自己的工厂,创建自主的品牌。Babyonlinedress 这个品牌之所以取得如此辉煌的成就,田昊麟认为跟敦煌网的紧密协助是分不开的。

敦煌网紧跟国际(地区间)市场流行元素,这对品牌产品的创新起到了重要的作用,比如紧跟蕾丝(Lace)元素爆款,缝珠产品的新品,以及各大活动的(如奥斯卡颁奖礼)明星礼服等,让 Babyonlinedress 品牌刚开始就从陈旧的老款中脱颖而出,轻轻松松就站在了行业前列。并且,敦煌网在全球 224 个国家和地区进行巨大流量推广,并通过平台首页流量推广、单品类流量推广,促进了 Babyonlinedress 品牌的传播,再加上过硬的品质所带来的如潮好评,使品牌得以立足。

2015 年敦煌网进行了多语言创新,由原来的欧美市场(英语主导),拓展到了德语、法语、西班牙语、葡萄牙语、意大利语以及后来的土耳其语、斯洛文尼亚语市场。这进一步拓宽了销售市场,让 Babyonlinedress 品牌得到了更高层次的传播。不仅如此,Babyonlinedress 品牌还致力于在 Facebook 以及 Youtube 上的推广,并且与敦煌网 Facebook 合作互推,通过加强社交电商的网络营销,让全世界更便捷地了解贝宝婚纱的品牌。

田昊麟对于与敦煌网未来的合作充满期待。随着敦煌网知名度的不断提升,Babyonlinedress品牌受邀参加亚太经合组织工商咨询理事会(ABAC)主题研讨会并与各国工商界的代表人物一同发言讲话,进一步宣传了品牌文化。自身过硬的品质,是贝宝婚纱在境外市场站稳脚步的根本,敦煌网的声誉和丰富的推广渠道又给贝宝提供了更广阔的走向世界舞台的机会,两方面因素共同决定了贝宝婚纱在未来广阔的成长空间。当前,贝宝婚纱在敦煌网的月销售额超过30万美元,并且逐年稳步上升。

除了Babyonlinedress品牌以外,还有许许多多的传统外贸商在经历金融危机后,发现只有摆脱传统加工贸易的劣势才能避免受制于进口企业。它们纷纷选择了拓展自己的销售渠道,创建自有品牌。无论是赛尔贝尔还是水星家纺都曾借助敦煌网这一平台发展壮大。它们的发展是中国传统产业转型升级的体现,也是跨境电商交易平台走向服务化的体现,更是优秀的"中国制造"提高自身价值链地位的体现。

敦煌网CEO王树彤对"中国制造"建立世界品牌充满了信心。2016年,敦煌网"全球梦想合伙人"正式启动,挖掘并帮助那些"有梦想、有担当、讲诚信、讲标准"的跨境电商创业者、品牌商和服务商。敦煌网将为"全球梦想合伙人"的成长提供多维度的合作支持:一是更加开放的平台资源,为跨境电商企业提供更多展现其产品和服务质量的机会;二是更加丰富的境外拓展机会,为企业提供更多了解市场需求、行业趋势的平台;三是更加多维的媒体展示资源,让更多境外买家看到企业的产品与品牌。在王树彤看来,中国跨境电商需要"梦想合伙人",需要优质的企业和品牌,共建国际(地区间)跨境电商标准,推动重现丝路辉煌,提升跨境电商出口软实力。正如王树彤所说那样,"敦煌网全方位的服务支持,让跨境贸易变得易于操作,只要有过硬的产品品质,就不愁打开更多的世界市场大门"。

五、培育批发买家

大额贸易是"网上丝绸之路"繁荣的关键,而B2B相对于B2C的重要优势正是大规模贸易。无论是从交易品类还是交易额来看,B2B的发展前景要远大于B2C。在全球范围内,批发买家正在大规模进入跨境电商领域,越来越多的政府机构和企业单位延续了个人采购的习惯,通过把线下生意转到网上来采购商品。

敦煌网最核心的竞争力之一就是已经有上千万批发买家、拥有高效招募这些批发买家的经验以及对这些买家行为特征进行分析的大数据积累,知道批发买家注重哪些产品,了解他们的购买周期和购买需求。一个批发买家的招募成本大约是招募个人买家的10~14倍,远超个人买家。但即使这样,在2015年,敦煌网的批发买家招募数量与上一年同比仍增加了46.4%。敦煌网如此努力招募批发买家,主要缘于批发买家的特殊性。批发买家具有与一般买家不一样的购买特征,其单次购买金额为个人买家的5倍,年度贡献量为个人买家的45.5倍,纠纷出现情况比个人买家低11.3%,退款率比个人买家低34.4%。在敦煌网的批发买家中,90%每月购买1次以上,58%每月购买4次以上,这种稳定的购买需求是敦煌网销售额增长的重要基石。

为了帮助卖家稳准狠地识别平台潜在的大买家,敦煌网给有长期合作意向的境外零售商和公司批发买家打上了 B(Business Buyer)的标志,卖家可在订单列表页和详情页很容易地看到此标志。在这些数不清的批发买家中,Eric 是其中一个典型的客户。他是一个仅在去年就通过敦煌网采购了 1200 万美元货物的批发买家。Eric 的账号注册于 2009 年 10 月 28 日,他对敦煌网的尝试始于 PPC① 关键词 wholesale watches。他于当日从 5 个卖家那里分别购买了一块手表,共计 375 美金。可 Eric 说,这些货的质量他都不是很满意,于是继续寻找其他卖家;在 2010 年他又尝试性下了 5 个订单,可遗憾的是并没有与描述一致的货物。由于对商品的质量不太满意,Eric 没有再次进行采购。在 2011 年一整年里,无论敦煌网怎么联系他,他都不想再次购买了,他觉得货物质量状况并不符合其要求。2012 年,由于发现了他明显的批发试单行为,敦煌网始终没有放弃继续培育他。2012 年 9 月 27 日,Eric 收到了敦煌网关于手机附件的电子邮件,而美国当地,正好是手机快速发展时期,对于手机附件需求巨大,于是 Eric 分别给 6 个卖家下了样品单,订单金额在 200 美金左右;其中 4 个卖家的质量都成功地打动了他,在据上个订单 13 天的时候,Eric 重新下单了,这次,最小订单金额为 1430 美金,当天 Eric 共计采购 1 万多美金;从那以后,Eric 每隔十几天,就批量采购一次。从 Eric 的第一个订单到现在,已经 7 个年头了。在和卖家沟通后,Eric 购买的商品也从手机附件,到美容美发工具,到家居用品;店铺也由一个开成了三个,并且在敦煌网员工亲自到当地拜访后,Eric 的店铺成了敦煌网产品展示的实体地推店。现在,Eric 经常对当地的同行或者客户说:"敦煌网让我很快很容易地搜到产品,让我节省了很多时间,而且我感觉我找到的优质产品的价格都是最大的优惠。他们明白我的需求,为我提供了最好的服务和选择。"2016 年,Eric 店铺的销售额继续上升,要开第四家店铺了,而据敦煌网数据显示,他的采购额也一定会超过 2015 年。

2016 年,敦煌网宣布推出针对批发买家的 B 类商品池,并取部分行业的二级类目,筛出符合"B 类商品池"标准的商品向下过单的批发用户进行展示,以此来帮助卖家更好地了解店铺是否符合 B 类商品池的标准。在此基础上检测批发买家的订单情况并筛选出与批发买家对接的优秀商户。敦煌网希望借此能把商品更精准地推送给平台批发用户,以减少批发客户被服务质量或商品质量不达标的卖家伤害的可能,从而提升这些批发用户的平台黏性,增加商户的订单和销售额,保证了网上"丝绸之路"的持久繁荣。

六、开发大数据潜力无限

在王树彤看来,网上"丝绸之路",不仅仅是对传统丝路的扩容,更是创新,拥有更为丰富、独特的全新内涵,关键在于整合物流、信息流、资金流的互联网平台积淀的海量大数据,其丰富的应用使生意有无限的想象空间。而其中不得不说的就是敦煌网对境外买家需求的大数据分析应用案例。

---

① PPC(Pay Per Click),即点击付费广告,是大公司最常用的网络广告支付形式。

互联网沉淀的大数据无所不在,数据来源包括流量数据、交易数据、买卖家身份信息数据、商品数据、行为数据、售后数据、物流数据等。敦煌网在线上分析数据后,会通过营销部门与相应的生产企业取得联系,并指导和协助它们进行生产与销售。

2011年6月的羽毛接发(feather extension)正是敦煌网利用大数据分析而打响的新产品,在全球创造了羽毛接发中国制造热潮。事情始于美国第一真人秀节目《美国偶像》的一位评委在该节目中用羽毛来装饰自己的头发。之后陆陆续续有多位美国艺人也延续了这个潮流,美国的消费者对此十分感兴趣,开始用互联网来搜索相应的商品。这使得敦煌网上该词的境外搜索数量急剧上升,并引起了敦煌网相关数据检测部门的关注。

在刚开始时,敦煌网上并没有销售这类产品的相关企业。后来,敦煌网的产品部门发现山东的芦花鸡毛和广西的珍珠鸡毛很适合用作这类产品的原料,他们赶紧联系山东和广西相应生产企业,让他们赶快按照境外消费者的需求来生产相应的产品。来自青岛的王永就是其中一个从事羽毛接发产品和其配件外贸业务的小企业主,当他偶然在敦煌网公布的推荐热点搜索关键词里发现了"羽毛接发"后,就开始尝试着调整自己的产品,使产品更适合外国消费者的偏好并且在敦煌网上传产品。几个月后,王永的产品在境外十分畅销,网上月销售额达到了传统外贸销售额的3倍。与此同时,敦煌网继续向买家推荐羽毛接发相关的行业卖家,于是产品线的总交易额和相关卖家的交易额全部飞涨起来。

对敦煌网来说,这并没有意味着对数据的完整利用。他们还根据网上消费者对各类羽毛产品的讨论热词数据分析得到境外消费者更偏好五颜六色的羽毛,他们立刻通知生产企业增加羽毛产品的款式,创新设计了化纤羽毛和印染羽毛,并在此基础上寻找相关的配件销售,让原本一些不起眼的小商品成为贸易热销品,并链接到羽毛接发的产品推荐当中,大大增加了境外消费者的购买欲望。

在此基础上,敦煌网留意到境外消费者在这一段时间特别注意头发的装扮,便继续借此潮流推出自己原有的产品,染发粉笔。这支成本不到一元的染发粉笔经过重重包装在敦煌网美发沙龙产品大类惊艳上市后,引领了临时染发潮流风尚,更在夏天引起了销售的高峰。敦煌网在考虑到市场染发粉笔旺盛的需求和自身原有的生产企业产能不足的情况下,将染发粉笔列为2012年美发行业重点招募产品线。而对于新加入的生产企业,敦煌网将给予一定的优惠。这就保证了敦煌网上丰富的产品品类以及更为健康的竞争环境。

在之后不久,羽毛接发开始在eBay、亚马逊等网上平台上火爆起来;半年之后,浙江义乌的市场开始有更多的运营厂商投入了羽毛接发市场。敦煌网通过数据获取与挖掘并配套线下的生产卖家培育,把羽毛接发从境外的一种粉丝潮流变成了中国的一个新兴的外贸行业。

总的来说,敦煌网利用来自商户、制造企业、买家、研究机构的数据建立起境外市场信息大数据库,通过分析询盘情况、订单指数、行业热度及关键词等数据,洞悉各阶段各类型数据的变化趋势,及时判断境外市场形势变化,使卖家及时了解最新境外信息和动态,合理调整经营规划。而在未来,这些数据将应用在征信、互联网金融、智能销售、风控模型、数据咨询等领域。敦煌网对大数据的把握将成为其掌握互联网时代信息的关键途径，也是其布局网上"丝绸之路"的必由之路。

七、引领网上"丝绸之路"

网上"丝绸之路"是国家"互联网＋"和"一带一路"倡议的交汇点。"互联网＋"帮助工厂、外贸企业、产业链上的各类贸易服务商走上互联网；"一带一路"倡议的实施帮助企业更好地"走出去"，进一步融入全球市场。敦煌网早在 2004 年开始的布局中决定了其引领网上"丝绸之路"的先行优势。

2015 年 11 月 15 日，G20 领导人峰会期间，在中国国家主席习近平、土耳其总统埃尔多安的共同见证下，国家发改委主任徐绍史，土耳其交通运输、海事及通信部长联合签署了《关于加强网上丝绸之路建设，务实开展电子商务合作谅解备忘录》，旨在共同推进中土跨境电商的合作签约，开启网上"丝绸之路"驿站全球建设的新时代。敦煌网创始人兼 CEO 王树彤作为 APEC 工商咨询理事会中国代表促成了这个签约的实现。2016 年 3 月 31 日，重庆市与敦煌网就携手参与国家"一带一路"网上"丝绸之路"综合实验区建设签署合作备忘录，敦煌网中国-土耳其跨境电商平台同时正式启动。在和土耳其达成相关协议后，中国方面将和土耳其方面共同建立跨境电商平台，并交由敦煌网承建。该平台除了能够迅速有效帮助中国商品进入土耳其，还能有效帮助土耳其的相关企业走向世界。

不仅是在重庆，敦煌网还不断走访海内外各个国家和地区谋求有关网上"丝绸之路"的合作。在国内，杭州经济技术开发区管委会与敦煌网签订项目投资协议书，敦煌网将在开发区投资建设"敦煌网跨境外贸综合 3.0 平台"项目，5 年内将实现服务外贸企业超过 2000 家。而在敦煌网进驻的杭州下沙跨贸园区，敦煌网将建设"新丝路"交易中心、"新丝路"互联网金融中心、"新丝路"企业孵化中心、"新丝路"物流集输中心等六大中心。这也意味着一直做网购保税进口业务的下沙跨贸园，将正式转型用进口、出口业务"两条腿走路"。哈尔滨市政府也与敦煌网签署战略合作协议，双方将共同建设"哈尔滨对俄电子商务运营中心"，打通网上对俄"丝绸之路"。计划容纳 8 万商户、近 2000 万种商品的"哈尔滨对俄电子商务运营中心"有望成为全球最有竞争力的对俄贸易电子商务交易中心，使中国商品通过最简洁高效的渠道走向俄罗斯。中国电子进出口珠海有限公司也与中国领先跨境电商 B2B 平台敦煌网签署战略合作协议，二者将联手推出"跨境电商交易平台＋外贸综合服务一体化平台"全新模式，助力传统外贸企业转型"互联网＋"。

在海外，王树彤女士曾与全球十多个经济体的领导人有过会晤，包括俄罗斯总理、韩国总理、墨西哥总统等。2016 年 7 月 7 日，西班牙经济与竞争力部贸易国务秘书哈伊梅·加西亚-莱加斯先生同敦煌网 CEO 王树彤女士签订跨境电商合作谅解备忘录。双方约定将通过跨境电商平台共同促进两国贸易，共同推进针对两国中小企业的跨境电商能力建设项目，同时加强双边贸易中关于两国市场趋势、产品类别以及质量标准等领域的信息互换。敦煌网还建立起多个境外运营中心,盘活国内批发市场的货源,对接线上线下的境外批发市场,实现线上线下融合互动,内外贸一体的新型 O2O 体系。在各国掀起了跨境电商风潮,引领了行业的发展。

网上"丝绸之路"海外战略布局已经成了敦煌网的未来战略发展重心。从十多年前起的朦胧探索到现在的清晰目标,敦煌网已经将"网上丝绸之路"向纵深发展。正如王树彤展望未来发展时说的那样,网上"丝绸之路"不仅仅是企业战略的选择,更是时代的选择,是联系中国传统外贸和先进信息技术的必由之路。

八、结束语

敦煌网的成功是正确把握住了时代的脉搏。十多年前,王树彤已经开始布局网上"丝绸之路"并选择抛弃当时成熟的模式,打造了新型跨境电商交易平台。在协助传统外贸企业转型升级,加入网上"丝绸之路"过程中,敦煌网成功抓住了自主品牌发展和大数据应用等关键点。今天,敦煌网已经成为网上"丝绸之路"上的先行者与主导者。未来,敦煌网仍将重点建设网上"丝绸之路",对外加强与境外企业和政府的合作,对内利用信息化技术、全生态产业链服务平台用户,探索节约买卖双方交易成本的最优方法,让更多国家能够体会到网上"丝绸之路"带来的便利。古代"丝绸之路"上的敦煌,曾经是盛极一时的中西文化和商贸交流的中心;信息时代的敦煌网,会继续借助互联网打造新时代的"网上丝绸之路",成为永不落幕的中西文化和商贸交流的中心。

下篇 案例使用说明

一、教学目的与用途

本案例是为国际商务课程撰写的,也可供国际市场营销课程、网络营销课程使用。本案例介绍了敦煌网在创业之初就开始布局"网上丝绸之路",通过跨境电商平台商业模式,培育用户品牌,并利用大数据培育买家和卖家,最终成为"网上丝绸之路"的引路人。通过本案例的学习,学生可以了解跨境电商交易平台的基本情况、运营模式、大数据利用状况和"网上丝绸之路"的基本概念。

(一)适用课程

本案例适用于国际商务课程、国际市场营销课程和网络营销课程。

(二)适用对象

本案例难度适中,适用对象包括国际商务专业硕士研究生、高年级国际经济与贸易专业本科生和市场营销专业本科生。

(三)教学目标

1. 知识传授

通过本案例的教学,学生应掌握以下知识,并学会将相关理论运用到实践中。第一,敦煌网的发展立足于时代,但不拘泥于时代,它创造了新型的跨境电商平台模式。学生应从敦煌网的发展历程中归纳跨境电商发展的趋势并进行比较学习。第二,通过分析贝宝婚纱借助敦煌网建立自主品牌的过程,掌握跨境电商进行自主品牌营销的策略。第三,敦煌网在培育批发买家 Eric 的过程中利用了数据分析、卖家筛选等营销方法,学生通过学习应当了解培育批发买家的意义和培育方法。第四,通过敦煌网利用大数据培育卖家的案例,了解跨境电商如何有效利用大数据。第五,"网上丝绸之路"是国家"一带一路"倡议的重要组成部分,学生通过敦煌网的战略布局应当思考网上丝绸之路对跨境电商发展的重要意义。

2. 能力训练

通过本案例的学习,学生能够增强对跨境电商平台发展趋势的判断能力,掌握并提升品牌创建与管理、大数据分析与利用、买家筛选与培育等层面上的网络营销能力,并加强国家政策分析能力和提出前瞻性方案的能力。

3. 观念更新

在学习本案例后,学生能够对第一代跨境电商平台与第二代跨境电商平台的区别有所了解;对"网络丝绸之路"的概念以及跨境电商平台在其中扮演的角色有一定的认识;对跨境电子商务交易平台的大数据运营、品牌扶植和对批发买家的培育有深刻的认识。

二、启发性思考题

(一)敦煌网的成立与发展历程反映了跨境电商平台怎样的发展趋势?

(二)跨境电商应当怎样创建自主品牌?试以贝宝婚纱为例展开分析。

(三)为什么敦煌网认为批发买家才是跨境电商的核心买家?

(四)敦煌网是如何利用大数据的?

(五)敦煌网提出的"网上丝绸之路"应如何促进"一带一路"倡议的发展?

三、案例分析背景

(一)制度背景

2015 年 6 月,国务院印发《国务院办公厅关于促进跨境电子商务健康快速发展的指导意见》,明确提出要发挥我国制造业大国优势,扩大境外营销渠道,合理增加进口,扩大国内消费,促进企业和外贸转型升级;有利于增加就业,推进大众创业、万众创新,打造新的经济增长点;有利于加快实施共建"一带一路"倡议,推动开放型经济发展升级。一方面,国务院鼓励有实力的企业做大做强,培育一批影响力较大的公共平台,为更多国内外企业沟通、洽谈提供优质服务;培育一批竞争力较强的外贸综合服务企业,为跨境电子商务企业提供全面配套支持;培育一批知名度较高的自建平台,鼓励企业利用自建平台加快品牌培育,拓展营销渠道。鼓励国内企业与境外电子商务企业强强联合。另一方面,加强与"一带一路"沿线国家和地区的电子商务合作,提升合作水平,共同打造若干畅通安全高效的电子商务大通道。通过多双边对话,与各经济体建立互利共赢的合作机制,及时化解跨境电子商务进出口引发的贸易摩擦和纠纷。

(二)行业背景

随着我国电子商务的快速发展,传统只提供信息中介服务的第一代跨境电商平台已经不能适应新时代的要求。特别是 2008 年国际(地区间)金融危机爆发以后,外贸整体环境恶化、贸易保护严重、出口成本增加、国际(地区间)市场需求下降等诸多不利因素相继出现,中国出口企业迫切需要能够提供全方位出口服务的新型的跨境电商综合型平台。

第三方跨境电商交易平台正是顺应这潮流而创立的。它们提供统一的销售平台,平台一方是作为卖家的国内外贸企业,另一方是作为境外买家的消费者。阿里速卖通

（Aliexpress）、敦煌网（DHgate）、易唐网（Tradetang）、贝通网（Beltal）、联畅网（LinkChina）都属于这类外贸零售交易平台（外贸中小企业第三方平台）。作为第三方平台提供方，为外贸企业自主交易提供信息流、资金流和物流服务的中间平台，其盈利方式是在交易价格的基础上增加一定比例的佣金作为收益。

而根据海关统计的行业数据显示，2016年上半年，我国跨境电商平台贡献了2.6万亿元交易规模，同比增长高达30％。预计至2020年，我国跨境电商交易规模将达到12万亿元，毫无疑问，跨境电商迎来了行业发展风口。

四、理论研判依据

（一）知识点一：跨境电商平台的发展趋势

跨境电商平台发展的过程正是外贸供应链不断深化的过程。外贸销售流程一般包括6个环节：制造商—出口商—进口商—批发商—零售商—消费者。传统的外贸电子商务B2B平台阿里巴巴国际站主要帮助电商企业实现从第2环节到第3环节；而目前较多的跨境电商交易平台可以帮助外贸企业实现第1环节到第4环节，而它们希望通过提供综合服务深化到第5环节或者第6环节。

1. 跨境电商信息平台

跨境电商信息平台主要采用的是会员制盈利模式。该模式是指包括网上店铺出租、公司信息认证、产品信息推荐等多种服务组合而成的信息传导增值服务。而阿里巴巴则是传统的跨境电商信息平台。阿里巴巴现有业务的大部分收入都来自于会员制收费模式，包括国际网站以中国外贸企业为服务目标的"中国供应商"会员和中文网站以国内内贸企业为服务目标的"诚信通"会员。"中国供应商"年费2万～6万不等，服务范围包括优先信息排名、买家信息独享、到国（地区）外参加各种展会及客户培训等服务。

2. 跨境电商交易平台

跨境电商交易平台主要采用的是佣金盈利模式。该模式是指这类平台根据商品的成交额收取部分的交易费用。因为佣金的收取必须要达成交易，这使得平台更有动力去促成交易，也因其提供的高质服务而得到用户的相对认可。同时随着交易额的增加，盈利模式将逐步扩大。本案例当中，初期的敦煌网即是跨境电商交易平台。另外，信息平台专注于满足供应商、采购商之间的"信息流"需要，而交易平台则一开始就满足"信息流、物流、资金流、服务流、技术"等诸多方面的需求，更容易向跨境电商服务平台转变。而速卖通等新兴企业也开始使用这一种盈利模式。

3. 跨境电商综合服务平台

随着跨境电商不断深入供应链的各个环节，则进出口企业必定要求跨境电商平台提供更多的服务。跨境电商服务平台成为当前平台发展的趋势。跨境电商综合服务平台，其"综合"的含义囊括了金融、通关、物流、退税、外汇等代理服务。这种平台不仅能够以服务收费，而且成交之后还能获得相应的部分成交额作为佣金。当前的敦煌网已经开始涉足外贸金融与物流领域。敦煌网和招商银行合作发行联名金融服务卡"敦煌网生意一卡通",提供融资、结算、理财一体化的小微企业金融服务。其强调必须为外贸企业提供优质的供应链金融服务。

表1　第一代 B2B 跨境电商平台与第二代 B2B 跨境电商平台比较

比较项目	第一代 B2B 跨境电商平台	第二代 B2B 跨境电商平台
代表企业	阿里巴巴	敦煌网、速卖通
商务模式	主要是网上信息发布,为会员提供广告竞价和其他增值服务,交易方式和传统的贸易方式没有差别	不仅实现信息的展示,也把物流、支付、客户关系管理都集中在一个平台上,使用户可以在线交易
盈利模式	收取会员费	交易成功后收取佣金
支付支持	无	交易全程,第三方国际(地区间)支付担保
物流支持	无	推荐国际(地区间)知名物流公司,全程跟踪货物运送情况
交易模式	多品种、小批量、多批次、金额较低	少品种、大批量、少批次、金额较高
主要特点	以技术为推动,强调访问量和人气	以商务为驱动,注重利润和传统产业的改造和结合
核心	营销驱动	绩效激励

(二)知识点二: 跨境电商企业品牌营销策略

中小跨境电商急剧增加容易导致向来以价格取胜的竞争方式从传统外贸转向跨境电商业务领域,价格竞争将导致利润率持续下滑以及销售服务水平欠缺等问题。产生这些问题的根源在于出口企业只是在销售方式上进行科技革新而本身的营销方式并未产生任何变化,相当于参与了新型的同质化竞争。发展自主品牌,作为差异化营销方式之一,可以有效提升跨境电商的竞争优势,提高利润率和生存率,解决发展中的问题,以实现其可持续发展。而跨境电商企业进行品牌营销主要采取以下三种方法。

1. 打造跨境电商服务团队,提高品牌营销能力

跨境电商首先要提高品牌意识、打造好服务团队,才能从营销中发挥品牌影响力。一个功能齐全的电商团队应该具备平台操作、产品开发、营销手段、物流选择、客服处理等综合能力。当前许多跨境电商团队,在平台操作、产品销售方面有较强处理能力,而在品牌营销、境外销售渠道、售后服务等方面相对比较弱。因此,电商团队可通过培训、电商交流会以及借鉴境外电商的做法等方式,在品牌营销方面增强自己的实力。另外,电商团队应当学会循序渐进地扩展市场。可在主要消费购买国和地区注册后当在线营销累积一定基础的口碑后再对境外主要市场进行市场细分,引入境外当地合作电商进行合作。实施主要国家和地区的品牌产品分销策略乃至全球分销策略,从做好 B2C 逐

步发展到后来的 B2B2C 模式。

2. 做好产品和服务,选择好的电商平台或发展自身电商平台

与传统外贸相比,境外买家的采购特点是次数多、数量少、收货时间短,涉及产品质量和服务的每个细节都能被买家迅速地体验感知出来并在电商平台上进行反馈,这些累积的反馈口碑关系到跨境电商以后的销售。许多传统外贸企业习惯做交货期少则 15 天多则几个月、成交数量多和金额几千到数万美元甚至更大的订单。在转型做跨境电商时,由于惯性思维,难以对原有的操作方式做出改变,不能满足境外买家的实际需求。因此,跨境电商在经营品牌产品时,在经营观念上要灵活开放,为更多境外中小买家提供符合实际的采购需求和服务。

在选择电商平台或发展自身电商平台时,跨境电商要注重以下几点:一是在选择其他电商平台开店铺或发展自身平台时,要坚持买家优先为原则,通过销售快速地形成自身品牌口碑,可借鉴 Amazon 坚持以客户为中心的价值观的做法,把他们的购买体验留在产品销售页面上,形成产品的口碑。二是注重平台对品牌产品的专业经营,避免不同类别产品在一起形成大杂烩。不管是在 Amazon 和 eBay 开跨境店铺,还是企业自开 B2C 网站,在经营品牌产品时,应专业化,而不是大卖场式的促销。三是在平台上针对自己的品牌产品细分好不同的境外市场,以适合不同国家和地区对自己同一品牌产品的不同需求。譬如某品牌手电筒,由于客户的不同需求,在针对海洋国家如澳大利亚和新西兰潜水爱好者时,应着重介绍防水性能;而对内陆国家户外运动爱好者,则重点介绍防震耐摔功能。

3. 与境外媒体合作,实现品牌产品营销的本土化

跨境电商应注重与境外社交媒体合作。一是通过各种应用渠道搜集买家对于同类产品性能、设计、缺点方面的反馈信息,以帮助跨境电商及时改进产品,迎合用户的需求,获取更大的市场份额。二是在目标客户社区中通过对品牌产品的发帖、测评、视频等方式实现对其品牌产品的推广。三是通过社交媒体互动让品牌的优点在当地社区自发传播,从而实现品牌的本土化。

(三)知识点三: 跨境电商 B2B 与 B2C 的比较

B2B(Business-to-Business)是指企业与企业之间通过专用网络或互联网,进行数据信息的交换、传递,开展交易活动的商业模式。它将企业内部网和企业的产品及服务,通过 B2B 网站或移动客户端与客户紧密结合起来,通过网络的快速反应,为客户提供更好的服务,从而促进企业的业务发展。B2C(Business-to-Consumer)是通常说的直接面向消费者销售产品和服务的商业零售模式。这种形式的电子商务一般以网络零售业为主,主要借助于互联网开展在线销售活动。B2C 即企业通过互联网为消费者提供一个新型的购物环境——网上商店,消费者通过网络在网上购物、网上支付等消费行为。跨境电商 B2B 与 B2C 相比主要有如下几点优点。

1. B2B 有利于稳定企业成本与收益

出口跨境电商的本质是互联网和传统外贸的整合,也就是通过互联网方式帮助中国企业打通渠道、创建品牌、接触用户,延伸服务链和价值链。而 B2B 交易量级大且订单稳定,B2C 模式下的订单则趋向碎片化和小额化。这就能让本地的 B2B 跨境电商企业获得稳定而充足的资本对产品的质量和销售的效果进行运营管理,这是只做 B2C 跨境电商企业无法保证的,而未来传统企业转型跨境电商的主流一定不是 B2C,而是B2B,即跨境贸易与本地化电商相结合。

2. B2B 有利于减少因伪劣商品带来的不利影响

B2B 模式在防止假货上具有天生的优势。因为对于 B2C 中的个体买家而言,进口货物的真假难辨,然后是假货的维权比较困难麻烦,有的消费者甚至因为维权麻烦就放弃维权。但如果是 B2B,国内 B 端企业要求具备一定的真假检验能力,同时个体消费者的维权也相对容易许多。同理,对于跨境电商出口企业来说,从 B2C 途径购买中国商品的外国消费者如果想要维权十分困难,所以他们很有可能放弃或者减少从这一途径购买。但如果是 B2B 途径的话,外国(地区)企业有强大的实力对货物进行检验和维权,同时对最终消费者而言,有一个国内企业的保障让他们对商品的质量更容易信任。

3. B2B 有利于促进通关便利和外贸发展

2016 年 1 月 8 日,在国务院新闻办召开的发布会上,商务部部长助理张骥称跨境电商发展的主体是明确的,B2B 是主体,B2C 是补充。跨境电商重点发展 B2B 符合我国外贸稳增长、调结构的需要,也有利于降低监管的成本,提高通关的效率。B2C 业务模式也不利于政府监管,一方面电商企业普遍反映存在着通关难、结汇难、退税难等各种难;另一方面监管部门又有为国把关的职责所在,担心管不住,往往受人力限制,超负荷工作。以海关监管为例,一个监管点几个工作人员,每天少则几千个,多则几万个包裹,每件邮包上线检查,怎么可能长期维持,而不查就不可能履行把关职责。所以汪洋副总理说,政府监管思路必须转到 B2B,电商可以 B2C,但政府监管对象必须调整到 B,C 由 B负起责任,引入一般贸易监管办法,这样政府可从监管风险中解脱出来,监管效率也能相应提升。

(四)知识点四: 跨境电商企业大数据的应用

我们所处的是一个快速变化的大数据时代,在业务价值链关键环节的科学的数据分析,能够帮助传统企业提升洞察力,建立差异化的竞争优势。据赛智时代的大数据应用研究表明,72% 的企业首选大数据应用需求是基于客户行为分析的大数据营销,其次产品创新、风险预测、供应链管理、客户服务等也需要用到大数据分析。而针对跨境电商企业来说,一般有这 5 个优先度较高的企业大数据应用领域。

1. 基于客户行为分析的产品推荐

产品推荐的一个重要方面是基于客户交易行为分析的交叉销售。根据客户信息、客户交易历史、客户购买过程的行为轨迹等客户行为数据,以及同一商品其他访问或成交客户的客户行为数据,进行客户行为的相似性分析,为客户推荐产品,包括浏览这一产品的客户还浏览了哪些产品、购买这一产品的客户还购买了哪些产品、预测客户还喜欢哪些产品等。产品推荐是 Amazon 的发明,它为 Amazon 等电子商务公司赢得了近 1/3 的新增商品交易。

产品推荐的另一个重要方面是基于客户社交行为分析的社区营销。通过分析客户在微博、微信、社区里的兴趣、关注、爱好和观点等数据,投其所好,为客户推荐他本人喜欢的,或者是他的圈子流行的,或推荐给他朋友的相关产品。

通过对客户行为数据的分析,产品推荐将更加精准、个性化。传统企业既可以依赖大型电子商务公司和社区网络的产品推荐系统提升销售量,也可以依靠企业内部的客户交易数据、公司自有的电子商务网站等直销渠道、企业社区等进行客户行为数据的采集和分析,实现企业直销渠道的产品推荐。

2. 基于客户评价的产品设计

客户评价数据具有非常大的潜在价值,它是企业改进产品设计、产品定价、运营效率、客户服务等方面的一个很好的数据渠道,也是实现产品创新的重要方式之一。客户的评价既有对产品满意度、物流效率、客户服务质量等方面的建设性改进意见,也有客户对产品的外观、功能、性能等方面的体验和期望,有效采集和分析客户评价数据,将有助于企业改进产品、运营和服务,有助于企业建立以客户为中心的产品创新。

3. 基于数据分析的广告投放

DSP(Demand - Side Platform,即需求方平台)为广告主提供数据分析服务,包括广告投放试验、时段分析和效果分析。例如,依托数据平台记录每次用户会话中每个页面事件的海量数据,可以在很短的时间内完成一次广告位置、颜色、大小、用词和其他特征的试验。当试验表明广告中的这种特征更改促成了更好的点击行为,这个更改和优化就可以实时实施。再如,根据广告被点击和购买的效果数据分析,根据广告点击时段分析等,针对性进行广告投放的策划。

4. 基于社区热点的趋势预测和病毒式营销

社区中热点和热门是大数据分析的结果。在社区中的热门话题、在搜索引擎中的热点分析,通常具有先兆性的特征,能够成为一种流行趋势的预测。比如,苹果的土豪金让土豪色成为一种流行。同时由于社区传播的广泛、快捷性,也能够帮助企业通过病毒式营销获得更多关注,比如小米的病毒式营销的策划。

5. 基于数据分析的产品定价

产品定价的合理性需要进行数据试验和分析,主要研究客户对产品定价的敏感度,将客户按照敏感度进行分类,测量不同价格敏感度的客户群对产品价格变化的直接反应和容忍度。通过这些数据试验,为产品定价提供决策参考,例如可以通过不同客户对产品价格的不同弹性进行歧视性定价。

(五)知识点五:"一带一路"与"网上丝绸之路"

"一带一路"是"丝绸之路经济带"和"21 世纪海上丝绸之路"的简称。"一带一路"旨在借用古代丝绸之路的历史符号,高举和平发展的旗帜,积极发展与沿线国家和地区的经济合作伙伴关系,共同打造政治互信、经济融合、文化包容的利益共同体、命运共同体和责任共同体。"网上丝绸之路",即是利用互联网技术达成与丝绸之路经济带沿线国家和地区的经济、贸易与金融合作。从远期和整体看,是建立起面向"一带一路"国家和地区的互联网经济、贸易与金融平台;从近期和核心看,是建立起面向"一带一路"国家和地区的跨境贸易电子商务平台。"网上丝绸之路"是中国在互联网方面对"一带一路"的有力补充,主要体现在以下三个方面。

1. 中国电子商务发展示范效应有助于推进"一带一路"倡议实施

中国利用电子商务降低交易成本、促进贸易发展的成功经验,为"一带一路"各国和地区树立了良好的典范,提出构建"网上丝绸之路",引导帮助"一带一路"国家完善国内电子商务环境,并通过开展与中国的跨境电子商务实现互惠互利,有助于降低"一带一路"倡议的阻力,增强各国和地区合作的信心,深化洲际经济合作,推动沿途各国和地区分享中国经济发展的红利,夯实周边合作基础。

2. "网上丝绸之路"能使得"一带一路"倡议立体化、全时空化

传统的"一带一路"倡议具有较强的时空特征,它主要包括海上丝绸之路和陆上丝绸之路。而"网上丝绸之路"的提出,不仅打破了国家或地区之间界限的限制,使传统国际(地区间)贸易走向无国(地区)界贸易,将 B2B、B2C、C2C 以及 O2O 等模式延伸至中亚乃至欧洲,也必将引起世界经济贸易格局的巨大变革,改变全球贸易力量对比,更丰富了"一带一路"的内涵,也将"一带一路"倡议由传统的海上和陆地两个维度,延伸到了海陆空、网络、基础设施、配送网络、清关以及国际(地区间)支付等维度,极大地拓展了跨境电子商务合作的新空间。

3. "网上丝绸之路"有助于发挥"一带一路"倡议的区域协调效应

中国作为全球第二大经济体,伴随着全球影响力的提升,亟待拓展其战略纵深,促进资源要素实现全球流动,使资源配置效率得到提高,实现不同地域、国家经济的优势互补。从国内看,部分行业产能过剩、资源能源对外依存度不断攀升,东部地区需要通过产能"走出去"和资源"引进来"以实现转型,而西部地区也需要通过加大开放和开发的力度以实现更好的发展。国内也亟待突破行政区划导致的市场分割以实现区域协同发展;从国际(地区间)看,需要推动与周边国家或地区经济的一体化发展。

五、案例分析思路与要点

(一)案例分析思路

王树彤在敦煌网成立之初就提出了"网上丝绸之路"的设想,但在客观条件不成熟的情况下决定先布局"网上丝绸之路"。首先,王树彤希望通过将敦煌网打造成一个与跨境电商信息平台不同的交易平台来吸引更多的传统外贸企业利用互联网技术,此处引出跨境电商平台的发展趋势。然后,敦煌网以协助中小企业创建品牌的形式吸引了更多的传统企业入驻平台,此处可以联系到跨境电商企业创建品牌的方法。而敦煌网对批发买家的重视则能反映跨境电商 B2B 与 B2C 模式之间的比较。敦煌网对卖家的推广则是强调了大数据利用的方法。在当前,国家重视"一带一路"建设,敦煌网也因为前期的布局而能够引领"网上丝绸之路",这里能引出"网上丝绸之路"和"一带一路"的相关知识点(见图1)。

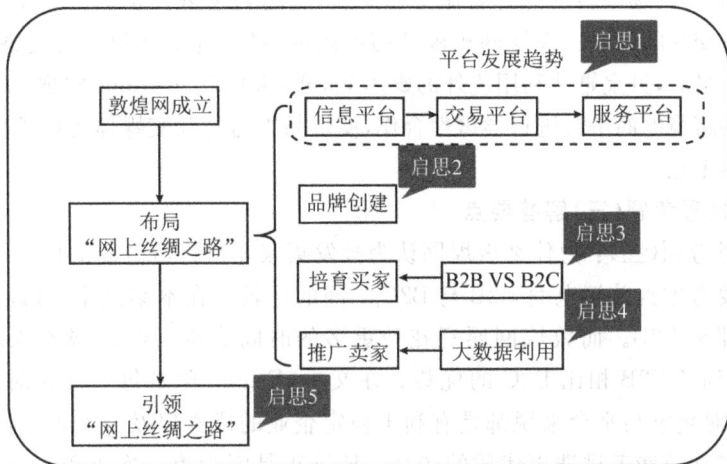

图 1　案例分析思路

(二)启发性思考题解答要点

1. 启发性思考题(一)解答要点

启发性思考题(一):敦煌网的成立与发展历程反映了跨境电商平台怎样的发展趋势?

此题需要用到跨境电商平台发展趋势等知识点,讲解时需配合板书。本案例中敦煌网的发展反映了跨境电商平台的发展有沿着外贸销售链不断深化的趋势。最开始的信息平台连接的主要是外贸的进出口双方,最终要实现的服务平台连接的则是整个跨境电商销售链。敦煌网成立于 2004 年,当时正值第一代跨境电商平台发展的成熟期。这类跨境电商平台属于信息平台,主要是通过互联网来传达买卖双方的信息,盈利方式也是收取企业会员费。而敦煌网在成立之初即要成为跨境电商交易平台。其采用的是佣金盈利模式,通过参与营销、物流与支付环节来促进交易的完成,盈利方式是收取交易后的佣金。盈利方式的改变促使交易平台愿意提供更多的供应链服务,交易平台只要不断发展必定转型为综合服务型平台。这类跨境电商平台所提供的服务扩展至整个供应链的每个环节,通过提供代理服务和增值服务获取服务费并让交易更容易达成,从而获得更多的佣金。而当前的敦煌网正向综合服务型平台转变。

2. 启发性思考题(二)解答要点

启发性思考题(二):跨境电商应当怎样创建自主品牌?试以贝宝婚纱为例展开分析。

此题需要用到跨境电商企业品牌营销策略的知识点,讲解时可配合板书。在本案例中,敦煌网的客户贝宝婚纱就是通过这三个措施来推广自己的自主品牌 Babyonlinedress。

首先,贝宝婚纱的创始人田昊麟曾在敦煌网任职,他所打造的跨境电商服务团队对敦煌网平台的操作、境外销售以及售后服务等都有相当丰富的经验。其次,田昊麟所选择的其最熟悉的跨境电商平台敦煌网在境外有一定的知名度,并且能够提供合适的物流与支付服务,并且随着敦煌网逐渐转变为综合服务型平台,它越来越重视旗下客户品牌的培养,这将大大地促进交易的达成。敦煌网积极开拓小语种市场,这也有利于贝宝婚纱布局非英语国家市场。最后,贝宝婚纱利用境外的媒体 Facebook 以及 Youtube 实现品牌推广,并且与其他境外的跨境电商平台进行尝试性合作,使得品牌通过社交媒体更好地传播,让品牌切实地实现本土化。

3. 启发性思考题(三)解答要点

启发性思考题(三):为什么敦煌网认为批发买家才是跨境电商的核心买家?

此题需要考虑到跨境电商 B2B 与 B2C 之间的比较。在本案例中,敦煌网与批发买家进行交易即是 B2B。而敦煌网愿意花费更多的时间成本与经济成本来培育批发买家,正是考虑到了 B2B 相比 B2C 的优势。在文中,Eric 下单量每年都相对固定而且有缓慢增长,这对卖家与平台来说都是有利于稳定企业的成本以及收益的。同时,Eric 的存在有利于境外消费者挑选更优质的产品。Eric 正是因为第一次下单时对产品质量不满意而很长一段时间没有再购买。这可以促进良性竞争并淘汰一些不合格或者不适宜到境外市场销售的产品。另外,Eric 作为当地零售企业的负责人也提高了消费者对该产品的信心,进一步提高了出口产品的销量。而这种大规模的销售模式也能够促进通关的便利以及提升海关进行监管的效率,因不需要对散包装进行不断的抽查,有利于国家整体的外贸发展。

4. 启发性思考题(四)解答要点

启发性思考题(四):敦煌网是如何利用大数据的?

此题需要用到跨境电商如何利用大数据的知识点。首先,在本案例中,敦煌网通过分析客户的行为(如搜索词)采集到了原始数据并分析了境外的时尚热点,再根据自身的实际情况来跟进潮流。其次,敦煌网考虑到如何使得推荐的产品更为个性化,通过分析客户的评价数据和浏览数据推荐更多相关的产品,如从羽毛接发到染发粉笔。最后,敦煌网还利用了大数据进行恰当的广告推送,精准地捕捉到需要这类成品的客户群,然后通过邮件营销等形式进行营销。当然,另外敦煌网也可以进行社区热点分析和产品定价分析,让销售更加精准。

5. 启发性思考题(五)解答要点

启发性思考题(五):敦煌网提出的"网上丝绸之路"应如何促进"一带一路"倡议的发展?

此题属于开放性题目,但需要在对"一带一路"与"网上丝绸之路"的理解上作答。在本案例中,敦煌网通过与国(地区)内外政府部门建立合作关系,促进了国(地区)内外跨境电商基础建设,如协助土耳其建立相应的电商平台,促进对俄罗斯出口的通关便利化。而这些途径让"一带一路"倡议更好地推动资源流动和对外贸易。这就说明了"网上丝绸之路"是"一带一路"在互联网方面的有力补充。

六、教学组织方式

案例授课班级人数不宜过多,应该控制在 20～30 人,可以 4～6 人为一组分成 5 个小组。教室的桌椅布局要让所有的课堂参与者围坐四周,以使其容易听到和看到同组成员为基本原则。教室中应具备电脑、投影仪、黑板、粉笔等设备。同时,为方便学生更好地参与课堂案例讨论,教师可以在课前提醒学生做课前准备工作,例如,熟悉案例,浏览敦煌网网站,体验阿里巴巴、速卖通等跨境电商平台服务,以更好地熟悉跨境电商平台商户的环境。

(一)课时分配

案例回顾与概述(5 分钟):介绍案例背景,回顾案例内容,理清案例思路,明确案例主题。

提出问题与小组讨论(20 分钟):结合板书提出启发性思考题,分小组讨论并形成组内答案。

小组汇报与教师引导(50 分钟):针对每一道启发性思考题,选一个小组进行回答,其他小组补充。教师需结合板书和多媒体对学生引导,得出最终答案。

案例评价与总结(10 分钟):对知识点进行梳理,对案例教学过程进行评价,总结学习心得体会。

其他问题(5 分钟):教师回答学生的一些其他问题。

(二)板书设计

启发性思考题(一):敦煌网的成立与发展历程反映了跨境电商平台怎样的发展趋势(知识点:跨境电商平台的发展趋势)?启发性思考(一)及解答要点如图 2 所示。

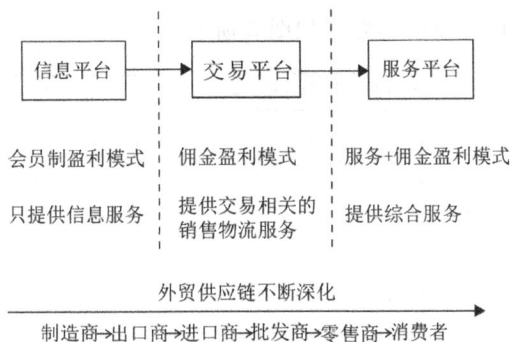

图 2　启发性思考题(一)及解答要点

启发性思考题(二):跨境电商应当怎样创建自主品牌?试以贝宝婚纱为例展开分析(知识点:跨境电商企业品牌营销策略)。启发性思考题(二)及解答要点如图 3 所示。

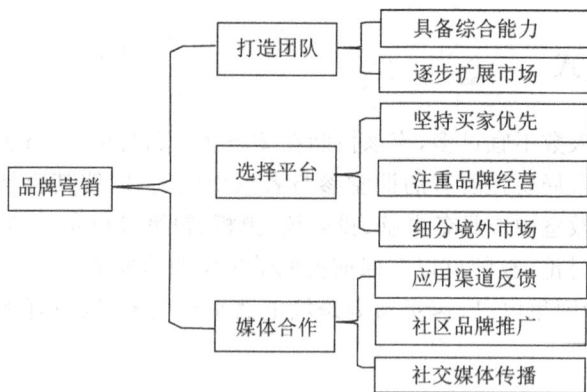

图 3　启发性思考题(二)及解答要点

启发性思考题(三)：为什么敦煌网认为批发买家才是跨境电商的核心买家(知识点：跨境电商 B2B 与 B2C 的比较)？启发性思考题(三)及解答要点如图 4 所示。

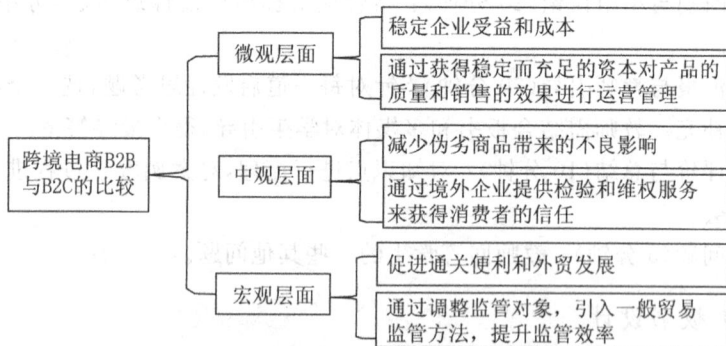

图 4　启发性思考题(三)及解答要点

启发性思考题(四)：敦煌网是如何利用大数据的(知识点：跨境电商企业大数据的应用)？启发性思考题(四)及解答要点如图 5 所示。

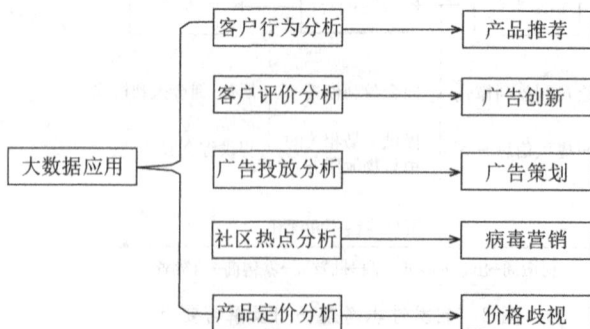

图 5　启发性思考题(四)及解答要点

启发性思考题(五)：敦煌网提出的"网上丝绸之路"应如何促进"一带一路"倡议的发展(知识点："一带一路"与"网上丝绸之路")？启发性思考题(五)及解答要点如图 6 所示。

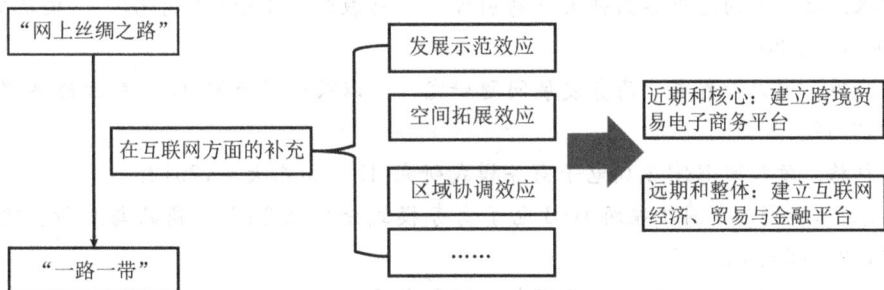

图 6　启发性思考题(五)及解答要点

(三) 讨论方式

案例讨论应该大致按照典型的决策模型进行。模型包括：①定义问题；②分析案例具体情况；③形成备选方案；④选择决策标准；⑤分析并评估备选方案；⑥选择首选方案；⑦制定行动方案和实施计划。

大多数案例讨论的核心推动力是组织中某个具体决策或问题的解决方案,因此,根据课时分配,案例讨论可以这样进行：在提出问题和小组讨论环节中,小组内根据 5 道启发性思考题进行讨论,并形成组内答案；在小组汇报与教师引导环节中,对每一道问题,教师从 5 组学生中选一组回答,其他小组补充,形成多种备选方案,教师根据决策标准引导学生分析评估备选方案,选出首选方案,并制订行动计划。

在案例讨论时,教师需鼓励学生形成良好的讨论习惯,如勇于提出不同意见、讨论前做好准备、讨论时及早发言、讨论后及时总结,避免盲目从众、提前背稿。

七、其他教学支持材料

(一) 计算机支持

由于本案例在有关课程中被当作讨论材料使用,需要展示给学生。所以在计算机中需要安装 PowerPoint 软件。

(二) 网络支持

本案例中提到跨境电子商务案例,需要学生连接互联网,通过登录电商网站、跨境电商平台和相关社交网站体会和了解实务现状。

参考文献

[1] 刘敏. 敦煌网沟通世界的强大贸易引擎——访敦煌网CEO王树彤[J]. 国际市场，2009(2)：30-33.

[2] 刘晓琳. 中国外贸电子商务发展问题研究——以敦煌网为例[D]. 首都经济贸易大学，2012.

[3] 孟祥梅. 敦煌网 B2B 2.0 电子商务模式研究[D]. 山东大学，2012.

[4] 谢永佳，游超. 中国敦煌网 B2B 电子商务模式分析报告[J]. 商品与质量：理论研究，2011(6)：87-87.

[5] 殷明. 我国中小企业跨境电子商务应用和发展研究——以"敦煌网"为例[D]. 山东财经大学，2015.

[6] 张佩玉. 敦煌网：搭建网上丝绸之路[J]. 物流时代，2014(9)：50-52.

致　谢

　　本案例获敦煌网(DHgate)授权发布,在采编过程中得到了敦煌网的鼎力支持。感谢敦煌网副总裁张永捷女士和接洽人员张可君女士等为本案例提供一手企业资料和宝贵意见,丰富了案例的时效性和内涵,特此致谢;案例正文的压缩版题为"用大数据构造'网上丝绸之路'"已先行在《浙商》杂志 2016 年第 24 期发表,感谢杂志主编张远帆和记者陈抗为案例行文、措辞提供的宝贵意见。

线上线下：大龙网与你相约

◎ 马述忠　梁绮慧　柴宇曦
（浙江大学 马述忠工作室）

摘　要：大龙网作为我国跨境电商行业的龙头企业，其独特之处在于提供跨境交易服务。本案例描述了大龙网"互联网＋外贸"的全新思维模式，即在线上打造移动商务社交工具"OSELL APP"，在线下布局前展后仓的"网贸馆"。大龙网创造了国内制造企业与全球商人相约的商机，增强了他们之间的信任并且消除了跨境交易的障碍，所提供的全方位跨境服务在提高跨境交易效率的同时也降低了交易成本。立足于跨境O2O运营业态的大龙网，不仅为国内中小企业开启了走向世界的一扇门，更将助力中国制造业和外贸行业的进一步转型升级。

关键词：O2O；移动商务；跨境贸易服务；国际展会

OSELL, Meet You Online to Offline

◎ Ma Shuzhong   Liang Qihui   Chai Yuxi

(Mashuzhong STUDIOS, Zhejiang University)

Abstract: OSELL is one of the leading cross-border electricity enterprises in our country. Unlike many other cross-border electricity trading platforms who sell products, OSELL provides cross-border trading services. This case describes the new thinking mode "Internet + foreign trade" of OSELL, which means creating a social networking tool "OSELL APP" online and "OConnect showroom" with exhibition hall and warehouses offline. OSELL creates the meeting opportunities of domestic manufacturing enterprises and global businessmen, enhances mutual trust. At the same time, it reduces the barriers of cross-border transactions. Besides, its full services for cross-border trade itself bring high efficiency and low cost. Through cross-border operation of O2O formats, OSELL will not only open a door for domestic small and medium-sized enterprises going to the world, but also help Chinese manufacturing industry and foreign trade industry to transform and upgrade.

Key words: O2O; mobile business; cross-border trading services; international fair

上篇　案例正文

一、引言

2009年,金融海啸刚刚平息,全球经济正面临着衰退的风险。11月的重庆大雾弥漫,前方的道路仿佛也显得迷茫一片,风尘仆仆的冯剑峰刚刚结束了调研返回重庆。冯剑峰在调研中发现,外部危机为中国企业的国际化(区域化)发展提供了诸多机遇,中国企业"走出去"越来越受到国内外的关注。在国外生活多年的冯剑峰,归国后最大的感触就是中国工厂或者外贸商看起来风光,实则国际(地区间)客户资源有限,其境外销售随时会遭遇瓶颈。绕过渠道商让境外零售商直接采购,是不少中国厂商的一大心愿。

在重庆的一间会议室里,冯剑峰聚集了一批在系统开发和运营方面富有经验的"海归"精英共同商讨对策。大家都清楚地认识到,金融危机将会逐渐消退,如果不为境外客户提供服务体系,完全凭借价格优势参与竞争的话,对平台的客户黏度和客户管理非常不利。事实上,跨境贸易的顺利实现往往得益于跨境交易中信任体系的建立,而这一点却正是中国出口电商的短板。探索过跨境电商诸多领域的冯剑峰深知,跨境电商的本质和传统外贸很接近,都非常注重产品和服务这两个因素,难道要放弃已有的自营零售版图,将发展重心逐渐转移到带有服务的平台商身上吗?与会者们苦苦思索,究竟该怎样破解传统外贸中的信任危机呢?

二、企业背景

2009年,当大多数人还在对内贸电商趋之若鹜时,只有极少数人敢于把目光投向无人问津的蓝海——跨境电商,站在时代风口浪尖的冯剑峰先生就是一位敢于跨越国界行走的人。怀揣中国品牌、世界分享的梦想,冯剑峰利用多年积累的人脉资本组建了一支团队,于2010年共同创立了大龙网。这位搞技术出身的创业者专注、执着、追求极致,是互联网行业知名的连续创业者。冯剑峰引导着大龙网探索出了跨境电子商务"互联网+外贸"线上线下融合的跨境电商模式,在服务全球网商的同时搭建了网商的全球供应链合伙人平台,实现了真正的"有好货可卖"。

作为国内首批跨境电商企业之一的大龙网,在中国供应商和全球零售商之间搭建了一个跨境B2B商机对接的平台,并相继获得了前阿里巴巴CTO(首席技术官)兼中国雅虎CTO吴炯,以及北极光创投、海纳亚洲、新加坡F&H等基金的投资。作为入驻海关总署跨境贸易电子商务通关服务平台的首家试点电商企业,大龙网在境内外商人之间搭建一条直通出口电商蓝海的"高速路",通过跨境互联网建立起程度较高的信任体系,这种信任体系不是单纯地将"中国制造"输送到境外,而是让中国的商人也能站在全球经济的舞台上,在全球 B2B 领域建立起全球信任。

在"互联网+"背景下,大龙网历经了跨境电商发展的各个阶段,着力为中国品牌商提供跨境电商 B2B 出口解决方案,推动中国制造成为直接面向境外终端消费者销售的世界品牌。大龙网不仅在"互联网+外贸"模式下通过全球在线沟通消除了跨境交易的障碍,还本着"就近就地"原则为中国产业带城市提供了跨境电子商务 B2B 基础交付及通关等综合服务。大龙网实施的"两国双园,三圈合一"战略,通过境内外跨境电商产业园将境内产能圈、境外渠道圈以及跨境电商服务生态圈融合起来,实现了境内外供应链与境外渠道的链接,其跨境电商全链条服务有助于打造跨境电子商务基础生态服务圈和产业集群,铺设跨境贸易的高速通道。经过多年运营和融资,如今大龙网已经成了中国最大的跨境电子商务交易平台之一,在全球拥有 10 余家分公司,分布于美国、加拿大、日本及澳大利亚等地,业务范围覆盖全球 200 多个国家和地区,拥有中外员工近千名。

三、线上 APP,畅享互联

当前,中国拥有 1500 万中小制造企业却大多只能以 OEM① 形式出口,制造业的平均产能利用率仅为 60%,低于全球制造业的平均水平 71.6%,其根本原因之一就是中国供应商制造企业无法轻松获取产品的境外销售情况与消费者反馈。虽然互联网可以拉近国(地区)与国(地区)之间的距离,但是语言交流和货币交易仍旧是跨境贸易中的两大难点。在这一背景下,大龙网推出了线上移动商务社交工具"OSELL APP"(见图 1),力图打破跨境贸易的壁垒。

图 1　OSELL APP 界面

---

① OEM(Original Equipment Manufacturer):原厂委托制造,俗称代工生产,指受托厂商按来样厂商之需求与授权,按照厂家特定的要求生产。在这种生产加工模式下,品牌生产者不直接生产产品,而是利用自己掌握的关键核心技术负责设计和开发新产品,通过合同订购的方式委托同类产品的其他厂家生产,之后将所订产品低价买断,并直接贴上自己品牌的商标。

传统外贸两端的中小企业往往没有渠道认识对方,而 OSELL APP 打开的正是这样一扇沟通之门,只要会用 APP、会聊天即可,贸易双方就自然会从不认识到逐渐熟悉继而产生信任。OSELL APP 为全球网商提供即时通信、翻译服务功能,让不同国家(地区)的商人都能使用母语随时对话,发布全球电商圈的新资讯,让中国品牌商能够直接对接境外零售市场,进而破除供求双方对于产品信息不对称的困局,确保交易产品型号、数量等信息准确无误。在一键发布商机、浏览线上体验馆、提前预约线下合作伙伴以及线上订单发起与处理等功能的帮助下,买卖双方一旦生成了订单,就能够在"OSELL"服务大市场中轻松找到第三方服务商,并在全球布局精品体验馆等服务的配合下,真正实现无障碍的全球交流交易。以手表交易为例,第一步是发布商机,例如"我想买手表,数量 5 只,希望中国厂商直接以 FOB① 价格发货";第二步是筛选,用户可以看到中国厂商的信息页面,提供的信息包含产品图片、报价、生产场景等,匹配成功后双方建立即时通信;第三步是询盘并协商起草合同;最后一步是生成订单,在大龙网提供的跨境支付和物流业务协助下确认收货并结算货款。

此外,在跨境电子商务 B2B 基础交付及通关综合服务的全套方案基础上,大龙网进一步联合第三方提供各地本土化的交付体系、售后服务体系、商务服务体系综合服务,方便全球商人沟通交易。在线上,大龙网利用国家对于跨境电商的一系列支持政策成功打通了一条"龙通道",在海关通关、国检通关、外汇管理和税务管理等环节提供服务,使境外供应商可以通过平台一站式轻松对接中国中小制造企业;在线下,大龙网通过智能仓储服务、物流服务、外贸代理、金融服务等现代产业园服务平台帮助传统企业实现"走出去",如图 2 所示。

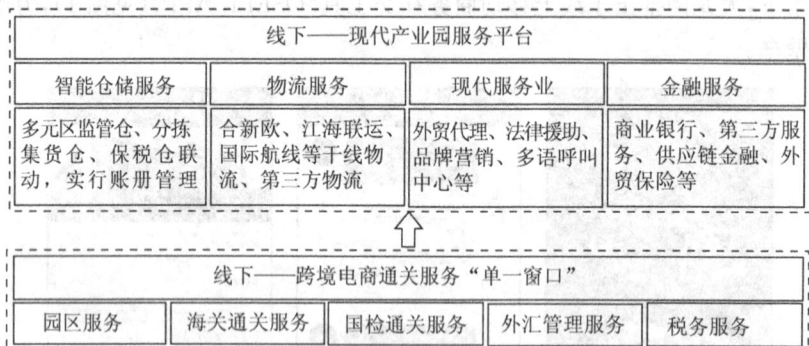

线下——现代产业园服务平台			
智能仓储服务	物流服务	现代服务业	金融服务
多元区监管仓、分拣集货仓、保税仓联动,实行账册管理	合新欧、江海联运、国际航线等干线物流、第三方物流	外贸代理、法律援助、品牌营销、多语呼叫中心等	商业银行、第三方服务、供应链金融、外贸保险等

线下——跨境电商通关服务"单一窗口"				
园区服务	海关通关服务	国检通关服务	外汇管理服务	税务服务

图 2 大龙网的跨境电商综合服务全套方案

当前,大龙网依托已经建立的综合服务平台实现其全套解决方案,这些平台包括跨境电商通关服务平台、跨境电商公共服务平台、跨境电商综合服务平台、跨境电商在线交易平台、跨境电商公共监管仓等。具体说来,跨境电商通关服务平台为跨境电商企业提供数据申报、数据汇总、数据控制管理、物流和通关状态查询等一体化服务;跨境电商

---

① FOB:称作"离岸价",是国际(地区间)贸易中常用的贸易术语之一。按离岸价进行的交易,买方负责派船接运货物,卖方应在合同规定的装运港和规定的期限内将货物装上买方指定的船只,并及时通知买方。

公共服务平台是依托电子口岸建设的政府公益性质的服务平台,提供无纸化报关、报检、退税、结汇的一站式电子政务服务;跨境电商综合服务平台则为中小外贸企业、电商卖家等提供代理通关服务、代理结汇退税服务以及物流、供应链金融等增值服务;跨境电商交易平台是阳光化的跨境电子商务在线交易网站,为企业提供数据电子化、交易线上化、通关阳光化等服务,并与当地银行以及 Visa、Master Card 等国际(地区间)信用卡组织合作,开通境外信用卡支付端口,实现直接线上结算,给予买卖双方极大的保障;跨境电商公共监管仓是融合了"公共监管仓"和"监管集散仓"的"复合仓",前者功能主要是监管,后者具有集货功能,可提供货物存储。

四、跨境O2O,全新体验

传统外贸的一大痛点在于产业链太长,包含制造商、出口商、进口商、渠道商、批发商、零售商等诸多环节。如今,境外客户越来越不愿受中间商"剥削",有着向中国企业直采的强烈愿望。跨境电商 B2B 虽能实现渠道扁平化,但由于无法看到商品实物,较难取信境外客户,买卖双方缺乏顺畅的信息通道,生意往往很难谈成。

在这一背景下,冯剑峰极力推动境外仓与网贸会[①]的全面协同合作,以打造跨境电商产业生态圈为核心,通过独创的"互联网＋境外展仓"模式探索出了一条行之有效并可供中国企业借鉴的境外仓道路。大龙网面向国内产能圈,从全局上为 1500 万家中小制造企业提供了出口转型的平台,以 O2O 的方式在全球 50 余个国家和地区布局了"前展后仓"的网贸馆,如图 3 所示。

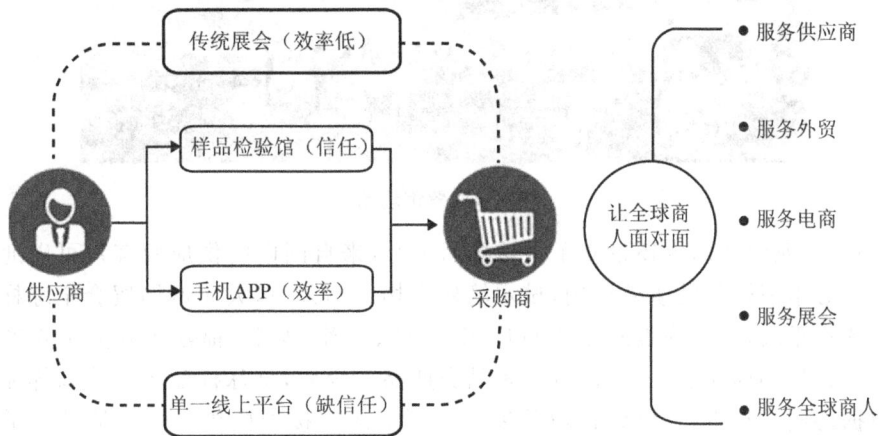

图 3　网贸会跨境服务模式

网贸馆前展厅的功能是充当出口商品融入境外本土市场的跳板。作为全球领先的B2B 商机平台,大龙网开设的展厅主要面向境外零售商,既能提供线上及移动端的商品

---

① 网贸会:网贸会是大龙网旗下跨境电商创新商业模式,旨在通过线上线下"互联网＋境外展仓"模式,帮助"中国制造"出口。

查询、实时交流功能,也能让当地零售商在网贸会展厅中通过场景化体验加深对中国优质商品的了解。融合了当地风土人情及消费习惯的实景式展示方式,有利于当地零售商了解这些出口商品在当地的发展前景。网贸馆内还经常开展各类本土商贸社交活动,如各门类主题的中国精品展销会、中国品牌发布会、采购配对活动、沙龙等,全面增加制造商与境外零售商的接触及互动机会,通过线上线下互动黏住更多的境外买家。此外,为了应对互联网快速普及时代消费者瞬息万变的消费需求,网贸馆运用物联网技术在体验馆布置了许多传感器,可以记录采购商在馆内的活动情况,包括浏览人次、浏览品类、停留时间等。海量消费数据在经过大龙网大数据平台处理后,可以通过OSELL平台实时反馈至国内出口厂家,为中国产品在境外的精准选品与营销提供数据支持,让这些出口制造企业能有的放矢地针对境外消费者需求进行定制化研发和生产。同时,这些信息也会通过 OSELL 平台反馈至境外零售商处,协助形成 C2M[①] 出口模式。网贸馆一头连接着国内成千上万的中小企业,一头连接着境外的众多零售商,让中国企业足不出户做天下生意,也让境外商家轻松买到质优价廉的中国商品,相当于将"永不落幕的广交会[②]"开到了境外客户的家门口(见图4)。

图 4　网贸馆现场

此外,大龙网在国内还设立了全球样品中心,来自国内的供应商客户可以通过全球样品中心申请样品的境外试销,试水境外市场。不久前,大龙网网贸会全球样品中心正式落户重庆,中心内展示了来自广东、浙江、江苏、安徽、福建等几大重点产业带的服装、家居、小商品、电子产品等多种品类产品。今后,全球样品中心将以样品试销和大数据协同为纽带,与网贸馆境外展仓共同形成链接国内供应链与境外渠道的跨

---

① C2M(Customer to Manufactory):顾客对工厂,是一种基于社区 SNS 平台与 B2C 平台的电子商务模式,顾客可以在社交购物平台建立自己的社交关系网络,使得规模巨大但相互割裂的零散消费需求整合在一起,以整体、规律、可操作的形式将需求提供给供应商,使其"以需定产、量体裁衣"。这种模式可以大幅提高工厂的生产效率与资产、资金周转效率,显著降低成本与售价。

② 广交会:即中国进出口商品交易会,每年分春、秋两届在广州国际会议展览中心举办。目前广交会是中国历史最长、层次最高、规模最大、商品种类最全、到会客商最多、成交效果最好的综合性国际贸易盛会,有"中国第一展"之美誉。

境贸易闭环。在这一闭环内,大龙网将协助供应商考察目标市场的整体需求,筛选优质产品发往境外网贸馆,同时邀请境外渠道商参观并挑选样品进行试销,收集试销过程中的消费者偏好、评价、市场反应等数据,反馈至供应商处,助其实现产品升级和策略调整。这种类似于"试婚"的策略,给供应商和采购商双方都提供了保障和回转的余地。如果试销过程中双方沟通顺畅、反馈良好,签约合作自然就水到渠成了。

然而,打通境外营销渠道需要的可不只是展会,仓储物流的全方位配套服务也不可或缺。大龙网率先提出了"互联网+境外仓"的境外仓 2.0 模式这一概念。过去,境外仓的主要目标是为出口企业提供仓储、物流服务并提升境外客户配送满意度。显然,这样的境外仓如今已经远远不能满足中国制造"走出去"的需求。如果说境外仓 1.0 是跨境电商对于境外仓储物流配送渠道所做的布局,那么境外仓 2.0 就是在为中国制造走向境外铺路,提供仓储物流配送之外的整合外贸解决方案。"互联网+境外仓"不仅能够协助解决跨境交易信任问题,还可提供集物流、资金流等于一体的信息服务,甚至能够为中国出口提供量身定制的"保姆式"服务,提供保障交易安全及信任的代收货款服务、散单发货所需要的拆包拼装服务、提升商品竞争能力的保税服务以及第三方物流整合服务等。不仅如此,境外仓 2.0 还将打破当前境外仓收取仓储、物流服务费的盈利模式。正如冯剑峰所说,境外仓决不能成为跨境电商企业不能承受之重,它应当也必须插上互联网的翅膀,使得自身的盈利模式丰富起来。

当前,国内已经有 19 万家中小微企业对接了大龙网网贸会"三圈合一"的跨境电商综合服务。例如,佛山斯海维夫电子有限公司就凭借大龙网平台实现了自主品牌 Sihivive 在俄罗斯网贸馆的亮相,产品单价从 OEM 时代的 1 美元/件提升至 5 美元/件。境外采购商同样高度认可这一模式,在俄罗斯经营手机相关电子产品的安德烈(Andrey)就在体验了样品申领流程、产品质量以及保障服务后,选择与供应商进行续约。可见,大龙网已经搭建了一个帮助中国制造走出国门的免费平台,在这个平台上"走出去"的中国制造企业已逾 4 万家。在这一过程中,网贸会通过提供物流、通关、支付、数据、金融、品牌、法律等服务实现盈利。大龙网提供了一个带服务、带后端的私人定制平台,解决了中国供应商对接国际(地区间)市场最后一公里的难题,也化解了境外零售批发商从中国进货时在服务与信用担保方面的隐忧。

网贸馆作为移动电子商务时代广交会的境外延展和补充,旨在利用遍布全球的中国精品产品体验馆,化解传统贸易中信任和高效不可调和的矛盾,实现供需双赢。一方面,大龙网将传统外贸展会开到了境外采购商的家门口,为中国制造商的产品提供了自主品牌①直接亮相的机会,在本土化的物流、售后、品牌、营销和法务支持下解决了采购商的信任问题,进一步提升了自主品牌的竞争力。另一方面,大龙网凭借大数据协同和境外客户反馈的信息协助中国制造商找到境外买家,国内制造企业可以有的放矢地进行创新和柔性化生产,直达精准受众,开拓全球市场,不断提升中国产品在国际上(地区

---

① 自主品牌(Self-owned Brand):指由企业自主开发、拥有自主知识产权的品牌,即企业对品牌有知识产权的控制权和所有权。

间)的品牌以及定价话语权。

五、百城战略，直通四海

冯剑峰将传统的世界贸易格局形象地称为"象棋格局"，厂家与消费者之间不仅有将士相车马炮兵构成的长长贸易链条，还有楚河汉界构成的贸易规则和壁垒。电子商务模式是在楚河汉界基础上发生的互联网革命，在这一过程中，一些中间行业与实体行业消失了，因此互联网时代的跨境贸易格局是"围棋格局"，即你中有我、我中有你，中国制造业"走出去"将依赖互联网对产业链的革新。在"一带一路"加速推进、"互联网＋"快速发展、国家鼓励外贸政策接连出台的时代背景下，大龙网重点布局"一带一路"，用互联网整合碎片化订单，将中国制造引入"一带一路"国家和地区。

互联网使得世界变得更平。在跨境电商领域，内陆与沿海重新站在了同一起跑线上。大龙网将50个中国产业带城市和50个"一带一路"国家（地区）对接起来，通过提供跨境电子商务综合服务打造互联网"丝绸之路"，形成互联互通的商贸格局。中国产业带城市在对方国家（地区）开设"前展后仓"的"网贸会"，帮助整个城市的企业走出国门。在此基础上，大龙网使用线上线下结合方式连接中国产业带城市与全球范围内的贸易中心城市，让全世界采购商足不出户便可以向中国工厂直采，让中国制造业利用"互联网＋外贸"将品牌与定价话语权牢牢把握在自己手中，在碎片化信息整合、线上移动商务、线下展会、商务样品体验服务、大数据分析高速对接等工具的全方面协助下，促进产业带城市制造行业的转型升级。

"我的梦想就是能用瞬间转移的方式，自由穿越去每个想去的国家（地区）旅行。"冯剑峰笑言。为了深入了解境外市场的本土化需求，冯剑峰往往会在网贸馆入驻之前尽量走遍目标国家（地区）。他曾在莫斯科的冰天雪地中与当地人豪饮过，以大醉三天的代价获得了诸多当地商户的认可；也曾在迪拜郊外的沙漠骑着骆驼体验当地风土人情，在漫天风沙中挖掘到日用品行业的商机；2016年春节期间，他还独自在越南穿街走巷，与当地消费者一起晒太阳，了解到了当地市场五金建材稀缺的情况。如今，冯剑峰招聘入驻国家网贸馆负责人的主要标准就是曾经在当地生活过的华人，时间越长越好，只有这样才能承担起连通国内出口企业与当地消费市场的重任。

"跨境电商通关贸易解决方案＋境外仓"固然可以为出口贸易提供顺畅的通道，但要想真正帮助出口企业打入当地市场，还需要更加全面的战略布局。2016年5月，大龙网与致力于为企业提供境外市场落地一站式本土营销服务的法国跨国集团科麦思在北京正式签署全面战略合作协议，双方将以本土化为核心，在全球范围内共建整合服务机构，全面对接中国优质供应链资源，助力中国制造"卖遍全球"。今后，科麦思将依靠其多年深耕的本土资源，帮助大龙网在全球各地迅速打开市场，塑造良好的品牌形象，为规模化、集中化、产业化发展奠定坚实的基础，尤其是协助中国与欧洲企业开展经贸合作。此外，科麦思还将结合线下实体样品展示中心与当地的资深专家团队，帮助企业加深对欧洲市场的全面了解，提升中国在境外市场的渠道竞争力和品牌影响力,为中国企业提供国际(地区间)市场营销方案与金融供应链整合系统。

如今,大龙网正积极打造跨境电子商务基础生态服务圈与产业集群,在俄罗斯莫斯科、印度新德里、加拿大多伦多、波兰华沙、阿联酋迪拜、越南胡志明市等地分别设立了境外本土化服务办公室及中国品牌样品体验中心(网贸馆),组建了全本土化的境外团队,聚集了品牌、营销、运营、物流以及渠道建设等方面的优秀人才。未来,更多的中国制造产品和自主品牌将通过俄罗斯莫斯科、加拿大多伦多、波兰华沙、阿联酋迪拜、越南胡志明市等"一带一路"上的 50 个贸易中心城市网贸馆接轨国际(地区间)市场。

六、结束语

每个跨越国(地区)界行走的人,心中都有一个"远方"。对于大龙网创始人冯剑峰先生而言,这个"远方"在现实中就是"商外有商,天外有天"。在境外生活多年的冯剑峰深知,多数中国出口企业对境外市场缺乏了解,甚至抗拒了解,无论是当地生活习惯、消费特征还是消费者偏爱的推广方式等都知之甚少。随着全球消费者的消费习惯日趋理性,作为传统出口企业核心竞争力的价格优势必将逐渐弱化。

正是看到了这一点,冯剑峰认定未来外贸市场必然是电商的战场,进出口贸易电商化已然成为一种市场趋势,亟须通过"互联网+外贸"模式缩短供应链条,去除中间环节,更要努力做好服务,创造新的商机。在电商战场中,守正出奇和激情创新就是制胜法宝,胸怀大略的人应该随时保持对市场的敏锐观察和直觉,才能在这场战争中存活下来。通过"线上约,线下会"的创新商业模式,大龙网为中国中小企业创造了无限商机。

有了境外消费数据的积累与抢先布局境外仓的信心,冯剑峰对日后大龙网的发展方向也有着自己的判断:全面建设全新综合型境外仓,优化出口供应链,增强出口竞争力。唯改革者进,唯创新者胜,今后大龙网必将坚持对接全球终端用户的需求和中国制造工厂的专业团队,推动中国制造、中国品牌更加国际化。实现境外市场上中国产品定价权、品牌权、话语权的三位一体,是大龙网的下一站风景。

下篇　案例使用说明

一、教学目的与用途

本案例是为国际商务课程撰写的,也可供国际企业管理、电子商务等课程使用。本案例介绍了大龙网通过打造线上移动商务社交工具"OSELL APP",布局线下前展后仓的"网贸馆",创造出国内制造企业与全球商人相约的商机,增强彼此间信任,减少跨境交易障碍,从而为跨境交易探索出了高效率、低成本的跨境服务模式。通过本案例的学习,学生可以全方位了解跨境O2O和C2M的运营模式并加深对国际(地区间)分销渠道和本土化策略的认识。

(一)适用课程

本案例适用于国际商务课程、国际企业管理课程以及电子商务课程。

(二)适用对象

本案例难度适中,适用对象包括国际商务专业硕士研究生、高年级国际经济与贸易专业本科生和市场营销专业本科生。

(三)教学目标

1. 知识传授

通过本案例的教学,学生应掌握以下知识,并学会将相关理论运用到实践中。第一,通过案例中大龙网"线上约、线下会"跨境交易服务模式的学习,让学生掌握O2O的运营模式,理解"互联网＋外贸"新业态的优势。第二,通过介绍大龙网境外仓2.0规划及其"双招商"平台的发展,加深学生对于跨境电商C2M发展趋势的认知。第三,介绍大龙网为中国制造企业开辟的"龙通道",让学生了解国际(地区间)分销渠道的主要类型及其在"互联网＋"外贸形式中是如何运作和进一步优化的。第四,让学生了解大龙网在创设全方位跨境服务平台过程中的本土化策略实施方案,理解本土化在跨国(地区)贸易中的重要意义。

2. 能力训练

通过本案例的学习,学生可以提高对跨境电商发展趋势的判断能力,增强对跨境服务电商运营模式和盈利模式的理解能力,提升学生对于"互联网＋"是如何缩短供应链流程和提升交易效率的认知能力。

3．观念更新

在学习本案例后,学生能够对传统制造企业面临的出口困境以及对跨境电商的需求有基本了解;对"互联网＋外贸"的运营模式以及"跨境电商3.0"有较深入的了解;对于拓宽国际(地区间)分销渠道、缩短产品供应链以及实施本土化策略具有较为全面的认知。

二、启发性思考题

(一)随着世界各地供应商与大龙网合作的不断深入,大龙网是如何建立起全球商人之间的信任关系的?

(二)你认为大龙网不卖产品专做服务的原因有哪些?

(三)大龙网通过"互联网＋外贸"为出口商选择的是哪种国际(地区间)分销渠道策略,有哪些好处?

(四)本土化策略在大龙网的整体解决方案中是如何体现的?

(五)你认为B2C与O2O有哪些联系与区别?什么样的产品更适合O2O模式?大龙网的运营模式体现出跨境电商3.0时代的哪些特征呢?

三、案例分析背景

(一)制度背景

2012年4月颁布的《国务院关于加强进口促进对外贸易平衡发展的指导意见》中提出,要"鼓励企业在海关特殊监管区域和保税物流中心设立采购中心、分拨中心和配送中心,促进保税物流健康发展;支持企业通过海关特殊监管区域和保税监管场所扩大相关商品进口"。

2013年9月和10月,中国国家主席习近平在出访中亚和东南亚国家期间,先后提出共建"丝绸之路经济带"和"21世纪海上丝绸之路"(简称"一带一路")的重大倡议,得到国际社会高度关注。中国国务院总理李克强参加2013年中国—东盟博览会时强调,应当铺就面向东盟的海上丝绸之路,打造带动腹地发展的战略支点。"一带一路"的合作重点是拓宽贸易领域,优化贸易结构,挖掘贸易新增长点,促进贸易平衡,创新贸易方式,发展跨境电子商务等新的商业业态,建立健全服务贸易促进体系,巩固和扩大传统贸易,大力发展现代服务贸易,把投资和贸易有机结合起来,以投资带动贸易发展。根据"一带一路"走向,应当依托陆上国际(地区间)大通道,以沿线中心城市为支撑,以重点经贸产业园区为合作平台,共同打造新亚欧大陆桥、中蒙俄、中国—中亚—西亚、中国—中南半岛等国际(地区间)经济合作走廊。

2015年7月,国务院印发《国务院关于积极推进"互联网＋"行动的指导意见》,明确提出要加强"互联网＋"协同制造,积极发展智能制造和大规模个性化定制,提升网络化协同制造水平,加速制造业服务化转型。将制造业的转型升级融入"互联网+"的大潮,已成为从政府到企业全面认可的发展路径:一方面加速互联网技术在工业领域的扩展应用,着力发展制造业智能化,发展工业互联网;另一方面用互联网的信息技术和方法论来帮助传统制造业转型升级。"互联网+"对传统制造业的渠道模式、营销模式以及生产模式都带来了深远的影响。

(二)行业背景

作为全球电子商务发展的主要业态,网络购物已位居全球成长性最佳的热点行业之一。据不完全测算,2011年全球网络购物交易额超过9000亿美元,2014年全球网络购物交易额超过12000亿美元。随着世界各国电子商务应用水平及其配套支撑体系的逐步完善和提高,特别是云计算及物联网信息技术支撑体系的完善,传统的购物和贸易模式将发生彻底转变,尤其是2008年经济危机之后这种转折和变化日益凸显。在市场导向下,反应最灵敏的是企业,然后是服务于企业的综合第三、四方企业服务体系;从各种迹象上来看,跨境电子商务已经成为当下人们消费的主要渠道之一,也必然是发展的趋势。

目前,业内出现了三种跨境电商服务平台,分别是跨境电商通关服务平台、跨境电商公共服务平台以及跨境电商综合服务平台。全国首个海关总署跨境电商通关服务平台于2014年7月1日在广东东莞正式上线运营,意在统一报关流程,节省报关时间,提升通关效率,其服务对象主要是进出口规模较大的中小外贸企业。跨境电商公共服务平台由政府投资监理,在政府与外贸企业之间搭建了一座沟通的桥梁,目前服务的对象主要集中在小包裹的进出口领域。由于一些中小型外贸企业和跨境电商平台个人卖家在面对新出现的监管政策时容易产生不适应,而一些大型跨境电商企业在对接政府、海关等部门,处理跨境电商长链条环节时比较有经验,于是孕育出了跨境电商综合服务平台。跨境电商综合服务平台囊括了金融、通关、物流、退税、外汇等方面的服务,为降低外贸门槛、处理外贸问题、降低外贸风险等提供便利和解决方案。

四、理论研判依据

(一)知识点一: O2O及其发展阶段

O2O这个概念最早来源于美国,是指将线下的商务机会与互联网结合,让互联网成为线下交易的前台。O2O电子商务模式需具备五大要素:独立网上商城、国家级权威行业可信网站认证、在线网络广告营销推广、全面社交媒体与客户在线互动、线上线下一体化的会员营销系统。一家企业能兼具网上商城及线下实体店架构,并且网上商城与线下实体店全品类价格相同,即可称为O2O。O2O模式分别经历了以下三个发展阶段。

1. O2O的1.0阶段

在1.0阶段早期,O2O线上线下初步对接,商家利用线上推广的便捷性把相关的用户集中起来,然后把线上的流量导引到线下,主要领域为以美团为代表的线上团购和促销等领域,存在单向性、黏性较低等特点。平台和用户的互动较少,基本以交易的完成为终结点,用户主要受价格等因素驱动,购买和消费频率等也相对较低。

2. O2O 的 2.0 阶段

发展到 2.0 阶段后,O2O 基本上已经具备了大部分元素。这个阶段最主要的特色就是升级为服务性电商模式:包括商品(服务)、下单、支付等流程,把之前简单的电商模块,转移到更加高频和生活化的场景中来。传统服务行业长期处于低效且劳动力消化不足的状态,因此在新模式的推动和资本的催化下,出现了 O2O 的狂欢热潮,上门按摩、上门送餐、上门生鲜、上门化妆、滴滴打车等各种 O2O 模式层出不穷。在这一阶段,随着移动终端、微信支付、数据算法环节的不断完善,用户数量出现井喷,使用频率和忠诚度开始上升,O2O 逐渐和用户的日常生活融合,成为生活中密不可分的一部分。然而,有很多看似繁荣的需求获得了资本的大量补贴,虚假的泡沫掩盖了刚性需求不足的真实状况,如按摩、洗车等。

3. O2O 的 3.0 阶段

到了 3.0 阶段,明显的分化出现了,真正属于垂直细分领域的一些企业脱颖而出,比如专注于快递物流的速递易、专注于高端餐厅排位的美味不用等、专注于白领快速取餐的速位;与此同时,垂直细分领域的平台化发展模式形成,由痛点聚焦型开始横向扩张,覆盖到整个行业,例如饿了么转型开放蜂鸟系统,开始正式对接第三方团队和众包物流,以加盟商为主体,以自营配送为模板和运营中心,通过众包合作解决长尾订单,配送品类包括生鲜、商超产品、洗衣服务等。

在 O2O 模式下,消费者的消费流程可以分解为以下五个阶段。

(1)引流

线上平台作为线下消费决策的入口,可以汇聚大量有消费需求的消费者,或者激发消费者的线下消费需求。常见的 O2O 平台引流入口包括:消费点评类网站,如大众点评;电子地图,如百度地图、高德地图;社交类网站或应用,如微信、人人网。

(2)转化

线上平台向消费者提供商铺的详细信息、优惠(如团购、优惠券)、便利服务,方便消费者搜索、对比商铺,并最终帮助消费者选择线下商户,完成消费决策。

(3)消费

消费者利用线上获得的信息到线下商户接受服务,完成消费。

(4)反馈

消费者将自己的消费体验反馈到线上平台,有助于其他消费者做出消费决策。线上平台通过梳理和分析消费者的反馈,形成更加完整的本地商铺信息库,吸引更多消费者使用在线平台。

(5)存留

线上平台为消费者和本地商户建立沟通渠道,可以帮助本地商户维护消费者关系,使消费者重复消费,成为回头客。

（二）知识点二：C2M 模式的相关知识

C2M 即 Customer to Manufactory，可简单概括为"预约购买，按需生产"。C2M 是一种在社区 SNS 平台以及 B2C 平台模式基础上产生的新型电子商务互联网商业模式。

1. 产生原因

当前，追求"不一样"的消费观念日趋流行。相比其他的商业模式，电商模式催生出了新型电商平台。C2M 电商平台存在的价值在于连接需求和生产两端，将消费需求和生产流水线连接起来，它最大限度地迎合了电子商务去中间化、定制化生产的趋势，理论上不仅可以大幅降低产品售价还能极大满足消费者的个性化需求。

2. 运作优势

一方面，C2M 平台为制造商做预售式的订单归集、产品包装以及互联网运营。对制造商来说，C2M 的优势在于按需生产，杜绝存货积压，有订单再生产，没流量就不开工。另一方面，C2M 模式能够为消费者整合优质制造商，推荐高品质产品，并满足消费者对于产品的定制化需求。产品定制的最终环节是工厂生产，所以消费者的定制化需求只有直接连接工厂才能快速响应和满足。从消费者到制造商的 C2M 被称为"短路经济"，其核心商业逻辑是砍掉所有流通加价环节，最大程度去中间化，让消费者以最低价格买到高品质的产品。

（三）知识点三：国际（地区间）分销渠道及渠道策略

国际（地区间）分销渠道是指国际（地区间）营销中商品的流通渠道。它是由生产商向境外消费者转移商品所经过的通道，也指生产商将商品经过国际（地区间）中间商转移到最终境外消费者的全部市场结构。国际（地区间）分销渠道跟国（地区）内分销渠道相比，其区别之处不在于结构上的选择，而在那些影响渠道决策的市场因素的变化。

国际（地区间）分销渠道由两部分构成：一是企业进入国际（地区间）市场的渠道，即国家（地区）间渠道；二是各国（地区）国（地区）内的分销渠道。对国际（地区间）企业来说，它必须同时开拓国（地区）内与国（地区）外两种市场，就国际（地区间）分销渠道策略而言，有以下三种类型策略可供选择。

1. 间接出口策略

所谓间接出口，是指国际（地区间）企业将产品销售给国（地区）内的销售中介机构，而后再由销售中介机构转售给境外用户；或者为整件产品制造商的出口产品生产提供零部件或附件，由其通过整件产品出口达到出口目的。当企业初次涉及对外贸易活动时，在国际（地区间）市场上尚未树立一定声誉，其产品品牌在境外用户中缺乏一定知名度，企业在人员、资金、机构建设和经验等各方面都不具备直接向国（地区）外市场推出产品的条件。在这种情况下，可以选择间接出口的方式，为直接出口创造条件，打下基础。

2. 直接出口策略

直接出口是国际（地区间）企业的既定目标，直接出口不仅使企业有向国（地区）外用户展示自己、了解国(地区)外市场变化的机会,更为企业的产品打开了广阔的市场。以进口国(地区)的商业企业为中间商,是国际(地区间)企业对国(地区)外市场需求掌握不够充分情况下常常采用的一种策略,凭借进口国(地区)的商业企业熟知本国(地区)市场和已有的分销渠道等优势,选择其中合适者作为出口商品的中介,也可以向进口国(地区)派驻机构。条件成熟的国际(地区间)企业,在了解进口国(地区)的相关法律规定后,直接派驻本企业人员或聘请当地人员,组成专门从事销售本企业产品的机构。这种策略下建立的分销渠道,有很大的稳定性,企业可以严格控制各类渠道的行为。对企业来说,更大的好处是可以不断发挥这一渠道所具有的调研、沟通、促销等功能,为企业在国际(地区间)市场上参与竞争提供了坚实的基础。国际(地区间)企业还可以通过举办或参与国际(地区间)产品展销会以及进出口贸易洽谈会,直接与国(地区)外最终用户达成供货协议。这是在出口贸易活动中最短的分销渠道,也是许多国际(地区间)企业常采用的渠道策略。

3. 国(地区)外生产策略

国际(地区间)企业常为日趋激烈的国际(地区间)市场竞争与日益严重的国际贸易保护主义现象之间的矛盾而感到困惑。扩大产品出口是每一家国际(地区间)企业与其国家(地区)的目标,但进口国家(地区)则为保护本国(地区)弱小的民族工业而树立贸易壁垒。国际(地区间)企业面对进口国家(地区)政府的种种进口限制以及民族主义情绪的不断高涨,必须制订出两全之策,而国(地区)外生产不失是一种较理想的选择。国(地区)外生产对生产企业来讲有合资和独资两种方式可供选择,合资又可分许可证方式、特许方式、行业合作方式、合同生产方式及管理合约方式等五种。

(四)知识点四: 本土化策略及其分类

本土化策略,即全球适应主张,是企业力图融入目标市场,努力成为目标市场中的一员所采取的策略。它要求企业不把自己当成外来的市场入侵者,而是当作目标市场中固有的一员融入当地文化;它强调企业通过适应环境来获得更大的发展空间。"本土化"的实质是跨境公司在生产、营销、管理、人事等领域全方位融入东道国(地区)经济的过程,一般通过全面调查了解当地经济、文化、生活习俗等情况,随后进行一系列融入性调整。这样既能使得外来跨境公司生产出来的产品更好地满足本土消费者的需要,又节省了境外派遣人员和跨境经营的高昂费用。与当地社会文化融合减少了当地社会对外来资本的抵触情绪,有利于东道国(地区)经济安全,增加就业机会,加速与国际(地区间)社会接轨。关于具体的本土化策略实施,企业主要是通过以下四种途径来实现的。

1. 产品本土化

跨境公司高质量的产品及其强大的品牌是在全球市场攻城略地的锐利武器,但跨境公司一定不可以忽视当地市场的特点与居民的消费偏好习惯。为了更好地适应境外市场的需求特点,把握潜在的商业机会,获得较大市场份额,跨境公司总是不遗余力地推进产品的本土化,根据当地顾客个性化需求设计生产产品,派送到顾客手中,并伴有一流的技术和服务保证。

2. 营销方式本土化

企业进行跨境经营,最大的困扰在于没有自己的营销渠道。出口商对于境外的商业体系感到十分陌生,对于其具体的市场运作方式也不够清晰。许多跨国公司在进入境外市场之初,忽视了销售渠道的特殊性,结果吃了大苦头。因为在全球市场中竞争对手最容易攻击的部分恰恰就是营销渠道,特别是在市场终端。跨境公司越来越明确地认识到,谁掌握了营销渠道,谁就能在竞争中胜出。因此,无论是通过广告营销还是其他营销手段,整合经销商、将强化终端市场置于特别重要的地位都是实现营销本土化的重要方式。

3. 人力资源本土化

人的本土化是最根本、最深刻的本土化,有着"一箭双雕"的作用。跨境公司要在境外市场站稳脚跟,必然需要一批熟悉当地政治、经济、文化、法律、风土人情的人才,使公司的各种行为符合当地国情,更好地"入乡随俗",以保证公司运行平稳。同时,与从本国(地区)既输出资本又输出人才相比,直接使用当地人才成本低、优势多,既能为公司在本土化生产中发挥管理作用,又夺取了竞争对手的人才,还可以大大加强公众的认同感,提高企业影响力与产品竞争力。

4. 市场本土化

市场本土化针对的则是消费者。跨境公司并非简单地把本国(地区)生产的产品移植到境外市场,而是注重开发能够满足本地消费者需求的适销对路的产品。跨境公司实施市场本土化的营销策略,是在充分理解本土文化特征、消费心理和情感需求的基础上,以保持强势国际(地区间)品牌形象的原有特色为前提,把"洋"品牌做"土",采取亲情营销以克服消费文化的隔阂,拉近与消费者的距离,赢得消费者的认可。

(五)知识点五:"跨境电商3.0"的三大特征

跨境电商1.0时代的标志是散户代购,跨境电商2.0时代的标志是规模化采购,进入3.0时代,跨境电商不再是搭建更大的交易平台,而是更加注重平台的专业服务功能,能够为入驻客户提供市场咨询、交易对接、全产业链专业指导等多重个性化服务。大型化(Big)、去中间化(Break)和品牌化(Brand)是跨境电商3.0时代的发展诉求和显著特征。

1. 跨境电商大型化

跨境电商大型化的主要标志就是大型工厂进驻跨境电商平台,能提供全产业链服务的大型服务商开始涌现。大型工厂进驻跨境电商平台,直接面对整个境外市场,有助于工厂全面掌握、了解并拓展全球市场,建立并不断丰富属于大型工厂自己的"大数据",通过对数据的"加工"找到并培育或深化产品的用户群体,有效把握市场的整体以及个性化需求,预判行业产品并进行前瞻性研发等,最终实现大数据的"增值"。跨境电商进入3.0时代,就是实现跨境电商的规模化、集约化、全产业链化、平台服务的优质纵深化。在跨境电商3.0时代,大型服务商能让任何一个企业或个人都能从事对外出口贸易,只要有一台电脑,能从境外客户手里拿到订单,剩下的交给服务商就好。

2. 跨境电商去中间化

跨境电商去中间化主要是指跨境电子商务企业回归商业的服务本质,切实为中国工厂、中国制造业提供优质、高效、利润最大化的服务,尽可能缩短产品变为商品后的流通环节。在当前跨境电商的模式下,多数工厂不能直接面对境外市场,导致市场信息和工厂生产的不对称,使得工厂在产品价格、产品研发设计、品牌打造等诸多方面都陷于被动。随着国(地区)际国(地区)内形势的变化,中国制造业面临困境,进入了关键转型期,取消产品在国内的流通环节并把工厂直接推向境外市场就显得愈加重要。

3. 跨境电商品牌化

跨境电商进入 3.0 时代,最显著的标志即为品牌化。各大工厂入驻同一跨境电商平台,可以全面整合买家的需求信息,实现产品的差异化设计,满足不同层次的客户需求。平台服务商可以在世界各国(地区)建立境外代表处,适时地汇总反馈不同国家(地区)的不同需求,实现线上和线下互动,对品牌产品的需求进行有效把控。在产品质量把控上,各大型工厂入驻同一跨境电商平台,实现"抱团发展",分行业建立不同的产业基地,制定相应产品的国际(地区间)标准,使得同类别的产品形成各自工厂的个性和差异性,同时又有相关产品的标准依据。

五、案例分析思路与要点

(一)案例分析思路

大龙网通过移动手段让中国卖家跟境外买家建立商业系统关系,同时在世界各地铺设中国商品体验馆,由此引出 O2O 的知识点。大龙网通过"互联网＋外贸"缩短了产品供应链,使境外商家可以直接对应中国制造企业,根据顾客个性化需求设计生产的产品交到顾客手中,通过跨境服务助力中国制造"走出去",引出 C2M 及其优势的知识点。借助大龙网提供的"线上约、线下会"模式以及全套跨境服务,中国出口商可以实现直接出口;通过举办或参与各种国际(地区间)产品展销会、进出口贸易洽谈会,国内中小企业能够直接与境外最终用户达成供货协议,提升了交易效率,降低了交易成本,由此引出国际(地区间)分销渠道的知识点。在 O2O 运作模式下,大龙网在境外设立前展后仓的网贸会,在招聘网贸馆负责人时十分看重曾经在当地生活过的华人,并为跨境贸易提供包括通关服务、公共服务、综合服务、在线交易服务、公共监管仓在内的一揽子解决方案,此处引出本土化策略知识点。最后,由于 B2C 与 O2O 有很多相似之处,通过大龙网从 B2C 平台转型 O2O 的历程,让学生辨别两者的区别、联系并理解各自的发展优势,引出"跨境电商3.0"这一知识点(见图5)。

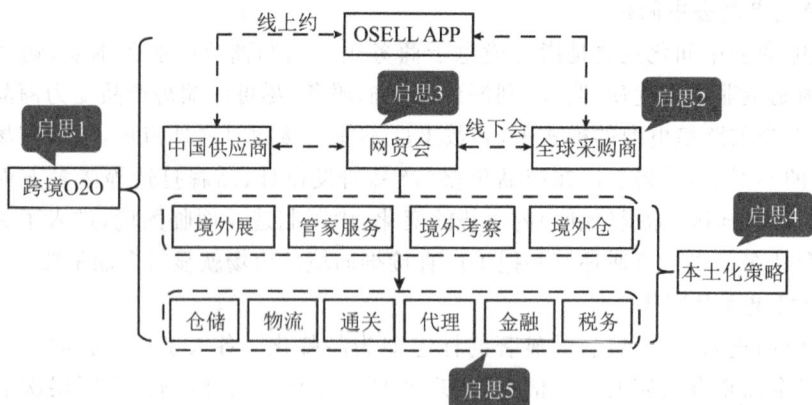

图 5　案例分析思路

(二) 启发性思考题解答要点

1. 启发性思考题(一)解答要点

启发性思考题(一):世界各地供应商与大龙网的合作不断深入,大龙网是如何建立起全球商人之间的信任关系的?

此题需要用到 O2O 相关知识点,讲解时需配合大龙网 OSELL APP 和网贸会的战略布局。O2O 对用户而言可以获取更加丰富、全面的商家及服务信息,对商家而言则可以获得更多宣传和展示机会,吸引来更多客户。

本案例中,大龙网通过移动手段建立中国卖家与境外买家之间的商业系统关系,同时在一些国家铺设中国商品体验馆,通过"线上约、线下会"的商业模式,大龙网助力中国制造"走出去",并赢得了境外供应商的信任。具体步骤为:①引流。将 OSELL APP 作为线下购买决策的入口,汇聚大量有消费需求的购买者。②转化。通过向购买者提供商铺的详细信息(产品规格、价格等)完成购买决策。③反馈。购买者将自己的需求反馈到线上平台,完成厂商定制化需求。

2. 启发性思考题(二)解答要点

启发性思考题(二):你认为大龙网不卖产品专做服务的原因有哪些?

此题需要运用 C2M 的运作过程及优势等知识点,并结合大龙网"互联网＋外贸"的招商模式进行分析。目前跨境电商还处在探索、摸索阶段,占中国外贸总额还比较小。但是,跨境服务电商可以提高交易效率、降低交易成本,更重要的是为中小微企业创造商机。

本案例中,大龙网以前做过跨境电商卖家,也搭建过 B2C 平台,后来转型为移动跨境贸易 O2O 平台,同其他第三方平台的差异主要是它更注重与中国厂商、国外卖家与零售商的移动对接。C2M 电商平台存在的价值在于连接需求和生产两端,将消费需求和生产流水线连接起来,它最大限度地迎合了电子商务去中间化、定制化生产的趋势,不仅可以大幅降低产品售价,还能极大满足消费者的个性化需求。

3. 启发性思考题(三)解答要点

启发性思考题(三):大龙网通过"互联网＋外贸"为出口商选择的是哪种国际(地区间)分销渠道策略,有哪些好处?

此题综合性较强,需要借助国际(地区间)分销渠道与供应链管理知识点来分析。企业选择什么样的渠道在境外目标市场上销售商品,并不能仅由企业的主观愿望和自身条件决定,还要视各国(地区)现有的渠道模式来定。

本案例中,大龙网通过提供"线上约、线下会"的互联网模式以及全套跨境服务,使中国出口商可以实现直接出口。直接出口不仅为企业创造了向境外用户展示自己、了解国(地区)外市场变化的机会,更为企业的产品打开了更为广阔的市场。这种策略下建立的分销渠道稳定性较强,企业可以严格管控各类渠道行为。对企业而言更大的优势在于,企业可以持续利用这一渠道所具有的调研、沟通、促销等功能,为企业在国际(地区间)市场上参与竞争奠定坚实基础。此外,中国企业还可以通过举办或参与国际(地区间)产品展销会、进出口贸易洽谈会,直接与境外最终用户达成供货协议,提升了交易效率,降低了交易成本。

4. 启发性思考题(四)解答要点

启发性思考题(四):本土化策略在大龙网的整体解决方案中是如何体现的?

此题具有很强的实践性,可以在课堂上借助网络引导学生思考与归纳。本土化策略是一个过程而不是一个目的,通俗地说就是要入乡随俗。本土化的核心就是企业一切经营活动要以消费者为核心,其所有规范必须随顾客变化而变化。

在本案例中,大龙网在 C2M 和 O2O 运作模式下,根据顾客个性化需求设计生产并派送产品,借助一流的技术与服务实施其产品本土化策略;在营销方面,大龙网设立前展后仓的网贸会,这一展览模式与后续的仓储物流全方位配套服务体现了其营销本土化策略;大龙网在招聘网贸馆负责人时十分看重曾经在当地生活过的华人,认定只有具备这样复合文化背景的人才才能够胜任对接国内出口企业与当地消费市场的工作,体现了其人力资源本土化的策略;大龙网本着"就近就地"原则为跨境贸易提供包括通关服务、公共服务、综合服务、在线交易服务、公共监管仓在内的一揽子解决方案,体现了其市场本土化策略。

5. 启发性思考题(五)解答要点

启发性思考题(五):你认为 B2C 与 O2O 有哪些联系与区别?什么样的产品更适合 O2O 模式?大龙网的运营模式体现出跨境电商 3.0 时代的哪些特征呢?

此题属于开放性思考题,需要结合案例中大龙网的 O2O 运营模式以及对"跨境电商 3.0"的理解与认知来分析。O2O 与 B2C 的相同点有:消费者与服务者第一交互面在网上(包括移动端);主流程是闭合的且都通过互联网实现,如网上支付、在线客服等;需求预测管理在后台,供需链管理是 O2O 和 B2C 成功的核心。不同点有:O2O 更侧重服务性消费(包括餐饮、电影、美容、SPA、旅游、健身、租车、租房),B2C 更侧重购物(实物商品,如电器、服饰等);O2O 的消费者到现场获得服务,涉及客流,而 B2C 的消费者待在办公室或家里,等货上门,涉及物流;O2O 中库存是服务,B2C 中库存是商品。与

B2C 相比,有很多产品更适合 O2O 模式,比如房产、餐饮、汽车、家具、橱柜、配镜等非标准、高单价商品或服务业,这类商品高度依赖用户体验,虽然依托 B2C 也可以实现销售,但不能满足大部分用户的需求,O2O 则是更为理想的消费形式。

跨境电商 3.0 时代最大的突破就在于为实体经济服务和为大宗商品提供全产业链支撑。大龙网不仅欢迎大型工厂进驻,而且还依此建立自己的"大数据",通过对数据的"加工"有效把握市场的整体以及个性化需求,体现出跨境电商大型化的特征;大龙网通过 O2O 的运营模式,实现了从国内制造商到境外消费者的直接出口,缩减了长长的贸易链条,通过境外各地的网贸馆,适时汇总和反馈不同国家或地区的不同需求,实现线上和线下互动,提高中国产品的定价权和话语权,体现出跨境电商去中间化的特征;中国制造商通过大龙网的全套产业链服务,由原来的 OEM 模式出口到现在的直接出口,转变了其长期贴牌生产的固有模式,实现了企业的品牌化生产,体现出跨境电商 3.0 模式下跨境电商品牌化的特征。

六、教学组织方式

案例授课班级人数不宜过多,应该控制在 20～30 人,可以 4～6 人为一组分成 5 个小组。教室的桌椅布局要让所有的课堂参与者围坐四周,以使其容易听到和看到同组成员为基本原则。教室中应具备电脑、投影仪、黑板、粉笔等设备。同时,为方便学生更好地参与案例课堂讨论,教师可以在课前提醒学生做课前准备工作,例如,熟悉案例,浏览大龙网对接国内供应商的网站 www.18985.com,体验 OSELL APP 移动电商服务平台,以便更好地熟悉大龙网的运营模式。

(一)课时分配

案例回顾与概述(5 分钟):介绍案例背景,回顾案例内容,理清案例思路,明确案例主题。

提出问题与小组讨论(20 分钟):结合板书提出启发性思考题,分小组讨论并形成组内答案。

小组汇报与教师引导(50 分钟):针对每一道启发性思考题,选一个小组进行回答,其他小组补充。教师需结合板书和多媒体对学生引导,得出最终答案。

案例评价与总结(10 分钟):对知识点进行梳理,对案例教学过程进行评价,总结学习心得体会。

其他问题(5 分钟):教师回答学生的一些其他问题。

(二)板书设计

启发性思考题(一):世界各地供应商与大龙网的合作不断深入,大龙网是如何建立起全球商人之间的信任关系? 启发性思考题(一)及解答要点如图 6 所示。

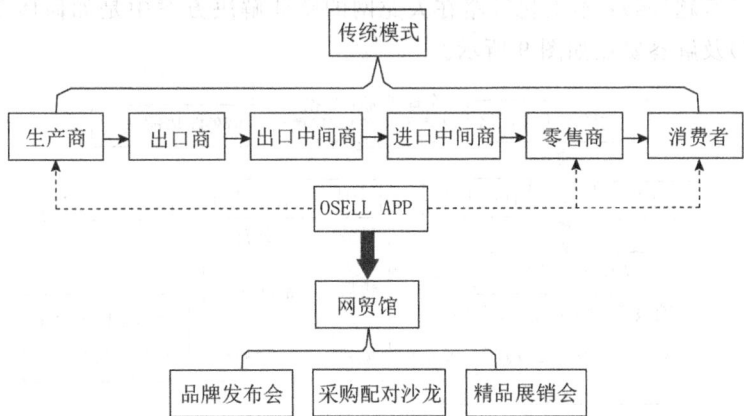

图6 启发性思考题(一)及解答要点

启发性思考题(二):你认为大龙网不卖产品专做服务的原因有哪些?启发性思考题(二)及解答要点如图7所示。

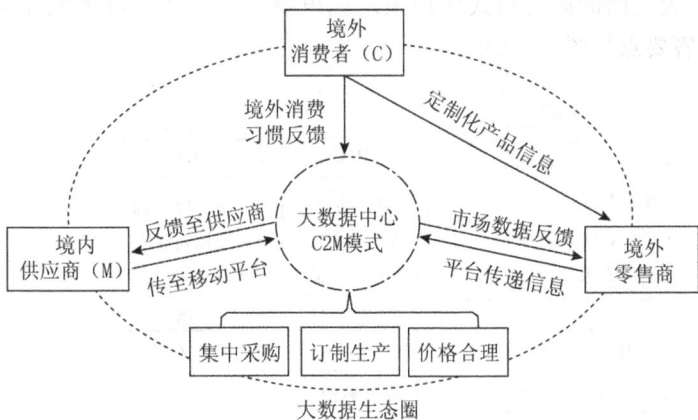

图7 启发性思考题(二)及解答要点

启发性思考题(三):大龙网通过"互联网+外贸"为出口商选择的是哪种国际(地区间)分销渠道策略,有哪些好处?启发性思考题(三)及解答要点如图8所示。

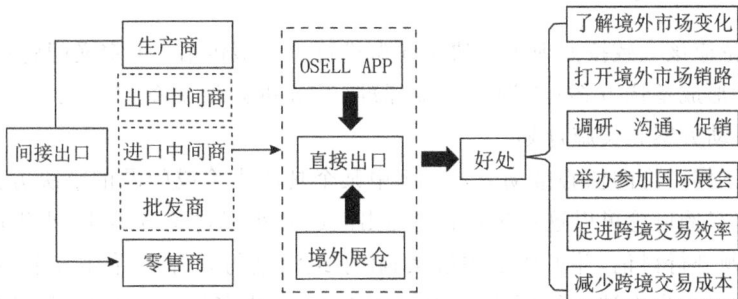

图8 启发性思考题(三)及解答要点

启发性思考题(四)：本土化策略在大龙网的整体解决方案中是如何体现的？启发性思考题(四)及解答要点如图 9 所示。

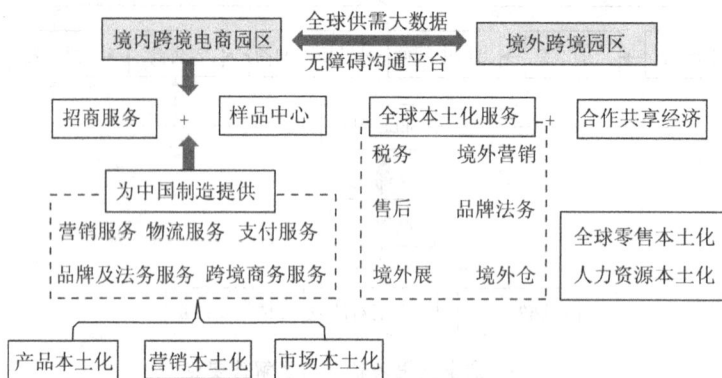

图 9　启发性思考题(四)及解答要点

启发性思考题(五)：你认为 B2C 与 O2O 有哪些联系与区别？什么样的产品更适合 O2O 模式？大龙网的运营模式体现出跨境电商 3.0 时代的哪些特征呢？启发性思考题(五)及解答要点如图 10 所示。

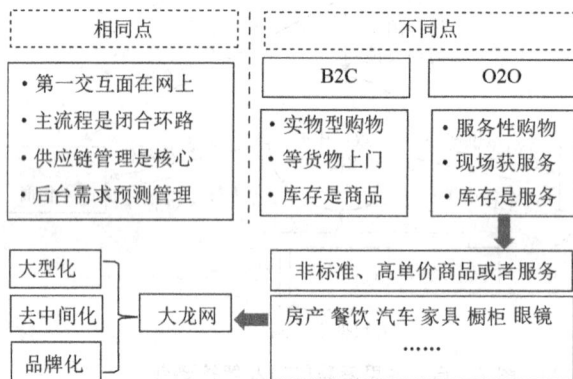

图 10　启发性思考题(五)及解答要点

(三)讨论方式

案例讨论应该大致按照典型的决策模型进行。模型包括：①定义问题；②分析案例具体情况；③形成备选方案；④选择决策标准；⑤分析并评估备选方案；⑥选择首选方案；⑦制定行动方案和实施计划。

大多数案例讨论的核心推动力是组织中某个具体决策或问题的解决方案，因此，根据课时分配，案例讨论可以这样进行：在提出问题和小组讨论环节中，小组内根据 5 道启发性思考题进行讨论，并形成组内答案；在小组汇报与教师引导环节中，对每一道问题，教师从 5 组学生中选一组回答，其他小组补充，形成多种备选方案，教师根据决策标准引导学生分析评估备选方案，选出首选方案，并制订行动计划。

在案例讨论时,教师需鼓励学生形成良好的讨论习惯,如勇于提出不同意见、讨论前做好准备、讨论时及早发言、讨论后及时总结,避免盲目从众、提前背稿。

七、其他教学支持材料

(一)计算机支持

由于本案例在有关课程中当作讨论材料使用,需要展示给学生。所以在计算机中需要安装 PowerPoint 软件。

(二)网络支持

本案例中提到跨境电子商务案例,需要学生连接互联网,通过登录电商网站、跨境电商平台和相关社交网站体会和了解实务现状。

参考文献

[1] 李普聪,钟元生. 移动O2O商务线下商家采纳行为研究[J]. 当代财经,2014(09):75-87.

[2] 林荷,郑秋锦,陈佑成."互联网+"背景下传统企业转型O2O电子商务现状与对策[J]. 宏观经济研究,2015(12):79-85.

[3] 卢益清,李忱. O2O商业模式及发展前景研究[J]. 企业经济,2013(11):98-101.

[4] 彭惠,吴利. O2O电子商务:动力、模式与前景分析[J]. 华南理工大学学报(社会科学版),2014(06):10-17,98.

[5] 吴晓志,陈宏,张俊. 考虑服务竞争的O2O供应链决策与协调[J]. 控制与决策,2015(08):1453-1461.

[6] 徐国虎,孙凌,许芳. 基于大数据的线上线下电商用户数据挖掘研究[J]. 中南民族大学学报(自然科学版),2013(02):100-105.

[7] 杨金勇."连锁经营、电子商务、移动互联"三位一体的O2O模式研究[J]. 武汉工程职业技术学院学报,2013(02):51-55,76.

致　谢

　　本案例获大龙网(OSELL)授权发布,在采编过程中得到了大龙网科技有限公司的鼎力支持。感谢接洽人员曾建文先生与宋昱霖先生等为本案例提供的一手企业资料与宝贵意见,丰富了案例的时效性和内涵,特此致谢。案例正文的压缩版题为"中小制造商如何直达海外消费者"已先行在《浙商》杂志 2016 年第 22 期发表,感谢杂志主编张远帆和记者陈抗为案例行文、措辞提供的宝贵意见。

环球市场集团的战略变革之路

◎ 马述忠 孙 晴 柴宇曦

（浙江大学马述忠工作室）

■■■ **摘 要**：2004 年，面临内忧外患的环球市场集团被逼入绝境，CEO 凌风积极寻求帮助公司转危为安的路径。经过自我反思和实地走访，凌风意识到是公司战略定位失误和执行不当让集团进退维谷。凌风针对性地对公司重新进行了战略定位，将服务对象调整为中国优质制造商，通过提出 GMC 八大标准提高了服务门槛，集中力量协助优势企业打造"中国制造"这一群体品牌。公司还通过提供供应链物流、金融服务以及构建营销体系，帮助 GMC 制造商走向世界，赢得市场。

■■■ **关键词**：战略定位；品牌；供应链服务；全球营销

The Path of Global Market's Strategy Changes

◎ Ma Shuzhong　Sun Qing　Chai Yuxi

(Mashuzhong STUDIOS, Zhejiang University)

Abstract: Faced with internal and external problems in 2004, Global Market's CEO Ling Feng sought solutions and paths actively to help company turn the corner. After self-reflection and visiting the manufacturers and international buyers, Ling Feng acknowledged that it is the company's strategic positioning errors and improper execution, which enabled the Group's dilemma. Ling Feng re-targeted strategic positioning, by adjust the clients to good quality Chinese manufacturer. Global Market improved the service by proposing GMC eight threshold standards, and concentrated on assisting competitive enterprises to create "Made in China" brand of this group. The company also effectively helped GMC manufacturer to win the world market, through the supply chain logistics, financial services and marketing systems.

Key words: strategic positioning; brands; supply chain services; global marketing

上篇　案例正文

一、引言

2004年6月的广州骄阳似火,闷热异常。经历了一天的燥热,傍晚的长洲岛海滩上海风吹拂,带来些许清凉。环球市场集团CEO凌风站在南亭古码头上,静静地看着壮丽的日落,思索着目前公司的困局。最近公司内危机频发,高层人员流失严重,资金周转也出现了严重的困难。昨天开完高层会议后,一向自信而坚毅的凌风陷入了短暂的迷茫。像往常一样,凌风选择独自来到长洲岛,仔仔细细地思考了公司所面临的问题和困境的根源。为了对问题进行更全面的了解,凌风马上联系了环球市场集团供应商们的总经理和国际(地区间)大买家的采购总监,约定时间进行一次深谈。在前往约谈地点的路上,凌风陷入沉思,到底要怎样进行改革,才能让公司适应市场需求,走在发展的道路上呢?

二、企业背景

环球市场集团成立于1995年,并于当年建立了第一个国际(地区间)贸易网站,远赴德国法兰克福展会,成为中国首家参加境外展的国际营销机构。在1995—2004年的10年间,环球市场集团不断探索世界贸易的新模式和未来发展之路。

成立之初,基于公司成员的专业优势和地缘优势,以及出口商机推广领域蕴含的庞大社会需求,公司将国际(地区间)贸易服务定为环球市场集团大的整体战略发展方向。1998年公司粗略地筹划过,要围绕着国际(地区间)贸易提供一系列的配套服务,其中包括国际(地区间)推广、国际(地区间)物流、国际(地区间)展览、国际(地区间)商检、国际(地区间)金融等和国际(地区间)贸易相关的业务。但是,这项庞大且重点不突出的计划并未能得到充足的资金和人才的支持。之后经过数年对出口服务的深入参与,环球市场集团发现最核心的出口服务是商机(将买家与卖家需求准确衔接)、物流和资金流三部分,它们之间相辅相成、环环相扣,其中又以商机最为基础和关键。于是,CEO凌风决定以锁定商机交易为核心,逐步建立出口服务的业界联盟,解决交易所引发的国际(地区间)物流和金融方面需求,扮演代理角色从事资源整合,为商机提供后续配套服务。这是环球市场集团历史上第一次实践减法战略。接下来,环球市场集团一直致力于商机促进业务,帮助中国制造商拓展境外的专业买家市场。

三、危机初现

2003 年,环球市场集团发展顺利且稳定。此时环球市场集团服务的是中国国内大小制造商,整体来看接近于普通电子商务平台,客户定位大而全,覆盖各种类型的企业,不断扩充行业范围,战线被拉大,各项投入支出也在不断加大。

在公司草创阶段,市场还不太成熟,竞争对手也不是很强大,环球市场集团在很多方面都做得比别人好。但是随着市场逐渐成长,信息越来越复杂,来自不同市场、不同客户的需求越来越多样化,管理运营需要大量的人力、物力配合时,决策难度就变得非常大。此时的环球市场集团已经将战线拉得太长,使得公司过去赖以成功的经验和市场触觉明显减弱,企业决策处处掣肘,发展举步维艰,环球市场集团陷入了困局。

到了 2004 年 6 月,环球市场集团似乎陷入了进退维谷的境地。内部会议上,听着各部门报告的公司状况,6 月的广州骄阳似火,凌风心却慢慢冷了下来。公司的资金状况已经支撑不住,原始资金已经用完,上市计划被迫推迟,新聘的高管开始辞职。在公司内部,员工们信心不足,对公司未来担忧了起来;在公司外部,流言四起,竞争对手正虎视眈眈。在这样内忧外患的情况下,凌风意识到,不破不立,越是坚硬的阻挡,冲破后,越可能看到希望的曙光。造成公司如今困局最根本的原因是战略定位的失误,环球市场集团应当如何解决问题、借势而立,制定出正确且适应公司现有资源的新战略呢?

凌风明白,首先要找出问题激增的矛盾点,才能重新确立最佳的战略定位。内部会议结束后,他又分别与国内的几家制造商公司总经理和国际(地区间)大型买家乐购公司的采购总监麦克斯(Max)进行了两次深入谈话。

约谈前,凌风彻夜通读了各部门递交上来的调研报告和数据,对环球市场集团近些年的发展历程进行了一些思考。在对出口各环节进行深入调研的报告中,凌风发现中国虽然有几千万家企业,但是最大的几万家制造商通过直接或间接的渠道,占了中国主要的出口份额;还有十几万家制造商具备了一定的出口潜力;而其余的企业都不在出口领域,或者只是为这些主流制造商做生产配套。公司所服务的许多客户企业出口量很少、完全不出口或根本没有出口能力,给环球市场集团造成了极大的困扰。

最初,环球市场集团没有设置客户群体门槛。因此少数能力低下的小作坊、专做冒牌货的山寨厂混在公司服务的客户群体中,一些贸易公司的质量也是参差不齐。这些客户和业务不但没有贡献利润,还会和另外那些最有价值的客户在公司内部激烈地争夺人才、资金、品牌等各项服务资源。例如,环球市场集团服务的一些实力不强的企业,没有很好的竞争优势和实力,哪怕环球市场集团帮助它们做了很多推广,耗费了大量的时间和精力,获得的效果依然不够理想,虽然多次向大量国际(地区间)买家推荐,他们依然不为所动,因为这些国际(地区间)买家通常自己有一套筛选供应商的标准。

这样的局面,一方面让一些优秀的中国制造商感到苦恼,不仅服务资源无法得到充足保障,自己的品牌形象也受到了严重影响;另一方面,针对环球市场集团所服务的部分客户产品中的仿冒行为,国际(地区间)市场上出现了投诉与诉讼事件。更可怕的是,一些优秀的国际（地区间）买家对环球市场集团的客户实力产生了质疑，觉得环球市场集团浪费了他们很多的时间、人力成本，以及更宝贵的机会成本。这些情况逐渐对环球市场集团施加了很大的压力。

四、中国制造商的烦恼

带着对环球市场集团战略的思考和对制造商现状、发展困境的疑问，凌风如约参加了中小制造商座谈会。

座谈会定在了一个周五的下午，会议室里气氛有些压抑。易履公司的王总清了清嗓，回答了凌风的疑问。易履公司是一家皮具制造厂，主要从事皮鞋和皮包的贴牌代工。"我们公司一直都是从事皮具贴牌生产的，前些年利润不错，最近这几年，公司的经营状况渐渐不景气了，"王总沉默了一下，继续讲了下去，"整个企业从功能上来说其实只是一个工厂，甚至是一个车间、一条生产线。现在广州像我们这样的企业太多了，因此经常被买家们恶意压价，挤压成本，本来就不高的利润也一降再降。如今只要能接到境外订单，稍有利润就已经算很不错了。"

身旁从事灯具生产的明光公司的李总点点头，接过王总的话："国际（地区间）买家们的压价越来越变本加厉了。前段时间，人民币升值，国际（地区间）原材料价格上涨，退税也减少了。我们要求把产品价格稍微提高一点，买家就态度坚决地拒绝了，说是别的厂家的产品、质量、款式和你的都差不多，我为什么要接受你的升价呢？这样我们的利润空间就被一压再压，最后不得不按最低的交货标准来生产。"说到激动处，李总不得不停下来，稍稍平静下心情，"可是他们所谓的质量和款式差不多的产品怎么能跟我们的产品相比呢？为了维持利润，那些小厂商不惜偷工减料、浪费资源、压低工资，使得咱们'中国制造'的品牌形象越来越低，甚至成为再次压价的理由。为什么我们明明是优质的'中国制造'，却不能卖上好的价格呢？"

"的确是会有一些经销商刻意压价。我们企业是生产办公椅的，出厂价也就十几美元。但是到了境外各大商场里面，摇身一变就贴上了上百美元的价格签。境外买家就这样把利润都拿走了，想想真的是欺人太甚。可是要是让我们自己做物流、宣传、销售，我们既没有充足的人才，也没有充足的资金和能力。所以就算我们有自己的品牌，知道产品流通成本这么高，依然没有合适的解决途径，只能干着急。"

认真听着各位老总的苦恼，凌风慢慢明晰了现阶段中国制造商们的几个痛点：一是产品同质化竞争，互打价格战，外商压价，导致产品利润越来越低；二是产品流通成本过高，传统的出口方式经过中间商、分销商的层层剥削，优质制造商的利润被"不合理"分配；三是"中国制造"在国际（地区间）上的产品形象不佳，无法得到境外大买家或消费者的直接认可。那么，结合这些问题，环球市场集团该如何改变自身的服务定位，适应需求呢？带着这些疑问，凌风继续拜访了全球三大零售企业之一乐购公司的采购总监麦克斯。

五、国际(地区间)买家的抱怨

制造商那边抱怨不断,采购总监这里也是叫苦不迭。麦克斯说,虽然工厂常常说买家故意压价,但是作为买家也并不容易,自己在中国区的采购也花费了很多成本,承担了很大风险。他们也亟须有人能够帮助他们解决目前的困境。

对于买家而言,选择供应商花费了巨大的时间和精力。麦克斯为凌风列了几个数字:作为一个国际(地区间)买家,收集供应商的信息需要花 5% 的时间,走贸易流程需要 10% 的时间,审核供应商需要 20% 的时间,但是通常筛选供应商的过程需要花费 65% 的时间。所以如果有企业能够帮助他们挑选出优质的供应商,那么国际(地区间)买家就能够节省 90% 的采购时间,会极大地减少时间成本和人力成本。

"为什么筛选供应商需要这么久的时间呢?"凌风忍不住问道。麦克斯苦笑了一下,举了两个例子。

乐购公司以前在 A 公司平台上挑选供应商,经常遇到十分刁钻的卖家。有时货款打过去了,对方不会全额交付货物,每次打的款总要先扣一部分,等到下次再向他们发单时,他们才会把上次拖欠的货物还回来。这种情况不仅可能耽误商机,而且其缺乏诚信的态度也会让买家失去再次合作的意愿。

另一种频繁发生的情况,则让麦克斯更是气愤不已。之前乐购公司在 A 平台上挑选出了一家供应商,各方面条件谈妥,也将货款支付过去了。但是当货柜运抵港口时,打开一看却是空的,供应商也已人去楼空。对于这种情况,麦克斯感觉难以置信又不知所措,采购人员从境外飞过来实地考察的成本太高,网络平台的描述又充满陷阱,真假难辨,国际(地区间)贸易由此陷入信任危机。

回公司的路上,凌风细细品味了麦克斯的话,逐渐对国际(地区间)大买家们的痛点感同身受。的确,在中国有一些小出口厂商偷工减料、弄虚作假,不仅给外商造成很大的损失,也为"中国制造"这一群体品牌蒙上了一层阴影。而且,正是由于这些不诚信企业的出现,国际(地区间)采购商们不得不投入更多的时间挑选供应商,造成了人力、时间成本的大量消耗。这两次深入谈话让凌风得到了极大的启发,面对买卖双方如此迫切的需求,环球市场集团顺应时势并做出调整的决策时机到了。

六、重新定位公司战略

在思考公司战略时,熟读管理学著作的凌风想起了管理大师彼得·德鲁克(Peter F. Drucker)针对目标管理提出的观点:企业必须要找出核心,懂得平衡、懂得调整、懂得舍弃,确保最终目标得以实现。

为寻求破解之道,凌风仔细研读了世界著名的战略定位案例,其中宜家家居的"减法战略"让凌风眼前一亮,颇受启发。宜家家居战略定位的核心是低价和有限服务,客户定位是年轻的家具用户,因为他们在乎的是价格低廉的时尚家具。宜家家居花了几十年时间围绕其战略定位高效运转,并进行了一系列环环相扣的整合。从价值观、设计、材料、价格等各方面贯彻其战略定位。此外,宜家家居还通过顾客自助服务、模块化家具设计、使用报价更低的制造商以及在全球范围内调整其供应链布局,来践行低价的战略定位。宜家家居的战略定位是以牺牲部分客户群和牺牲目标客户的部分服务为代价的,但是这样取舍有道、环环相扣、持续多年并运营得法的"减法战略",让年轻的顾客群一直支持宜家家居,使其最终发展成为世界上最大的跨境家居零售商。

凌风邀请了一位曾参与中国加入 WTO 谈判的中山大学国际贸易学博士生导师,5 名 MBA 学生以及环球市场集团的几位同事,组成了一个出口供应链服务研究小组,对中国出口的每一个服务节点进行深入的调研分析。研究小组收集了大量的海关统计数据以及欧、美、日等国际贸易发达国家(地区)的外贸发展历程资料,详细比较了中国与其他国家的不同发展特点,参考了国际(地区间)买家和中国出口制造商的意见,结合了环球市场集团团队多年的行业经验积累,最终确定了环球市场集团的战略定位方向。

"收缩战线,定位中高端客户!"当凌风将自己的想法告诉诸位高层的时候,也听到了一些反对的声音。毕竟,这样的决定意味着环球市场集团要放弃中国 4300 万家制造业的潜在客户,只专注于 10 万家最好最优质的中国制造商。但是,当各位部门负责人听过了凌风几个月来的调查报告后,逐渐对这一新定位产生了认同,公司上下又恢复了创立之初信心满满、斗志昂扬的氛围。

经过与各位负责人的协商,凌风提出了环球市场集团新的战略目标:为优质产品缔造最好的跨境交易市场。在商机促进业务中,环球市场集团之前的关注重点是帮助中国制造商拓展境外的专业买家市场。接下来,环球市场集团将重心逐渐调整为帮助中国的优秀制造商直接拓展境外的消费市场,并帮助具备一定实力的中国制造商逐步建立起自有品牌,获得更高的利润,掌握市场主动权。毕竟,全球分工所引发的世界市场融合已是不可逆转的时代潮流,国际(地区间)的交易市场也成了全球最大的市场,跨境交易因国与国、地区与地区之间的地理、语言、货币、文化、信任、法律等差异而导致费用高昂和阻力重重,因此降低成本、化繁为简,促进全球优质产品的轻松采购、流通及消费,将更好更具体地实现公司的发展和"中国制造"优质形象的推广。

同时,凌风对平台定位、公司使命和民族使命也进行了规划。他要将环球市场集团建设成为最权威的国际(地区间)营销机构,搭建成为全球最可信的国际(地区间)电商平台,树立"让中国制造成为优质标志"的民族理想,打造"中国制造国家队"和全球直销平台,最终融合全球资源造福人类。

七、确立战略核心部署

环球梦已经提出,战略也已经重新制定,接下来就是考虑具体的阶段战略部署了。结合客户需求、公司自身资源和新的战略定位,凌风提出了以下五点战略部署。

（1）设置市场准入门槛，建设群体品牌。

（2）先服务中国制造商，后服务境外制造商。

（3）先建立中间买家市场，后建立直接消费市场。

（4）先出口后进口。

（5）建立全球业界配套服务联盟。

这其中，最重要的核心部署就是设置市场准入门槛，建设群体品牌。

对于中国少数实力特别强的中小企业来说，虽然它们的产品质量较好、销量排名靠前，但是在境外消费者市场中获得的品牌认知度和认同感实际上并不高。如果有一批优秀的中国制造商能够联合起来，以高要求、高标准共同打造真正能代表优质"中国制造"并让国际（地区间）消费者信赖的群体品牌，做好这个群体品牌的公关工作，那企业同时打响自己的独立品牌就容易很多了。这一标准应该包含哪些要求呢？

凌风首先带领环球市场集团员工筛选出了 2 万家优质买家，然后跟买家一起归纳出了买家在选择供应商时最关心的要素，建立了八项标准，并据此确定了优质制造商的量化标准 GMC（Global Manufacturer Certificate，环球制造商证书）。GMC 八大标准如表 1 所示。

表 1　GMC 标准体系

群体品牌 GMC 评审项目	群体品牌 GMC 评审标准
1. 真正制造商	必须拥有自己的厂房或租赁厂房，或经营自主品牌（必须拥有品牌或注册的自主商标，并拥有自主出口权）
2. 提供优质产品的能力	拥有 ISO 9000 认证或有效的总体质量控制体系，并拥有出口产品认证；有效监控生产过程的总体质量控制；有效的验货流程；具备严格甄选，管理优质供应商的能力
3. 企业规模	自有工厂年产能超过 500 万美元，或年出口额超过 250 万美元；或自主品牌年出口额超过 50 万美元
4. 专业外贸团队及经验	拥有专业的外贸团队
5. 研发能力	拥有专职产品研发团队
6. 社会环境责任	符合社会环境责任标准，如不能雇佣童工等
7. 信誉/商誉	过往未发现重大商业欺诈行为并做出声明
8. OEM/ODM① 经验	拥有 OEM/ODM 经验

GMC 标准成了环球市场集团客户准入门槛，并通过国际（地区间）买家所信赖的 ITS、TUV 等世界级认证机构上门审厂，出具 GMC 验厂报告。客户在通过八项标准

---

① ODM：Original Design Manufacturer 的缩写，直译是"原始设计制造商"。ODM 是指某制造商设计出某产品后，在某些情况下可能会被另外一些企业看中，要求配上后者的品牌名称来进行生产，或者稍微修改一下设计来生产。承接设计制造业务的制造商被称为 ODM 厂商，其生产出来的产品就是 ODM 产品。

后,即可获得环球市场集团颁发的 GMC 标志证书。

通过 GMC 标准,环球市场集团过滤出了优质的制造商,这大大节省了国际(地区间)优质买家的时间,以及寻找优质供应商的成本,也规避了国际(地区间)买家的采购风险。这一标准能够较好地解决国际(地区间)买家的难点,同时也提升了 GMC 制造商群体的整体信誉,让 GMC 制造商在中国 4300 万家企业中脱颖而出,成为优质买家优先考虑的供应商。此举也能较好地解决优质中小企业的部分痛点。因此在凌风将 GMC 标准这一概念推出时,立刻得到了制造商和国际(地区间)买家的一致好评。

八、精准匹配战略举措

如果存在一个合适的让境外消费者放心的跨境交易市场平台,此平台对供应商的质量把控、跨境物流、结算、标准化售后服务甚至赔偿都能够做出足够的承诺,那么在境外打响优秀的中国品牌将有机会成为现实。

促成商机是这个市场的基础,无论是面向中间买家的国际(地区间)营销模式,还是面向直接消费者的制造商全球直销模式,物流和金融结算都是这个市场的重要配套服务。那么,环球市场集团要不要单独做物流和金融呢?

结合环球市场集团现阶段的资源和能力,吸取过去盲目追求"大而全"得到的经验教训,凌风决定暂且搁置这个念头。换言之,环球市场集团不会自己单独做物流和金融,不会有自己的货船、拖车,更不会去成立银行。但是环球市场集团可以整合物流和金融资源,提供货运代理和结算代理的配套,通过建立服务联盟来整合业界的服务资源,让这个跨国交易市场运作得更加高效顺畅。

为此,凌风与 UPS,DHL 等大型物流公司,以及 PayPal 等支付公司进行了商谈,签订了诸多战略协议,为中小企业谋取了大量的优惠和便利。如物流公司给予 GMC 制造商大量的运费折扣,UPS 是 2.2 折,DHL 是 1.8 折,联邦快递是 1.6 折。PayPal 也愿意为 GMC 制造商调整支付权限,方便交易。

为了将 GMC 这一群体品牌推广,凌风根据公司的需要和资源,逐步提出了六大营销理念,包括网络营销、展会营销、社交化营销、定向市场开发、采购会营销和群体品牌营销。由于 GMC 标准的出现,营销推广也比之前更让人信任了。二者相辅相成,让环球市场集团的发展步伐大幅加快。

"既然做服务,就要将服务做到极致。"这是凌风的信念,也是他奋斗的准则。为了将展会营销做好,吸引最活跃、最专业、最有购买欲望的买家,环球市场集团投入巨额资金,每年在不同行业分别参加 10~30 个国际(地区间)展会,全年参加的国际(地区间)商展多达数百场,成为业界参加国际(地区间)商展最多的公司。每年,环球市场集团还举办超过 2 万场买家采购见面会,把高质量商机直接带到 GMC 制造商会员面前。环球市场集团跟其他同行参展时的最大差别是,它代表了由买家信任的认证机构严格审核过的、优质的 GMC 制造商群体,因此更具有针对性和吸引力,获得了很高的订单率。

为了帮助企业更好地进行营销,环球市场集团免费协助企业搭建官网,协助其在

www. globalmarket. com 网站上直接对境外买家或消费者销售。为了实现更好的 EDM 营销[①]，凌风主持并购了专门做 EDM 营销策划的香港上市公司 Tradeeasy，每天通过自动化智能系统主动进行营销。在了解到年轻人对社交网站的热爱以及逐渐兴起的 SEO 营销[②]后，凌风也与时俱进，跟 Google、Yahoo、Bing 开展了战略合作，在 Facebook 上建立了自己的主页，与潜在用户进行互动，潜移默化中将 GMC 品牌推向了世界。

九、收获战略成功回报

环球市场集团的战略定位和 GMC 标准体系的推广得到了政府和社会各界、中国制造商和国际（地区间）买家的广泛信任和真心认可。

2009 年，环球市场集团荣获中国商务部颁发的"贸易促进贡献奖"，以及中国贸促会评选的中国高端电子商务第一品牌等荣誉。2011 年，温家宝总理对 GMC 的梦想表达了认同和支持。2012 年，在国家工信部的支持和帮助下，广东省经信委和环球市场集团一起确定了代表优质广东制造的新广货标准。2015 年，随着《电子商务供应商评价准则——优质制造商》政府文件（编号 GB/T 30698—2014）投入执行，GMC 正式成为国家标准，逐渐成长为国家认可和支持的优质制造商群体品牌。

2010 年，作为 GMC 总裁论坛培训专家的"定位之父"艾·里斯（AI Ries）在为 GMC 会员进行全球巡回培训时说："如果中国制造要学德国的话，要做到两点：第一，有 GMC 这样的群体品牌，把大家团结起来，通过权威认证向世界推出中国高品质的制造商。第二，建立强有力的自主品牌。这两点缺一不可。"2011 年，"世界第一 CEO"杰克·韦尔奇（Jack Welch）成为 GMC 首席管理导师。"全球营销之父"菲利普·科特勒（Philip Kotler）签约成为 GMC 首席国际营销导师，他对 GMC 的评价是："我预测，中国有了'GMC 制造'，将可以和'德国制造''日本制造'平起平坐！ 如果多年之后回顾历史的话，到时候我们会说，GMC 为中国的世界形象做出了巨大的贡献！"管理学大师的推崇显示了学术界对 GMC 标准体系模式创新的认可。

与此同时，很多 GMC 制造商客户也通过环球市场集团认识了优质买家，并获得了利润丰厚的境外订单。环球市场集团服务的 150 万国际（地区间）买家会员中，包括 GE、家得宝、欧尚和迪士尼等国际（地区间）大买家，也包括很多中小规模的优质国际（地区间）买家，他们很多都以 GMC 制造商作为首选供应商，并持续向 GMC 制造商发出大量订单。例如，世界 500 强、知名美国采购商家得宝的前中国区总裁全国珊（Simon Quan）也正式加盟了环球市场集团董事会，凭借他几十年的采购商经验帮助 GMC 制造商会员吸引买家，赢取境外订单。

目前，环球市场集团已经将美的、格兰仕、苏泊尔、坚美铝材、鸿雁、广日、园方圆、奥普集团、广明源照明等中国制造业的优秀代表发展成为长期客户，并积累了 150 万国际

---

① EDM(Email Direct Marketing)营销：即 Email 营销、电子邮件营销。
② SEO(Search Engine Optimization)营销：搜索引擎优化营销，就是根据用户使用搜索引擎的方式，利用用户检索信息的机会尽可能将营销信息传递给目标用户。

（地区间）优质买家，向"世界标准、全球直销"的梦想迈进了一大步。

此外，www.globalmarket.com 作为环球市场集团的线上网站，已经成为深受国际（地区间）买家和供应商信任的国际（地区间）电子商务平台，通过全球专业的推广建立了优质制造商的群体品牌 GMC，让国际（地区间）买家认识和信任中国真正的优质制造商。多年来，环球市场集团的专注，终于让"中国制造"成了优质标志。

十、结束语

从 2005 年 GMC 标准及直销模式正式确立，快速发展，到收获国家政府和国际（地区间）买家的认可和支持，凌风带领着环球市场集团一步步践行着"让中国制造成为优质标志"的民族理想，并已经取得了颇为显著的成就。然而，如今的中国制造还未像德国制造、日本制造那样，成为世界广大消费者心中普遍的优质商品代表。接下来还需要怎么做，才能真正带领好"中国制造国家队"呢？凌风又一次陷入了沉思。

附录

环球市场集团 GMC 标准体系发展史如表 2 所示。

表 2　环球市场集团 GMC 标准体系发展史

时间轴	重要事件
2005	GMC 元年，GMC 中国优质制造商标准正式建立
2008	获得集富（Jafco）等国际（地区间）投资者 2 亿元投资 收购香港 B2B 上市公司 Tradeeasy，强强联合
2009	中国商务部向环球市场集团颁发"贸易促进贡献奖" 被中国贸促会评选为"中国高端电子商务第一品牌"
2010	GMC 会员联合承办上海世博会世贸馆，获"杰出商业应用奖" 全球"定位之父"艾·里斯为 GMC 会员进行全球巡回培训 被《财富》杂志评选为"卓越雇主——中国最适宜工作公司"
2011	"世界第一 CEO"杰克·韦尔奇成为 GMC 智囊团成员 世界"营销之父"菲利普·科特勒签约成为 GMC 首席国际营销顾问 温家宝总理对 GMC 的梦想表示认同与支持 GMC 联盟会员集体亮相亚运会
2012	环球市场集团于伦敦交易所上市 GMC 成为广东省标准"新广货"
2013	超 3 万 GMC"国家队"客户预审上线，成为全球最大的 M2B 国际（地区间）电商平台
2014	GMC 跨境交易官网上线运营 环球市场集团旗下国内交易平台飞飞商城获得广州日报 8000 万投资
2015	GMC 正式作为国家标准《电子商务供应商评价准则——优质制造商》（编号 GB/T 30698—2014），投入执行

下篇　案例使用说明

一、教学目的与用途

本案例是为国际商务专业课程而撰写的,也可以在战略管理类课程教学中使用。本案例为学生提供了一个企业处于危机时刻重新制定战略定位和匹配的营销战略的实例。我们希望通过设置一个真实的案例环境,强化学生分析事物的能力和提出解决事物困境的应变能力。

(一)适用课程

本案例主要适用于国际商务类课程,也适用于战略管理类课程。

(二)适用对象

本案例难度适中,适用对象包括高年级国际经济与贸易或国际商务专业本科生、MBA、战略管理硕士研究生和低年级管理专业硕士研究生。

(三)教学目标

1. 知识传授

通过本案例的教学,学生们需掌握以下几个理论知识,并学会将相关理论运用到实践中。第一,通过对环球市场集团、中国制造商和国际(地区间)大买家困境的阐述,让学生了解战略制定的一般步骤和影响因素,并结合迈克尔·波特(Michael Porter)五力模型进行分析。第二,通过对环球市场集团的背景分析,让学生学会从产业边界、商业形态和竞争地位这三重维度分析企业的战略定位。第三,为了配合总体战略的实施,凌风对环球市场集团参与全球供应链服务的环节进行了设计和部署,可以借此引导学生了解全球供应链及其运作与服务的内容和机理。第四,着重介绍环球市场集团的国际(地区间)营销渠道,借此分析各种营销渠道的种类和利弊。

2. 能力训练

通过本案例的学习,学生能够增强对跨境电子商务货代服务领域的认识和了解,掌握并提升市场环境分析、战略定位和战略决策分析与应用,以及国际(地区间)营销渠道等方面的能力,加强针对性地分析问题、解决问题的能力。

3. 观念更新

在学习本案例后,学生能够对中国制造业出口面临的困境和国际(地区间)大买家的需求和难题有更深入的了解;对跨境电子商务货运代理行业的产生环境、商业模式和服务种类有更为清晰的认识;对产品标准和中国制造 2025 等战略规划和发展目标有更明确的方向。

二、启发性思考题

(一)环球市场集团、中国制造商和国际(地区间)买家的痛点分别是什么?

(二)改革前后,环球市场集团战略定位的产业边界、商业形态和竞争地位分别发生了什么变化?

(三)改革后环球市场集团对全球供应链的涉及程度如何?涵盖的供应链服务领域有哪些?

(四)从供应链服务视角分析环球市场集团可能会出现的问题和可能的解决方案。

(五)环球市场集团使用的营销渠道种类有哪些?从营销渠道的长度、宽度和广度方面分析。

三、案例分析背景

(一)制度背景

2012 年,全国工业质量品牌建设年活动。为贯彻落实国务院发布的《工业转型升级规划(2011—2015 年)》,调结构、促转型、扩内需,切实推动国货质量品牌再上新台阶,2012 年工业和信息化部决定在全国范围内组织实施"工业转型升级行动计划"。

2014 年,由全国电子业务标准化技术委员会 SAT/TC83 提出并归口①管理,广州龙媒计算机科技有限公司、中国标准化研究院等单位负责起草的《电子商务供应商评价准则——优质制造商》(GB/T 30698—2014)国家标准形成并发布。

(二)行业背景

电子商务的飞速发展极大地影响着世界各国的商务运作模式,按照电子商务的交易对象划分,电子商务主要分为 B2B、B2C 和 C2C,其中 B2B 的电子商务是最受关注的商业方式,交易双方通过互联网完成金额巨大的商务活动,大大降低了交易活动所需要的时间、金钱与精力,B2B 电子商务平台上大量流入的优质信息使无论是国际(地区间)大买家还是中小商家都有了相对公平参与经济活动的机会。

B2B 电子商务有两种基本模式,一种是企业之间直接进行的电子商务,主要是制造

---

① 归口,也可理解为"归属",就是归属哪个部门或是哪个体系管理。归口管理实际上就是按国家赋予的权利和承担的责任,各司其责,按特定的管理渠道实施管理。

业,它们通过网络直接采购市场材料和在线提供货物;另一种是第三方 B2B 电子商务平台,买卖双方在这一平台上进行交易,比较有名的第三方 B2B 电子商务平台有 Thomas Net、EC21、阿里巴巴、慧聪网、世界工厂等。环球市场集团定位于 M2B(Manufacture to Business)的商业模式,是 B2B 模式更具体的一种分类。

四、理论研判依据

(一)知识点一: 战略定位与战略管理

1. 战略定位的理论分类
(1)"内外匹配型"战略定位

"内外匹配"主张最早是由美国管理学家切斯特·巴纳德(Chester I. Barnard)在1938 年提出的,他认为组织是用以协调各种活动的体系,这些活动包括内部活动和外部活动。美国企业史学家艾尔弗雷德·D. 钱德勒(Alfred D. Chandler)在《战略与结构》一书中指出,随着企业外部环境的变化,企业的战略定位必然随之调整;而随着战略定位针对外部环境中蕴涵的机会或带来的威胁适时进行变革,组织结构也随之做出反应。环境、战略、结构三者相互影响,相互匹配。

美国著名学者肯尼斯·R. 安德鲁斯(Kenneth R. Andrews)在《公司战略概念》中首创了 SWOT 分析框架(见图1)。这一分析框架充分体现了安德鲁斯内外匹配型的战略定位思想。在 SWOT 分析框架中,安德鲁斯借助对优势、劣势、机会、威胁这四个层面的整合,突出强调了在环境与能力两个维度之间建立的有机匹配。在环境维度上,SWOT 架构回答了企业"可能做什么"的问题;而在能力维度上,SWOT 又对企业"能够做什么"给出了解释。

图1 SWOT 分析

(2)"外部导向型"战略定位

1980 年前后,以美国管理学家迈克尔·波特为代表的一批学者开始从战略视角出发,分析定位问题,形成定位学派。波特认为,形成竞争战略的实质是在企业与其环境之间建立联系。这里,环境最为关键的部分就是公司投入竞争的一个或几个产业,而产业结构会强烈影响着竞争规则的确立以及公司潜在的战略选择。因此,企业在制定竞争战略时,首先要进行以产业结构分析为主导的外部环境分析,减少企业间的战略定位趋同风险,降低竞争强度是企业竞争战略的核心内容。

围绕这一战略任务,定位学派研究的分析工具与技巧中,最著名的是波特的"五种竞争力量模型"(简称"五力模型")。在波特的"五力模型"中,五种竞争力量是指进入威胁、替代威胁、客户议价能力、供应商议价能力和现有竞争者的竞争。运用"五力模型"进行外部环境分析,能够深入到表面现象之后分析企业面对的竞争压力来源。对于压力来源的认识,可使公司的关键优势与劣势突出地显露,使公司更好地在产业中确立自己的战略定位,使战略变革可能产生最大回报的领域清晰化,也使产业发展趋势中最具机遇和危险的领域边界更加明朗。

2. 战略定位的三重维度

战略定位就是企业的发展方向,表现为一定的扩张路径取舍。它是在对企业所处的外部竞争环境进行正确评估、对自身的资源配置及核心能力进行客观判断的基础上,确定企业的产业边界、商业形态和竞争地位,并奠定了战略管理的必要基础。

(1)产业边界

边界是系统理论中的基本概念,将其引入产业组织理论研究,由此得到"产业边界"的概念。产业边界即企业提供产品或服务所覆盖产业范畴的宽度,或者涉足产业链环节的跨度。

(2)商业形态

商业形态概念来自商业流通领域,是指企业在相关产业中的组织类型和在产业链上的存在形态。商业形态的主要类型包括加工商、制造商、提供商、运营商和贸易商等。

(3)竞争地位

竞争地位是指企业所处(竞争)行业中的相对地位或位置。对一般行业的企业竞争地位,可分为控制地位、主导地位、领先地位、优势地位、维持地位、挣扎地位六种类型。

确立战略定位的三重维度就是确立企业的产业边界、商业形态和竞争地位。其中,产业边界决定扩张路径与资源配置,商业形态决定盈利模式和组织平台,竞争地位决定竞争策略及盈利水平(见图2)。

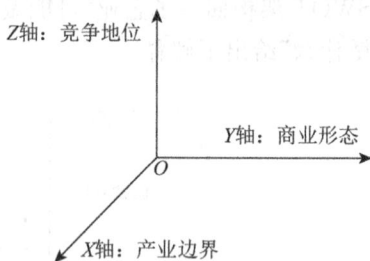

图2 战略定位的三重维度

(二)知识点二: 全球供应链理论

1. 全球供应链的含义

全球供应链是指在全球范围内组合供应链,它要求以全球化的视野,将供应链系统延伸至整个世界范围,根据企业的需要在世界各地选取最有竞争力的合作伙伴。国际(地区间)化的跨境公司在不同国家的不同地区进行产品开发、物料采购、加工装配以及最后的产品销售,构建其全球供应链。

2. 全球供应链管理的运作环节

这包括企业的全球采购、生产的全球布局、全球销售及售后服务系统、全球物流体系和信息系统的衔接等环节。

3. 供应链服务

（1）定义

为企业提供包括信息流、商流、物流、资金流（有时甚至包括技术流、知识流）在内的、高效专业的上下游供应链服务。供应链服务的好坏关系到先进制造业能否腾出更多时间、更多精力，更快地进入产品前沿领域，能否以更高的效率和效益完成制造。

（2）供应链服务企业的核心业务

供应链服务企业的核心业务包括出口代理服务、全球营销服务、综合物流服务、质量和资质认证以及供应链金融服务。

（3）供应链服务企业的主要问题

供应链服务企业的主要问题包括采购议价能力问题、诚信问题、信息系统能力问题、网络能力问题、与职能部门对接问题、融资风险控制问题、运筹管理能力问题、效率与效益问题、行业性问题。

（三）知识点三： 营销渠道

1. 营销渠道定义

美国市场营销学家路易斯·W.斯特恩（Louis W. Stern）对营销渠道的定义是："营销渠道是促使产品或服务顺利流通到消费者手中，被消费或使用的一整套相互依存的组织。"美国营销协会（AMA）关于营销渠道的定义是："营销渠道又叫分销渠道，是指参与商品所有权转移或商品买卖交易活动的中间商所组成的统一体。"

2. 营销渠道结构

渠道结构是指渠道系统中成员的构成、地位及各成员间的相互关系。各个渠道成员通过在营销功能和流程方面的分工和合作，形成了不同的渠道结构，以满足消费者需求，从而实现渠道的共同目标和自身目标。通常，渠道结构主要包括渠道的长度结构、宽度结构和广度结构。

（1）渠道的长度结构

渠道的长度结构是指产品从制造商转移至消费者手中所经过的中间环节的多少。可分为直接渠道和间接渠道。

①直接渠道

直接渠道又叫零级渠道、短渠道，指生产制造企业直接将产品销售给最终购买者，没有其他中间环节的参与。

②间接渠道

一级、二级、三级渠道又叫间接渠道、长渠道，指制造商通过中间商转移产品的渠道类型。一级、二级、三级渠道指生产制造企业通过一级、二级、三级中间商将产品转移至消费者或用户手中。

（2）渠道的宽度结构

渠道的宽度结构是指渠道中每个层次使用中间商的数量，可分为宽渠道和窄渠道两种类型。如果选择较多的中间商来提供产品，这种营销渠道称为宽渠道；反之则称为窄渠道。营销渠道的宽度选择与制造商的分销策略密切相关，制造商的分销策略主要有密集型分销渠道、选择型分销渠道和独家分销渠道三种类型。

①密集型分销渠道

在这种渠道中，制造商在同一类型的中间环节中选用尽可能多的中间商经销自己的产品，使产品在目标市场上有铺天盖地之势，从而达到最广泛地占领目标市场的目的。这是一种宽渠道结构。

②选择型分销渠道

在这种渠道中，制造商在同一类型的中间环节中选择少数中间商进行商品分销。这是一种中等宽渠道结构。

③独家分销渠道

在这种渠道中，制造商在同一类型的中间环节中只选用一家中间商进行商品分销。这是一种最极端的专营型分销渠道，为窄渠道结构。

（3）渠道的广度结构

渠道的广度结构是指生产制造企业选择渠道条数的多少。条数单一，表明营销渠道窄；条数多，表明营销渠道广。两条或两条以上的渠道称为多渠道组合，其主要类型有集中型组合方式、选择型组合方式和混合型组合方式。

①集中型组合方式

在单一产品市场组合多条分销渠道，这些渠道相互重叠，彼此竞争。

②选择型组合方式

对产品市场进行细分，不同的市场选择不同的分销渠道，这些渠道互不重叠，也不彼此竞争。

③混合型组合方式

综合运用集中型和选择型两种组合方式。

五、案例分析思路及要点

（一）案例分析思路

环球市场集团因为之前的战略定位失误陷入进退维谷的境地，此处首先引入战略定位理论的相关知识点，分别根据"内外匹配型"战略定位和"外部导向型"战略定位分析环球市场集团出现困境的原因和市场、行业出现的矛盾、痛点。为了从根本解决公司的困境，只能重新进行战略定位和部署。此处引入战略定位三重维度的视角，即从产业边界、商业形态、竞争地位出发分析企业变革前后战略定位的内涵。环球市场集团在确立了新的战略定位后，制定出相应具体配套战略部署，从供应链服务角度予以引入和讲授。同时,启发学生联系理论和实践知识,总结出环球市场集团涉及该种供应链服务领域所可能导致的问题,并预见性地提出解决危机的应对措施。在具体的战略部署执行框架中,国际(地区间)营销是重中之重,由此引导学生从国际(地区间)营销理论角度分析环球市场集团的 GMC 群体品牌推广和六大营销,重点引入营销渠道的长度、宽度和广度等知识点(见图 3)。

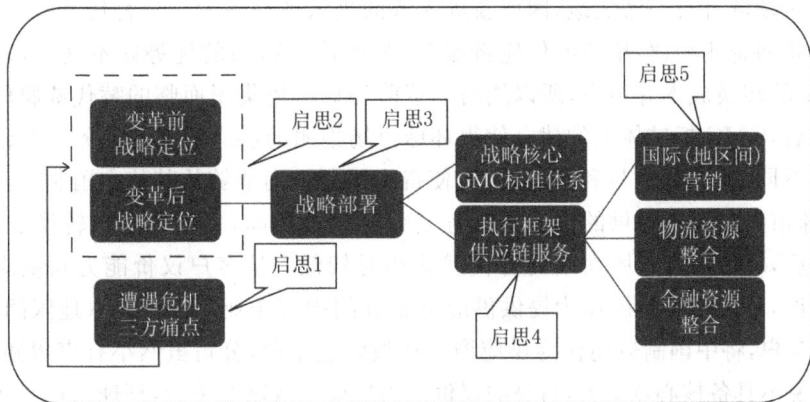

图 3　案例分析思路

(二)启发性思考题解答要点

1. 启发性思考题(一)解答要点

启发性思考题(一):环球市场集团、中国制造商和国际(地区间)买家的痛点分别是什么?

此题综合性较强,需要对"内外匹配型"战略定位和"外部导向型"战略定位知识点的深入理解,并结合案例背景进行具体分析。例如,就"内外匹配型"战略定位的分析方法 SWOT 分析来说,在内部能力方面,环球市场集团在货代服务领域的经验和声誉是其优势(S)所在;而其现阶段的痛点,即原来战略定位的失当——企业定位太宽泛,服务领域过多,客户群体质量参差不齐,战线拉得太长,而相应的人力、物力没有跟上,使得企业决策处处被掣肘,造成如今的困局,是其弱势(W)。在外部环境方面,中国制造商的痛点和国际(地区间)大买家的烦恼是环球市场集团的机会(O),环球市场集团可以通过解决二者的痛点发现机遇。具体来说,中国制造商的痛点在于材料价格上涨、买家刻意压价、同行恶意竞争导致利润率低;营销渠道环节冗杂,产品流通成本过高;"中国制造"在国际上总体形象不佳,且缺乏品牌概念。国际(地区间)大买家的烦恼在于,一是甄选供应商需要耗费大量的时间和人力;二是真假难辨、良莠不齐的中国出口商很可能会为其带来巨大的损失,由此引发信任危机。而威胁(T)来自则在于其竞争对手的压力等。

再如,使用"外部导向型"战略定位的"五力模型"分析,考察五种竞争力量,即潜在竞争者的进入能力(进入威胁)、替代品的替代能力(替代威胁)、购买者的讨价还价能力(客户议价能力)、供应商的讨价还价能力(供应商议价能力)、行业内竞争者现在的竞争能力(现有竞争者的竞争)。从进入威胁的角度上来说,该行业的进入障碍主要是规模经济和销售渠道开拓两个方面,而且存在着明显的马太效应①。出口制造商通常选择声誉高、经验丰富的供应链服务企业,同时这些企业因为客户量大,能够提供更加优惠的物流价格和更优质的销售渠道资源,形成良性循环。环球市场集团已在该供应链服务领域发展了八年之久,且具有相关经验与客户关系,并不畏惧潜在竞争者进入,完全有可能在这一领域占有一席之地,因此新进入者的进入威胁不大。从替代威胁的角度讲,与其他互联网企业相比,单纯的供应链服务(如物流、营销)的优势并不突出,差异并不明显,买主的转换成本并不高,所以战略变革前环球市场集团面临的替代威胁较大。在战略变革后,GMC标准体系的建立使得环球市场集团的供应链服务业务与其他同行有了本质的不同,尤其是质量和资质认证,使得中国制造商能够从其他中国制造商中脱颖而出,环球市场集团所提供的供应链服务是差异化的产品,提高了客户转换成本,因此战略变革后,环球市场集团面临的替代威胁相对较低。从客户议价能力和供应商议价能力上来说,环球市场集团作为提供供应链服务的中间企业,可将国际(地区间)买家作为自己的客户,将中国制造商作为供应商。在战略变革前,公司虽然小有声望和经验,但是总体来说不具备核心竞争力,自身的议价能力较弱。战略变革后,环球市场集团建立的GMC标准体系可以很好地解决客户和供应商的痛点,实现双赢,因此公司的议价能力相对提升。从现有竞争者的竞争角度看,虽然供应链服务领域确实存在着很多同行竞争者,但都与环球市场集团战略变革后的定位不同,因此战略变革后的竞争压力并不大。

2. 启发性思考题(二)解答要点

启发性思考题(二):改革前后,环球市场集团战略定位的产业边界、商业形态和竞争地位分别发生了什么变化?

此题需要用到战略定位的相关理论,结合具体情形进行归纳,需要综合分析的能力。结合凌风进行战略变革的思考和决策,可以分析出环球市场集团战略变革前后战略定位三重维度的变化。在变革之前,环球市场集团的产业边界是全体中国制造业出口企业,提供的服务涵盖最核心的商机交易、物流和资金流三部分;商业形态是作为一家货运代理企业出现,涉及的产业链长度较宽泛,从事资源整合业务,也为商机提供后续服务;竞争地位是处于行业中的领先地位,但是优势未能长期保持。变革之后,环球市场集团的产业边界出现了一定的缩短,首先服务对象缩减为中国优质制造商群体,提供的服务也更加集中和优质,更加集中于商机交易上;商业形态除了是一家货运代理企业外,还作为电子商务平台商的形象存在,涉及的产业链集中于标准制定、质量审核、营销推广、管理培训领域;竞争地位上,环球市场集团已经成为业内的主导企业,作为标准制定者,享有绝对的领先地位。

3. 启发性思考题(三)解答要点

启发性思考题(三):改革后环球市场集团对全球供应链的涉及程度如何?涵盖的

---

① 马太效应:1968年,由美国科学家史研究者罗伯特·K.莫顿(Robert K. Merton)提出,指强者愈强、弱者愈弱的现象。

供应链服务领域有哪些？

此题需要用到全球供应链和供应链服务理论的相关知识点。环球市场集团协助中国制造商群体和国际（地区间）优质买家在企业的全球采购、全球销售及售后服务系统、全球物流体系和信息系统的衔接等方面的全球供应链管理运作。此外，环球市场集团作为供应链服务的提供商，提供出口代理、全球营销、综合物流、质量和资质认证等核心业务，掌握信息流、商流、物流和资金流等诸多信息，在整个价值链中获取了比较高的地位。

4. 启发性思考题（四）解答要点

启发性思考题（四）：从供应链服务视角分析环球市场集团可能会出现的问题和可能的解决方案。

此题属于开放性思考题。环球市场的运营和发展过程中是否会出现一些供应链服务方面的实务问题，需要学生在发散性思考的基础上进行分析并给出解决方案。例如传统的供应链服务企业经常出现的采购议价能力弱的问题，环球市场集团在这方面的问题并不大。因为其制订的 GMC 标准体系区分出了优质中国制造商，深得国际（地区间）大买家的信任，因此不必进行低价竞争，议价能力较强。同时，GMC 标准体系的建立也很好地规避了诚信问题。但是，在如信息系统能力上，环球市场集团就可能会出现问题。因为公司需要管理数百万的供应商和国际（地区间）买家，对信息流、物流、商流、资金流等进行管理，这需要非常高质量的信息管理系统，如果系统水平跟不上，会极大地影响供应链服务效率和质量。可能的解决方案是招收高技术水平且经验丰富的 IT 人员进行定向开发。

5. 启发性思考题（五）解答要点

启发性思考题（五）：环球市场集团使用的营销渠道种类有哪些？从营销渠道的长度、宽度和广度方面分析。

此题具有很强的实践性，需要运用国际（地区间）营销理论的知识点。环球市场集团的六大整合营销涵盖面大、优势互补。从营销渠道的长度结构上说，一方面环球市场集团协助制造商直接对接沃尔玛、家得宝等国际（地区间）大买家，然后由国际（地区间）买家销售给消费者，属于间接渠道；另一方面，环球市场集团在 www.globalmarket.com 上帮助企业免费搭建官网，直接销售给境外消费者，这对制造商来说，又属于直接渠道。从营销渠道的宽度结构上来说，环球市场集团对接的是国际（地区间）优质大买家，因此选择少数中间商进行商品出口，属于选择型分销渠道。从渠道的广度结构上来说，环球市场集团为中国制造企业选择的渠道条数多，逐步提出了六大营销理念，包括网络营销、展会营销、社交化营销、定向市场开发、采购会营销和群体品牌营销，属于集中型组合方式；也有细分领域的针对不同产品而选择不同的分销渠道，即选择型组合方式。因此属于混合型组合方式。

六、教学组织方式

案例授课班级人数不宜过多，应该控制在 20～30 人，可以 4～6 人为一组分成 5 个小组。教室的桌椅布局要让所有的课堂参与者围坐四周，以使其容易听到和看到同组成员为基本原则。教室中应具备电脑、投影仪、黑板、粉笔等设备。同时，为方便学生更好地参与案例课堂讨论,教室可以在课前提醒学生做课前准备工作,例如,熟悉案例,了解环球市场集团的相关信息,理解 GMC 标准体系的内涵,熟悉我国制造业出口的总体概况。

(一) 课时分配

案例回顾与概述(5 分钟):介绍案例背景,回顾案例内容,理清案例思路,明确案例主题。

提出问题与小组讨论(20 分钟):结合板书提出启发性思考题,分小组讨论并形成组内答案。

小组汇报与教师引导(50 分钟):针对每一道启发性思考题,选一个小组进行回答,其他小组补充。教师需结合板书和多媒体对学生引导,得出最终答案。

案例评价与总结(10 分钟):对知识点进行梳理,对案例教学过程进行评价,总结学习心得体会。

其他问题(5 分钟):教师回答学生的一些其他问题。

(二) 板书设计

启发性思考题(一):环球市场集团、中国制造商和国际(地区间)买家的痛点分别是什么? 启发性思考题(一)及解答要点如图 4 所示。

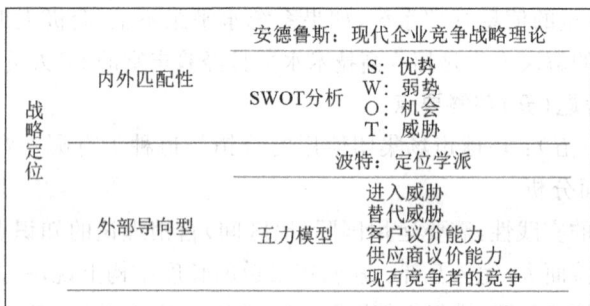

图 4 启发性思考题(一)及解答要点

启发性思考题(二):改革前后,环球市场集团战略定位的产业边界、商业形态和竞争地位分别发生了什么变化? 启发性思考题(二)及解答要点如图 5 所示。

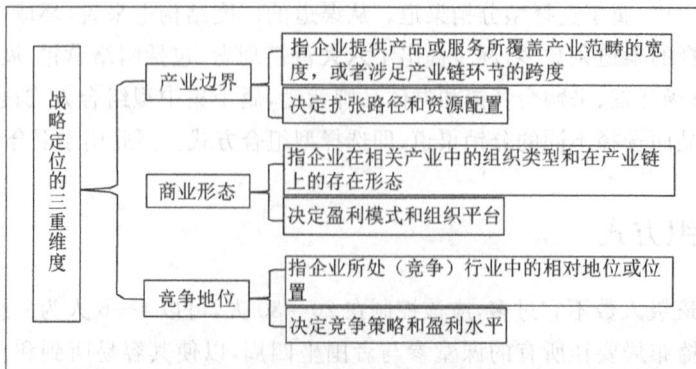

图 5 启发性思考题(二)及解答要点

启发性思考题(三)：改革后环球市场集团对全球供应链的涉及程度如何？涵盖的供应链服务领域有哪些？启发性思考题(三)及解答要点如图 6 所示。

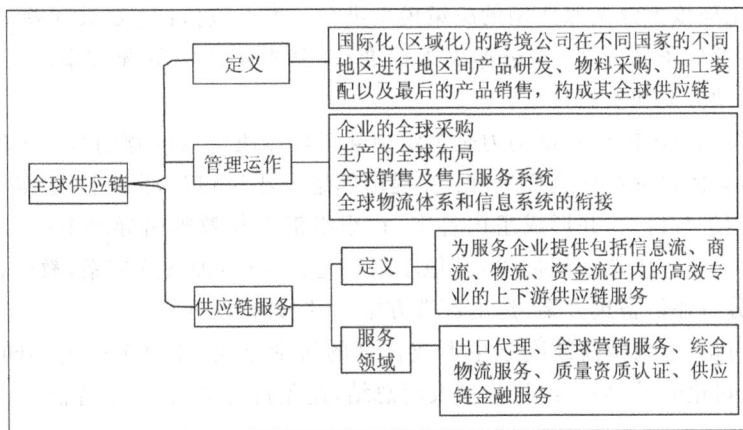

图 6　启发性思考题(三)及解答要点

启发性思考题(四)：从供应链服务视角分析环球市场集团可能出现的问题和可能的解决方案。启发性思考题(四)及解答要点如图 7 所示。

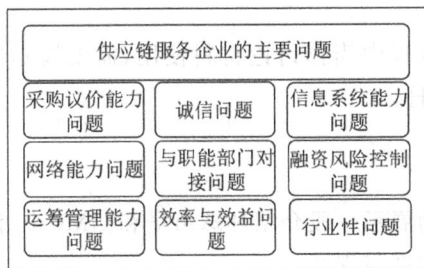

图 7　启发性思考题(四)及解答要点

启发性思考题(五)：环球市场集团使用的营销渠道种类有哪些？从营销渠道的长度、宽度和广度方面分析。启发性思考题(五)及解答要点如图 8 所示。

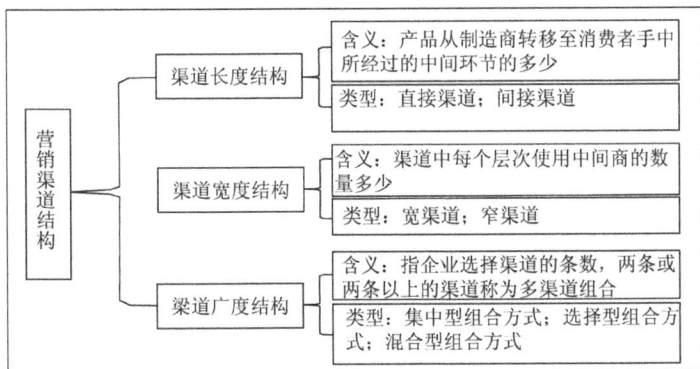

图 8　启发性思考题(五)及解答要点

（三）讨论方式

案例讨论应该大致按照典型的决策模型进行。模型包括：①定义问题；②分析案例具体情况；③形成备选方案；④选择决策标准；⑤分析并评估备选方案；⑥选择首选方案；⑦制定行动方案和实施计划。

大多数案例讨论的核心推动力是组织中某个具体决策或问题的解决方案，因此，根据课时分配，案例讨论可以这样进行：在提出问题和小组讨论环节中，小组内根据 5 道启发性思考题进行讨论，并形成组内答案；在小组汇报与教师引导环节中，对每一道问题，教师从 5 组学生中选一组回答，其他小组补充，形成多种备选方案，教师根据决策标准引导学生分析评估备选方案，选出首选方案，并制订行动计划。

在案例讨论时，教师需鼓励学生形成良好的讨论习惯，如勇于提出不同意见、讨论前做好准备、讨论时及早发言、讨论后及时总结，避免盲目从众、提前背稿。

七、其他教学支持材料

（一）计算机支持

由于本案例在有关课程中当作讨论材料使用，需要展示给学生。所以在计算机中需要安装 PowerPoint 软件。

（二）网络支持

本案例教学中可辅助展示一段介绍环球市场和 GMC 标准体系的视频，帮助学生体会和了解集团和行业的发展与现状。

参考文献

[1] 陈功玉,王洁.全球化环境下中国企业的全球供应链管理[J].中山大学研究生学刊, 2007(4):90-102.

[2] 范小军.营销渠道管理[M].北京:中国人民大学出版社,2011.

[3] 古国真.企业认证让出口企业拥有更多话事权[N].深圳商报,2011-03-11(B03).

[4] 广言.GMC渐成国际采购新标准[N].国际商报,2005-11-15(2).

[5] 韩炜.战略定位演化研究:基于价值活动网络视角[M].北京:经济科学出版社,2010.

[6] 乐美龙.供应链服务:物流、贸易高端服务[M].上海:复旦大学出版社,2015.

[7] 凌风.壮志凌云——有战略才有将来[M].广州:中山大学出版社,2009.

[8] 裴中阳.战略定位[M].北京:中国经济出版社,2014.

[9] 王晓晴.优质中国制造抱团出海[N].深圳特区报,2010-08-13(B06).

[10] 许修峰.中国制造不再是物美价廉的代名词[N].中国商报,2010-07-13(A03).

[11] 杨立钒.互联网环境下企业网络营销渠道选择研究[M].上海:复旦大学出版社,2012.

[12] 张亚军.跨境电子商务的直销难题[N].中国经营报,2011-03-14(C16).

[13] 张业军.GMC模式让"中国制造"集体出海[N].中国经营报,2009-12-21(C16).

[14] 周良毅.供应链管理[M].北京:电子工业出版社,2005.

[15] 邹静.环球市场:"质"取B2B[J].电子商务世界,2008(7):30-33.

致　谢

　　本案例获环球市场集团授权发布,在采编过程中得到了环球市场集团的大力支持,特别是环球市场集团董事总经理潘建岳先生卓有成效的配合,以及环球市场集团 CEO 凌风先生极具建设性的意见,特此致谢;案例正文的压缩版题为"如何为中国制造商打造优质群体品牌"已先行在《浙商》杂志 2016 年第 10 期发表,感谢杂志主编张远帆和记者陈抗为付梓做出的努力。

"聚"全球全品类 "贸"工业全链条

◎ 余燕春　马述忠　王子越　濮方清

（浙江大学 马述忠工作室）

▓▓▓ **摘　要**：本案例详细描述了聚贸电子商务有限公司区别于一般消费品电商，紧密结合大宗商品、工业与制造业行业特点，在跨境电商政策利好与转型经济的大背景下，突破局限，定位做全品类和工业全产业链跨境电商的发展历程。在面临众多困难与挑战的情况下，聚贸电子商务有限公司决定升级为全方位服务商、构建电商生态圈以破解难题，逐渐探索出工业全产业链 B2B 跨境电商的生态化模式。现阶段，聚贸电子商务有限公司已经取得了一定成就，并对未来的发展做出了规划。

▓▓▓ **关键词**：B2B 跨境电商；全品类；工业全产业链；生态化

JUMORE: A Cross-Border E-commerce Platform that Covers All-category Commodities and Whole Industry Chain

◎ Yu Yanchun   Ma Shuzhong   Wang Ziyue   Pu Fangqing

(Mashuzhong STUDIOS, Zhejiang University)

Abstract: This case describes the development of Jumore, a Cross-Border E-commerce Platform. Under the background of the Cross-border electricity business policy and transition economy, Jumore tightly seizes the characteristics of bulk commodity and industries, then locates in the cross-border e-commerce platform that covers all-category commodities and whole industry chain. Facing numerous difficulties and challenges, Jumore decides to build an E-commerce eco-system in order to solve the problems. Gradually, Jumore explores the ecological model of the whole industry chain B2B cross-border e-commerce. Now, Jumore has made some achievements, and plan for its future developments.

Key words: B2B cross-border e-commerce; all-category commodities; whole industry chain; ecologicalization

上篇　案例正文

一、引言

2016 年 6 月 16 日,以"共享经济、互联互通"为主题的首届跨境电子商务国际论坛在北京举行。在这场集聚了多国驻华使节、前政要、国际商会领导、全球知名金融机构高管以及行业知名企业高管的盛会上,浙江聚贸电子商务有限公司(以下简称"聚贸")以其独到的模式和抢眼的表现,成了各大媒体争相采访的焦点。

在论坛当天,聚贸与 13 个 G20 国家、国内 8 个省份的相关政府部门以及多家国内外知名企业达成合作,可谓收获颇丰。聚贸电子商务有限公司董事长陆宏翔在论坛上表示,截至 2016 年底,聚贸将与超过 120 个国家或地区达成合作,并覆盖全国所有省份。

二、企业背景

在社会公众的印象里,聚贸似乎是突然出现在杭州、全国乃至世界的视野范围内的。的确,聚贸创始人陆宏翔董事长为人一直十分低调,在打造聚贸以前,关于他的消息几乎未曾见诸报端。作为一位地道的杭州人,此前为响应"浙商回归"的召唤,阔别家乡十余载的陆宏翔回到故里,开启新一段创业之旅。

聚贸以"服务实体经济、振兴中国制造"为使命,凭借在大宗商品和供应链领域 20 多年的丰富经验,开创了全品类、全产业链生态化电商平台模式。到目前为止,聚贸是全球首家、也是唯一一家全品类大宗商品及工业全产业链跨境电商平台,其经营范围包括:矿产、金属、能源、化工、农产品等原材料;工业与制造业产品;消费品、食品等全品类实体经济产品;以及金融、物流、加工、技术、咨询、认证等现代服务经济产品。

作为新商业文明的践行者与倡导者,聚贸借助互联网优化商业合作,重塑商业文明。具体而言,聚贸通过国家馆、省馆以及品牌馆等三大线上特色馆整合全球优质资源,为入驻平台的工业制造业企业提供全产业链服务,进而推动中国优秀产业集群与全球优质供应商、服务商、境外市场的高效对接,帮助企业从根本上提升竞争力,为入驻企业提供来自全球的一流服务和全方位的转型升级支持,实现互利共赢。聚贸的发展,得到了国家及相关部委的高度支持,同时也得到了国际社会的广泛认可。

三、踏上"工业 B2B 跨境电商"旅途

当下,"互联网+"已经是人人说道的热词,各产业争相与其嫁接。它代表的是一种新的经济形态,即让互联网与传统行业进行深度融合,创造新的发展生态。"互联网+外贸"促进了跨境电子商务的蓬勃兴起,它的出现给外贸带来了新气象。

发展跨境电商为全球资源的整合、跨境合作的开展、产业结构的优化、中国过剩产能的化解提供了有效途径和新的发展空间。近几年,我国跨境电商行业发展突飞猛进,交易额不断增长,各类跨境平台企业及通过平台开展外贸的商家数量众多。自 2014 年开始,消费品跨境电商平台迅速兴起,并显示出强劲的发展势头。与消费品电商平台的火热发展相比,大宗商品和工业领域的这种颠覆和变革就显得逊色许多。

随着中国经济增速放缓,全球对大宗商品和工业品的需求也放缓,价格不断下跌。自 2012 年以来,包括大宗商品在内的中国工业与制造业行业,普遍陷入产能过剩的困境,行业从卖方市场变为买方市场。2014、2015 两年对大宗商品市场与中国工业制造业而言,更是不折不扣的"熊年"。越来越多的迹象表明,市场供需结构已然发生了根本性的逆转,供应不断增加,需求却逐渐萎缩,这其中隐藏着金融市场动荡不安的风险,也有国际(地区间)市场对中国等新兴国家经济体遭受通缩的担忧。

另外,受国内行业集中度低、企业融资困难、企业恶性竞争等多种因素影响,我国工业制造业面临资金缺乏、利润微薄、品质偏低三大难题,在国际(地区间)市场上没有定价权。并且长期以来,我国大宗商品与工业制造业行业存在组织体系和交易方式发展不充分、缺乏有效的商品风险管理手段等劣势,这使得我国工业企业在国际(地区间)竞争中长期处于不利地位。

市场的问题就是聚贸的机会,这是陆宏翔常挂在嘴边的一句话。在世界经济与互联网联系越来越紧密的情况下,传统外贸模式正逐步丧失竞争力,跨境电商成了经济增长的新引擎。

对于大宗商品和工业、制造业领域来说,发展跨境电商有很多机遇。首先,在经济新常态背景下,各行业步入买方市场阶段,买家的话语权增强,这在大宗和工业品领域也较为强烈地表现出来。人们希望以更透明、更高效的方式,找到更便宜、更优质的产品和服务,而传统的信息、交易方式则难以满足上述需求,这为跨境电商的发展带来了契机;其次,大宗工业品和制造业产品的标准化程度较高,十分有利于与电子商务进行融合,定位全球则有助于融入全球市场,看清国际(地区间)市场局势;再者,在中国制造业步入"中国制造 2025"①"工业 4.0"②时代的情况下,帮助企业把握住跨境电子商务的机遇,能够解决中国制造业的诸多"痛点"、帮助"中国制造"实现转型升级,促进中国与世界各国开展全方位、多层次经贸合作;最后,小规模跨境 B2C 正逐渐趋于饱和,未来真

---

① "中国制造 2025"是中国政府实施制造强国战略第一个十年的行动纲领,于 2015 年 5 月正式发布。

② "工业 4.0"是以智能制造为主导的第四次工业革命,其主要内涵为"智能工厂""智能生产"和"智能物流"。

正的跨境电商交易量是 B2B 业务产生的,2016 年的"408 税改"①也印证了 B2B 模式才是发展主力军,而大宗商品及工业品巨大的规模及工业用途将其电商模式限定为 B2B,从而助推了跨境电商的发展。"电商国八条"②提出的"推动传统商贸流通企业发展电子商务,研究完善能源、化工、钢铁、林业等行业电子商务平台规范发展的相关措施"对发展工业制造业 B2B 来说,更可谓是下了场"及时雨"。

在经济形势转变及传统贸易模式面临逐步淘汰的背景下,把当下中国制造业企业的困惑看在眼里的聚贸决定跳出传统外贸的原有格局,响应"互联网＋"的号召,打破地域局限,定位全球,打造工业 B2B 跨境电商平台,开启全新的旅程。聚贸团队在大宗商品和供应链领域有 20 多年的跨境合作实践,相关经验和资源丰富,这为平台的发展打下了良好的基础。通过经验总结和融合创新,聚贸将能够建立起合法、安全、开放的 B2B 跨境电商平台,一方面可以助力实体经济转型升级,另一方面则可以通过让各种形态和类型的经济互联互通,提高运作效率,达成和谐共生、互利共赢的目标。

四、瞄准"全品类和工业全产业链"

聚贸的出现无疑给跨境电商领域增添了一抹亮色。站在"互联网＋"的风口上,越来越多的大宗商品和工业品电商从消费品电商的蓬勃发展中嗅到了商机。近两年来,随着工业制造业 B2B 电商平台的出现,越来越多的互联网人将目光投向了这个此前并不太受关注的领域。其中,最具代表的便是"找 X 网"形式的垂直类电商,包括找钢网、找油网、找塑料网、找化工网、找煤网、找浆纸网等。这些电商平台专注于做某一品类的商品,大多针对国内市场。当前,这些电商平台的盈利模式已经开始有所转变,它们不仅通过免费撮合交易聚集了海量上下游商家,并且凭借迅速增长的订单量深度挖掘交易行为、交易记录,基于大数据分析延伸出仓储、采购、销售、物流、供应链金融等全产业链的增值服务。一些传统大宗行业企业,如中石化、宝钢等,都建立了自己的独立电商平台。另外,有一些企业不满足于国内的"触网",像国烨网、宝钢等都已开始试水跨境电商。

平台类型的定位对跨境电商而言具有重要意义。聚贸在深刻分析了区域化、垂直化电商平台后,决定打破品类和区域限制,放眼全球,并不局限于大宗商品领域,而是定位做全品类全产业链跨境电商。目前,聚贸的经营范围包括矿产、金属、能源、化工、农产品等原材料;工业与制造业产品;消费品、食品等全品类实体经济产品。平台定位是聚贸区别于普通 B2B 电商的核心,也是聚贸的一大特色所在。现有跨境电商平台多集中于经营产业链上单个环节的产品,如消费品或是作为工业原料的大宗商品。而聚贸除了经营全品类产品,更是覆盖了从工业上游到下游的整个产业链,并重点集聚工业中

---

① "408 税改"指针对进口零售跨境电商的税收调整政策。
② 2015 年 5 月初,国务院发布《关于大力发展电子商务加快培育经济新动力的意见》,简称"电商国八条"。

上游企业。陆宏翔董事长形容自己是"站在了山顶,看清了整个山貌"后才悟出全局的。许多人惊讶于聚贸"大而全"的布局,但陆宏翔认为,在电商行业领域,只有第一,没有第二。全品类全产业链跨境电商领域目前还属于蓝海①一片,蕴藏着无限的潜力和机遇。

在聚贸看来,和垂直类电商相比,做综合类和全产业链平台的优势主要体现在业务模式和资源整合两个方面。第一是全品类和全产业链工业跨境电商的抗风险能力比较强,这类风险包括政策变动、价格波动等,而全产业链的定位更具灵活性,多种商品的经营可以实现多元化从而有效地分散市场冲击风险。第二是全球资源整合的优势。聚贸独树一帜的全球全品类定位和工业全产业链思维能够整合各方资源,汇集优质的制造业企业和服务商,实现上、中、下游的企业与各合作方的互联互通和优势互补,达成互利共赢的局面。这将形成庞大的产业集群,从而不断扩大经营规模、提高效率、积累优势,加大与全球各国(地区)企业的谈判筹码,提升议价能力,为中国企业,尤其是工业中上游企业,获得质优价廉的原材料,同时提升中国工业与制造业企业在全球价值链中的地位。第三,通过整合产业链上的各个环节,聚贸将能够更好地控制供需,管理好中间流程和分销,降低交易成本,提高整个产业链的运作效能,进一步提升企业竞争力。

五、面临经营难题

全品类和工业全产业链定位为聚贸创造了诸多优势,也使得聚贸独具特色。政策的便利与丰富的经验给聚贸的发展带来了机遇,发展相对成熟的一般消费品跨境电商也可以为它提供大量可借鉴的经验。但是,事物的两面性使然,与优势和机遇并存的还有困难和挑战。

一方面,由于大宗商品、工业品等商品本身的特性与一般消费品有着较大区别,所以一般消费品能够快速和互联网融合的优势、经验难以在大宗商品领域得到发挥。首先,与B2C平台交易的消费品不同,面向大宗商品和工业品的B2B平台交易金额规模很大,少则十多万,多则数千万,这是行业的天然属性决定的,而买卖双方对交易资金往来要求极高,例如跨行结算、税票一致、及时到账、当日提现、支付无限额等;其次,大宗商品和工业品的外形、重量及数量都十分庞大,如钢铁、煤等,一般都是"吨"级别以上的,因此完备的仓储物流体系显得尤为关键,跨区域运输和电子化物流体系的支持非常重要,物态各异的商品也对包装提出了较高的要求;再者,对于一般消费品来说,由于买卖双方参与者和中间环节众多,同样商品的线上价格相较于实体店价格具有明显优势,而大宗行业和工业品领域的情况恰恰相反,它的参与用户相对少,且多为企业,销售渠道扁平化,中间成本占比小,价格相对透明,像普通消费品电商那样通过降低销售成本获取竞争优势的战略难以实施;最后,大宗商品和工业品的价格波动幅度大,风险管控机制相对复杂,信用体系建设更加需要得到重视。

---

① 蓝海通常指未知的市场空间。

另一方面,垂直类大宗电商往往能够针对某个行业做全面深入的研究,充分挖掘这一行业的特色和潜力,最大限度地发挥自身优势,为企业提供更加精准、合适的服务,做深、做细该行业。而全品类和全产业链跨境电商涉及的产品品类和环节众多,对运作能力、经验和魄力都会有更高的要求,加之聚贸的经营范围涵盖了不同品类和环节,其全球化定位需要整合世界范围内的优质资源,因此需要投入大量的资金和精力,牢牢把握不同商品的具体特征,并且时刻关注相关行业情况,以便及时准确地对战略和管理手段做出调整。这样一个"大而全"的系统工程也给企业的管理工作带来了极大的挑战。

聚贸清醒地意识到,由于大宗商品以及工业品本身的特性,一般消费品的电商经验难以简单地被复制到工业跨境电商上。当前,许多传统大宗和工业贸易企业已经形成相对稳定的供应链格局,跨境电商平台上企业数量的积累以及平台的推广不是一蹴而就的,它的完善会是一个循序渐进的过程。同时,全品类和工业全产业链跨境电商平台的定位给聚贸在资源整合、运作能力以及统筹管理方面带来了困难。因此,如何经营好这样一个跨境电商平台,成了摆在陆宏翔和整个聚贸经营团队面前的难题。于是,公司内部就此展开了深入的思考和反复的讨论,与此同时也不断学习相关知识,并研究和借鉴成熟平台的经验。

六、构建"电商生态圈"

如何应对难点,寻求解决方案,聚贸有自己独到的思路和方式。电商平台的运营过程中总是少不了对"买流量"的探讨。陆宏翔认为,只有通过切实解决客户的痛点,才能赢得真正有效的客户,因此他在最初构架聚贸的时候,就把客户定位放在了"有实力的制造企业"上面。此外,在大宗行业二十多年的实践使得陆宏翔对中国制造业面临的问题有着非常深刻的理解,他认为平台仅拥有电商 1.0 的信息发布和 2.0 的中介撮合功能已远远不够,随着 B2B 3.0 时代的到来,结合实体经济自身的特点,升级为"互联网+实体经济"的全方位服务商并帮助实体经济发展的电商才具有生命力。

经过深思熟虑,聚贸决定建立起一个合法、安全、开放的生态圈,将中国企业、全球大宗商品供应商、金融机构、物流机构、政府监管部门纳入其中。依托自上而下的系统建构方式,聚贸与全球各国的相关政府部门紧密合作,共同吸引诚信、合法的优质企业入驻,并与全球一流的金融机构、权威认证公司和保险公司合作,保证支付、产品质量以及交易安全。通过生态化战略,聚贸不仅"撮合"各行业企业进行交易,更汇集了各方优质力量,整合全球银行、保险、基金等金融机构,日本、德国等先进制造强国的专业机构,以及全球高端服务机构,让中国工业制造业享受到来自全球的一流服务和全方位的转型升级支持。在此基础上,聚贸可以集合大量制造业企业的庞大采购订单,在国际(地区间)市场集中采购以降低采购成本,积极推动人民币国际(地区间)结算;同时也可以为大量优秀的中国制造业产品进行统一国际(地区间)推广,进而提升"中国制造"的利润水平,避免恶性竞争。

生态圈的建设不仅高度贴合大宗商品和工业品的特点,为工业企业提供全方位服务，还能够很好地承载全品类和全产业链这样的大格局规划，促成整个产业链内的经济体、产业群、供应商、企业形成统一的经济共同体与利益共同体，使整个系统运作更具效率，从而节省成本，拓展市场，提升企业竞争力和国际（地区间）地位，创造更多机遇和发展空间。

举例来说，资金是企业运行的血液，中国制造业"贫血"的情况大致分为以下几种：银企信息不对称，导致融资难、融资慢；融资渠道狭窄，导致融资成本高；原材料采购过程中资金占用比例过高，影响企业现金流以及整个资金链的畅通。聚贸通过与银行、保险业的合作，为中国制造业企业提供大宗商品供应链基金、制造业扶持基金、票据池基金、期现套保宝基金、产业基金等一系列金融产品，并为工业和制造业企业量身定制便捷、灵活的供应链金融①解决方案。与聚贸合作的金融机构，通过建立完整的客户资料收集、资信调查核实及要案管理、信用风险防范等制度流程，对供应链上下游客户进行全方位信用管理，促进其与供应链核心企业建立长期战略协同关系，从而提升整条供应链的竞争能力。处在供应链上的企业一旦获得聚贸平台的支持，也就获得了融资支撑，进而激活了整根"链条"的运转。

支付是电商生态链的核心纽带，也是打造交易闭环的关键所在。对经营大宗商品和工业品的工业企业而言，巨大的交易额使其对资金的安全性、到账速度要求更高，大额支付是其发展不可回避的问题。在这一领域，聚贸整合了多家国内外权威的大额资金在线支付平台，平台用户可享受"零手续、零保证金"的高效、安全支付体验。与国内外支付机构的合作可以为大宗商品及工业全产业链的线上交易提供专业的第三方支付②服务，切实保障信用和资金安全，有效防范风险，进而帮助买卖双方顺利完成整个交易流程，实现无缝对接，为客户提供高效率及高响应速度的供应链。

在物流、仓储方面，聚贸选择和行业内知名的专业企业合作以保证服务质量。跨境商品需要水路、公路、铁路运输，主要分为三段：第一段是远洋物流，第二段是国内物流，第三段是直接配送至客户处。国际（地区间）运价方面，集中订单可以获得优惠的价格；国内段方面，聚贸通过制定全面的方案以降低成本；最后一段则是结合物联网信息技术实现高效、实时和安全的配送。

为规范产品和企业管理，改善交易中的诚信缺失和信息不透明等问题，聚贸会先与企业进行前期沟通，了解产品、价值观等各方面的契合度，积极引进国内外知名的认证机构，在产品质量检测、供应商管理、平台注册用户及合作商资质认证等领域开展战略合作，同时通过集中大量优秀的中国制造业产品，严格把控质量，引入保险机制，统一进行国际（地区间）推广，进而提高"中国制造"的销售价格，帮助中国企业提升总体利润水平，避免恶性竞争和反倾销调查。

---

① 供应链金融是金融机构或综合性电子信息平台运用供应链管理的理念和方法，为相互关联的企业提供金融服务的活动。通常是围绕核心企业来管理上下游中小企业的资金流和物流。

② 第三方支付指具备实力和信誉保障的第三方企业和国内外的各大银行签约，在银行的直接支付环节中增加一中介，通过第三方支付平台交易时，买方不直接将款项打给卖方而是付给中介，中介通知卖家发货。买方收到商品后，通知付款，中介将款项转至卖家账户。

另外,聚贸面向全球各国(地区)、国内各省推出了国家馆、省馆、品牌馆三大线上特色馆,以加快生态圈的建设。通过与高端服务业国家(地区)、制造业国家(地区)和优质原材料输出国家(地区)等三类国家(地区)的合作,聚贸为世界各国(地区)、中国各省及全球优质企业提供全面的服务与支持,全方位展示各国(地区)、各省和优质企业的品牌形象,帮助优势产业、优质企业和产品对接庞大的中国市场和国际(地区间)市场,拓宽销售渠道,助力各国(地区)、各省及企业的优质项目在全球范围内招商引资。

七、展望聚贸的未来

办公室的墙上,蓝色的聚贸 LOGO 鲜明地映入眼帘。它由水滴、六边形和"JUMORE"英文字母三部分组成。"聚贸蓝"既蕴含了"科技、开放、机遇"等互联网元素,更清晰地表达了聚贸作为制造业全方位服务商,助力中国制造快速转型升级,攀向全球价值链高位的发展战略。朝南的落地窗中透进一缕阳光,25 层楼的高度朝外望去,视野开阔。宽敞明亮的办公室里,每一位团队成员都在努力为聚贸的未来而奋斗着。从 2015 年 3 月成立到现在,聚贸这个新生儿在不断地成长。2015 年,聚贸的交易额突破 1000 亿元。在聚贸的计划中,公司的盈利点位于集中采购服务、集中推广服务以及六大服务体系中,公司也将马上开始 A 轮融资,为平台发展注入资金活力。

在全球范围内,聚贸已与 G20 成员、"一带一路"成员及与中国签订自由贸易协定(FTA)的国家等 70 多个全球主要经济体达成了合作,共同推进相关国家的聚贸国家馆建设。截至目前,聚贸已成功上线了中国、美国、德国、英国、法国、加拿大、俄罗斯、韩国、日本等 23 个国家的国家馆,另有大批国家馆正在加速建设中,并将于近期逐步上线。2016 年底,将有超过 100 个国家入驻聚贸。

除庞大的资源整合系统外,聚贸为吸引全球高端人才也做了大量的工作。2016 年,聚贸对既有组织结构和人才结构进行了优化,并面向全球发起了新一轮的高端人才招募。在聚贸的蓝图中,将在全球设立北美洲、南美洲、欧洲、亚洲、非洲、大洋洲等六大洲际中心,并将在美国硅谷、英国伦敦、德国法兰克福、中国香港等全球重要区域中心大量招募优秀人才。此外,聚贸将设立华东、华南、华北、西南、西北等五大区域中心,服务覆盖全国各省份。同时,聚贸还将根据北京、上海、广东等不同区域的人才结构特点,进行区域化的人才库建设,为飞速发展做好人才储备。

八、结束语

随着全球经济与互联网之间的融合越来越紧密,中国经济重要的"动脉血"——实体经济的互联网化以及中国工业制造业的转型升级成为关注热点。聚贸,是浙江作为互联网大省在跨境电商平台建设中又一个具有典型意义的落地案例。在"互联网+""一带一路""中国制造 2025"的政策支持与经济形势变动、制造业亟须转型的大背景下,聚贸紧密结合大宗商品和工业制造业的产业特点,依托二十多年的丰富经验,确立了全品类全产业链跨境电商平台的定位。在机遇和困难挑战并存的情况下,聚贸升级为全方位服务商,逐渐探索出工业全产业链 B2B 跨境电商的生态化模式道路。一年多来,聚贸已经取得了喜人的成绩;未来,聚贸模式也将成为 B2B 跨境电商领域的经典案例。直面挑战,笃定前行,与世界一道共谋发展,这是聚贸的坚定信念,也是千万工业制造业企业的共同愿景。

下篇　案例使用说明

一、教学目的与用途

本案例是为国际商务课程撰写的,也可供电子商务、企业创新与转型、国际服务贸易等课程使用。本案例为学生展现了一个传统大宗贸易企业"触电转型"的机遇和挑战。通过这样一个真实案例的学习,学生可以增强理论分析能力,引导思考并激发相应的创新思维。

(一)适用课程

本案例适用于国际商务、电子商务、企业创新与转型课程,也可作为国际服务贸易课程的辅助案例。

(二)适用对象

本案例难度适中,适用对象包括国际商务专业硕士研究生、高年级国际经济与贸易专业本科生和电子商务专业本科生。

(三)教学目标

1. 知识传授

通过本案例的教学,学生可以掌握以下理论知识,并学会将相关理论运用到实践中。第一,聚贸踏上"工业跨境电商"旅途,可以让学生学习跨境电商的交易模式;第二,通过聚贸的平台定位,学生可以学习跨境电商平台类型;第三,了解此定位所带来的优势,掌握网络经济中的正反馈理论;第四,通过对全文的学习,对聚贸有一个整体的把握,学习商业模式六要素知识点,了解其商业模式的创新;第五,通过阐述平台经营的困难和挑战,以及聚贸的应对方法,引导学生学习电商生态系统知识点,了解生态系统的基本架构。

2. 能力训练

通过本案例的学习,培养学生跨境电商和经济学相关知识的学习和掌握能力,运用理论知识分析实际问题的能力,并针对案例企业未来发展中可能出现的问题进行思考,增强分析思考能力和提出解决方案的能力。

3. 观念更新

在学习本案例之后,学生能意识到全品类和工业全产业链跨境电商的独特之处;对电商生态系统这一新概念有所认识;对跨境电商交易模式和平台类型有一个更为深刻清晰的认知。

二、启发性思考题

（一）聚贸选择了哪种跨境电商交易模式?

（二）聚贸属于什么类型的跨境电商平台?

（三）聚贸的平台定位有什么好处?

（四）聚贸的商业模式创新体现在哪些方面?

（五）试从聚贸的生态系统构成现状角度分析聚贸未来可能面临的困难和挑战,并提出可能的解决方案。

三、案例分析背景

（一）制度背景

2015年3月5日上午,党的十二届全国人大三次会议上,李克强总理在政府工作报告中首次提出"互联网＋"行动计划,推动移动互联网、云计算、大数据、物联网等与现代制造业结合,促进电子商务、工业互联网和互联网金融健康发展,引导互联网企业拓展国际(地区间)市场。"互联网＋外贸"催生了蓬勃兴起的跨境电子商务。发展跨境电商对于扩大国际市场份额、转变外贸发展方式、重塑国际(地区间)贸易规则具有重要而深远的意义。

2015年底,国家商务部明确表示了将总结中国(杭州)跨境电子商务综合试验区的成功经验,尽快向全国进行推广复制。下一步将把做大做强 B2B 作为主攻方向,把促进产业发展作为工作重点。2016年伊始,一次关于"跨境电商"的议题在国务院常务会议上展开并决定开设一批新的跨境电子商务综合试验区,以此模式来促进外贸经济的大力发展。相比 B2C 模式而言,B2B 模式成为这些综合试验区重点扶持的对象。习近平主席提出:"通过跨境电商,实现'买全球,卖全球'的目标。"为此,中国政府先后批准设立了13个跨境电子商务综合试验区,并出台了一大批扶持政策,推动跨境电商全面高速发展。

据中国电子商务研究中心发布的《2015年度中国电子商务市场数据监测报告》显示,中国跨境电商交易规模为5.4万亿元,同比增长28.6%。商务部预测,2016年中国跨境电商进出口贸易额将达6.5万亿元,未来几年跨境电商占中国进出口贸易比例将会提高到20%,年增长率将超过30%。国内跨境电商目前主要以出口 B2B 为主,出口跨境电商发展已超10年,行业整体增速放缓,行业龙头阿里出现,后续新进入者较少。而在 B2C 领域,进口一直大于出口。目前中国各类跨境平台企业已超过5000家,通过平台开展跨境电商的外贸企业逾20万家。

（二）行业背景

随着卖方市场向买方市场的转变，工业行业亟待转型升级。工业4.0是德国政府提出的一个高科技战略计划，旨在提升制造业的智能化水平，建立具有适应性、资源效率高的人因工程学的智慧工厂，在商业流程及价值流程中整合客户及商业伙伴，有"智能工厂""智能生产"及"智能物流"三大主题。在借鉴德国"工业4.0"计划的基础上，我国也制定了"中国制造2025"计划，要在2025年对制造业完成升级转型。

2015年5月初，国务院发布的"电商国八条"也明确支持推动传统大宗商品和工业行业发展电子商务，积极利用大数据等信息技术提升流通效率和服务质量。

在行业发展大趋势和相关政策支持下，大宗商品和工业跨境电商行业展现出巨大的发展前景。截至目前，国内已经有很多成熟的B2B电子商务平台，如阿里巴巴、我的钢铁网、环球资源、敦煌网等。目前，我国跨境电商以消费类产品为主，展现出来的蓬勃活力已成为稳定外贸发展的重要支撑。而在转型迫在眉睫的情况下，大多数工业企业也开始通过电子商务模式改变大宗电子商务的主流交易模式。目前，随着"金银岛""煤炭网""找X网""一亩田"等大宗商品和工业品B2B电商平台的出现，更进一步加深了人们对于电子商务模式可以优化大宗商品交易的肯定。虽然国内的工业B2B跨境电商行业发展态势不如消费品跨境电商，但纵观全球，以物流、金融融合发展为显著特征的大宗商品和工业跨境电子商务，正以前所未有的速度展开。在这一背景下，把握住电子商务的特点，实现大宗商品和工业交易市场的创新升级，进而带动区域经济发展，优化地区产业结构，成为发展面临的新形势。围绕大宗商品和工业跨境电子商务形成的电子商务服务产业链和产业群，将成为未来区域经济新的增长点。

四、理论研判依据

（一）知识点一：跨境电商交易模式

跨境电商交易模式主要分为企业对企业（B2B）、企业对消费者（B2C）、个人对个人（C2C）、厂商到消费者（M2C）以及线上到线下（O2O）等。B2B模式交易量大，涉及的环节多，是跨境电商的主力军，也是未来的发展重点；B2C跨境电商又称零售跨境电商，指分属于不同关境的主体，通过互联网达成交易并支付结算，采用快件、小包等行邮方式将商品跨境送达消费者手中的商业活动。其对接终端顾客，环节大大简化。比如综合型和保税型的自营保税平台；跨境C2C主要是通过一种境外买手入驻平台开店的方式实现；M2C是厂商直接对消费者的一种模式；O2O这一概念产生于美国，是指将线下的商业机会与互联网联合，让互联网成为线下交易的前台，实现实体经济和虚拟资源的互通互用。现在推出了如"线上下单、机场提货""前店后仓""闹市区体验店""打造小商圈"等O2O模式。跨境电商的O2O主要分为两种，一种是以出口为主的B2B跨境电商O2O，另一种是涵盖进出口的B2C跨境电商O2O。

（二）知识点二：跨境电商平台类型

1. 按所经营的行业及产品范围分类

（1）垂直类电商平台

这类平台专注于某一行业,主要有两个特点:第一个是专,即集中全部力量打造专业性服务平台,主要以行业为特色,对某一行业做全面的研究;第二个是深,此类平台具备独特的专业性质,在专业的同时深入研究某一行业的特点,深入探究某一行业的服务、盈利以及未来发展动向。

（2）综合类电商平台

这类平台所经营的产品种类覆盖范围广、行业多,平台上资源丰富,如传统的 B2B 网站阿里巴巴、慧聪、环球资源等。

2. 按平台的功能和性质分类

（1）第三方跨境电商平台模式

它们提供统一的销售平台,平台一方是作为卖家的国内外贸企业,另一方是作为境外买家的消费者。其为外贸企业自主交易提供信息流、资金流和物流服务的中间平台,它们不参与物流、支付等中间交易环节,其盈利方式是在交易价格的基础上增加一定比例的佣金作为收益。此类平台有速卖通、敦煌网。

（2）自建跨境电商平台模式

这类企业自己联系国内外贸企业作为供货商,即平台直接从外贸企业采购商品,买断货源,然后通过自建的 B2C 平台,将产品销往境外,其盈利模式是利润,电商平台企业本身是独立的销售商。此类平台有兰亭集势、DX 及大龙网。

（3）外贸电商代运营服务商模式

这种模式是服务提供商不直接或间接参与任何电子商务的买卖过程,而是为从事跨境外贸电商的中小企业提供不同的服务模块,如"市场研究模块""营销商务平台建设模块""境外营销解决方案模块"等。这些企业以电子商务服务商身份帮助外贸企业建设独立的电子商务网站平台,并能提供全方位的电子商务解决方案,使其直接把商品销售给境外零售商或消费者。服务提供商能够提供一站式电子商务解决方案,并能帮助外贸企业建立定制的个性化电子商务平台,盈利模式是赚取企业支付的服务费用。此类的平台有四海商舟、锐意企创。

（三）知识点三：网络经济中的正反馈理论

反馈(Feedback)是指受控对象对施控主体的一个反作用,按其所起的作用可以分为负反馈和正反馈两类。阿尔弗雷德·马歇尔(Alfred Marshal)提出了规模经济理论,其认为大规模生产的利益在工业上表现得最为清楚。他论述了规模经济形成的两种途径,即依赖于个别企业对资源的充分有效利用、组织和经营效率的提高而形成的"内部规模经济"和依赖于多个企业之间因合理的分工与联合、合理的地区布局等所形成的"外部规模经济"。他认为扩大经营规模可以降低平均成本,从而提高利润水平。通过进一步研究规模经济报酬的变化规律，他发现规模报酬将依次经过报酬递增、报酬不变和报酬递减三个阶段。以马歇尔为代表的传统经济学认为经济世界遵循均衡规律，即负反馈。任何对均衡状态的偏离都会自动回归均衡状态，其是最优的、唯一的。但是，现实世界实际上存在大量的正反馈系统。

美国经济学家威廉·布莱恩·阿瑟（William Brian Arthur）从1979年开始研究经济学中的正反馈现象，他的研究为经济理论的发展开辟了一个全新的领地。正反馈理论起源于对生物现象的观察和理解，并衍生到经济领域。阿瑟认为，这个世界由"马歇尔世界"和"报酬递增世界"组成。报酬递增在经济的新兴产业部分即知识产业中占据着支配地位，其造就了"强者愈强，弱者愈弱"的趋势。对于高科技市场中存在的报酬递增，原因主要有三：一是产品早期投入大，但成本会随销量增加逐渐减少；二是产品越流行越易成为行业标准，带来扩大的网络效应；三是由于转换成本存在会形成"锁定效应"，为企业带来领先的产业优势。

在对正反馈机理进行研究后，阿瑟开始将这种正反馈机制的解释应用到国际（地区间）贸易经济领域。他认为无论是地区还是国际（地区间）高科技产品产业集聚现象，虽然有地理因素的作用，但正反馈机制起的作用更大。那些在高技术行业中具有高生产能力、富有经验的国家，可以获得更低的成本，更高的质量的优势，从而可能将其他国家（地区）驱逐出市场。阿瑟认为高科技产业的重点应该是提高产品质量，促进形成合资企业，共同分担前期成本、营销网络、技术知识和标准，甚至促进策略联盟。他认为，进入一个已经被锁定或成功机会渺茫的市场是没有意义的。

体现正反馈现象的还有梅特卡夫法则。鲍勃·梅特卡夫（Bob Metcalfe）在1980年对电话网络进行研究后，发现网络的价值以用户数量的平方的速度增长，这被称为梅特卡夫法则。换句话说，如果用户规模扩大为原来的 n 倍，网络的总价值就会扩大为原来的 n 平方倍。它是针对电话网络提出的，但它不仅适用于电话、传真等传统的通信网络，也适用于互联网。总的来说，其概括的就是连接到一个网络的价值取决于已经连接到该网络的其他人的数量这一基本的价值定理，即经济学家们所称的"网络效应"或"网络外部性"。

（四）知识点四：商业模式相关知识点

1. 商业模式定义

早在20世纪40年代德鲁克（Drucker）就已经提出了关于商业模式的概念。许多学者对商业模式进行了研究，但迄今为止还没有一个关于它的统一定义。但归结起来可以把商业模式理解为一种战略和变革，一套企业的运作方法，它把握着企业的整体方向，一个好的商业模式可以指导企业走得更远。

传统企业的商业模式比较简单，主要通过销售产品赚取成本和销售额的差额，但随着近20年互联网的普及，尤其是近10年来中国电子商务兴起后，互联网颠覆了传统行业，企业的客户来源、销售形式、盈利模式都发生了改变。为了求得一线的生存空间，传统行业改变原有的商业模式，融入互联网，加入了电商行业的大军。因此人们开始越来越多地关注起互联网企业的商业模式。

2. 商业模式六要素

（1）定位

创立一个企业，要对企业定位，定位是企业战略核心，是商业模式的起点。针对企业的定位，首先要考虑三个问题：①企业的业务是什么；②企业的目标客户包括哪些；③我们需要提供什么样的特征产品和服务。通过对这三个问题的研究，收集到的信息才能起过滤作用，才能决定哪些机会企业应该抓住，哪些机会可以放弃。最终界定出谁是自己的客户、谁是自己的竞争对手、谁是自己的合作伙伴、什么样的资源自己应该拥有和争取、哪些方面是自己所擅长的。企业定位后根据企业的实际情况研究市场的需求分析，寻找适合企业的战略。企业的战略包括实现企业使命和目标的各种方案的拟定和评价，最终选定将要企业实施的方案。企业战略的职能是分析企业的现状，确定企业目标，制定企业规划方案。

（2）业务系统

业务系统确定企业与其各利益相关者在整个企业活动中各自应该分担哪些，占据哪些。在整个价值网络中应该从事哪些业务活动以及确定企业与不同利益相关者的关系。企业的业务活动包括信息流、实物流和资金流，利益相关者的确定需要考虑周边的整体环境、所拥有的和可以从事的业务活动、在整个利益链中提供的价值以及如何做到共赢。

（3）关键资源能力

企业的关键资源能力和流程是企业价值传递的桥梁，旨在把价值创造蓝图落到实处。企业关键资源能力在企业运行中占据重要地位。有了良好的资源能力，很多企业的构思、战略才能得以实施，进而提高企业的效率和效果。这些资源主要具有不可模仿性、稀缺性、价值及组织。

（4）盈利模式

盈利模式是指网站相对稳定和系统的盈利途径和方式。盈利模式是利益相关者的收入和成本结构以及收支的方式，成本分摊后各自的收入和利润分配。通俗地讲就是企业的利润来源和所采用的方式方法。目前互联网中的购物平台有很多种，在这些里面如何找到自己的盈利点和适合自己的方式，要有不断的创新才是至关重要的。

（5）自由现金流结构

自由现金流结构是在整个企业运作的过程中各利益相关者现金流入和流出的结构形式，以及各自对应的现金流、利益流的一种形态，好的自由现金结构能充分展现企业自身营运的情况，包括各利益链之间关系的情况。

（6）企业价值

企业价值指企业的长期获利，即企业未来所有可获利润按照一定贴现率的折现值。企业价值也是商业模式的最终体现，只有企业的价值在整个环境中得以体现，才能形成一个良好的现金流、利益流，这样才是一个好的闭环，最终企业价值的高低就是评判商业模式优劣的标准,才能让企业健康地运转下去。

企业价值的另一层含义,是通过资本市场体现。一般认为,企业的整体价值由其股权资本价值和债务价值两部分组成。价值体现分为三部分:①股东权益最大化;②公司价值最大化;③利益相关者。当然从财务层面来说,企业价值具有多种不同的表现形式:账面价值、市场价值、评估价值、清算价值等等。

3. 商业模式创新

不同视角下,学者们对商业模式创新的理解有所不同,它是一个多维度的复杂概念。通俗来讲,它是商业模式的改进或创造,被认为是企业价值创造基本逻辑的变化,即把新的商业模式引入社会生产体系,并为客户和自身创造价值。

(五)知识点五: 电商生态系统

英国的坦塞雷(Tansely)最早提出了"生态系统"这一概念。其认为自然生态系统是一个有机的复合整体,它不仅包括有机体,还包括生物群落环境。现今,人们普遍认可其是指在自然界的一定空间内,生物与环境构成一个自然系统,生物之间及其与环境间通过物质循环和能量流动而相互影响、作用。美国经济学家摩尔(Moore)在生态系统理论的基础上,首次提出了"商业生态系统"的概念,其是指以商业中组织和个人的相互作用为基础的经济联合体。随着电子商务的兴起与发展,商业生态系统理论在电子商务领域的应用越来越广泛,电子商务生态系统这一概念随之产生。

所谓"平台型电子商务生态系统",即一系列关系密切的企业和组织机构,超越地理位置的界限,将互联网作为竞争和沟通环境,围绕核心的平台型电子商务企业,通过各种形式进行优势互补和资源共享,结成的一个有机的生态系统。电子商务生态系统中各"物种"成员各司其职,相互交织形成完整的价值网络,物质、能量和信息通过这个价值网络在联合体内流动和循环,共同组成一个多要素、多侧面、多层次的错综复杂的商业生态系统。

平台型电子商务生态系统中的"物种"成员按其定位可以划分为以下三类,分别是领导种群、关键种群和支持种群(见图1)。

1. 领导种群

领导种群即核心的平台型电子商务企业,是整个生态系统资源的领导者,通过提供平台以及监管服务,扮演电子商务生态系统中资源整合和协调的角色。

2. 关键种群

关键种群即电子商务交易主体,包括消费者、零售商、生产商、专业供应商以及为网络交易提供增值服务的提供商等,是电子商务生态系统中其他物种所共同服务的"客户"。

3. 支持种群

支持种群即网络交易必须依附的组织,包括物流公司、金融机构、电信服务商以及相关政府机构等,这些种群并非依赖电子商务生态系统而生存,但它们可以从优化的电子商务生态系统中获取远超过依靠自己竞争力可得的利益。

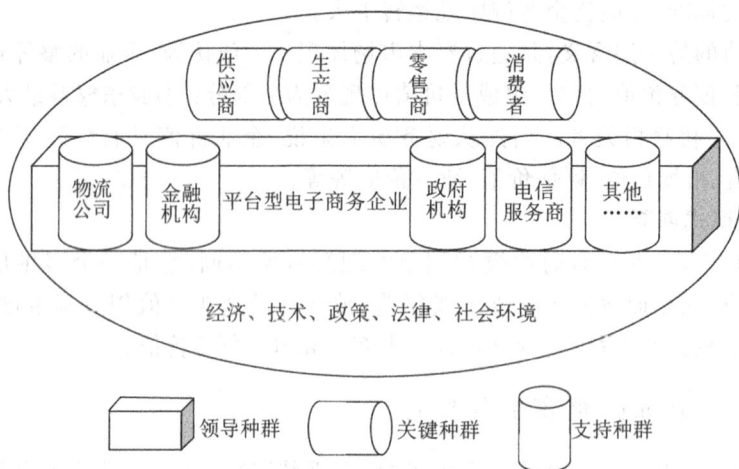

图1　平台型电子商务生态系统概念模型

促使电子商务从单一网站进化为多物种的平台型电子商务生态系统的原因有很多,包括:①核心平台型电子商务企业的创建与壮大培育了新市场环境,可以容纳更多物种的参与;②电子商务发展的内生力量如各物种自我繁殖和进化的需要,促使更多的主体进入生态圈;③电子商务发展所依附的支持性因素如电子支付、物流、利好政策等的加入,加快了系统的进化繁殖,并扩大了生态系统的范围;④生态系统的发展促使大量增值服务商的诞生,进一步改善电子商务生存环境。这些内生和外生的原因使得电子商务产业的"物种"不断丰富,循环也更加完善,最终实现电子商务各"物种"成员的生态共建、生态共生以及在此基础上的价值创造、价值共享和共同进化。

五、案例分析思路与要点

(一)案例分析思路

聚贸在现行的行业、工业企业以及经济和政策大背景下,结合大宗商品和工业品的特点,依托20多年的线下大宗贸易经验,踏上"工业 B2B 跨境电商"旅途。考察聚贸开始做跨境电商的原因和机遇,了解跨境电商行业和工业、制造业企业相关情况,以及对应的经济和政策背景,并通过其所选择的模式,掌握跨境电商交易模式知识点;通过对比垂直类和综合类电商平台,了解聚贸的平台定位,掌握跨境电商平台类型知识点;通过思考该种平台定位的好处,掌握网络经济中的正反馈理论;通过对全文的把握,思考聚贸的商业模式创新处,掌握商业模式六要素知识点;通过了解聚贸经营的困难和挑战,思考其破解难题的应对思路,掌握电商生态系统知识点;根据聚贸的现状和未来的规划,结合全文思考聚贸发展中可能遇到的困难和挑战,并提出可能的解决方案(见图2)。

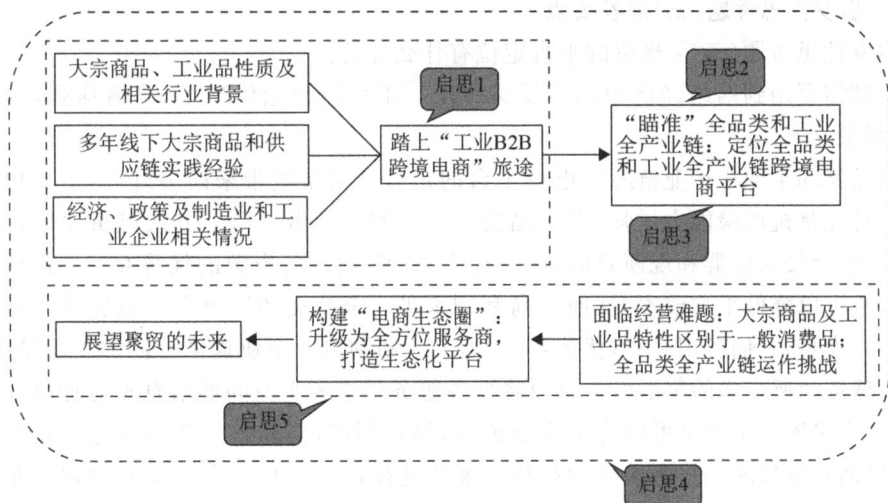

图 2　案例分析思路

（二）启发性思考题解答要点

1. 启发性思考题（一）解答要点

启发性思考题（一）：聚贸选择了哪种跨境电商交易模式？

此题需要用到跨境电商交易模式知识点。本案例中，聚贸董事长陆宏翔和他的团队在跨境电商火热发展及现行的政策支持 B2B 跨境电商的大背景下，结合大宗商品和工业品标准化的特征，以及大宗行业、制造业企业面临转型升级的情况，依托 20 多年的大宗商品和供应链金融实践经验，站在全球化的高度上，开始"工业 B2B 跨境电商"之旅。大宗商品和工业品的性质决定了其交易是发生在企业间的，所以交易模式一定是 B2B。另外，大宗商品和工业品的交易一般是在线下进行，这种线上线下相结合的方式体现了实体经济与虚拟资源的联通，因此聚贸的交易模式还包括 O2O。

2. 启发性思考题（二）解答要点

启发性思考题（二）：聚贸属于什么类型的跨境电商平台？

此题需要用到跨境电商平台类型知识点。按经营的行业及产品范围，跨境电商平台可分为垂直类和综合类。按平台的性质和功能分类，可分为第三方跨境电商平台、自建跨境电商平台以及外贸电商代运营服务平台。本案例中，从行业和产品范围来看，聚贸属于综合品类跨境电商平台。从性质和功能来看，聚贸属于第三方跨境电商平台。一方面，聚贸突破局限，定位全品类和工业全产业链跨境电商平台，聚贸的经营范围包括矿产、金属、能源、化工、农产品等原材料，工业与制造业产品，消费品、食品等全品类实体经济产品，并覆盖了从上游到下游整个产业链，重点针对工业中上游企业，是综合类品平台；另一方面，聚贸汇集众多优质工业和制造业企业以及物流企业、金融机构等，为工业和制造业企业自主交易提供信息流、资金流和物流服务，是第三方平台。

3. 启发性思考题(三)解答要点

启发性思考题(三)：聚贸的平台定位有什么好处？

此题需要用到网络经济中的正反馈理论。正反馈理论体现了"强者愈强，弱者愈弱"的现象。

全品类和工业全产业链跨境电商平台的定位会给聚贸带来诸多好处，主要包括三方面。首先是抗风险能力增强，多种品类的经营利于分散风险。其次是重要的资源整合优势，它会带来集群和规模效应，形成自然、技术、管理等资源的优势互补。经营规模的扩大也可以降低平均成本，从而提高利润水平。全品类和工业全产业链的平台能够汇聚各方力量，它们各司其职，优势互补，为工业和制造业企业提供不同的高质量服务。整合全球资源所带来的集群效应可以降低各服务机构和企业间的信息不对称以及寻找机会，集中采购订单更是可以降低企业成本，增加利润，提高整个链条的运作效率。再者，正反馈效应反映了报酬递增的趋势。聚贸选择进军一片蓝海的全品类和工业全产业链领域，市场还未被占领，前景广阔，这充分体现了正反馈理论中的"抢占先机"的重要性。聚贸意在整合全球资源，不断招商和发展合作关系，壮大平台，从而不断提升平台实力和竞争力，进一步节省成本、提高效率，吸引更多优质企业和机构与之展开合作，以此不断扩大规模，增强竞争力，形成正反馈，带来扩大的"网络效应"，积累起巨大的优势和转换成本从而产生"锁定效应"，以加大与全球各国企业进行谈判的筹码，提升议价能力，优化电商平台的竞争环境。

4. 启发性思考题(四)解答要点

启发性思考题(四)：聚贸的商业模式创新体现在哪些方面？

此题要结合全文进行分析，综合性较强，需要用到商业模式定义、六要素和创新相关知识点。商业模式可以理解为企业的一种战略和运作方法，现代意义上的商业模式主要有六个要素，包括定位、业务系统、关键资源能力、盈利模式、自由现金流结构以及企业价值。商业模式的创新主要是通过商业模式的创造和改进来为企业和客户创造价值。本案例中，聚贸的商业模式创新主要体现在四个要素上。第一，在定位上，聚贸董事长陆宏翔和他的团队在现行的行业大背景下，深刻认识中国制造业企业的困惑，依托20多年实践经验，开始"工业B2B跨境电商"之旅，并定位全球，打造全品类和工业全产业链跨境电商平台；第二，在业务系统上，聚贸致力于构建生态圈，对接整合全球资源，与多方合作，各方各司其职，实现优势互补、互利共赢；第三，在关键资源能力上，聚贸有20多年的大宗商品交易和供应链金融经验，以及国家(地区)的支持和国际(地区间)的认可；第四，在盈利模式上，聚贸突破电商平台仅发布信息、撮合交易的功能，提供全方位的服务，升级为综合服务商，实现互利共赢。集中采购服务、集中推广服务，以及六大服务模块，都将是聚贸的利润点所在。它们能够为其客户和企业自身创造价值，均为商业模式创新的表现。

5. 启发性思考题(五)解答要点

启发性思考题(五)：试从聚贸的生态系统构成现状角度分析聚贸未来可能面临的困难和挑战，并提出可能的解决方案。

此题为开放性思考题,需要用电商生态系统知识点来分析聚贸的平台构架,并结合全文进行思考。电商生态系统是指一系列关系密切的企业和组织机构,超越地理位置的界限,将互联网作为竞争和沟通环境,围绕核心的平台型电子商务企业,通过各种形式进行优势互补和资源共享,结成的一个有机的生态系统。其中各"物种"成员各司其职,相互交织形成完整的价值网络。"物种"分为领导种群、关键种群和支持种群三种。本案例中,聚贸是整个生态系统资源的领导者,通过提供平台以及监管服务,扮演电子商务生态系统中资源整合和协调的角色,属于"领导种群";优质工业和制造业企业还有消费者属于"关键种群",它们是交易主体,包括供应商、生产商或零售商、消费者;与聚贸合作的政府部门,银行、保险公司等金融机构,以及第三方物流、仓储等公司,另外还有许多知名认证机构、咨询管理公司等,这些企业属于"支持种群",为"关键种群"提供服务,保证交易、支付以及产品质量安全。此外,相关的经济、技术、政策、法律、社会环境等属于整个生态系统的外部环境。

具体到未来可能面临的困难和挑战,第一,聚贸做全品类和工业全产业链跨境电商,其构架极大,所需要的资金很大,"烧钱"会很快。目前仍处于自己"砸钱"阶段,正准备进行 A 轮融资,未来其能否获得持续的融资、并投入足够的精力来做好平台是一个很大的挑战;第二,在构建生态化平台过程中也可能会遇到各种瓶颈,比如其中的资源整合能力、与合作方的关系构建和维护以及如何发挥"领导种群"的作用,还有如何针对经营状况调整和完善"支持种群",以提升"关键种群"的服务体验等;第三,互联网经验的不足也会给其发展带来挑战。

可能的解决方案如:保持清晰的战略定位,并根据实际情况进行适当调整和更新;尽快获得优质融资,为企业注入发展的重要动力;积极引进互联网人才,并持续学习电商及跨境电商相关知识,借鉴国内外经验,弥补互联网经验不足短板;充分利用媒介、会展等各种途径发现并发展与优质"关键种群"和"支持种群"的关系,提升自身实力,注重商业文明的实践,切实让合作伙伴有所得利并愿意构建长期稳定合作关系;在经营中发现用户需求和存在问题,及时更新理念,试图解决以便不断完善服务。

六、教学组织方式

案例授课班级人数不宜过多,应该控制在 20～30 人,可以 4～6 人为一组分成 5 个小组。教室的桌椅布局要让所有的课堂参与者围坐四周,以使其容易听到和看到同组成员为基本原则。教室中应具备电脑、投影仪、黑板、粉笔等设备。同时,为方便学生更好地参与案例课堂讨论,教师可以在课前提醒学生做课前准备工作,例如,熟悉案例,浏览 www.jumoore.com 网站,以便对聚贸公司有一个大致的了解。

(一)课时分配

案例回顾与概述(5 分钟):介绍案例背景,回顾案例内容,理清案例思路,明确案例主题。

提出问题与小组讨论(20分钟):结合板书提出启发性思考题,分小组讨论并形成组内答案。

小组汇报与教师引导(50分钟):针对每一道启发性思考题,选一个小组进行回答,其他小组补充。教师需结合板书和多媒体对学生引导,得出最终答案。

案例评价与总结(10分钟):对知识点进行梳理,对案例教学过程进行评价,总结学习心得体会。

其他问题(5分钟):教师回答学生的一些其他问题。

(二)板书设计

启发性思考题(一):聚贸选择了哪种跨境电商交易模式?启发性思考题(一)及解答要点如图3所示。

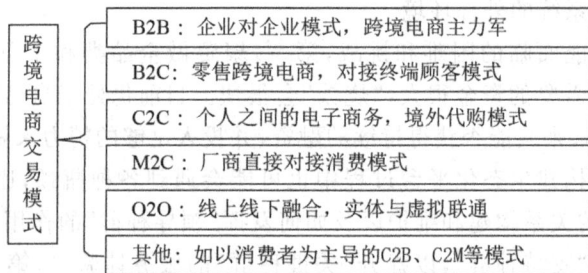

图3 启发性思考题(一)及解答要点

启发性思考题(二):聚贸属于什么类型的跨境电商平台?启发性思考题(二)及解答要点如图4所示。

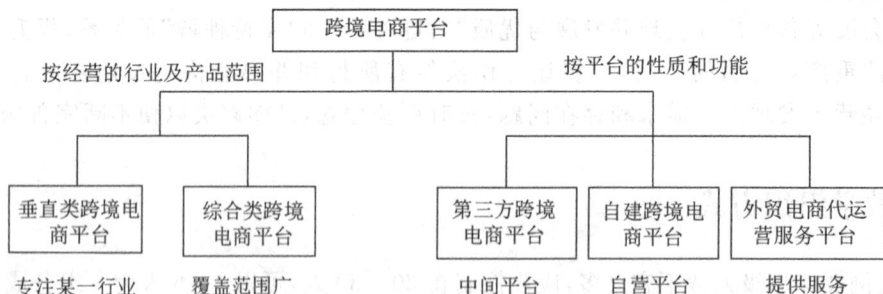

图4 启发性思考题(二)及解答要点

启发性思考题(三):聚贸的平台定位有什么好处?启发性思考题(三)及解答要点如图5所示。

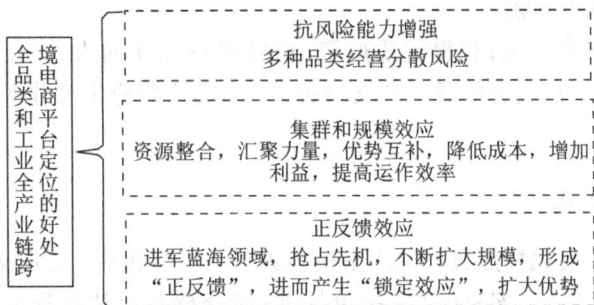

图 5　启发性思考题(三)及解答要点

启发性思考题(四)：聚贸的商业模式创新体现在哪些方面？启发性思考题(四)及解答要点如图 6 所示。

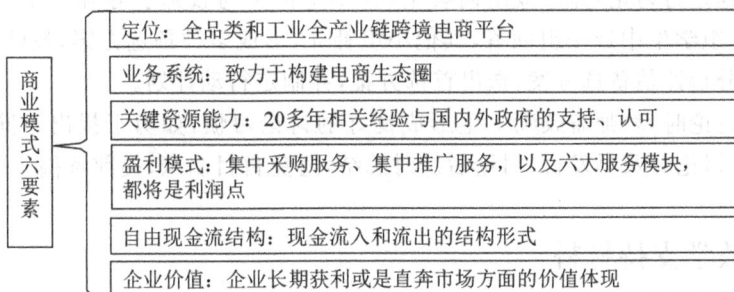

图 6　启发性思考题(四)及解答要点

启发性思考题(五)：试从聚贸的生态系统构成现状角度分析聚贸未来可能面临的困难和挑战，并提出可能的解决方案。启发性思考题(五)及解答要点如图 7 所示。

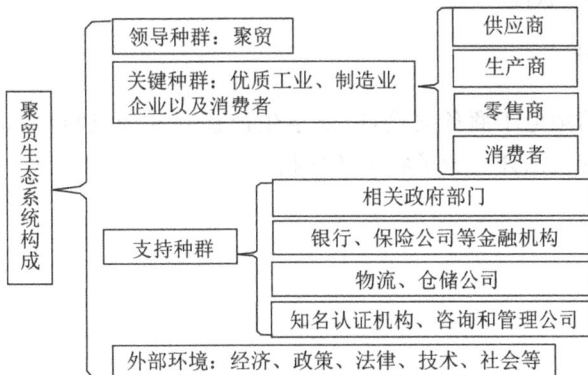

图 7　启发性思考题(五)及解答要点

(1) 挑战

主要体现在对"领导种群"资源整合能力的高要求和提升"关键种群"服务体验以及与"支持种群"形成良好合作关系这三方面。此外还有所需资金量大、互联网经验不足等。

（2）可能的解决方案

保持清晰的战略定位；获得优质融资；积极引进互联网人才，持续学习、借鉴和创新；提升自身实力，与"关键种群"和"支持种群"构成长期稳定合作关系，及时发现并解决问题。

（三）讨论方式

案例讨论应该大致按照典型的决策模型进行。模型包括：①定义问题；②分析案例具体情况；③形成备选方案；④选择决策标准；⑤分析并评估备选方案；⑥选择首选方案；⑦制定行动方案和实施计划。

大多数案例讨论的核心推动力是组织中某个具体决策或问题的解决方案，因此，根据课时分配，案例讨论可以这样进行：在提出问题和小组讨论环节中，小组内根据5道启发性思考题进行讨论，并形成组内答案；在小组汇报与教师引导环节中，对每一道问题，教师从5组学生中选一组回答，其他小组补充，形成多种备选方案，教师根据决策标准引导学生分析评估备选方案，选出首选方案，并制定行动计划。

在案例讨论时，教师需鼓励学生形成良好的讨论习惯，如勇于提出不同意见、讨论前做好准备、讨论时及早发言、讨论后及时总结，避免盲目从众、提前背稿。

七、其他教学支持材料

（一）计算机支持

由于本案例在有关课程中当作讨论材料使用，需要展示给学生。所以在计算机中需要安装 PowerPoint 软件。

（二）网络支持

本案例中提到跨境电子商务案例，需要学生连接互联网，通过登录电商网站、跨境电商平台和相关社交网站体会和了解实务现状。

参考文献

[1] 百略网. 大宗商品电商风潮来袭 五大难点仍需克服[EB/OL]. (2015 – 08 – 20) [2015 – 08 – 20]. http://www.ebrun.com/20150820/145642.shtml.

[2] 樊晓云. 我国跨境外贸电商平台模式比较分析与选择[J]. 对外经贸,2015(2):12 – 14.

[3] 胡岗岚. 平台型电子商务生态系统及其自组织机理研究[D]. 复旦大学,2010.

[4] 江海报览. 价廉物美不应再是中国制造的标签·都市快报[EB/OL]. (2016 – 06 – 01) [2016 – 06 – 01]. http://www.360doc.com/content/16/0601/17/8507568_564229935.shtml.

[5] 经济日报. 大宗商品跨境电商正成制造业转型重要一环[EB/OL]. (2015 – 10 – 09) [2015 – 10 – 09]. http://www.ebrun.com/20151009/151268.shtm.

[6] 李子木. 大宗商品电商普遍面临的三大发展隐忧[EB/OL]. (2016 – 04 – 07) [2016 – 04 – 07]. http://www.ebrun.com/20160407/171500.shtml.

[7] 牛金霞. 陆宏翔:用跨境电商托起中国制造[EB/OL]. (2015 – 11 – 11) [2015 – 11 – 11]. http://blog.sina.com.cn/s/blog_4f0f8f690102w48k.html.

[8] 投稿. 盘点大宗商品电子商务与消费品电子商务的对比[EB/OL]. (2014 – 11 – 10) [2014 – 11 – 10]. http://www.tui18.com/a/201411/1078787.shtml.

[9] 王华龙. 五种常见的电子商务模式对比[EB/OL]. (2013 – 02 – 01) [2013 – 02 – 01]. http://blog.sina.com.cn/s/blog_64e090b001016843.html.

[10] 张恩. 杭商"玩转"大宗商品电商平台[EB/OL]. (2015 – 08 – 20) [2015 – 08 – 20]. http://news.hexun.com/2015 – 08 – 20/178464736.html.

[11] 张小蒂,倪云虎. 网络经济(第2版)(高等学校电子商务系列教材)[M]. 高等教育出版社,2008.

[12] 张雪卫. 爱美购跨境电子商务平台的商业模式创新研究[D]. 华东理工大学,2015.

[13] 找耐火材料网. B2B 电商,垂直型与综合型对比[EB/OL]. (2015 – 12 – 23) [2015 – 12 – 23]. http://mt.sohu.com/20151223/n432349750.shtml.

[14] 郑州军休. 大宗物资的运输方式[EB/OL]. (2014 – 09 – 20) [2014 – 09 – 20]. http://www.360doc.com/content/14/0920/16/8224881_411053585.shtml.

致　谢

　　本案例获聚贸电子商务有限公司授权发布,在采编过程中得到了聚贸方面的大力支持,特别是公司董事长陆宏翔先生的力挺,还有黄进和汪立群卓有成效的配合,特此致谢;案例正文的压缩版,已先行在《浙商》杂志 2016 年第 18 期发表,感谢杂志主编张远帆和记者陈抗为出版做出的努力。

第二部分

跨境电商营销服务商

当前，我国跨境电子商务产业的发展处于全球领先地位。据统计，2016 年我国进出口跨境电商(含零售及 B2B)整体交易规模达到 6.3 万亿元。商务部预测 2018 年中国跨境电商进出口总体交易规模将达到 8.8 万亿元。其中，跨境电商 B2C 企业持续受益于行业发展红利，利用发展小众、长尾、细分的利基产品市场，在扶持政策不断出台、传统外贸加速转型、网购模式逐渐渗透等多重利好刺激下，将在全球贸易中扮演更加重要的角色。我国跨境电商零售品类主要集中在母婴产品、服装服饰、3C 电子产品、家居园艺和汽车配件等行业，其中 3C 电子产品占比高达 41.2%。这些产品的标准化程度高、退货率低、便于运输存储等特点突出，适宜通过电商渠道销售。总体上来看，中国跨境电商出口行业存在极大的发展空间，且已经呈现出 B2C 市场占比上升，B2B 和 B2C 协同发展的新趋势，依托产品成本较低、移动端推广速度快、境外华人数量大等优势，能够在未来取得突破性发展，实现生产性行业销售模式的革命。

与 B2B 相比，跨境电商 B2C 企业需要把更多的资源与精力投入营销中去。随着跨境电商营销定位日趋细分，制造业企业、采购商与消费者等跨境电商需求方对跨境电商合作模式的认知不断深入，对于营销服务商的运营能力的要求也越来越高。本书第二部分展示的四个案例均采编自跨境电商营销服务企业，或是侧重于描述跨境 B2C 企业的营销策略。其中，四海商舟专注于提供以电子商务为载体的境外营销"一站式"整体解决方案，凭借管理输出、联合运营等差异化的服务项目与中国制造"三好"企业互相成就；易点天下是境外移动营销服务领域的领头羊，立足于数据经验投放策略、原生广告营销引擎、场景意图智能匹配等核心竞争力，帮助本土互联网企业解决"出海"困境；环球易购与 DKL 则是自建平台 B2C 营销方面的佼佼者，前者定位于全球具有互联网消费观念的"快时尚"年轻群体，依靠数据驱动精准营销与全方位本土化服务征服境外消费者，后者从家居产品入手，采用以搜索引擎营销为核心、线上线下相结合的营销策略，搭建了"平台＋仓储＋配送＋展厅"的境外营销架构。它们对于行业的解读与对于战略的把控也一定能引起您的思考。

四海商舟　互相成就

环球易购　e Go 全球

直挂"易点"出沧海

跨境之桥：从 DKL 到 HYH

四海商舟　互相成就

◎ 马述忠　濮方清　柴宇曦

（浙江大学马述忠工作室）

■ **摘　要**：在跨境电商迅猛发展的时代大背景下，四海商舟选择转型做跨境电子商务第三方服务提供商，在代运营中提供多种服务模式，帮助传统制造企业创建自有品牌、开拓跨境电商业务、提升出口质量。四海商舟的整体解决方案整合了境外市场分析、营销推广、运营支持和营销平台诸多方面，针对不同的企业给出不同的方案，这种"一站式"定制服务为企业拓展跨境电商市场、提升品牌影响力的过程节省了成本、提高了效率。

■ **关键词**：代运营；网络营销；服务体系；服务模块

Make Achievement Mutually with BizArk

◎ Ma Shuzhong   Pu Fangqing   Chai Yuxi

(Mashuzhong STUDIOS, Zhejiang University)

Abstract: This case describes BizArk as a cross-border e-commerce third-party service provider, offering a variety of services on behalf of operator. BizArk helps traditional manufacturing enterprises to create their own brands, develop cross-border e-commerce business and enhances the quality of exports. BizArk overall solutions integrate overseas market analysis, marketing, operations and marketing platform. Each enterprise has its own solution of cross-border e-commerce business. This "one-stop" service saves costs and improves efficiency for enterprises to develop cross-border market and enhance the influence of the brand.

Key words: operate on behalf of enterprise; internet marketing; service system; service module

上篇　案例正文

一、引言

"欢迎穆诚(化名)加盟四海商舟!"会议室里掌声雷动,四海商舟董事长周宁十分自豪地向大家介绍这位著名互联网企业前华东区高管。穆诚此前还曾任 Palm 公司中国区销售总监,拥有十余年跨境企业销售与市场营销的管理经验,此次加盟四海商舟备受关注。"听说还有来自谷歌、微软、IBM、惠普、宝洁的优秀人才要加入呢!""真的吗? 好像风投也来过了呢!"会议室里议论纷纷。是什么公司具有如此魅力? 它又有怎样的商业模式呢?

二、企业背景

跨境电子商务出现之前,在传统外贸模式中,商品从企业到消费者要经过进口商、批发商、分销商和零售商,每次经手都要被分走一些"油水",导致企业利润空间被压缩。在全球经济增速放缓,对外贸易萎缩之后,传统外贸过度依赖传统销售、卖家需求封闭、订单周期长、利润空间小这些固有问题被放大,使得企业举步维艰。跨境电商作为基于互联网的运营模式,正在重塑中小企业国际(地区间)贸易链条,销售渠道被"压扁"了,企业可以直接面对个体批发商、零售商甚至消费者,减少了中间环节,定价和获利能力得到提升,因此越来越受欢迎。2012 年之前传统外贸和传统制造业企业鲜有进入电商行业,但在 2013 年左右,很多的传统企业开始进入这一领域,跨境电商逐渐受到传统企业的重视,成为传统企业发展的重要选择。

电子商务发展初期,不少有识之士预见了其中的发展潜力,四海商舟的创始人周宁就是其中一位。周宁毕业于南京大学,读本科时就开始钻研计算机信息技术,后又攻读南京大学数学系硕士研究生和计算机系博士研究生。2005 年 6 月,周宁把握外贸市场先机,创立泰思特工作室,以方兴未艾的虚拟货币贸易为契机介入互联网经济。2006 年 3 月,周宁成立南京科泰信息技术有限公司,同年 8 月,科泰团队涉足实物贸易,将业务范围扩大到服装、首饰工艺品、鞋类、电子产品、眼镜、箱包等十个领域,成功打造了一个外贸电子商务网站贸易集群。周宁用"倒买倒卖"概括这个阶段的商业模式:低价进货,通过 eBay① 转手卖给欧美买家,赚取中间的差价。2009 年,全球金融危机对中国传统外向型企业造成巨大冲击,四海商舟开始推崇"互相成就"的企业理念,将多年外贸推广

---

① eBay 是一个可让全球民众上网买卖物品的线上拍卖及购物网站,成立于 1995 年。

和经营的经验浓缩提炼,打造出一套以电子商务为载体的外贸营销整体解决方案,服务于境内外向型企业,帮助其建立品牌,开拓境外市场。

三、从"运动员"到"教练员"

2009 年科泰的经营运作已经进入快速发展期。周宁面对科泰不断增长的业绩,并没有喜形于色,倒是有些忧虑,他摘下眼镜凝神静思,回顾过去几年公司的经历,希望有助于理清未来的发展思路。科泰初创时期,伴随着外贸增长的大势,在 eBay 上卖货确实给公司带来了不少利润。但是市场变幻风云莫测,把 eBay 作为唯一的销售渠道让人放心不下。而如果要建立自己的品牌,就必须自己掌握渠道,同时不能"把鸡蛋放在一只篮子里",多元的渠道才能拥有更多的主动权;此外,科泰这一时期的外贸模式最多算得上做生意,公司想要有长远发展,还需要一个较为持久的商业模式。

之后一个阶段,公司尝试自主开展营销活动,自建网站构建销售渠道,扩大并稳定客户群,逐渐打造出自己的品牌。公司先后运作 20 余家外贸 B2C 网站,主要经营游戏虚拟产品、眼镜等商品。从找厂商订货,到自建网站和境外营销,再到通过物流将商品送到消费者手中,每一个环节都积累了多次试错经验,最终成功运营了诸多外贸 B2C 网站。周宁边学边干,在自建网站、学习互联网营销的过程中,帮助有出口需求的企业做相同的事情,发现这套流程正是那些希望走出去的中小企业所急需的。

周宁的思路渐渐明晰,"了解外贸行业的人都知道,做外贸存在很多障碍,比如语言差异、文化差异、支付障碍、物流障碍、法律风险及知识产权保护等问题。而多数中小企业之前主要通过中介贸易商做生意,对此几乎是一头雾水"。这正是当前市场上存在的空白和商机。周宁马上召集公司高层,说出心里的想法——做跨境电商第三方服务。在场的人有些不解,原先做得好好的,为什么要做从未接触过的服务提供商呢?周宁面对疑虑,这样解释:"自己去做运动员,固然可以获得高的薪水,但运动员的生命周期是非常有限的,我们就是要用这么多年的运动员经验,抽身做教练员,培养更多伟大的运动员。"在权衡了利弊之后,周宁马上做了一个重要决定:将公司的主营业务由自售产品转移到为客户提供外贸电商服务上来。

凭借外贸电子商务领域多年实战经验,2009 年公司在国内首推以电子商务为载体的境外营销整体解决方案,力助中国企业走向境外。2010 年起,四海商舟境外市场发展整体解决方案陆续获得 IDG[①]、鼎鑫投资、金茂创投数千万美金资本注入,业务规模更上一层楼。经过 2012 年的阵痛之后,四海商舟逐渐明确未来的发展策略,将服务重心转向志在创牌的出口 B2C 企业,并形成了有层次的服务项目。四海商舟根据特点把客户分为三类:一是最初的销售额接近并想突破 100 万美金的普通卖家,二是想开展跨境电子商务的外贸公司,三是运营成本较高的生产型客户,并分别对应提供如下方案:会员

---

① 美国国际数据集团(International Data Group)是全世界最大的信息技术出版、研究、发展与风险投资公司。IDG 集团公司创建于 1964 年,总部设在美国波士顿。

服务、管理输出服务和联合运营。针对中小卖家的会员服务包含了中小卖家需要的培训、ERP[①]软件、境外仓服务、金融服务等,通过体系化的内容帮助中小卖家形成卖产品、管团队、可持续的发展思路;管理输出服务会根据外贸公司现状,帮助外贸公司从零开始组建跨境电商团队,传授跨境电商实操和管理经验,使其能成为一家有团队、有方法、有规范的跨境电商公司;联合运营的口号是"创牌,卖货,分钱",和外贸制造企业合作,为制造企业在境外创立品牌,通过自有品牌在境外各个电商平台进行销售。

"如果这个模式成功了,我们开创的绝对是一片蓝海。我们是国内第一家做的,不怕别人进来,倒希望大家一起把蛋糕做大,我们保持住领先优势就可以了。"周宁对这种商业模式十分有信心,但是如何把这种模式做得更好,吸引更多的客户,这让周宁费了不少苦心。

四、全方位"一站式"服务

如何做得更好呢? 过去做网站建设、搜索引擎优化、电子邮件营销的企业也有不少,假如四海商舟和他们一样只是做单一环节的服务,就没有存在的必要了。在全流程丰富经验的基础上,资源整合顺理成章地成为服务优化的首选。"我们提供的是一站式服务,网络营销涉及很多模块,单一模块上有许多竞争对手,但是鲜有公司提供整合营销。制造企业对于整个网络营销是陌生的,以前需要一家一家和服务提供商去谈,现在只需找我们一家公司,告诉我们它的预算、想法、目标,我们就能帮助企业合理配置。"周宁解释道,并进一步以 GlassesShop.com 为例展示全方位"一站式"服务。

GlassesShop.com 是江苏丹阳一家生产眼镜的外贸公司建立的,最初是一个比较简易的英文企业网站,由于公司做跨境电商的能力有限,多次试图改造成电子商务网站但均以失败告终。金融危机到来后,出口形势恶化,企业为寻出路,经介绍联系到四海商舟。他们希望四海商舟能提供方案,把网站改造成功,促使处在困境中的企业重回正轨。GlassesShop.com SWOT 分析如表 1 所示。

表 1 GlassesShop.com SWOT 分析

优势(S)	劣势(W)
①依托丹阳眼镜产业集群;②供应链有保障;③原产地成本低廉;④物流拥有优越性	①眼镜品牌存在盲区;②高端产品较少;③中低端市场利润不高;④与境外产品对比设计感较弱
机会(O)	威胁(T)
①境外在线处方配镜市场成熟;②计算机技术发达;③跨境电商溢价空间较大;④企业求变,寻求质量、品牌、高利润	①行业内竞争对手较多;②难以设定竞争门槛

---

① ERP(Enterprise Resource Planning):即企业资源计划。

在会议室里,双方进行深入交流,就当下的情况达成共识:第一,金融危机导致经济形势恶化,需求价格下降,企业利润空间被压缩;第二,境外消费者在收入下降和价格承受能力下降的情况下,对网购的需求上升;第三,出售整副眼镜只能通过零售渠道,GlassesShop.com 域名符合垂直销售的 B2C 电商网站特征。

"知己知彼,百战不殆",会议结束后,四海商舟团队收集资料,了解到眼镜相关产品的"中国制造"占世界的 70% 以上。仅镜片一项,江苏丹阳作为一个县级市贡献了世界 45% 的产量。但是在配方眼镜市场,除了少数一线奢侈品牌的衍生品外,并没有具有广泛声誉的配方眼镜品牌,行业的品牌认同度较低。另外价格和耐用度是大多数消费者考虑的首要问题。

据市场调查公司 Global Industry Analysts 的一份报告称,全球眼镜市场的规模在 2015 年达到 956.6 亿美元。美国著名眼镜电商 Warby Parker 2010 年初创时获得 150 万美元天使投资,一年后获得 B 轮投资 4150 万美金,2013 年底又获得 C 轮投资,斩获 Tiger Global Management 领投的 6000 万美金融资。由此可见,眼镜电商市场在国内外都被认为是极具投资价值的新兴细分市场。

在对于目标市场的选择方面,四海商舟得到的结果显示,北美洲(主要指美国和加拿大)人口规模在 3.5 亿左右,每年消费的矫正型眼镜为 0.9 亿副。差不多每四个人每年就得买一副。美国零售店中仅仅眼镜架的平均价格就达到 118 美元,价格偏高,因此有市场空间可以进入。

目标市场的主要竞争对手有三家:一是 39Dollareyeglasses.com,网站流量主要来源是自然搜索。该站的优点在于镜框价格统一且单价较高,网站内部文案丰富,网站结构清晰,外链质量较高,因此在综合搜索排名上位于 Google 搜索结果前列;缺点在于营销手段过于单一,定价限制了低端客户。二是 eyebuydirect.com,网站流量主要来源于 PPC[①],众多 PPC 关键字位于搜索页面左侧广告前三位。该站的优点是网站设计大气、简洁,产品页面文案丰富,手机端优化较强;缺点是流量来源单一,活动频率较低。三是 zennioptical.com,定位中低端客户,口碑维护能力很强,各大评论网站评分均在 8 分以上,自然搜索关键字基本位于第一页,PPC 投入也较大。综合来说,zennioptical.com 为目前眼镜电商行业的龙头,是主要竞争对手。

针对上述情况,在第二次和企业负责人会面中,四海商舟提出了以下方案规划。

第一,精细市场定位。GlassesShop.com 前期以美国作为目标市场,产品定位为中低价位大众市场,推广策略以低成本的网络营销手段为主,目录营销为辅,发展过程中,不断拓宽国(地区)别渠道,通过物流环节优化,以最低的价格让全球消费者享受优秀服务。

第二,依托成本优势。GlassesShop.com 背靠丹阳眼镜产业基地,拥有价格和原产地优势,目标定位于境外快速发展的配方眼镜网上零售市场,拥有一定的市场容量和利润空间。同时通过建立境外仓储中心,进一步压缩物流成本,在不断提升消费者购物体验的同时将产品的成本优势稳稳掌控。

---

① PPC(Pay Per Click),即点击付费广告,是一种常用的网络广告形式。

第三,提升消费体验。GlassesShop.com 网站开发需要进行严密的数据策划、购物导向策划和功能流程策划,这为灵活的网站开发奠定了基础。通过建设可扩展的高性能的网站,提升消费者的购物体验,提高消费者的忠诚度。

企业负责人听完四海商舟的方案后,感慨万千:终于找对人了! 随后便与四海商舟签订合同,采用四海商舟的"一站式"整体解决方案并积极推进执行。四海商舟整体解决方案包含四个方面:境外市场分析、营销平台架设、多渠道营销推广、运营维护支持。上文主要介绍了境外市场分析和规划,而在营销平台架设和支付方面,GlassesShop.com 作为销售眼镜的电商平台,域名简洁明了,符合其 B2C 直销平台定位。四海商舟为网站重新设计了 logo,并打出了在线配镜专家(online prescription eyeglasses expert)的口号。另外,重新设计了完全符合欧美消费者习惯的首页页面。在运营中发现,制约在线配眼镜的最大障碍是无法让客户体验佩戴上眼镜的真实效果,为此公司专门开发了虚拟试戴系统,不但能让消费者体验佩戴眼镜的效果,而且还能精确地测量出眼镜尺寸是否合适,极大地消除了网上配镜的不便。网站通过了 McAfee[①] 认证,另外为提高网站产品的公信度,公司专门申请了欧洲 CE 认证和美国 FDA 认证。在支付方面整合了主流的支付方式(PayPal、WorldPay、Master、Visa、Maestro、Discover 等)并将支付本地化,能够支持全球主要的币种和信用卡、借记卡、银行转账等,仅此一项就带来了 20% 的业务量的提升。

网络营销方面,在搜索引擎优化(SEO)上采用长期策略,通过合理规划、配备专职团队、建设大量资源、梳理优化流程等步骤获得优异的推广效果以及低成本营销的竞争优势。在前期推广方面着重摸索,针对不同的广告渠道,通过精细化的检测和分析来考察效果,经过摸索,找出一种最佳的推广组合,能够在收支平衡的情况下持续投入,并逐步扩大规模。在具备一定的基础后,通过与知名网络营销公司合作,在各种营销渠道上均获得数个百分点的提升。为了弥补在欧美市场范围内地面媒体广告的不足,GlassesShop.com 着力发展了互联网口碑营销的力量。定期通过各种渠道,进行大量的软文营销、SNS[②] 营销、视频营销、论坛营销等。为提高客户黏度和重复购买率,还进行了许可式订阅邮件营销,通过详细的客户分类,为不同的客户提供了个性化的邮件营销内容。

运营维护支持方面,在订单持续扩大的基础上开始打造供应链和境外物流。先后在广州和丹阳设立采购中心,在上海、纽约和伦敦设立物流点,先集中大包到美国和英国,再拆分并通过当地物流递送达客户,可以节约一半的运输费用。在南京建立呼叫中心、在线客服和订单处理团队,提供 24 小时英语支持,大幅度地提高了客服质量。另外,GlassesShop.com 还不断地举行各种促销活动,提高顾客购买欲,增加业务量。

现在 GlassesShop.com 网站日均订单早已突破了 500 大关,月销售额达到了 80 万美元。年盈利在 300 万～400 万美元之间。网站客户拥有 30% 以上的重复转化率,GlassesShop.com 已经完全打出了自己的品牌。

---

① McAfee:即迈克菲公司,总部位于美国加州圣克拉拉市,致力于创建最佳的计算机安全解决方案,以防止网络入侵并保护计算机系统免留下一代混合攻击和威胁。

② SNS(Social Network Sites):即社交网站,指用户基于共同的兴趣、爱好、活动,在网络平台上构建的一种社会关系网络。

"我们做过运动员，知道运动员需要什么，各个环节都需要注意哪些问题，只有做最优秀的教练员才能培养出伟大的运动员。"培养优秀"运动员"、帮助中国企业打造全球知名品牌，一直是周宁最大的愿望。

跨境电商第三方服务的市场上，"运动员"固然不少，"教练员"也很多。"运动员"为什么要选择四海商舟，四海商舟又是怎样挑选"好苗子"的呢？

五、互相选择互相成就

"我们做外贸时，互联网的营销方式主要尝试过 SEO 和 B2B 平台，SEO 外包给一家公司做，但是效果不好。B2B 平台也有尝试过，总是觉得达不到自己预期。"发之美外贸负责人孙经理介绍自己的外贸营销经验。经人介绍，孙经理选择和四海商舟合作，决定使用部分服务模块，除建设一个安全性极高的网站外，还着重进行 SEO 推广。"我们网站是从 2012 年 6 月开始推广的，才一个多月，每周都有十几位客户询盘，效果相当不错，有一个订单在做，还有好几个在谈。"谈及四海商舟的服务效果，孙经理表现得非常满意，"虽然在谈的都是小客户，但是我们还是很有信心，将小客户变成大的。这些询盘基本上都是有效的，与 B2B 平台相比，精准性高了很多。"

青岛一生缘家纺的刘总对四海商舟提供的服务也是赞赏有加。"我们企业生产高弹性粒子的枕芯产品，是国家级高科技产品，传统的电商平台根本无法展示我们产品的特性，只能把我们和家纺产品放在一起拼价格！但四海商舟为我们企业打造独立垂直的营销平台，很好地解决了这个问题。合作开始以后，每个月都会有询盘，且刚开始推广就有订单。询盘数量不多，但是质量不错，都是有效的和有针对性的。"

通过孙经理和刘总的介绍，大致可以归纳出选择四海商舟的必要性。诚然，电商平台访问量大、贴近国内客户、操作简单，但同样也存在着诸多弊端：企业的差异化无法充分体现；相对于庞大卖家群体，买家访问量较低；群发询盘的方式导致询盘多的假象；价格竞争激烈，压缩了利润空间等。同样，假如厂家自建平台，虽然可以把握整个营销体系，但需要有相关营销人才和较大的前期投入。

由于上述诸多不便之处，越来越多有意出口的传统企业找上门来，请四海商舟与他们合作。四海商舟并非来者不拒，对客户也有着很高的要求，周宁解释道："我们不是普度众生，我们的客户必须是'三好学生'。我们主要帮助有志向、有理想的中国制造企业通过电子商务建立境外零售渠道，进而树立自己的品牌。"什么是"三好学生"呢？四海商舟是这样定义的：好工厂，即工厂代工品牌口碑好或最终产品可以进入零售渠道，或是在研发领域有领先优势；好品类，即产品品类主要针对欧洲和美国市场，且都是适合零售和小额批发的消费类产品；好老板，即企业管理者不满足于 OEM、ODM 业务模式，有建立自己品牌的计划。

从对"三好学生"的要求中可以看出，四海商舟逐渐将业务重心从帮助外贸企业做 B2B 境外营销转移到为制造型企业提供 B2C 代运营服务上来。事实上，从 2013 年开始，四海商舟经过多年的积累，发现大部分企业经过一段时间的经营，拥有可观的销售额,产品质量有保障,供应链日趋成熟,但是在新的出口形势下增长遇到了瓶颈,由于在境外市场缺乏品牌知名度和定价权,做代工产品利润率极低,甚至出现了越做越亏的尴尬局面。周宁立马意识到企业缺乏渠道和自主品牌的严重性,之前帮助外贸企业做 B2B 境外营销并没有从根本上解决"中国制造"普遍存在的问题。四海商舟趁势推出"创牌、卖货、分钱"的模式,帮助制造型企业创立自主品牌、申请专利,通过境外电商平台等多个渠道销售推广,并按照销售额的一定比例收取服务费用。只有创立自主品牌才能夺回定价权,提升利润空间,避免价格战,真正成就"中国制造"。

新模式提出后,不断有企业找四海商舟代运营其境外 B2C 销售,四海商舟业务规模也越做越大。一般情况下,随着代运营业务规模的扩大,统一的标准化服务供给和个性化服务需求的矛盾会逐渐凸显,成本控制和效率提高的压力与各行各业纷繁复杂的实际情况之间难以调和。不过,周宁坚持提供"一篮子"定制化服务,为不同的客户量身定做解决方案。Viva Office、HoneyMoon 和 ADM 就是其中很好的例子。

表 2　Viva Office、HoneyMoon 和 ADM 案例比较

品牌/行业	目标市场	渠道	营销方案
Viva Office/办公用椅	美国、欧洲	Amazon（美国、英国和日本）、Wayfair	Amazon 站内营销,站外论坛引流
HoneyMoon/家纺用品	美国、欧洲、大洋洲	Amazon（美国）、Sears、eBay、Houzz、Wayfair	通过渠道拓展,迅速提升销量
ADM/乐器	美国、欧洲、澳大利亚	Amazon（美国）	通过各种社交媒体渠道来建立品牌口碑

Viva Office、HoneyMoon 和 ADM 是四海商舟上百个客户中普普通通的三个。这三家企业共同遭遇了"中国制造"的瓶颈,但它们的行业背景不同、企业经营情况不同,因而需要选择不同的渠道、目标市场和营销方案。Viva Office 是中国最大办公用椅制造商和出口品牌公司,产品畅销欧洲、美国等地,经过 20 多年的积累已成为多个国际品牌指定办公用椅供应商。基于欧美消费习惯和产品特点,品牌定位于中高端消费者,目标市场为美国、欧洲,通过 Amazon 线上销售、测评、节日促销提高销量。HoneyMoon是家纺用品的专业生产厂商,拥有多项专利技术,并在欧美市场积累了多年销售经验,根据企业地位和市场情况,定位于中高端。HoneyMoon 于 2013 年底进入美国 Amazon,现在有 Sears、eBay、Houzz、Wayfair[①] 等 10 多个销售渠道。ADM 乐器主要销售小提琴、大提琴等乐器及其配件。受乐器产品自身固有属性影响,人们一般倾向于实体店调试购买,网上购买主要用于礼物等。渠道方面通过美国 Amazon 销售,营销方面注重产品图片差异化重组和售后服务的完善。

这种"创牌、卖货、分钱"模式并不适用于所有企业,在判断企业电商化是否可行方面,四海商舟有自己分析方法,并提供可行性分析报告给客户,其中包括了企业经营的

---

① Sears、eBay、Houzz、Wayfair 均为网上购物平台。

各个方面:市场分析、目标客户分析、产品分析、营销策略分析和物流分析。企业也可以通过可行性分析报告,深入了解自身情况,避免盲目投入给双方带来的损失。同时,四海商舟考虑到客户的接受程度,会让客户先购买一个或几个服务模块进行尝试,观察合不合适,能不能回本。多次合作并满意之后,在互相了解和信任的前提下,双方才进行深入广泛的合作。

"我们的企业文化是'互相成就',以前我们成就的是团队里的同事,将来我们成就的是那些有志气、有想法的制造企业,打造企业自己的品牌,夺回定价权,进而成就'中国制造'。"

六、结束语

"我们的核心竞争力在于整合,并且曾经当过'运动员',又有世界500强企业的技术和营销人才加入。"周宁对四海商舟的商业模式和专业团队十分有自信。四海商舟整体解决方案包含境外市场分析、营销推广、运营支持和营销平台,依据企业情况定制全面到位的服务。从自己做跨境电商,到帮助"三好"企业打响自己的品牌、夺回定价权,一路走来,四海商舟也需要面对许多困难,例如,如何面对后起之秀的步步紧逼、穷追不舍,如何解决合作伙伴长期利益分配的问题以及创业团队与职业经理人团队的融合问题等等。未来,为了成就"中国制造",四海商舟作为跨境电子商务代运营服务提供商还有很长的路要走。

"我希望你继续有这么大的梦想。"这是2010年IDG注资时,投资人说的令周宁印象最为深刻的一句话。现在,成就"中国制造"正在路上,四海商舟的"梦想"正在逐步成为现实。

附录

图1 四海商舟整体解决方案架构

图 2　GlassesShop.com 网站首页

图 3　GlassesShop.com 许可式电子邮件营销

图 4　GlassesShop.com 社交网站营销

下篇　案例使用说明

一、教学目的与用途

本案例是为国际商务课程撰写的,也可供国际市场营销课程、网络营销课程使用。本案例介绍了四海商舟从跨境电商到跨境代运营商的转型之路,并以四海商舟为例详细描述了跨境电商代运营商提供的全方位"一站式"服务。通过本案例的学习,学生可以了解网络营销的基本情况、代运营运作体系结构和跨境电商代运营的基本模式。

(一)适用课程

本案例适用于国际商务课程、国际市场营销课程和网络营销课程。

(二)适用对象

本案例难度适中,适用对象包括国际商务专业硕士研究生、高年级国际经济与贸易专业本科生和市场营销专业本科生。

(三)教学目标

1. 知识传授

通过本案例的教学,学生应掌握以下知识,并学会将相关理论运用到实践中。第一,面对不同的客户,四海商舟按照客户需要把模块打包整合,提供个性化服务。学生对照学习并掌握电子商务代运营服务体系需求分析层、协调层、运作层三个层次的结构。第二,通过比较四海商舟向客户提供代运营模式的整合程度,掌握跨境 B2C 代运营应用模式的三种类别:服务模式、整合模式和代理模式。第三,通过四海商舟提供的全方位"一站式"服务让学生掌握网络营销相关知识。从消费者网购行为分析、网络市场调查、目标市场定位和营销战略策划几个方面了解四海商舟制定整体解决方案的过程。第四,四海商舟在代运营 GlassesShop.com 中利用了社交网络、搜索引擎技术等,学生通过归纳整理可以掌握网络营销的常用方法技巧。

2. 能力训练

通过本案例的学习,学生能够增强对跨境电商发展趋势的判断能力,掌握并提升消费者网购行为分析、网络市场调查与定位、网络营销策划等层面上的网络营销推广能力,加强因地制宜分析问题、提出针对性解决方案的能力。

3. 观念更新

在学习本案例后,学生能够对传统制造企业面临的出口困境和对跨境电商的需求有基本了解;对跨境电子商务代运营商的产生环境、商业模式探索、服务完善过程和对客户的选择有较深入的了解;对网络营销的各个环节及常用方法有深刻的认识。

二、启发性思考题

(一)通过四海商舟案例的学习,你认为电子商务代运营的服务体系是如何构建的?

(二)从跨境 B2C 运营商与四海商舟合作不断深入的角度看,可以将代运营分为哪几种应用模式?

(三)四海商舟整体解决方案包含了网络营销的哪些环节?

(四)四海商舟为客户提供网络营销服务时,主要采用了哪些常用的网络营销方式?

(五)你认为身边还有哪些企业具备与四海商舟合作的潜力?

三、案例分析背景

(一)制度背景

2015 年 7 月,国务院印发《国务院关于积极推进"互联网+"行动的指导意见》,明确提出要加强"互联网+"协同制造,积极发展智能制造和大规模个性化定制,提升网络化协同制造水平,加速制造业服务化转型。将制造业的转型升级融入"互联网+"的大潮,已成为从政府到企业全面认可的发展路径:一方面加速互联网技术在工业领域的扩展应用,着力发展制造业智能化,发展工业互联网;另一方面用互联网的信息技术和方法论来帮助传统制造业转型升级。"互联网+"对传统制造业的渠道模式、营销模式以及生产模式都带来了深远的影响。中国传统制造业在面向消费者尤其是面向境外消费者的能力与经验不足,为电子商务服务行业提供了生存空间。

(二)行业背景

随着我国电子商务的快速发展,传统制造企业及部分中小企业作为电商服务的需求方,对电子商务合作模式的认知不断深入。同时,随着电子商务服务行业不断细分,电商服务企业作为电商服务的提供方,运营能力不断增强。在此背景下,电子商务代运营应运而生。

国外电子商务代运营起步较早,其中 GSI 是最有名的一家电子商务解决方案及服务公司,截至 2010 年已为 15 个行业、超过 200 家企业提供电子商务代运营服务。我国电子商务代运营市场仍处于快速发展的阶段,市场格局尚未成熟,加上越来越多的传统企业进入电商市场,行业将面临竞争加剧和洗牌的过程。国内主要的代运营企业有上海宝尊、五洲在线、四海商舟等。

四、理论研判依据

（一）知识点一： 电子商务代运营服务体系结构

电子商务代运营作为专业化的电子商务服务业，致力于为客户（企业）提供信息发布、在线下单、信用认证、合同、在线支付、物流配送、在线客服和售后服务等部分或全部服务，帮助客户实现信息资源的整合与共享，并最终实现信息流、资金流、商流和物流的整合和高效运转。电子商务代运营可以运用不同的模式推动相关企业实现跨境运营并解决其中存在的问题。

1. 需求分析层

电子商务代运营服务体系需求分析层的主要功能是分析传统企业、客户的需求，快速分解为运作内容、运作要求和考核绩效，并下达给下一层的功能模块执行。需求分析层在服务体系中起到了指导和指令下达的作用，可以看作服务体系的大脑，对电子商务代运营的运作成效起到决定作用。

2. 协调层

电子商务代运营服务体系协调层的主要功能是根据需求分析层下达的指令快速进行资源组织、运作并落实到位；在具体运作过程中，跟踪电子商务的运作成效，及时进行调整，对运作过程中发生的问题及时处理解决；在运作结束后，进行总结和经验积累。协调层的主要功能包括：模块管理、业务流程管理、信息管理和合作伙伴关系管理。

3. 运作层

运作层是代运营企业具体进行电子商务代运营运作的执行部分，包括网站运作模块、网络营销模块、物流运作模块、资金流转模块和客户服务模块。运作层根据协调层分配的任务进行严格执行，并及时反馈运作过程中存在的问题，寻求上一层的协助。

（二）知识点二： 跨境 B2C 代运营的应用模式

1. 服务模式

电子商务代运营商能够在出口跨境 B2C 某一个或某一些运作环节，如跨境网络营销、网站运作、物流配送服务、售前售后客服等跨境运营要求较高的环节上提供解决方案，让出口跨境 B2C 企业能够专注产品本身，从而顺利实现出口跨境 B2C 全过程。在这一模式中，电子商务代运营应具备国际（地区间）网络营销的能力，熟练掌握目标市场搜索引擎优化手段、社交媒体推广手段等，并在目标市场的法规框架内开展电子邮件营销和论坛营销等网络营销，能够合理利用电子商务平台的规则提升网站（网店）和商品的排名；熟悉目标市场情况的客服人员，能够流利使用外语与客户沟通交流，能够解决处理客户的疑惑和建议投诉；能够整合现有物流运输资源，优化物流运输模式，在合理的成本和时间内将商品送至客户的手中。部分电子商务代运营商还拥有境外仓储基地，以更好地满足出口跨境 B2C 经营者的跨境仓储需求。

这一模式下,电子商务代运营商一方面弥补了出口跨境 B2C 运营商在运作过程中的薄弱环节,另一方面依托于自己的专业优势和操作经验降低运作成本,帮助出口跨境 B2C 运营商实现跨境电子商务具体运作。然而,由于受到产品异质多元、跨境运营环境多变等因素的制约,电子商务代运营的实际效果和效益很难得到保证。

2. 整合模式

为更好地提高出口跨境 B2C 具体运作的效率,电子商务代运营企业还可以以跨境电子商务解决方案提供商的角色出现,为出口跨境 B2C 经营者提供完整包括各环节的服务方案,帮助出口跨境 B2C 经营者选择电商平台、支付方式、物流配送等相关资源,并进行整合优化,力争以最优成本和时间将商品送至消费者的手中。整合模式可规避服务模式中可能存在的各环节之间协调配合问题带来的额外时间成本,但也给代运营商提出了更高的要求,要求其熟悉跨境 B2C 各个运作环节,并具备质量监控和管理的能力。

3. 代理模式

相较于传统的境内 B2C 来说,出口跨境 B2C 的运作过程具有高投入、高风险的特点,并不适合于所有的企业。对于许多企业来说,与其亲力亲为,不如选择合适的代理机构来操作出口跨境 B2C 的具体流程。电子商务代运营企业可以选择作为出口跨境经营者的代理人,承担起从产品选择至售后服务的全过程;也可以帮助出口跨境 B2C 经营者在目标市场选择合适的合作伙伴,由该合作伙伴在当地开展境内电子商务运作,将出口跨境 B2C 模式转变为"跨境 B2B＋境内 B2C"的 B2B2C 模式,在商品跨境销售的同时更好地实现风险的转移和控制。代理模式中,电子商务代运营方具有更高的主导权和控制权,可以结合企业、产品、市场需求、物流、成本等多方面的因素,选择出口跨境 B2C 的目标市场和发展模式,避免出现一窝蜂的现象,从而更好地帮助出口跨境 B2C 经营者发展。

(三)知识点三: 网络营销的相关知识

网络营销(Internet Marketing)可以定义为:运用以互联网技术为基础的信息技术,整合传统媒介,实现企业营销目标和观念的过程。

1. 消费者网购行为分析

消费者网络购买的过程和传统意义上的购买过程是相通的,同样包括动机产生、信息收集、分析比较、实际购买和购买评价反馈等环节。但在网络环境下,消费者消费动机产生了变化:一是消费者影响范围扩大,不再局限于当地;二是消费者和厂商可以互动;三是由于进入网络的便利性,任何一个人都是新需求的倡导者。网上搜索收集信息和分析比较让消费者更加快捷地掌握大量信息,厂商提供虚假信息将更加困难。网络双向互动的交流方式使得卖家能够随时获取购买评价和建议,买家能够随时获得技术支持和服务。消费者网购行为分析主要对象是消费者的购买商品类别、购物频次、商品评论、浏览习惯和支付方式等。

2. 网络营销市场调查

网络市场调查又称联机市场调查,即通过网络对电子市场的特征进行有系统、有计划、有组织地收集、调查、记录、整理,分析有关产品和劳务等市场数据信息,客观地测定、评价及发现各种事实,获得竞争对手的资料,摸清目标市场和营销环境,为经营者细分市场、识别受众需求和确定营销目标提供相对准确的决策依据,以提高企业网络营销的效用和效率。实务中,网络市场调查包括网络营销竞争对手调查、网络市场行情信息搜集等。竞争对手调查方法又可分为专利情报分析法、网络搜索法、网站跟踪法和营销人员跟踪法。

3. 网络营销目标市场定位

网络目标市场,或者说网络目标消费群体,是指企业商品和服务的网络销售对象。在网络营销策划过程中,对市场进行分析并准确确定目标市场是尤为关键的一步。一个有吸引力的在线细分市场必须是可以通过网络实现的、具有一定规模、处于上升趋势同时具有潜在高收益的市场。一个企业只有选择好了自己的网络服务对象,才能将自己的特长在网络市场中充分发挥出来,进而有的放矢地制订网络经营策略。

4. 网络营销策略

(1) 网络营销产品策略

传统市场营销中,产品主要分成三层:核心利益或服务、有形产品和延伸产品,以分别满足消费者不同层次的需要。网络营销中,产品的设计和开发更加细化,为满足消费者个性化需求,产品可以分为五层:核心利益或服务、有形产品、期望产品、延伸产品和潜在产品。在网络上销售的产品必须在产品性质、产品质量、产品样式、产品品牌、产品包装、产品价格各方面充分考虑到该产品是否适合目标市场。

(2) 网络营销价格策略

由于网络交易成本低廉、互动性强,消费者选择余地大,厂商网络定价除了要考虑企业战略目标、市场定位和产品特性,更要重视消费者需求强弱程度、价值接受程度和替代性产品的竞争压力程度。网络定价策略主要有免费价格策略、低价渗透价格策略、定制生产定价策略、使用定价策略和拍卖定价策略。

(3) 网络营销渠道策略

所谓网络渠道,就是指借助互联网的销售平台,向消费者提供商品的信息和服务,以促成商品的价值转移和信息的双向沟通,从而辅助企业实现营销目标的一整套相互依存的中间环节。一方面,它为消费者提供产品信息,供消费者进行选择;另一方面,在消费者选择产品后,又能完成一手交钱一手交货的交易手续,当然交钱和交货在时间上可以分离。网络营销渠道可分为网络直销、网络间接销售和两者都有的混合销售渠道三类。

(四) 知识点四: 网络营销的常用方式

网络营销的职能是通过使用各种网络营销方法来实现的,同一职能可能需要使用多种网络营销方法,而同一种网络营销方法也可能适用于多个网络营销职能。开展网络营销的意义就在于利用各种网络营销方法充分发挥各种职能,让网络经营的整体效益最大化。除了下面要介绍的搜索引擎营销、许可式邮件营销和社交媒体营销等常用网络营销方法外,还有境外媒体发布、博客口碑营销、比较购物搜索引擎营销等方法。

1. 搜索引擎营销

搜索引擎营销 SEM(Search Engine Marketing)是一种新的网络营销形式,所做的是全面有效地利用搜索引擎来进行网络营销和推广。主要方法有三种:一是搜索引擎广告,即关键词竞价排名;二是搜索引擎优化,获得关键词的自然排名;三是在使用自动搜索匹配技术的网站联盟内进行广告投放。这三种方式不论是在深度上还是在广度上几乎覆盖了互联网的所有角落。搜索引擎营销追求最高的性价比:以最小的投入获取最大的来自搜索引擎的访问量,并产生商业价值。

2. 许可式电子邮件营销

基于用户许可的电子邮件营销比传统的推广方式或未经许可的电子邮件营销方式具有明显的优势,比如可以减少广告对用户的滋扰、增加潜在用户的准确度、增强与客户的关系、提高品牌忠诚度等。具体过程分为建立数据库、获得用户邮件地址和姓名、创建细分群体、追踪客户生活方式和建立邮件营销数据库。

3. 社交网站营销

社交网站 SNS(Social Networking Sites)是一种便于网友公布信息与大家共享,同时强调人群互动的网络平台。境外 SNS 网站发展迅速,Facebook、Twitter 等网站已经深深地影响了一代人的生活。以 SNS 平台为基础进行的营销和推广也渐成趋势。社交网站具有以下特点:用户互动比较频繁、能够实现信息聚合和推广传播效果发散。除了建立企业账户进行介绍宣传和粉丝互动外,也可以与网络红人或点击率高的网络节目合作推广产品。

五、案例分析思路与要点

(一)案例分析思路

四海商舟从自己做跨境电商转变为做第三方服务提供商,实现了从"运动员"到"教练员"的转变。第三方服务提供商向客户提供"一站式"整体解决方案,形成了代运营服务体系,在此处引出关于电子商务代运营服务体系的思考。代运营商和客户互相了解、互相选择,从客户对四海商舟代运营接受和认可程度引出跨境电商 B2C 代运营不同的应用模式。解决方案中四海商舟根据客户个性需求提供不同的服务模块,其中网络营销模块是跨境电商中最重要的环节,由此引出网络营销及网络营销常用方式等知识点(见图5)。

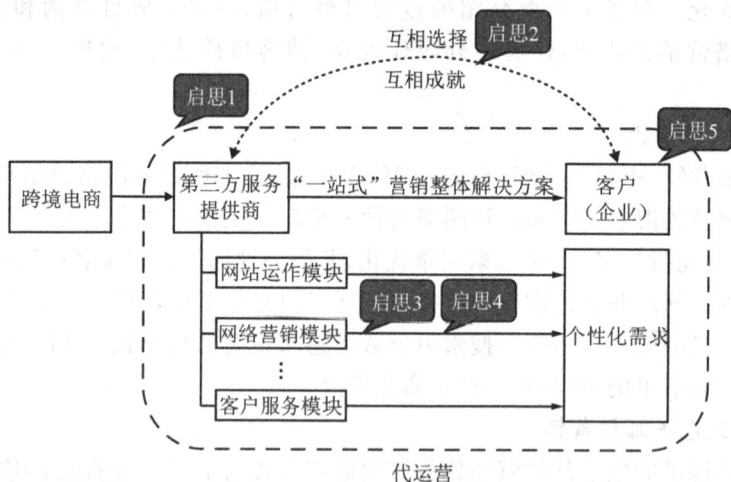

图 5　案例分析思路

（二）启发性思考题解答要点

1. 启发性思考题（一）解答要点

启发性思考题（一）：通过四海商舟案例的学习，你认为电子商务代运营的服务体系是如何构建的？

此题需要用到电子商务代运营服务体系等知识点，讲解时需配合板书。本案例中四海商舟面对各行各业不同需求的企业，提供定制化的解决方案，包含境外市场分析、营销推广、运营支持和营销平台四个部分与 20 多个细分模块。在代运营结构中，这 20 多个细分模块可归纳为运作层的 5 大模块，其中网站运作模块包含域名、网站建设、网站监控等细分模块；网络营销模块包含行业状况、竞争对手分析、搜索引擎营销等细分模块；物流运作模块包含境外物流仓储等细分模块；资金流转模块包括支付模块、金融服务模块等细分模块；客户服务模块包含多国语言客服支持模块等细分模块。面对个性化的电子商务代运营服务需求，把具体的服务模块打包整合提供给厂商客户的过程中需要有部门协调衔接，起到承上启下作用。不同的对象有不同的管理类别，具体包括模块管理（协调各个模块及模块自身管理）、业务流程管理（项目进度规划及实施监督）、信息管理（保证服务体系中信息无障碍传递）和合作伙伴关系管理（处理与合作伙伴的关系，及时沟通与反馈）等。

2. 启发性思考题（二）解答要点

启发性思考题（二）：从跨境 B2C 运营商与四海商舟合作不断深入的角度看，可以将代运营分为哪几种应用模式？

此题需要运用跨境 B2C 代运营应用模式等有关知识点，应用模式包括服务模式、整合模式和代理模式。本案例中，跨境 B2C 代运营应用模式从服务模式到代理模式是一个不断整合的过程，这与厂商自身情况及对四海商舟解决方案的接受和认可程度有一定关系。有些厂商开始对四海商舟的整体解决方案及其效果并不十分了解，只是尝试性地购买了几个模块，这个阶段属于服务模式，代运营商只提供某一或某几个环节的服务。尝到四海商舟解决方案的甜头后,企业选择深入合作,选用四海商舟整体解决方案,各个环节的无缝衔接使跨境 B2C 运营更加高效,这个阶段属于整合模式。代理模式下,不熟悉跨境电商业务的生产企业运营者将整个出口电商业务外包给代运营商,由代运营商具体操作,例如案例中四海商舟为许多厂商选用 B2B2C 的模式,通过境外电商平台在当地开展电子商务运作,这对代运营商提出了更高的要求。

3. 启发性思考题(三)解答要点

启发性思考题(三):四海商舟整体解决方案包含了网络营销的哪些环节?

此题综合性较强,需要借助网络营销及其细分的知识点来分析。案例中 GlassesShop.com 的代运营实例很好地体现了网络营销的四个主要环节:消费者网购行为分析、网络营销市场调查、网络营销目标市场定位和网络营销策略。消费者网购行为分析环节指出,美国零售店眼镜架平均价格较高,消费者更加倾向于在网络上购买,在网购过程中虚拟试戴系统会更加贴近现实生活,在线客服让消费者和厂商互动更加便利。厂商通过消费者的购买记录分析销售情况,提高产品质量并推出适销对路的产品。网络市场调查环节中,眼镜行业在境内外都被认为是极具投资价值的新兴细分市场。竞争对手主要有 39dollareyeglasses.com、eyebuydirect.com 和 zennioptical.com,需要利用网络搜索法和网站跟踪法分析竞争对手的流量及流量来源、关键词搜索情况和营销手段等。网络营销目标市场定位环节中,选择美国和英国作为主力市场,产品定位为中低价位大众市场,则网上销售将拥有一定的市场容量和利润空间。网络营销策略环节中,产品策略方面,在网络上销售眼镜这种单价不高的平民化产品是可行的,不受场地限制,眼镜种类之多几乎可以满足所有个性化需求,四海商舟多年境外销售经验也为选择适销对路的产品提供了可靠保证;价格策略方面,厂商背靠丹阳眼镜产业基地,拥有价格和原产地优势,而且美国线下零售店的眼镜价格较高,消费者网购主要考虑价格因素,所以网络销售采取低价渗透价格策略,快速占领部分市场;渠道策略方面,厂商通过网站直接面对消费者,没有批发商和零售商,属于网络直销的方式,并且通过第三方支付与在美国和英国建立境外物流中心等途径,解决支付和物流渠道问题。

4. 启发性思考题(四)解答要点

启发性思考题(四):四海商舟为客户提供网络营销服务时,主要采用了哪些常用的网络营销方式?

此题具有很强的实践性,可以在课堂上借助网络引导学生思考和归纳。本案例中四海商舟为帮助 GlassesShop.com 弥补境外线下广告的不足,大力发展搜索引擎营销。定期通过各种渠道进行大量的软文营销、SNS 营销、视频营销、论坛营销等。为了提高客户黏度和重复购买率,进行许可式订阅邮件营销,通过详细的客户分类为不同的客户提供了个性化的邮件营销内容。

5. 启发性思考题(五)解答要点

启发性思考题(五):你认为身边还有哪些企业具备与四海商舟合作的潜力?

此题属于开放性思考题,需要结合案例中四海商舟对"三好学生"定义和身边有出口需求的制造企业的实际情况来分析。例如,A 公司目前是中国最大的遮阳网生产和出口企业,是一家具有代表性的 OEM 工厂。A 公司专注于遮阳网领域 15 年以上,年生产能力 40 万片以上,由于过硬的品质,业绩一直保持稳健增长,符合四海商舟的"三好学生"标准,具备合作潜力。

六、教学组织方式

案例授课班级人数不宜过多,应该控制在 20～30 人,可以 4～6 人为一组分成 5 个小组。教室的桌椅布局要让所有的课堂参与者围坐四周,以使其容易听到和看到同组成员为基本原则。教室中应具备电脑、投影仪、黑板、粉笔等设备。同时,为方便学生更好地参与案例课堂讨论,教师可以在课前提醒学生做课前准备工作,例如,熟悉案例,浏览 GlassesShop.com 网站,体验 Amazon、eBay 等境外电商平台服务,以更好地熟悉消费者购物的环境。

(一) 课时分配

案例回顾与概述(5 分钟):介绍案例背景,回顾案例内容,理清案例思路,明确案例主题。

提出问题与小组讨论(20 分钟):结合板书提出启发性思考题,分小组讨论并形成组内答案。

小组汇报与教师引导(50 分钟):针对每一道启发性思考题,选一个小组进行回答,其他小组补充。教师需结合板书和多媒体对学生引导,得出最终答案。

案例评价与总结(10 分钟):对知识点进行梳理,对案例教学过程进行评价,总结学习心得体会。

其他问题(5 分钟):教师回答学生的一些其他问题。

(二) 板书设计

启发性思考题(一):通过四海商舟的案例,你认为电子商务代运营的服务体系是如何构建的? 启发性思考题(一)及解答要点如图 6 所示。

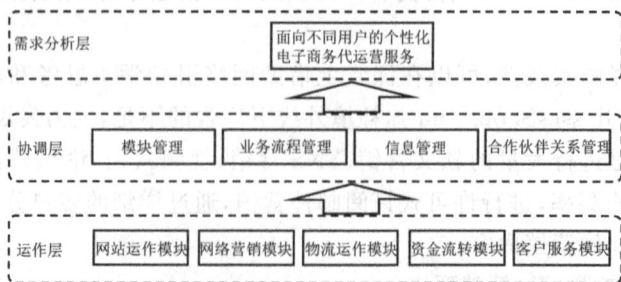

图 6 启发性思考题(一)及解答要点

启发性思考题(二):从跨境 B2C 运营商与四海商舟合作不断深入的角度看,代运营分为哪几种应用模式? 启发性思考题(二)及解答要点如图 7 所示。

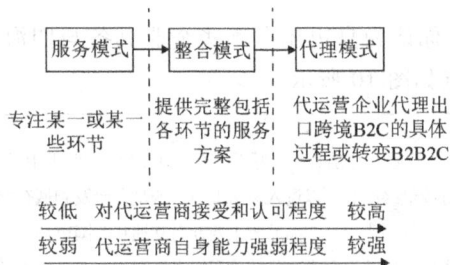

图7　启发性思考题(二)及解答要点

启发性思考题(三)：四海商舟整体解决方案包含了网络营销的哪些环节？启发性思考题(三)及解答要点如图8所示。

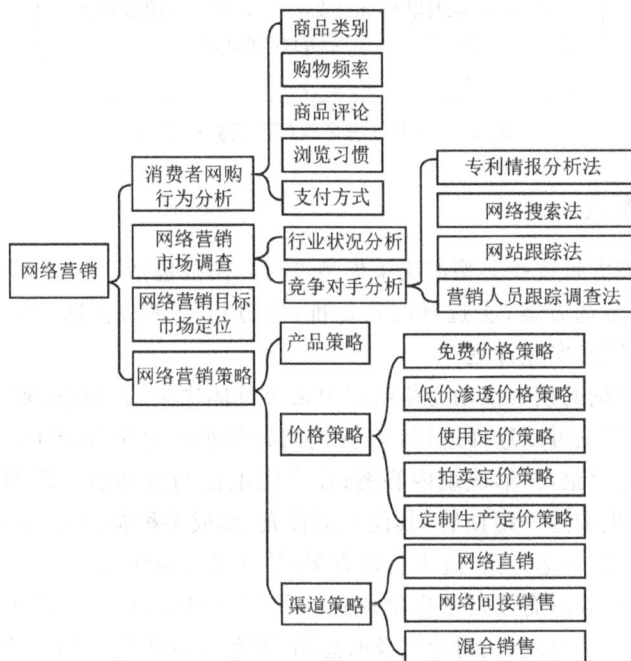

图8　启发性思考题(三)及解答要点

启发性思考题(四)：四海商舟为客户提供网络营销服务时，主要采用了哪些常用的网络营销方式？启发性思考题(四)及解答要点如图9所示。

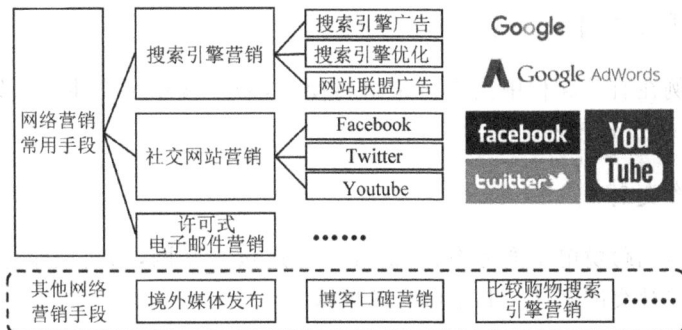

图9　启发性思考题(四)及解答要点

启发性思考题(五)：你认为身边还有哪些企业具备与四海商舟合作的潜力？启发性思考题(五)及解答要点如图 10 所示。

"三好"分别是"一好工厂"：好工厂，即工厂代工品牌口碑好或最终产品可以进入零售渠道，或是在研发领域有领先优势；"二好品类'：产品品类主要针对欧洲和美国市场，适合零售和小额批发的消费类产品；"三好老板"：企业老板不满足于OEM、ODM民德业务模式，有建立自己品牌的计划

例如：A公司是中国目前最大的遮阳伞生产和出口企业，是一家具有代表性的OEM工厂。A公司专注遮阳伞领域15年以上，年生产能力40万片以上，由于品质过硬，业绩一直保持稳健增长，而且公司领导C总有志提升自己的品牌

图 10　启发性思考题(五)及解答要点

(三) 讨论方式

案例讨论应该大致按照典型的决策模型进行。模型包括：①定义问题；②分析案例具体情况；③形成备选方案；④选择决策标准；⑤分析并评估备选方案；⑥选择首选方案；⑦制定行动方案和实施计划。

大多数案例讨论的核心推动力是组织中某个具体决策或问题的解决方案，因此，根据课时分配，案例讨论可以这样进行：在提出问题和小组讨论环节中，小组内根据五道启发性思考题进行讨论，并形成组内答案；在小组汇报与教师引导环节中，对每一道问题，教师从五组学生中选一组回答，其他小组补充，形成多种备选方案，教师根据决策标准引导学生分析评估备选方案，选出首选方案，并制定行动计划。

在案例讨论时，教师需鼓励学生形成良好的讨论习惯，如勇于提出不同意见、讨论前做好准备、讨论时及早发言、讨论后及时总结，避免盲目从众、提前背稿。

七、其他教学支持材料

(一) 计算机支持

由于本案例在有关课程中当作讨论材料使用，需要展示给学生。所以在计算机中需要安装 PowerPoint 软件。

(二) 网络支持

本案例中提到跨境电子商务案例，需要学生连接互联网，通过登录电商网站、跨境电商平台和相关社交网站体会和了解实务现状。

参考文献

[1] 程虹.网络营销[M].北京：北京大学出版社,2013.

[2] 胡理增.网络营销[M].北京：中国物资出版社,2005.

[3] 李娟.四海商舟：定制外贸 B2C[J].物流与供应链,2010(10)：36-37.

[4] 吕方兴."送水"进化论[J].21 世纪商业评论,2011(9)：82-84.

[5] 罗娟娟,许仲生.电子商务代运营服务体系构建研究[J].上海金融学院学报,2013(5)：114-120.

[6] 罗娟娟,许仲生.我国出口跨境 B2C 电子商务代运营发展研究[J].湖南工业大学学报(社会科学版),2015(5)：25-31.

[7] 周宁,李鹏.网络营销——网商成功之道[M].北京：电子工业出版社,2008.

[8] 卓骏.网络营销[M].北京：清华大学出版社,2005.

致　谢

　　本案例获江苏四海商舟电子商务有限公司授权发布,在采编过程中得到了四海商舟的大力支持,特别是彭安梅和郑建英卓有成效的配合,特此致谢;案例正文的压缩版题为"制造业'三好学生'怎样走出国门"已先行在《浙商》杂志 2016 年第 14 期发表,感谢杂志主编张远帆和记者陈抗为付梓做出的努力。

环球易购　e Go 全球

◎ 马述忠　梁绮慧　濮方清
（浙江大学马述忠工作室）

■■■ **摘　要**：环球易购作为国内一家从事垂直电子商务的大型外贸企业，通过跨境电商 B2C 在线零售模式把"中国制造"直接销售给境外终端消费者，坚持为全球客户提供一流产品及服务，成为中国外贸 B2C 行业的领航者。本案例按照环球易购的发展脉络，描述了环球易购从线下外贸到跨境电商的成功转型过程，包括境外市场的选择、精准的运营模式及本土化服务等。此外，秉持"货通天下，惠予全球"的经营理念，环球易购不断拓展境外市场，将市场延伸到非洲、拉美、中东等地区，获得了全球消费者和中国供应商的喜爱与信赖。

■■■ **关键词**：垂直电子商务；产品定位；精准营销；本土化服务

Globalegrow, E-Commerce Goes to the Global Market

◎ Ma Shuzhong   Liang Qihui   Pu Fangqing

(Mashuzhong STUDIOS, Zhejiang University)

Abstract: As one of the largest foreign trade enterprises engaged in vertical electric commercial area, Globalegrow has been focusing on B2C e-commerce, selling products made in China to overseas. Globalegrow adheres to providing first-class products and services for global customers. Now, it has been the B2C industry leader in China. In accordance with the universal development of Globalegrow, this case describes the successful transformation of Globalegrow from a general foreign trade enterprise to a e-commerce enterprise, including the selection of the overseas market, precise operation mode and localization service. In addition, with the business philosophy "Worldwide Trade, Globally Benefit", Globalegrow actively expands overseas markets which have extended to Africa, Latin America, the Middle East and other regions. Globalegrow has won the love and trust of global consumers and suppliers.

Key words: vertical e-commerce; product positioning; accurate marketing; localization services

上篇 案例正文

一、引言

时光倒流回 2007 年,这一年中国商品出口总额将近 6000 亿美元,跃居全球第三位,仅次于德国与美国。喜人的成绩背后却是越来越严峻的外贸形势,在国家出口退税率下调、人民币升值、原材料成本上升等一系列不利因素的影响下,外贸企业尤其是中小外贸企业的经营环境日益恶化,传统外贸方式遭遇掣肘,外贸企业如何成功转型成为迫在眉睫的问题。

从美国留学回来刚刚创业不久的 H 先生,看到自己辛辛苦苦经营的公司即将遭遇"寒冬",不禁感到心急如焚。此时,他眺望着远方的珠江,看到与香港毗邻的深圳港依旧十分繁忙,然而外贸人的春天究竟何时才能到来? H 先生在观望中静静等待着这一天……

二、企业背景

在 2007 年 7 月举行的国际贸易电子商务高峰论坛上,商务部副部长廖晓淇曾表示:"电子商务已经成为主要发达国家增强经济竞争实力、赢得全球资源配置优势的有效手段。"话音刚落,H 先生就带领着自己的一行团队积极行动起来,重新制定了公司的发展方向,全力发展跨境电子商务,创立了环球易购电子商务有限公司(简称环球易购)。他们深信"网络外贸正成为一种更具竞争力的外贸模式",跨境电子商务将使中小外贸企业"内外兼修"地提高盈利能力——对外把握渠道机会,对内提升交易效率、降低经营成本。

环球易购总部位于深圳市南山区,在深圳前海和香港均设有全资子公司,背靠深圳高度集中的电子市场的地理优势,积极开发境外市场。经过多年的努力,环球易购已经在境外市场建立了广阔的销售网络,得到了美国、欧洲等多国客户的广泛认可,公司业务多年来一直保持着 100% 的增长速度。环球易购汇集众多网络精英和行业人才,在全球员工人数超过 3000 人,凭借独具视角的创意、崭新的理念和卓越的品质,环球易购始终走在全球电子商务一体化时代的最前沿。2016 年 3 月,环球易购荣获广东省网商协会"连续三年供应商信赖的跨境电商平台"。那么,环球易购究竟是如何在跨境电商这片沃土中成长起来的? 之后又是通过何种途径做大做强的呢?

三、扎根中国,惠通全球

在新启用的办公楼里,回望过去 10 年的发展历程,环球易购的开拓者们不禁感慨万千。时隔几年,跨境电商已经冲破了国家(地区)间的障碍,使国际(地区间)贸易走向无国(地区)界贸易,引领世界经济贸易的一次巨大变革。环球易购创始人直言跨境电子商务的好处:"我们凭借着跨境电子商务这一平台,与全球多个国家(地区)保持了外贸供货关系,甚至连大企业都喊门槛太高的欧美市场,也成了我们最大的销售市场。"

中国作为全世界的制造中心,在广东、江苏、浙江等地有众多的制造型中小企业,其中有很多是直接针对出口市场的,但这些企业由于信息基础不强、缺乏专业人才,一直处于外贸的边缘地带,依托第三方电子商务平台的服务、提升交易效率、降低经营成本成了广大外贸企业的迫切需求。从外部宏观环境来看(见图 1),随着政府鼓励电子商务的发展及庞大的消费需求的日益增长,电商的发展具备了良好的政治、经济、社会条件,再加上拥有一大批互联网技术人才,转型发展为跨境电商的前景十分乐观。环球易购就是在这样的大背景下成立的,通过跨境 B2C 电子商务在线零售模式把中国制造的产品直接销售到境外终端消费者,坚持为境外客户提供一流的中国产品,积极拓展境外市场,成为中国外贸 B2C 行业的领航者。

环球易购通过自建专业品类和多语种的多维立体垂直电子商务①平台体系,以高性价比的中国制造产品为全球用户提供海量产品选择,在线产品 SKU② 数量超过25.8万个,主要经营服装、电子产品及手表、玩具等品类。一开始,由于中国资源成本较低,与欧美等卖家的价差比例高达 20%~60%,价格优势明显,然而一旦这条"黄金航线"变成人尽皆知的秘密时,参与竞争的商家也就越来越多,利润率也会随之下降。热门商品是变化的,所以要想始终保持高利润率,一方面要不断寻找新的热门商品,另一方面最好保留一定的"技术壁垒",让其他卖家无法轻易复制。环球易购第三方平台负责人吴庆华,一位摸爬滚打在跨境电商行业的"老江湖"认为:"要一直坚持不要质量不足的产品,也不要质量过剩的产品,始终选择合适的才是最好的。"环球易购拥有自己的境外市场、营销团队和客户资源,在 B2C、大数据运营、网络广告、垂直类和第三方电商平台零售经验等方面有着优质的互联网基因。环球易购主要经营跨境零售出口业务,采用买断式自营方式运营,直接面对境外终端消费者,以网上零售的方式将产品销售给终端客户,盈利来源主要是产品销售收入。

伴随各国(地区)跨境电商积极投身境外消费市场,一些新兴市场正成为跨境电商零售出口产业的新动力,例如本土电商企业并不发达的俄罗斯、巴西、印度等国家消费需求却很旺盛,物美价廉的中国产品便拥有了巨大的优势。与此同时,大量企业也在拓

---

① 垂直电子商务:是指在某一个行业或细分市场深化运营的电子商务企业,垂直电子商务网站旗下都是同一类型的产品。

② SKU:英文全称为 Stock Keeping Unit,即库存量单位,以件、盒、托盘等为单位。对于电商而言,SKU 指的是一款商品或一个单品。

展东南亚市场,eBay、亚马逊、日本乐天等电商平台巨头都开始进入印尼市场,在中东欧、拉丁美洲、中东和非洲等地区,电子商务的渗透率依然较低,有望在未来获得较大突破。那么问题来了,全球市场这么大,产品品类又如此复杂,作为初涉跨境电商领域的环球易购究竟该如何进行选择,又该如何实现持续运营呢?

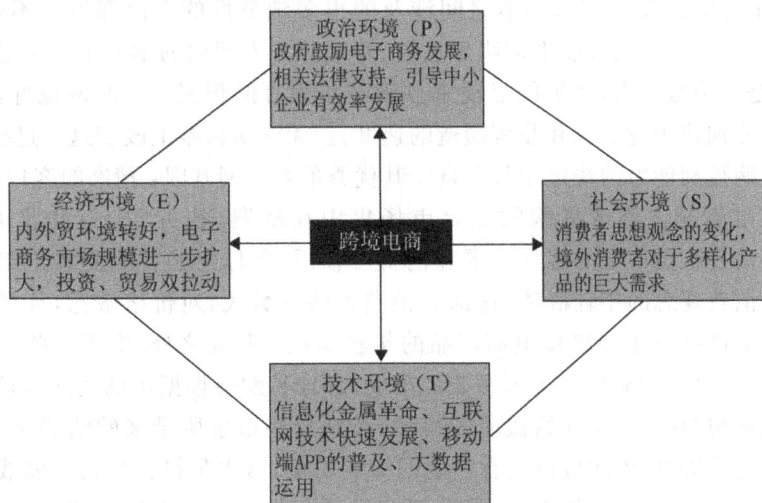

图 1　跨境电商经营宏观环境分析

四、数据驱动,精准运营

环球易购作为一家专注于线上跨境出口零售业务的垂直类电商,目前拥有以服装类平台 Sammydress.com、3C 电子产品类平台 Gearbest.com 为代表的多个自建专业品类垂直 B2C 电商平台,销售覆盖全球逾 200 个国家和地区,累计拥有超过 3687.87 万注册用户,实际购买用户规模超 200 万,环球易购的运营模式如图 2 所示,利用自营的电子商务平台,整合供应商、支付商和物流商,将产品销售给全球的消费者。

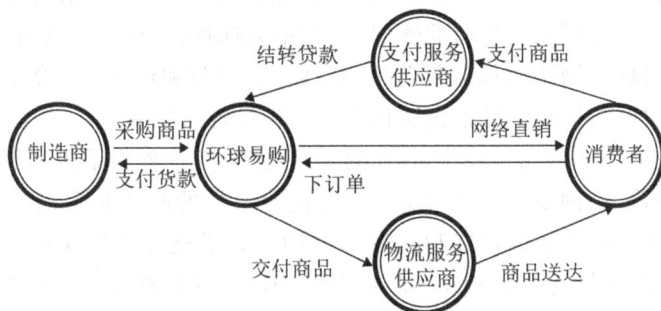

图 2　环球易购的运营模式

然而,当平台已经建立好之后,精细化的运营能力是摆在所有电商企业面前一道永恒的命题。所谓精细化管理就是要不断地精益求精,把任何事情都做到最细,在相同投入的情况下产生最大的效益,带来最好的用户体验。电子商务归根结底是一个有着浓厚传统色彩的实体经济,供应链很长,涉及采购、销售、仓储、配送以及客户服务等诸多环节,每一个环节以及环节与环节之间涉及的很多细节性的东西都需要不断地优化。一个企业的成与败,很大程度上取决于运营、管理等方方面面的细节上。不过与百米冲刺不同,这是一个慢工夫,效果的显现来自于经年累月的积累。互联网也好,互联网思维也罢都只能加快企业成长和品牌塑造的速度,但无法从根本上改变这一过程。

环球易购盈利能力的快速增长源自于其优秀的互联网基因:精准的客户定位、产品定位以及精准营销。环球易购的主要市场集中在欧洲(约占50%)及北美地区(占41%),在评估过欧美市场的客户需求和消费习惯后,环球易购将主要客户定位为全球具有互联网消费观念的年轻群体,这部分消费群体基数大,对价格敏感,且契合服装服饰、3C类电子产品等主要跨境电商产品的年轻属性。除此之外,由于一些新兴市场和欧美市场的差异性,针对拉丁美洲和非洲市场,环球易购会根据市场实际需求开发一些产品。环球易购2010年就开始做非洲市场,虽然这些市场所带来的消费额不大,但是市场需要一定的培育,因此应该占有一定的市场份额,这也是符合公司发展战略的。例如,非洲市场需要什么价位的衣服,就专门开发这一类的产品销往非洲;还有非洲消费者特别喜欢假发,尤其热衷于卷发,市场消费需求非常大,因为到非洲的销售单价都是偏低的,再加上开发生产新产品的成本并不高,所以这样一来增加了不少销售额。

在产品定位方面,环球易购拓展贴近全球"快时尚"年轻消费客群的商品品类,依托较为完善的境外仓储和物流体系,增加了家居园艺、汽车零配件等大体积产品的投入,开拓如婚纱礼服定制化产品、可穿戴设备、珠宝饰品等配饰类产品,并加大新品类的推广力度。在新品导入方面,环球易购依靠数据库提供的产品市场数据、客户行为分析数据等,寻找符合用户需求的适销产品并保持合理备货,确保产品开发的成功率,实现库存规模的最小化和仓库坪效①最大化。

在精准营销能力方面,环球易购主要依赖于社区化营销②、关键词竞价排名、搜索引擎优化、论坛营销、邮件营销等多维度立体营销模式进行推广,凭借对境外终端消费者的消费需求、习惯和互联网趋势的准确把握,利用数据挖掘、用户行为分析和兴趣定位,从产品广告素材制作、网络媒体流量监控、在线广告投放和流量导入等方面进行大数据分析和精准营销推广,提高流量销售转化率和广告投资回报率。

在平台建设上,环球易购也紧跟时代的发展潮流,随着智能手机和平板电脑等移动智能终端的快速普及、网购界面的不断美化、消费习惯的改变和移动支付的成熟及优化,移动电子商务市场处于流量红利的爆发时期。为了充分抓住移动电子商务发展机遇,环球易购在2013年就推出了iOS版本和Android版本的APP,在2015年移动端流

---

① 仓库坪效:仓库坪效衡量的是仓库的绩效和效率,计算方法为仓库产值/仓库总建筑面积。
② 社区化营销:主要指网络社区营销,通过把具有共同兴趣的访问者集中到一个虚拟空间,从而达到商品的集中营销效果,例如在Facebook、微博以及各大论坛等网站广告的推广。

量占比就达到 30％,销售占比 15％,环球易购有关负责人表示"环球易购将持续加强移动端的投入,分享移动端口行业盛宴"。随着自身管理方式、物流体系、资金周转、客服能力和平台品牌的逐渐成熟,为了最大化地利用市场资源,环球易购审慎地在适当的时机开放平台,通过获取更多的资源、提供多样化的产品和服务来巩固品牌忠诚度。

得益于精准的产品、市场和客户定位,环球易购自成立以来一直保持高速增长,2013 年销售为 4.66 亿,2014 年销售额为 14.70 亿,2015 年其销售已经超过 37 亿。2016 年第一季度,环球易购旗下主要平台重复购买率①达 38％左右,流量转化率②为 1.66％左右,形成了一定的平台优势和知名度。目前,跨境网购渗透率仍然较低,依然处于用户消费习惯培育阶段,环球易购坚持以海量、高性价比的产品抢占全球跨境零售增量市场,而且逐步培育自有服装品牌,提升产品竞争力和自营毛利率。

五、开拓市场,本土服务

即便有了较好的平台以及精准的运营模式,想要在国际(地区间)市场上立足仍然是远远不够的。相对于内贸电商来说,跨境电商的流程更长、环节更多、情况更复杂。长期来看,外贸电商的门槛越来越高,外贸电商本土化是未来跨境电商发展的必备基础。在机会均等的前提条件下,如果没有抢占先机和优势,就会面临出局的风险。面向境外消费者,做好本土化是提升用户体验的第一步,本土化语言、本土化支付、本土化物流、本土化发货、本土化营销、本土化客服……每个环节做得好一些,都会对提升转化率有帮助,反之如果每个做得稍微差一些,最终就会差很远,正所谓"失之毫厘,差之千里"。

可以说想做好本土化服务,语言是第一步。环球易购观察到早先发展的兰亭集势和速卖通两家公司都开通了 10 种以上语言版本的网站,吴庆华认为"以这些平台的改革来看,平台对消费者的服务水平会越来越高,相应地,平台对卖家的运营能力、产品提供以及对消费者的客服能力都会有不同程度的抬高"。除了建立英文网站之外,环球易购还加大了西班牙语、葡萄牙语、俄语、阿拉伯语和法语等小语种国家的渗透率,以此推动销售收入的增长,提升客户黏性和客单价。

知己知彼,方能百战不殆,目前跨境出口电商较大的平台 eBay、亚马逊、速卖通都在不断完善和改进。其中 eBay 从 2016 年开始全新改版,从消费者到卖家界面以及政策上都做了一些调整,更贴近卖家和消费者之间的互动;亚马逊在 2016 年也有对应的政策改革升级;速卖通更是做出了很多关键性的改变。环球易购在网站的产品区也做了一些改进,如表 1 所示,网站上有主图、详情页、买家秀、包装图、产品护理保养图、物流图、常见问题解答(FAQ)等;在文案方面,添加了直白有效的描述,图文结合、与众不同而且更加贴近卖家;营销手段则添加了关联营销、晒销量和晒好评等。

---

① 重复购买率:指消费者对该品牌产品或者服务的重复购买次数,重复购买率越多,则反映出消费者对品牌的忠诚度就越高,反之则越低。

② 流量转换率:网页点击次数转换成购买力或利润的比率。

表 1　网站产品营销与服务模块

广告区	欢迎光临图	产品使用图区	测量示意图
	关联营销模块		数量需求图
	促销信息模块		护理讲解图
产品展示图区	产品图	产品评价图区	消费者分享图
	摄影图		公司图
	细节图		明星代言图
	效果图		好评图
产品细节图区	尺寸示意图	支付与售后图区	付款图
	特点介绍图		物流示意图
	产品对比图		退换货政策图
	包装、包裹图		请给好评
	产品参数图		FAQ 图

　　想做好本土化服务的第二步是要搞定本土化支付,与境外一些大型网站开始使用支付宝类似,环球易购也在扩展支付供应商,为消费者提供更加本土化、多样化和便捷的支付工具。在支付方面,过去很多做外贸的公司都只开通 PayPal 收款,但其实单一的支付工具已远远不能符合现在消费者对于支付的要求。据环球易购测算,支付方式对订单转化率①有比较大的影响,当接通独立信用卡通道后,订单量有明显提升,而且客户选择信用卡支付的比例超过 PayPal。

　　本土化物流需要解决的问题有两个,一是物理上发货速度问题,即建立境外仓,把产品放到当地国家(地区)提高发货速度,提高用户体验。二是心理问题,有些客户看到产品是从中国寄过来的,客户对于产品的印象就会大打折扣。环球易购经过下单经验发现同样一个东西,一个是在外地发货,一个是在本地发货,消费者基于时间成本的考虑,通常都会选择在本地发货。然而对于大部分出口电商,境外仓的建立是一个很有难度的事情,由于涉及压货和资金周转问题,设立境外仓的成本过高,那么又该如何解决物流本土化问题呢? 环球易购选择通过第三方物流来提高产品利润率,例如 DHL、FedEx 等运输公司,3天就可以到达境外市场。对于一些非常便宜的东西,客户对于速度期望不会那么高,完全可以用国际(地区间)快递公司,这样就可以省去建立境外仓的额外成本。

　　环球易购的服务理念是"服务只有起点,满意没有终点"。未来环球易购将持续优化供应链,在产品质量、发货速度、客户服务等多方面提升客户满意度、增强客户黏性、提高重复购买率和平台品牌溢价,为环球易购长期稳步发展打下坚实基础。当开发了目标用户市场群之后,还应该尽量对用户保持足够的吸引,不断地给用户"惊喜",例如在顾客生日当天送上祝福,不断推送新产品等。关注细微环节,维护既有客户并不断开

---

① 订单转换率:一定时间内,支付买家数除以访客数(支付买家数/访客数),即访客转化为支付买家的比例。

发新用户,这样才能不断赢得市场、保持产品利润率。

六、迎接挑战,开拓创新

"这是最好的时代,也是最坏的时代。"用狄更斯笔下的这句话形容当下跨境电商出口现状最适当不过了。对于依托平台卖货的商家们,如何顺应外部条件变化调整自身经营策略,成了他们最重要的生存技能之一。环球易购第三方平台负责人吴庆华在接受采访时表示,相比于 2015 年的跨境电商,2016 年行业资本市场将更趋于稳定,将进入资本市场的发展竞争阶段。另外,为提高市场销量,应根据具体情况采用境外仓方案以及精准掌握供应链的技巧等,同时也要开发新兴市场。此外,对于知识产权、境外税法等都还需要进一步的了解和提升,否则随着出口量的增大,卖家所面临的压力会越来越大。

得益于国家政策鼓励,跨境出口电商在过去的两年中热度高涨,吸引了大量资本关注。在过去,投资者只要看到类似"跨境电商"等热门词汇便会毫不犹豫去"出金"。但随着 2015 年越来越多的资本进入跨境电商行业后,投资者对跨境出口电商的模式和运营思路有了较深刻的理解和把控后,开始"三思而后行"。在 2015 年底和 2016 年初也有一系列出口企业相继登入新三板,而这些挂牌公司的业绩披露,让行业内大玩家的营收和利润率等营运状况更加透明,这些都给资本市场注入更多参考信息,有利于其做出更加理性的判断。由于出口电商的利润并没有显著增加,想获得资本青睐的出口电商企业已经不能仅停留在跨境电商早期普遍存在的买卖货贸易商的思想层面上了。在这样的资本环境下,环球易购将持续关注自身核心竞争力打造实力,回归跨境电商的本质。

对于出口卖家而言,资金是其正常运作的前提,而平台则是其连接买家获取营收的渠道,出口卖家能卖多少货、赚多少钱跟跨境电商平台的状况是密切关联的。各大主流跨境电商平台对于最新政策的变动最终都聚焦于一个方向——卖家必须提高自身的运营能力和客户服务质量。近年来东南亚市场发展迅速,与此同时非洲、南美洲当地的电商氛围也开始浓厚起来了,这些都给了跨境电商卖家更多的选择,平台多元化、本土化对于具备先发优势和综合优势的跨境商家来说都是新的发展契机。对于新兴市场,因为其市场还在培育成长期,早期进入者暂时不会考虑投资回报率的问题,而是更关注市场增长潜力、用户体量和策略布局,因而对于以上比较有潜力的市场环球易购会陆续进入。

当然,通过平台把商品卖往境外,最终还是要立足于目标销售市场。和过去相比,欧美两大主流市场对中国卖家经营的合规性要求不断提高,使得不少出口卖家尝到了"苦头"。以平衡车产品为例,2016 年美国贸易委员会颁发法令禁止进口侵犯 Segway "自动平衡技术"专利的个人交通工具,包括滑板车之类的智能平衡设备,这对于在专利法规上没处理好的平衡车卖家无疑是一个沉重的打击。除了专利问题外,税务处理能力也是跨境卖家重要的技能之一。2016 年,英国重申就增值税(VAT[①])征收问题对跨境电商平台追究责任,欧盟也发布消息称将针对跨境电商的增值税征收政策做出调整,

---

① VAT:VAT 即 Value Added Tax,附加税,欧盟的一种税制,即购物时要另加税,是根据商品的价格而征收的。

通过境外仓发货的卖家也不得不跟上整个税制改革的脚步。如果卖家在销售目标国（地区）政策法规、税务、产品知识产权方面的知识积累和运营合规性仍有欠缺，那随着该卖家出口量增大，其所面临的压力也会迅速变大。因此，环球易购在未来发展的过程中将不断提高和完善合规意识和运作机制，以应对境外市场新政的调整，积极参与国际（地区间）竞争，争取国际（地区）市场上更多的发展空间。

七、结束语

"通过跨境电子商务把中国制造的产品销往境外，推动中国制造走向世界"是环球易购一直以来的经营理念和历史使命。依靠跨境电子商务带来的广阔市场以及丰厚的利润空间，环球易购成功实现了从传统的"线下外贸"到"跨境电子商务"运营模式的转变。从市场选择到产品定位，从欧美市场到新兴市场，从境外直销到境外仓的建立，环球易购精准的运营模式和专业的本土化服务赢得了中国供应商以及境外消费者的信赖。而面对新时期跨境电子商务的挑战，环球易购将抓住机遇、扩展新的业务能力，在跨境电商的大潮中乘风破浪，更创佳绩！

附录

部分受欢迎的中国入驻品牌如图 3 所示。

图 3 部分受欢迎的中国入驻品牌

下篇　案例使用说明

一、教学目的与用途

本案例是为国际商务课程撰写的,也可供国际市场营销课程、国际企业管理等课程使用。本案例介绍了环球易购从外贸企业到跨境电商的转型之路,并以环球易购为例详细描述了环球易购境外市场开拓的过程。通过本案例的学习,学生可以了解跨境电商新兴市场的开拓,垂直电子商务的运作模式以及产品定位和精准营销方面的知识点。

(一)适用课程

本案例适用于国际商务课程、国际市场营销课程和国际企业管理课程。

(二)适用对象

本案例难度适中,适用对象包括国际商务专业硕士研究生、高年级国际经济与贸易专业本科生和市场营销专业本科生。

(三)教学目标

1. 知识传授

通过本案例的教学,学生应掌握以下知识,并学会将相关理论运用到实践中。第一,面对外贸环境恶化的严峻形势,环球易购选择转型为 B2C 跨境电商企业,专注于垂直电子商务的运营。学生对照学习可以掌握垂直电子商务方面的知识点,包括垂直电商的发展现状、发展前景、盈利模式等。第二,环球易购积极开发境外市场,包括最初的产品定位、客户选择和后来的营销定位等,将供应商、支付商以及物流商整合,在各供应链环节精益求精,加深学生对如何开拓跨境电商新兴市场的认识。第三,案例中环球易购在产品定位方面,拓展贴近全球"快时尚"年轻消费客群的商品品类;在新品导入方面,环球易购依靠数据库提供的产品市场数据、客户行为分析数据等,寻找符合用户需求的适销产品并保持合理备货,确保产品开发的成功率,实现库存规模的最小化和仓库坪效最大化,由此引出产品定位的知识点。第四,环球易购在境外销售网站 Gearbest.com 中利用了社区营销、关键词排名、搜索引擎优化和论坛营销等多维度立体营销模式的推广模式,学生通过归纳整理可以掌握精准营销的知识点,了解如何利用数据挖掘、用户行为分析和兴趣定位实现精准营销推广。

2. 能力训练

通过本案例的学习,学生能够增强对跨境电商发展趋势的判断能力,掌握并提升跨境电商在运营、服务以及盈利模式上的选择与管理,加强因地制宜分析问题、提出针对性解决方案的能力,培养在面对困境及挑战时的战略眼光,了解跨境电商的经营理念。

3. 观念更新

在学习本案例后,学生能够对传统外贸企业面临的出口困境和对跨境电商的商业模式以及转型过程中碰到的困难及解决方案有基本的了解;对跨境电子商务的运营模式和盈利模式有较深入的了解;使学生增强对跨境电商境外市场选择、客户定位、产品定位和提供境外服务方面的认识;提高对跨境电商精准营销的各个环节及常用方法有深刻的认识。

二、启发性思考题

(一)通过环球易购案例的学习,你认为发展垂直电子商务模式具有哪些优势?

(二)环球易购对于目标市场是如何进行考虑的?

(三)环球易购是如何进行产品定位来获得境外消费者青睐的?

(四)在开拓境外市场的过程中,环球易购是如何实现精准运营的?

(五)在新一轮的挑战下,你认为环球易购该如何调整战略以适应市场变化?

三、案例分析背景

(一)制度背景

2008 年国际(地区间)金融危机爆发后,全球经济仍处于复苏阶段,在此经济形势下,全球消费者行为明显更为理性,高性价比产品持续受市场青睐,得益于政府的有力支持和中国制造业的蓬勃发展,我国跨境电子商务已初具雏形,形成从营销到支付、物流和金融服务的清晰、完整的产业链。我国积极推进经济结构的战略性调整,推动出口升级,扩大跨境电子商务试点,鼓励电子商务创新发展。跨境电商对出口升级转型、产业结构调整、经济增长方式转变都具有重要意义,近年来国家和地方政府出台一系列产业政策支持跨境电商行业的发展。

2012 年 3 月,商务部出台《商务部关于利用电子商务平台开展对外贸易的若干意见》,要求全面增强电子商务平台对外贸易服务功能,着力提升企业利用电子商务平台开展对外贸易水平,包括提高企业利用电子商务平台开展对外贸易的意识、增强运用电子商务平台开展对外贸易能力,以及加强对利用电子商务平台开展对外贸易的支持,包括为电子商务平台开展对外贸易提供政策支持、营造有利于电子商务平台开展对外贸易的环境等。

2013 年 8 月,商务部、国家发改委、财政部等九部委出台《关于实施支持跨境电商零售出口有关政策的意见》,明确指出为加快我国跨境电子商务发展,支持跨境电子商务零售出口,需要对符合条件的电子商务出口货物实行增值税和消费税免税或退税政策等六项支持政策,并且在已开展跨境贸易电子商务通关服务试点的上海、重庆、杭州、宁波、郑州等 5 个城市试行上述政策。

(二)行业背景

我国跨境电子商务产业的发展远远领先于全球其他国家和地区,据中国电子商务研究中心发布的统计数据显示,2014 年,我国跨境电商交易规模为 4.2 万亿,同比增长 33.3%,而在进出口比例上,跨境电商中出口占比达到 85.4%,进口比例 14.6%。商务部预测,2016 年中国跨境电商进出口贸易额将达 6.5 万亿元,未来几年跨境电商占中国进出口贸易比例将会提高到 20%,年增长率将超过 30%。未来在扶持政策不断出台、传统外贸加速转型、网购模式逐渐渗透等多重利好刺激下,我国跨境电商 B2C 企业持续受益于行业发展红利,利用发展小众、长尾、细分的利基产品市场,在全球贸易中扮演更加重要的角色,预计到 2016 年 B2C 模式占跨境出口电商比例将增长至 10.4%,未来两年行业年均增长率在 30% 左右。另一方面,我国正积极推进经济结构的战略性调整,推动出口升级,扩大跨境电子商务试点,鼓励电子商务创新发展。跨境电商对出口升级转型、产业结构调整、经济增长方式转变都具有重要意义。

中国境内各类平台企业超过 5000 家,通过平台开展跨境电子商务的外贸企业超过 20 万家。B2B、B2C 和 C2C 交易模式共存互补,市场活跃度持续提升全球跨境电商 B2C 市场的规模不断壮大是重要的背景因素。埃森哲预计全球跨境电商 B2C 将于 2020 年达到近 1 万亿美元,年均增长高达 27%;全球跨境 B2C 电商消费者总数也将超过 9 亿人,年均增幅超过 21%。我国跨境电商品类主要集中在母婴产品、服装服饰、3C 电子产品、家居园艺和汽车配件等行业,其中 3C 电子产品占比高达 41.2%。这些产品的标准化程度高、退货率低、便于运输存储等特点突出,适宜通过电商渠道销售。

四、理论研判依据

(一)知识点一: 垂直电子商务及其优势

垂直电子商务是指在某一个行业或细分市场深化运营的电子商务模式,这种电子商务网站旗下商品都是同一类型的产品且多为从事同种产品的 B2C 或者 B2B 业务。垂直电子商务与多元化电子商务是电子商务的两种模式,垂直领域的优势在于专注和专业,能够提供更加符合特定人群的消费产品,满足某一领域用户的特定习惯,因此能够更容易取得用户信任,从而加强口碑宣传,形成独特的品牌价值,这也是中小型创业企业的必经之路。具体来看,中小企业发展垂直电子商务有如下几个优势。

1. 产品管理优势

垂直平台通过比较先进的手段将所有货源统一由供应商供给,从源头上堵住了零售商卖次品、假货的渠道,产品质量问题由供应商承担,以此保障消费者利益。而且,其物流体系与传统渠道物流相结合,使得产品在物流中的损耗降到最低。垂直平台设计产品加商品,产品由供应商统一管理,标准化展示,商品展示由各零售商根据自己需求进行展示,但是产品规格不得更改;一旦同一款产品出现质量问题可以做到立即全部下架,避免产品继续销售,产品评价全部统一计分,一旦评价低于规定就可以全部下架。

2. 服务提供优势

垂直电子商务的服务优势主要体现在供应商服务优势、网络零售商服务优势、采购商服务优势和消费者服务优势等方面。首先,在为供应商提供服务方面,垂直电商平台扩展了网络零售及批发渠道,降低了供应商成本、提高了供货效率,供应商可以利用平台系统管理平台零售商家、产品价格以及库存等。此外,平台还为供应商提供品牌营销推广、新品市场调研、库存处理和第三方物流服务等。其次,在零售商服务方面,垂直电商平台为零售商提供了很多消费者信息服务,比如消费者身份年龄、以前消费过的商品倾向于哪方面消费、消费能力高低等不涉及个人隐私的信息,为零售商准确了解消费者需求提供支持,就可以对商家店铺营销给予准确的数据分析提出建议,通过与供应链打通实现零库存运营。此外,也为采购商解决了一站式采购问题,不仅使商品价格透明、品质有保障,也将物流费用降到最低,极大地提高了效率。在消费者服务方面,由于平台为消费者提供的是供应商直供产品,使得产品品质有保障,砍掉了渠道商及仓储,降低物流费用让利给消费者。这种国际(地区间)贸易多元身份的一体化,服务对象的多元化,将直接同境外巨大的市场容量接轨。

3. 渠道整合优势

垂直电商平台为供应商提供了完整的电子商务解决方案,解决了资金流、物流、信息流及利益分配等问题。原来的传统外贸的前向供应链是进口商、批发商、渠道商、分销商,最后是零售商,跨境垂直电子商务模式一下子把中间商的环节延伸到零售环节,打破了原来的境外渠道如进口商、批发商、分销商甚至零售商的垄断,在运营成熟之后还可以延伸线下服务,通过升级优化本地化服务并与当地实体店合作,完成最后配送,降低采购及仓储的成本,实现双赢。

(二)知识点二: 电商新兴市场的相关知识

电商新兴市场是一个相对于西欧、北美多国,以及日本、澳大利亚、新西兰这类"成熟电商市场"国家而言的概念。电商新兴市场国家拥有成为成熟电商市场国家的潜力和部分条件,也拥有一定的工业基础及一定程度上规范的商业市场机制。早期中国外贸电商主要瞄准欧美市场。这主要是由于欧美地区经济发达以及互联网普及率和电商渗透率很高,电商市场首先在发达国家开始流行并发展到一定的规模,并保持稳定的高速增长。然而随着时间推移,中国外贸电商卖家越来越多,产品同质化问题十分严重,运营模式也比较单一。日趋激烈的竞争使得诸多卖家面临洗牌,一部分卖家从早期的粗放式网络推广到以品牌为核心的深耕细作,而另外一部分人则把眼光盯住正在兴起的发展中国家电商市场。

1. 电商新兴市场的必备条件

第一,人口和地域要足够大,国家越大,潜力就越大;第二,市场形成有消费能力的中产阶层,是网络消费的主力军;第三,已经形成一定值得开发的电商规模,可以立即见效;第四,电商市场要有持续扩容的经济现实和条件,可确保销售额长期高速增长;第五,国内统一市场不要过于复杂,比如语言民族和生活习惯等。

新兴发展中国家快速增长的在线市场正为欧美发达国家和中国零售商和品牌商扩张势力增加销售额提供了新的机遇。欧美强势的商品品牌和渠道品牌具有强大的公关力量,如同价廉物美的中国制造一样是跨境在线零售的主要推动力。跨境在线零售正在成为一种开拓新兴市场,培育品牌,了解消费者的新方式,这与传统做法相比投资少、风险低、见效快而且可控性强。

2. 开拓电商新兴市场的关键问题

(1)平台

对于自建商城的跨境 B2C 企业而言,它最重要的任务是做品牌,让用户认识并信任你的品牌。对于自建商城模式而言,信息传播是最为重要的工作,其次才是订单成交,因此搭建一个平台显得尤其重要。

(2)人才

搭建高效的跨境团队时,首先要清楚自己需要什么样的人才,既要有懂平台操作的人,还要有懂产品的人。

(3)语言

沟通好才有生意做,在跨境在线零售网站上,卖家会接触到不同国家(地区)的访客,因此想要促成订单,就一定要突破语言障碍。最好是建立多语言服务体系,这样能够有效降低推广成本、运营人员成本和优化成本。

(4)结算

做跨境电商,收款通道肯定也是需要考虑的一个问题。结汇成本低、对接流程方便、灵活性较好、风险控制完善是开发新兴市场必须考虑到的问题。

(三)知识点三: 产品定位

产品定位是指预估和确定产品在未来潜在顾客心目中占有的位置,针对消费者或用户对某种产品某种属性的重视程度来塑造产品或企业的鲜明个性,从而在市场上投放本企业的产品。企业在进行定位时一方面要了解竞争对手的产品具有何种特色,即竞争者在市场上的位置;另一方面要研究顾客对该产品各种属性的重视程度,包括产品特色需求和心理上的要求,然后分析确定本企业的产品特色和形象。常用的产品定位有以下几种

1. 功效定位

所谓功效定位,就是根据特定产品的功效来确定它的市场位置。功效定位的着眼点是产品的功效,一个产品可能具有多方面的功效,即使是主要功效,也可能不止一个。

2. 品质定位

所谓品质定位,就是根据特定产品的品质来确定它的市场位置,品质定位的着眼点是产品的品质。进行品质定位,就应当突出特定产品品质方面的无可取代性,以此占领

对于该产品来说最有利的市场位置。品质定位所涉及的产品品质,应当是具体的、明确的,是看得见、摸得着并且可以量化的。

3. 价格定位

所谓价格定位,就是根据特定产品的价格来确定它的市场位置。价格定位的着眼点是产品的价格。特定产品与其他同类产品相比,如果在功能和品质方面不占明显优势,那么可以考虑从价格方面进行定位。因为在产品功能和品质相差无几的情况下,价格是影响消费的重要因素。一般来说,价格略低的产品,在市场上大致占有比较有利的位置,因此低价位不失为一种策略。但是价格比同类产品低可能导致两个方面的结果:一是吸引更多的消费者购买,二是使消费者怀疑产品品质低于同类产品。因此从低价位角度进行产品定位,往往会得到一部分消费者,同时也会失去另一部分消费者。

4. 品种定位

所谓品种定位,就是根据特定产品与自己的竞争对手在产品类型方面存在的差异,来确定该产品的市场位置。采用这种定位方法,要突出本产品与其他同类产品在品种方面存在的差异。

5. 市场定位

所谓市场定位,就是根据市场细分的原则来确定特定产品的市场位置。这是市场细分策略在广告宣传中的具体运用,其目的是将商品定位在最有利的市场位置。这里所说的市场,是经过细分以后的市场。

6. 需求定位

所谓需求定位,就是根据消费者的需求来确定该产品在市场上的位置。消费者的需求也就是市场的需求,但消费者的需求除了现实的需求之外,还应当包括心理需求或潜在需求。对产品进行需求定位,可以从满足消费者的现实需求或心理需求、潜在需求入手,去寻找产品的市场位置,刺激消费者的购买欲望。

(四)知识点四: 精准营销的相关知识点

精准营销是指在精准定位的基础上,依托现代信息技术手段建立个性化的顾客沟通服务体系,实现企业可度量的低成本扩张战略,是网络营销理念中的核心观点之一。精准的含义是精确、精密、可衡量的,就是公司需要更精准、可衡量和高投资回报的营销沟通渠道,需要更注重结果和行动的营销传播计划,还有越来越重视对直接销售沟通的投资。

精准营销真正贯彻了消费者导向的基本原则,其理论基础是 4C 理论,即解决顾客需求(Consumer)、顾客支付成本(Cost)、顾客便利(Convenience)和与顾客沟通交流(Communicate)。精准营销具有以下 4 点优势。

1. 精准营销绕过复杂的中间环节,直接面对消费者

通过各种现代化信息传播工具与消费者进行直接沟通,从而避免了信息的失真,可以比较准确地了解和掌握他们的需求和欲望。

2. 精准营销降低了消费者的满足成本

精准营销是渠道最短的一种营销方式,由于减少了流转环节,节省了昂贵的店铺租金,使营销成本大为降低,又由于其完善的订货、配送服务系统,使购买产品的其他成本也相应减少,因而降低了满足成本。

3. 精准营销方便了顾客购买

精准营销常常通过跟踪顾客的购物习惯和购物信息获取一手资料,进而向消费者提供大量其感兴趣的商品和服务信息,针对性的推销产品也增进了消费者购物的便利性。精准营销实现了与顾客的双向互动沟通,这是精准营销与传统营销最明显的区别之一。

4. 精准营销提高了顾客总价值

精准营销实现了"一对一"的营销,在这种观念引导下,其产品设计充分考虑了消费者需求的个性特征,增强了产品价值的适应性,从而为顾客创造了更大的产品价值。在提供优质产品的同时,精准营销更注重服务价值的创造,努力向消费者提供周密完善的销售服务,方便顾客购买。另外,精准营销通过一系列的营销活动,努力提升自身形象,培养消费者对企业的偏好与忠诚。

(五)知识点五: 品牌战略管理的相关知识点

品牌战略就是公司将品牌作为核心竞争力,以获取差别利润与价值的企业经营战略。品牌战略是市场经济中竞争的产物,战略的本质是塑造出企业的核心专长,包括品牌形象、产品定位、发掘差异化、品牌核心价值等多方面因素。具体的,企业在不同时期的品牌战略管理方法有以下三个阶段。

1. 创业期品牌战略的管理方法

创业期建立品牌的一个基本要求是企业自身实力较强,竞争产品之间的差异性非常小,理性的利益驱动不足以改变顾客的购买行为。如果企业选择建立自己的品牌,那就要在创业一开始就树立极强的品牌意识,对品牌进行全面的规划,在企业的经营、管理、销售、服务、维护等多方面都以创立品牌为目标,不仅仅是依赖传统的战术性的方法,如标志设计和传播、媒体广告、促销等,而是侧重于品牌的长远发展。企业在创业期创立品牌,除了要尽快打响品牌的知名度以外,关键的问题是要确立品牌的核心价值,给顾客提供一个独特的购买理由,并力争通过有效的传播与沟通让顾客知晓。

2. 成长期品牌战略的管理方法

当企业步入成长期时,提高品牌的认知度、强化顾客对品牌核心价值和品牌个性的理解是企业营销努力的重点。品牌认知度不等同于品牌知名度,品牌知名度只是反映了顾客对品牌的知晓程度,但并不代表顾客对品牌的理解。顾客通过对产品感觉和思维来认识品牌。建立品牌认知,不仅仅是让顾客熟悉其品牌名称、品牌术语、标记、符号或设计,更进一步的是要使顾客理解品牌的特性。"最好的广告就是满意的顾客",企业在成长期要特别注意品牌宣传,并提供给顾客的一个完整的从选择原材料到为顾客提供的售后服务的一系列责任的价值体系,在企业和顾客之间建立融洽的关系。

3. 成熟期品牌战略的管理方法

品牌忠诚度是顾客对品牌感情的量度,反映出一个顾客转向另一个品牌的可能程度,是企业重要的竞争优势。它为品牌产品提供了稳定的不易转移的顾客,从而保证了该品牌的基本市场占有率。在成熟期企业可运用顾客对该品牌的忠诚来影响顾客的行为,顾客的品牌忠诚一旦形成就会很难受到竞争产品的影响。品牌忠诚是品牌资产中的最重要部分,品牌资产最终是体现在品牌忠诚上,这是企业实施品牌战略的根本目标。然而,消费者的品牌忠诚绝不是无条件的,它根源于企业对该品牌严格的技术要求,即该品牌有卓越的品质保证。

五、案例分析思路与要点

(一)案例分析思路

依靠跨境电子商务带来的广阔市场空间以及丰厚的利润空间,环球易购实施了从传统的"线下外贸"到"跨境电子商务"运营模式的转变,专注于垂直电子商务平台的运作,在此引出关于出口跨境电商 B2C 模式优势的思考。从产品选择到市场定位,从欧美市场到新兴市场,从境外直销到境外仓的建立,环球易购精准的运营模式和全方位的本土化服务赢得了中国供应商以及境外消费者的信赖,在此引出了产品定位、本土化服务以及新兴市场开拓等知识点,引导读者对环球易购的数据驱动型精准运营模式展开思考。最后结合新时期跨境电子商务企业面临的挑战,描述了环球易购不断扩展新的业务能力、与时俱进的调整运作机制,获取国际(地区间)市场上更多竞争空间的发展战略,培养学生提出问题解决办法的能力(见图 4)。

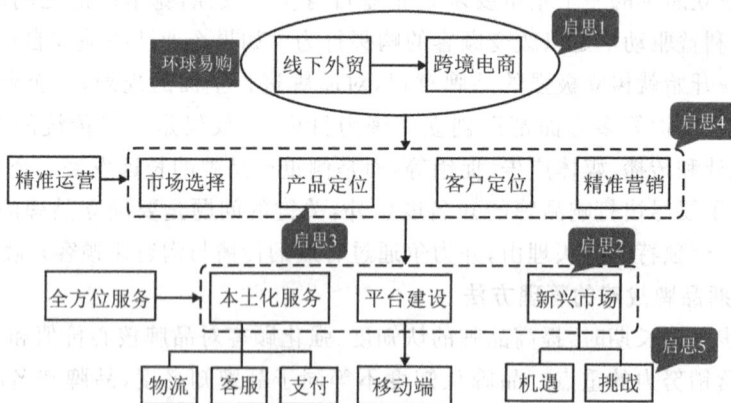

图 4 案例分析思路

(二)启发性思考题解答要点

1. 启发性思考题(一)解答要点

启发性思考题(一):通过环球易购案例的学习,你认为发展垂直电子商务模式具有哪些优势?

此题目的是引导学生深刻理解环球易购转型跨境电商的原因,需要用到跨境垂直电子商务模式的知识点,综合性较强,讲解时需配合板书。环球易购的运营模式即出口跨境垂直电子商务模式,是在 2008 年金融危机时期逐步发展起来的。经过事实证明,发展垂直电子商务模式具有很多方面的优势。

(1)产品管理优势

由于跨境垂直电商模式零售直接面对境外消费者,相对于当地的实体店零售价有很大竞争力,再加上中国的产品在境外市场十分受欢迎,跨境电子商务的利润率普遍都在 30% 以上,有的甚至更高。由于原来境外中间商如进口商、批发商和分销商等的中间环节费用都节省下来了,因此环球易购从事跨境垂直电子商务的利润比大型出口零售商平均利润 3%~5% 的水平要高出几倍。

(2)服务提供优势

原来传统外贸是到处求顾客给订单,签了订单还要求工厂安排生产,产品既要质量好、又要价格低,而且还要交货及时。但是出口跨境模式的出现,使以前那种"先推销,后采购"的局面得到彻底的改变,中间商自己成了买家,不用再和工厂竞争,而是境外买家多了一个竞争者,工厂多了一个渠道,原来的推销员成了采购员,在工厂面前,买方议价能力提高,完全可以让工厂之间去竞争,这样跨境出口电商就可以从容不迫地挑选质量好、价格低、交货及时的工厂,提高效率的同时也转移了一部分风险。

(3)渠道整合优势

原来的传统外贸的前向供应链是进口商、批发商、渠道商、分销商,最后是零售商,环球易购的跨境垂直电子商务模式一下子把中间商的环节延伸到零售环节,打破了原来的境外渠道如进口商、批发商、分销商甚至零售商的垄断,它面对的客户群不但是消费者,还有个体批发商、个体零售商甚至可跨越到集团渠道商。这种国际(地区间)贸易多元身份的一体化,服务对象的多元化,将直接同境外巨大的市场容量接轨。

2. 启发性思考题(二)解答要点

启发性思考题(二):环球易购对于目标市场是如何进行考虑的?

此题综合性较强,学生可以搜集有关电商新兴市场方面的资料,结合环球易购的经营背景回答,此题在于启发学生思考为什么环球易购要进行新兴市场开拓的问题。环球易购在准备开拓新兴市场(如非洲、澳洲)时主要考虑到以下几点。

(1)新兴市场的轻工业不发达正好跟中国制造的产业特征互补

从目前中国跨境出口的产品品类来说,更多是以物美价廉的轻工业产品跨境出口为主导,轻工业一直是中国制造的最强项,中国产品质优价廉,世界经济低迷,传统的外贸渠道受挫,而通过跨境电商 B2C 模式,正好满足新兴市场旺盛的对于轻工业产品的零售需求。在新兴市场中国跨境零售采购的爆发式需求增长,非常典型的说明中国制造和新兴市场轻工产品吸取和充分供给的互补性。

(2)传统跨境电商平台的发展受到限制

传统的跨境电商平台在 2015 年遇到了很多模式上的变化和变革,首先亚马逊、eBay 等传统的跨境电商平台更多侧重的是欧洲和美国等西方主流市场,随着西方主流国家的市场经济不景气,零售市场一直受到冲击。2015 年 eBay 在中国跨境市场份额也不断被冲击,以美国市场为重点的移动端新兴跨境平台 2015 年因为打击中国不良账号的扣款纠纷,其本质上是传统跨境电商平台面临市场竞争不断地进行市场转型和调整,所以传统跨境平台不断在调整卖家特别是中国跨境卖家的政策和欢迎程度,从总体来说中国跨境电商在传统跨境平台的日子会越来越不好过,面临的门槛和压力会越来越大。

(3) 跨境新兴市场的先机优势

其实对于很多跨境电商创业者来说,跨境电商竞争的本质不仅仅是平台的竞争,还有产品是不是进入红海、产品竞争优势是不是明显等。在很多传统的老牌跨境平台,跨境卖家遭遇的恰恰是高度密集的同行竞争,这有点类似于淘宝的发展和阿里巴巴传统 B2B 平台的发展趋势。选择一些新兴的跨境平台以及新兴跨境平台背后的新兴目标市场,应该是很多跨境电商创业者真正的跨境新商机。因为新兴的跨境电商平台目前中国跨境电商知道的不多,真正参与竞争的对手更少,如果一个跨境企业快速精准进入新兴市场就可以抓住市场的先机优势。

3. 启发性思考题(三)解答要点

启发性思考题(三):环球易购是如何进行产品定位来获得境外消费者青睐的?

此题具有很强的实践性,可以在课堂上借助网络引导学生思考和归纳,需要借助产品定位的知识点来分析。案例中环球易购在垂直领域经营的优势在于专注和专业,能够提供更加符合特定人群的消费产品,满足某一领域用户的特定习惯,因此能够更容易取得用户信任,从而加深产品的印象和口碑传播,形成品牌和独特的品牌价值,这也是小资本创业企业的必经之路。

在产品定位方面,环球易购拓展贴近全球"快时尚"年轻消费客群的商品品类,依托较为完善的境外仓储和物流体系,增加了家居园艺、汽车零配件等大体积产品的投入,并开拓如婚纱礼服定制化产品、可穿戴设备、珠宝饰品等配饰类产品,体现其实施的产品差异化策略和产品多角化策略。在新品导入方面,环球易购依靠数据库提供的产品市场数据、客户行为分析数据等,寻找符合用户需求的适销产品并保持合理备货,确保产品开发的成功率,实现库存规模的最小化和仓库坪效最大化,体现出其采用了产品专门化策略。

4. 启发性思考题(四)解答要点

启发性思考题(四):在开拓境外市场的过程中,环球易购是如何实现精准运营的?

此题在于引导学生思考和归纳环球易购精准运营的方式方法,需要借助精准营销的知识来分析。精准营销往往是借助于先进的数据库技术、网络通信技术及现代高度分散物流等手段保障与顾客的长期个性化沟通,使营销达到可度量、可调控等精准要求。精准营销不仅可以摆脱传统广告沟通高成本的束缚,还可以更好地为顾客提供个性化产品与服务,最终使得企业低成本快速增长成为可能。

在精准营销能力方面,环球易购主要是依赖于社区化营销、关键词竞价排名、搜索引擎优化、论坛营销、邮件营销等多维度立体营销模式进行推广,凭借对境外终端消费者的消费需求、习惯和互联网趋势的准确把握,利用数据挖掘、用户行为分析和兴趣定位,从产品广告素材制作、网络媒体流量监控、在线广告投放和流量导入等方面进行大数据分析和精准营销推广,提高流量销售转化率和广告投资回报率。首先,制定精准的市场定位体系。通过对消费者的消费行为的精准衡量和分析,并建立相应的数据体系,通过数据分析进行客户优选,并通过市场测试验证来区分所做定位是否准确有效。其次,与顾客建立个性传播沟通体系。邮件、直返式广告、电话、短信、网络推广等。沟通传播体系设计的核心是活动诱因设计,让精准定位的人群对广告感兴趣,设计这部分人群感兴趣的活动,实现我们下一步一对一的沟通。最后,提供个性化的产品和售后服务。传统营销关心的是市场份额,而精准营销关心的是客户价值和增值,因此,通过精准定位、精准沟通找到并"唤醒"大量的、差异化的需求,通过个性化设计、制造或提供产品、服务,留住老顾客,吸引新顾客,达到顾客的链式反应。

5. 启发性思考题(五)解答要点

启发性思考题(五):在新一轮的挑战下,你认为环球易购该如何调整战略以适应市场变化?

此题属于发散性思考题,可以结合本案例的四、五、六部分,并结合跨境电商新时期面临的挑战,针对性的给出战略方案。目前,我国跨境电商主要面临以下三个方面的问题。

(1)物流难题是制约外贸电子商务发展的重要短板

从中国发货到全球,一般至少需要 7 天,有的甚至要 1 个月。目前来看,从中国发货到全球的物流模式,还是粗放式的。中国的外贸电子商务,还是主要以低廉的价格来赢得客户。

这对中国外贸电子商务而言是一个很大的挑战。只有改善物流,才能掌握竞争的主动权。也只有这样,在这个行业中才能出现真正与国际(地区间)一流电商相抗衡的中国企业。

(2)"品牌化"瓶颈

从目前来看,中国外贸电子商务所出售的产品,大多是配件类的商品,靠这样的产品来赢得客户,通过价格优势获得市场。但是随着行业不断发展,高质量的产品和更好的服务才是竞争的核心。从长远来看,品牌化的创建才是中国制造商的未来之路。中国制造商必须拥有自己的设计和内涵,代表着中国的形象,这才是品牌化的道路。

(3)税收及专利方面

税收方面,跨境 B2C 交易金额有一定限制,超过规定额度需缴纳关税;而境外买家使用 Visa 和 MasterCard 信用卡完成的交易无法进行核销退税。收款到结算存在一定的时间差,供应商可能面临汇率的波动或损失。另一方面是知识产权的保护,B2C 平台因产品数量多,产品审核压力大,尽管各平台会加大仿货、知识产权的控制与审核,但一旦存在仿货交易,可能面临被投诉以及海关查验没收的风险。

针对以上三个问题,环球易购应该选择积极应对,可以在北美、欧洲和东亚建立境外仓,精准掌握供应链技巧,解决物流方面的难题。其次,环球易购在销售厂家产品的同时也应该打造自己的服装品牌,逐步提升产品竞争力和自营毛利率。最后,针对知识产权及税收问题,环球易购应该不断提高合规意识和运作机制,符合境外市场新政的调整,积极参与国际(地区间)竞争,争取国际(地区间)市场上更多的发展空间。

六、教学组织方式

案例授课班级人数不宜过多,应该控制在 20~30 人,可以 4~6 人为一组分成 5 个小组。教室的桌椅布局要让所有的课堂参与者围坐四周,以使其容易听到和看到同组成员为基本原则。教室中应具备电脑、投影仪、黑板、粉笔等设备。同时,为方便学生更好地参与案例课堂讨论,教师可以在课前提醒学生做课前准备工作,例如,熟悉案例,浏览环球易购的境外 Gearbest.com 网站,体验 Amazon、eBay、速卖通等大型跨境电商平台服务,以更好地熟悉消费者购物的环境。

(一) 课时分配

案例回顾与概述(5 分钟):介绍案例背景,回顾案例内容,理清案例思路,明确案例主题。

提出问题与小组讨论(20 分钟):结合板书提出启发性思考题,分小组讨论并形成组内答案。

小组汇报与教师引导(50 分钟):针对每一道启发性思考题,选一个小组进行回答,其他小组补充。教师需结合板书和多媒体对学生引导,得出最终答案。

案例评价与总结(10 分钟):对知识点进行梳理,对案例教学过程进行评价,总结学习心得体会。

其他问题(5 分钟):教师回答学生的一些其他问题。

(二) 板书设计

启发性思考题(一):通过环球易购案例的学习,你认为发展垂直电子商务模式具有哪些优势? 启发性思考题(一)及解答要点如图 5 所示。

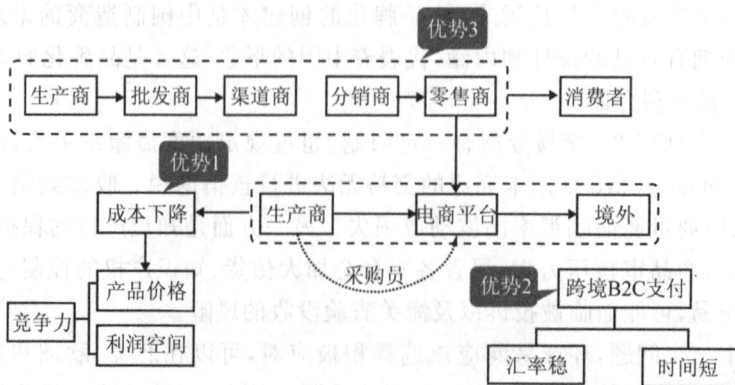

图 5　启发性思考题(一)及解答要点

启发性思考题（二）：环球易购对于目标市场是如何进行考虑的？启发性思考题（二）及解答要点如图6所示。

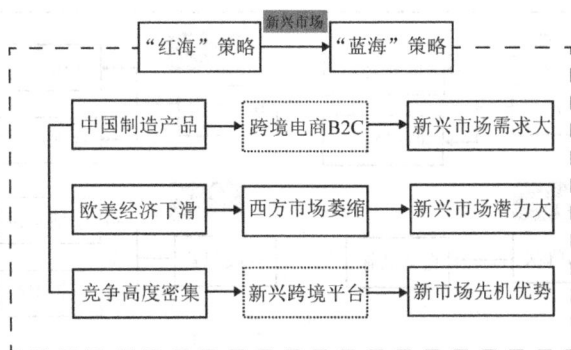

图6 启发性思考题（二）及解答要点

启发性思考题（三）：环球易购是如何进行产品定位来获得境外消费者青睐的？启发性思考题（三）及解答要点如图7所示。

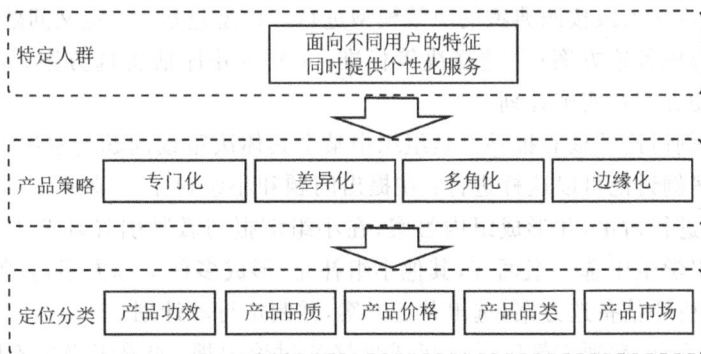

图7 启发性思考题（三）及解答要点

启发性思考题（四）：在开拓境外市场的过程中，环球易购是如何实现精准运营的？启发性思考题（四）及解答要点如图8所示。

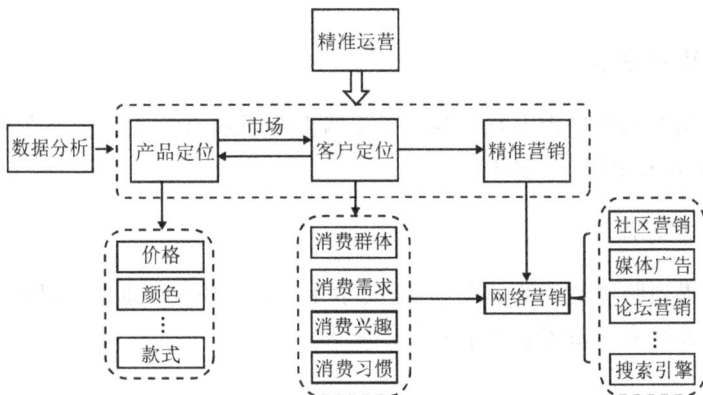

图8 启发性思考题（四）及解答要点

启发性思考题(五):在新一轮的挑战下,你认为环球易购该如何调整战略以适应市场变化?启发性思考题(五)及解答要点如图9所示。

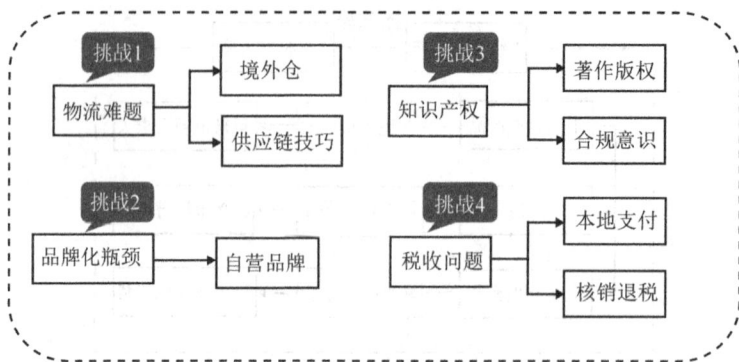

图 9　启发性思考题(五)及解答要点

(三)讨论方式

案例讨论应该大致按照典型的决策模型进行。模型包括:①定义问题;②分析案例具体情况;③形成备选方案;④选择决策标准;⑤分析并评估备选方案;⑥选择首选方案;⑦制定行动方案和实施计划。

大多数案例讨论的核心推动力是组织中某个具体决策或问题的解决方案,因此,根据课时分配,案例讨论可以这样进行:在提出问题和小组讨论环节中,小组内根据5道启发性思考题进行讨论,并形成组内答案;在小组汇报与教师引导环节中,对每一道问题,教师从5组学生中选一组回答,其他小组补充,形成多种备选方案,教师根据决策标准引导学生分析评估备选方案,选出首选方案,并制定行动计划。

在案例讨论时,教师需鼓励学生形成良好的讨论习惯,如勇于提出不同意见、讨论前做好准备、讨论时及早发言、讨论后及时总结,避免盲目从众、提前背稿。

七、其他教学支持材料

(一)计算机支持

由于本案例在教学过程中有一些电子文档需要展示给学生。所以在计算机中需要安装 PowerPoint 和 PDF 等软件。

(二)网络支持

本案例中提到跨境电子商务案例,需要学生连接互联网,通过登录电商网站、跨境电商平台和相关社交网站体会和了解实务现状。

参考文献

[1] 鄂立彬. 国际贸易新方式：跨境电子商务的最新研究[J]. 东北财经大学学报,2014(2)：22-31.

[2] 来有为,王开前. 中国跨境电子商务发展形态、障碍性因素及其下一步[J]. 中国与全球化,2014(5)：68-74.

[3] 李京文. 中国电子商务的发展现状与未来趋势[J]. 河北学刊,2016(1)：107-109.

[4] 吕雪晴,周梅华. 我国跨境电商平台发展存在的问题与路径[J]. 经济纵横,2016(3)：81-84.

[5] 马述忠,周夏杰. 国际企业管理教程[M]. 杭州：浙江大学出版社,2010：101-131.

[6] 徐松,张艳艳. 应将跨境电商建成"中国制造"出口的新通道[J]. 经济纵横,2015(2)：26-30.

[7] 杨坚争,杨立钒. 国际商务教程[M]. 北京：电子工业出版社,2013：176-213.

[8] 余虹,林晓伟. 我国跨境电子商务的发展模式与策略建议[J]. 宏观经济研究,2015(9)：40-49.

致　谢

　　本案例在采编过程中得到了环球易购公司的鼎力支持,经过多方努力完成了这篇《环球易购　eGo全球》。感谢本案例中的环球易购电子商务有限公司接洽人员郝伟臣及相关工作人员对本文进行数据及文字的核实与校正,确保案例的准确性。感谢浙江大学马述忠教授对本案例提出的修改意见,以及各位同学们的热情相助。

直挂"易点"出沧海

◎ 马述忠　李建忠　柴宇曦

（浙江大学 马述忠工作室）

■■■ 摘　要：易点天下是中国最大的企业国际化（区域化）智能平台，专注于为全球企业提供国际化（区域化）整体解决方案，力图借助移动互联网的科技力量让世界变得更平。在技术、产品及数据的驱动下，易点天下通过移动营销、垂直行业解决方案、金融服务等途径助力中国企业国际化（区域化），打造面向全球的"To B"生态圈，服务对象企业涉及消费类 APP、手机游戏、跨境电商、互联网金融、医疗、旅游等领域，覆盖约200 个国家和地区。

■■■ 关键词：移动营销；境外市场；智能投放；原生广告

Sailing to Sea of Global Market on the Boat of Yeahmobi

© Ma Shuzhong   Li Jianzhong   Chai Yuxi

(Mashuzhong STUDIOS, Zhejiang University)

Abstract: Yeahmobi is China's largest enterprise international (interregional) intelligent platform focusing on providing global solutions for Chinese and international (interregional) enterprises. Yeahmobi's ambition is to flatten the world with mobile internet technology. With mobile marketing, vertical industry solutions Yeahmobi will propel the process of internationalization (regionalization) of Chinese enterprises and help to create a globally oriented "To B" ecosystem. Target clientele ranges from consumer APP, mobile games, cross-border electric suppliers, internet banking, medical treatment, tourism and other industries of about 200 countries and regions.

Key words: mobile marketing; overseas market; smart ad serving; native ads

<h1 style="text-align:center">上篇　案例正文</h1>

一、引言

2016年2月16日，高曼重工发布公告，在新三板定向发行1004.07万股，每股人民币9.5元，募集资金9538.67万元。根据股转资料，湖北高曼重工股份有限公司成立于2005年4月6日，主要从事高空作业平台的研发、生产、销售及代理，产品主要应用于高空建筑物、设备等的维护及清洁。这次定向发行由金山安全、金星投资、驰骤投资共计三名发行对象参与认购。其中，由雷军担任董事的北京金山安全软件有限公司认购3179.56万元，由小米科技责任有限公司唯一控股的天津金星投资有限公司认购3179.56万元。

难道互联网大佬雷军看上了老家的传统行业？

二、企业背景

2015年以来，由于传统业务发展缓慢，为优化战略布局，培育业务增长点，高曼重工决定开启互联网业务板块。2015年9月29日，公司召开临时股东大会，通过了向邹小武、王向阳等人进行股票发行的方案。本次股票发行前，公司控股股东、实际控制人为夏曙光，持有公司股份比例为74.40%，股票发行后，夏曙光持有公司股份比例为9.73%。邹小武持有公司股份比例为38.50%，成为公司控股股东、实际控制人。2016年2月22日起，高曼重工更名为"易点天下网络科技股份有限公司"，逐步退出高空作业平台的研发、生产、销售及代理，集中资源更好地服务于移动互联网战略布局。3月11日，易点天下登陆新三板暨全球新品战略发布会在北京举行，发布会上易点天下董事长兼CEO邹小武宣布了公司新战略：专注于为中国乃至全球企业提供国际化（区域化）整体解决方案，继续巩固公司在境外营销领域的领先优势，在技术、行业解决方案和金融服务领域实现矩阵式拓展，打造互联网企业国际化（区域化）生态圈。由此可见，高曼重工经营主业已不再是传统设备制造业务，而是转向开展境外移动互联网营销业务。

人们不禁要问，邹小武是何方神圣，能赢得雷军的青睐？易点天下又是一家什么样的公司，能在短短几年内迅速崛起，成功借壳高曼重工？

其实，雷军选择投资的正是境外移动互联网营销概念股——易点天下（Yeahmobi）。易点天下创始人、CEO邹小武是北京科技大学学士，美国亚利桑那大学工业工程硕士，在美留学期间开始创业，从事移动营销行业，获得人生第一桶金。2011年，邹小武回到国内,与合伙人共同创立境外移动营销公司易点天下,并带领易点天下逐步成长为"中国最大的境外移动营销服务商",年复合增长率达到500%以上。易点天下是Google、Facebook在中国的第一合作伙伴,也是全球第一大移动效果营销服务商。公司专注于以大数据技术创新为驱动的移动广告领域,业务内容涵盖广告网络、社区广告(Facebook、VK①)、搜索(Adwords、Yandex②)、原生广告、线下渠道等。截至2015年,易点天下已经服务了百度、猎豹、畅游、IGG、Efun、昆仑等大公司,帮助了金山清理大师等一系列国内优秀互联网产品在境外市场获得了曝光量或下载量。易点天下打造的移动端营销闭环生态链,为广告客户提供了用户获取及流量变现的一站式解决方案。

登陆新三板成功,标志着易点天下已经成为跨境电商第一股,在其跨行业一站式"出海平台"的帮助下,更多的国内企业可以直挂"易点"出沧海了。

三、互联网境外营销的创业契机

易点天下初创的契机,可以追溯至2008年。当时,互联网在中国开始进入高速发展时期,网络游戏、搜索引擎、电子商务以及社交网络等产业方兴未艾,同时也催生了众多细分行业里的"蓝海"机会——互联网境外营销就是其一。此时,仍在求学的邹小武发现了创业契机,也为自己找到了新的人生目标。尽管当时他对境外营销行业的了解几乎为零,但他的英语很好,不计报酬地主动帮境内企业联系境外客户,迅速成了境外营销的专家。

2008年4月,邹小武收到了美国亚利桑那大学工业工程专业的硕士研究生录取通知书及校方提供的高额奖学金。赴美留学后,邹小武开始单干,"自己编程、写代码,还当会计,其实当时一个月也能赚几万美金"。但很快,一个新的创意让他从小富即安的"个体户"走上了创立公司的道路。

为了形容当时网络营销行业的运作模式,邹小武举了一个例子:一家银行希望招揽更多客户来办信用卡,就会登录一些网络广告平台下单。这些平台均有众多合作网站,银行的广告可以挂到这些网站上,利用它们来导入流量。假设银行为平台带来的每个客户付费200美元,平台则分给带来客户的合作网站150美元,中间的50美元就是平台的收入。"然而,当时在全球网络营销行业内,中国企业处于产业链的最下游,以帮上游平台打工为主。于是我萌生了一个想法,为什么不成立一个中国人自己的平台呢?"

有了明确的目标,加上前期对20岁出头的年轻人来说相当可观的资金积累,邹小武说干就干,搭建平台,找创业伙伴,最终于2011年回国创建了易点天下。

---

① Facebook是美国最大的社交网络服务网站,VK是俄罗斯最大的社交网络平台。
② Adwords指Google的关键词竞价广告,Yandex是俄罗斯本土搜索引擎。

四、移动互联网企业的"出海"困境

"Flatten the world with technology(科技让世界变得更平)",这是邹小武赋予易点天下的使命愿景。"因为易点天下的存在,中国公司的国际化(区域化)更加简单,境外先进的技术进入中国市场更加容易,世界变得更平,全球用户能够更快地享受到移动互联网创新带来的价值和成果。"

易点天下成立后,邹小武凭借过往的经验和积累,在 PC 端广告领域风生水起。然而,没多久,邹小武却做出了一个令人吃惊的决定:彻底放弃 PC 端业务,发力移动端。事实证明,易点天下在正确的时间点站到了风口上。据 eMarketer[①] 数据显示,2015 年全球移动广告支出首次超过台式电脑,2016 年桌面广告支出预计将下降 9%,而移动端广告投资将会大幅增长 38%。到 2019 年,移动互联网广告投入预计将达到 1955.5 亿美元,占总体数字广告投入的 70.1%。

在这一时期,中国企业的国际化(区域化)经历了从单纯吸收外商投资合作到中国企业主动走出国门寻求市场合作的发展历程。在"互联网+"和"一带一路"的政策背景下,随着国内本土企业一步步壮大掌握行业话语权,中国企业的"出海"趋势愈发突出,"走出去"的主体也从初期的以能源及矿产为主导的资源驱动转变为多元化技术及服务

#	下载排行		总部	应用
	公司排行榜 iOS & Google Play 合并 - 应用 - 全球 - 2015年11月			
1	Facebook (脸书)	=		58
2	Google (谷歌)	=		229
3	Apple (苹果)	▲1		63
4	Cheetah Mobile (猎豹移动)	▼1		173
5	Tencent (腾讯)	=		321
6	Baidu (百度)	=		251
7	Alibaba Group (阿里巴巴集团)	▲1		183
8	Microsoft (微软)	▼1		223
9	Qihoo 360 (奇虎360)	=		81
10	Sungy Mobile (广州久邦数码)	▲1		2,240

图 1　全球工具类 APP 榜单 TOP10

① eMarketer 是美国知名市场调研机构,研究内容包括市场趋势与分析、数字化营销、媒体和电子商务等。

驱动,并由简单的产品输出向技术、业务模式以及资本输出转型。手机游戏、移动应用、跨境电商、互联网金融、医疗、旅游等行业纷纷"出海"。以跨境电商为例,不仅洋码头、小红书、波萝蜜、淘世界这些进口跨境电商备受瞩目,像 Wish 和 Bellabuy 这样的出口跨境电商也在境外受到了消费者的广泛关注。

通过图 1 可以看出,在工具类 APP 全球前十的榜单中,中国公司占了 6 家,这样的事情正在每一个细分领域发生。在移动互联网行业,西方国家开始关注中国企业的动向,中国移动互联网企业终于摆脱了 PC 互联网时代亦步亦趋跟随美国互联网企业的模式,开始涉足产品与商业创新,并向包括美国市场在内的境外市场输出产品、服务与资本。如表 1 所示,境外近 25 亿移动终端用户基础和较小的竞争格局对境内互联网企业来说吸引力极大,境外市场拓展也拥有较大的增长空间。

表 1 境内市场与境外市场分析

	境内市场	境外市场
市场规模	8 亿用户	25 亿用户
发展阶段	世界领先水平	大部分国家(地区)落后中国 2~5 年
竞争环境	竞争激烈	几乎无竞争
服务需求	各类服务高度冗余	绝大多数国家(地区)基础移动互联网服务匮乏
拓展成本	高	低

另外,与国内市场相比,境外市场更加规范有序、生态更完善,境外用户,尤其是欧美用户的付费习惯比国内用户更好,对于中国开发者而言更是莫大的诱惑。事实上,2011 年至今,国内互联网市场增速放缓,"出海"也成了中国移动互联网企业谋取长足发展的必经之路。

然而,进军境外市场也并非唾手可得,一个崭新的市场自有其壁垒,这是由文化差异、对于境外市场的理解、运营实操经验等多方面因素共同决定的。再者,境外市场的运营、推广等自有其特点、诀窍,虽然很多国内团队已经积累了较强的开发、运营能力,但适应境外市场仍然是一个摸爬滚打的过程,经验与对境外市场的理解格外重要。对于"出海"的中国移动互联网企业而言,无论是战略转型还是团队初创,都无法回避经验缺失这一关键问题:中国移动互联网企业普遍缺乏境外移动营销经验,营销效率低;对 Facebook、VK 等境外社交平台了解较少,不具备专业团队的对接能力;无法整合利用境外分散的营销渠道资源;无法精准确定境外用户的行为研究和心理特点,日常运营成本较高;无法实时掌握营销效率和数据反馈,以至于在市场决策中屡屡出现差错。以游戏行业为例,数千家中国开发者中,只有约两三百家企业的发行团队有能力把自主开发的产品发行到全世界。此外,很多企业在进行产业布局时,往往只关注如何获得跨境电商的第一桶金,而轻视了冗杂的环境,对于境外电商庞大的信息流感到无所适从,在营销过程中不知道应该关注哪些重点,因此在平台 APP 定位、标记用户特征并匹配流量、深度分析产品、渠道优化、选择投放区域、跟进跨境政策等环节均存在着不同程度的不足与缺失。

作为专注境外市场五年之久的移动互联网广告服务商,易点天下比本土公司更了解境外市场,比境外公司更了解国内市场,其招牌策略就是精准化营销。易点天下拥有专业的境外广告投放团队,可帮助电商广告客户打通境内到境外的广告投放壁垒,建立完善的渠道分发链,最大化广告投放回报率,从而为各个垂直行业制定切实可行的解决方案。"易点天下可以提供行业整体方案,比如客户只需要专注于做好游戏,至于游戏怎么本地化到墨西哥,怎么对接巴西的支付,怎么在印度当地打品牌广告,这一系列整体发行服务都由易点天下直接提供。"

五、立足于数据经验的投放策略

目前,易点天下已服务了中国 90% 以上的移动"出海"产品,全球广告客户数量超过了 2000 家,渠道覆盖约 200 多个国家和地区,发展规模位居国内企业之首。人们不禁要问,是什么诀窍、经验或策略吸引了众多的广告客户?

一方面,易点天下对受众不断进行细分,借助风格定位不同人群。

以易点天下服务过的细刻公司为例,北京细刻网络科技有限公司(StyleWe)是一家时尚电商公司,总部位于北京,并在美国、深圳等地设有运营中心,细刻打造的 StyleWe 是国内第一家面向欧美主流发达国家市场并以设计师为切入点的时尚跨境电商平台。当前,细刻有 90% 的市场位于美国,入驻细刻的 300 多名设计师则绝大部分都在欧洲。易点天下认为,细刻将全球的设计师资源整合起来,把优秀的设计卖到全球,其主要目标市场为美国。核心优势方面,细刻在全球范围内拥有一批优秀设计师资源并为设计师搭建了直接面对消费者的平台,同时帮助设计师解决在生产、营销、物流、售后等供应链的所有环节中遇到的问题。除独立设计师品牌外,入驻细刻平台的企业还包括传统外贸转型企业与新兴原创品牌。因此,根据网站性质、产品单价及特性,细刻的目标用户应当定位为 30～55 岁的中产阶级,这部分人群的消费能力普遍较强,注重追求生活品质。初步定位之后,根据效果分析调整做出的细分定位包括婚姻状况、收入水平、受教育情况等,在这一阶段,易点天下对受众进行细分,以不同风格定位不同人群。

最终,易点天下为细刻给出了这样的方案规划:主要推广平台为 Facebook,主要推广产品为 PC 端和移动端网站及应用程序,推广目标为提升销量并保证 ROI[①],素材形式为单图展示结合多图轮播。2015 年 12 月推广方案落地后,细刻平台用户一直呈阶梯增长状态,数月时间内,易点天下的营销方案为细刻带来了逾两万张直接订单和超过 300 万美元的收入,细刻的销售额记录不断被打破,品牌知名度也不断提升。

另一方面,易点天下在广告投放领域也拥有一件秘密武器,那就是易点天下基于 Facebook Ads API 定制开发的一款广告智能投放平台 ClientGear。这是一套能够智

---

① ROI 即 Return on Investment,指投资回报率。

能、高效、灵活地帮助投放广告的企业掌控 Facebook 广告的平台,能够有效提升广告展示量,实现更高的转化率。

据公开数据显示,目前 Facebook 的用户覆盖了全球 127 个国家,自上线以来已经有超过 78000 亿条信息经过 Facebook 发送,超过 4000 亿张照片被分享。Facebook 用户平均每天分享的内容达到 47.5 亿条,"赞"按钮点击次数超过 60 亿次。而 12.3 亿的月活跃用户数几乎赶上了全中国的人口数量。在社交基因这一基础上,Facebook 为广告商提供了广告投放系统,能够进行精准的受众定向,从而促使 Facebook 成为当之无愧的效果营销首选平台。

那为何还需要 ClientGear 呢?易点天下智能广告投放平台产品经理拉克奇(Lucky)给出了她的答案。"市场需求决定产品需求。Facebook 极佳的营销效果背后,其优良的广告投放系统功不可没。但面对全球不同区域、不同语言、不同文化、不同领域内如此广泛的用户群,Facebook 不可能做到面面俱到。例如,Facebook 无法满足电商、游戏等垂直行业细分需求,也无法实现特定场景下的个性智能优化、批量创建多重目标跨区域组合定位、图片创意等素材的数字化管理等个性化功能,而这些都可以交给 ClientGear 来完成。"易点天下深知,当天平处于平稳状态时,一只蚂蚁的重量都可以导致天平的倾斜。当所有人都可以在 Facebook 上开设账户、使用同样的系统进行广告投放时,在细节方面做出一点微小的针对性优化,也许就能收获极大的效果提升。

ClientGear 最大的特色就是将数据经验转化为投放策略,实现批量跨账号多组定位多组创意组合投放,提高投放效率,提升优化效果。同时,通过 A/B Test[①] 模型创建广告,还可以判断对比不同受众、不同出价以及不同创意对转化带来的影响。通过产品投放模板、受众模板、兴趣词模板、广告语等模板的重复使用,ClientGear 系统能够极大地提高广告创建效率。定位时,可以同时粘贴多个兴趣词和多个国家(地区),实现快速操作。"广告创意对投放效果影响巨大。我们在实践中发现,用户测试素材后很难以创意为出发点考察广告效果,无法形成测试素材—素材数据分析—优化素材—测试素材的闭环。ClientGear 通过提取每一张图片、每一条广告语在投放中的数据表现,以可视化的方式展现给广告客户,帮助其更好地制作、选择、优化广告创意。对已经投放的广告,系统引擎能够实时、自动监测不同维度的广告数据,预测未来广告走势,指出哪些广告是有潜力的,哪些广告需要立即喊停,哪些广告需要再观察,为不同广告客户的不同推广目标提供不同优化策略的模型,这一切都让投放广告的企业在优化环节不再头疼。"因此,ClientGear 可以被视为将投放策略融入系统当中,帮助客户优化广告投放效果的一个自助管理平台。有了这个平台,投放广告的企业可以像吃自助餐一样,不断尝试、调整、选择并投放。"我们可以向用户给出维度细分的广告价值判断。当在 Facebook、Twitter 等平台投放时,甚至可以指出哪张图片 ROI 过低,进而帮助用户随时更换,提高转化率。"在实时优化的强大吸引力下,当前已经有超过半数的易点天下客

---

① A/B test 测试是一种新兴的网页优化方法,可以用于提升转化率、注册率等网页指标。

户开始尝试 ClientGear 广告投放系统。

六、智能个性化定位的营销引擎

移动互联网营销与 PC 端网络营销类似,流量与曝光率只是基础,变现与转化才是营销的核心目标。易点天下大中华区商务总经理庄骥认为,变现与转化是精细化的过程。"3~5 年前,传统行业提出精准营销概念,而互联网行业其实一直专注于精准营销。易点天下支持 2000 多组数据标签,包括性别、爱好等,使得用户画像更精准。"易点天下自主研发的智能优化自动投放系统包括了四大移动营销搜索引擎,并且针对各类型产品均进行了境外预调研与多渠道用户获取方案优化,使转化率达到了普通投放的 10 倍。经过优化后的广告投放以结果为导向,通过 CPI/CPA/CPS① 方式结算,既保证了效果,又为客户节省了开支费用。

其一,深度定制原生广告投放引擎。所谓原生广告,是将广告作为内容的一部分植入实际页面设计的广告形式,其最明显的一个优点是不打扰。原生广告因其精准特征,正逐渐成为未来广告发展方向。庄骥认为,移动广告最核心的挑战在于原生化。易点天下经过长期实践和产品进化,于 2015 年年底推出了全球领先的原生广告引擎,与全球优质移动流量对接,可以通过多维度定位组合进行精准投放,巩固了其在移动互联网营销领域的优势地位。该引擎将广告投放过程分解成决策、装配、渲染三个阶段,通过媒体端对装配模板和渲染过程进行灵活控制,将广告决策与展示过程彻底分离,在行业中率先实现了能够灵活装配的智能 SDK② 并已投入使用。集成此 SDK 的媒体不需升级也能够实现广告位样式的随时调整,因此可为各种 APP 定制最佳的变现渠道,有效提升 ROI。

其二,场景理解与智能匹配引擎。在原生广告投放引擎基础上,能够对用户场景深入理解,并指导广告匹配的智能引擎就应运而生了。庄骥表示:"场景化的移动原生广告并非刻意构建场景,而是智能理解该场景下用户最适合的广告投放方案。""我的广告面向的是什么样的受众?"这是投放广告的企业不断重复探究的问题,也决定了他们的广告会在哪些媒体进行投放。与传统基于用户历史行为的受众定向相比,场景理解与智能匹配引擎的优势在于该引擎着重理解用户当前的场景状态与意图,并以此来指导场景中更加原生的广告投放。它一方面从时间、地理位置、行为操作、设备、气候等多个维度对用户当前场景进行理解分析;另一方面,与大数据平台上的用户场景模型进行匹配,进而提取广告资源库中的广告并进行推送。例如,易点天下大数据平台可以分析得出晚上 6 点左右在万达广场就餐的用户,有很大的意愿在餐后去万达影城看 8 点场的电影,此时便适合以电影优惠券信息的形式给在万达附近的用户推送一款生活服务类APP。另外,10 点钟电影散场时,很多用户有打车需求,此时便可以推送一款打车

---

① CPI 即 Cost Per Install,是指按安装付费;CPA 即 Cost Per Action,是指每行动成本;CPS 即 Cost Per Sales,是指以实际销售产品数量来换算广告刊登金额。

② SDK 即 Software Development Kit,指软件开发工具包。

APP。通过不断积累、丰富对于生活场景的理解,意图原生成为可能。

其三,跨平台流量整合引擎。通过授权 API、RTB① 协议等程序的形式,接入占全球广告流水 75% 的核心优质流量平台,例如 Google、Facebook、VK 等,并提供一站式程序化采买能力。换言之,就是将首段流量和易点天下自有流量一站式整合至广告投放平台中,从产品维度为广告客户提供采买便捷。

其四,个性化重定向技术引擎。当前,原生化已经成为移动广告最重要的趋势与最大的挑战,其重心也已经迁移到了场景与意图的原生化上。在未来,每个人在不同的场景下收到的移动广告都是个性化定制的。换言之,广告技术未来发展的方向就是研究如何实现原生广告的个性化投放。易点天下基于精准用户画像与动态创意技术,为电商、游戏等移动场景下的再营销提供全面且高回报的产品支持,解决了"对安装了不使用的用户进行激活、对已经卸载的用户诱导其重新安装"等问题。例如,一名男性游戏玩家自从接触了某卡牌类游戏后,对此类游戏情有独钟。在他玩第二款卡牌类游戏的过程中,集齐 90% 以上的卡牌后,从每天在线数小时变为每 2～3 天才上线半个小时。该平台能够通过数据观察,利用社交媒体向其推送该款游戏的有趣视频与玩家社区等,让这名受众发现除收集卡牌外,该款游戏还有更有趣的社交玩法。于是,他在与其他玩家的互动中,又愉快地度过了 2 个月的时间。但天下没有不散的宴席,一段时间后,用户在线时长再次下滑。此时,平台便可以通过分析该用户历史上在两款游戏之间的疲惫期,在半个月后向他推送新一代卡牌类游戏,包含更多创新玩法,并对该用户在之前游戏中的好友进行同步邀请。

七、结束语

中国企业"出海"的初期,最为迫切的可能是从营销层面获取用户与变现的需求。但随着业务的深入,则会更加需要比较复杂的,针对每个细分行业的解决方案。除行业解决方案、技术服务、营销服务外,甚至还有一些客户需要金融服务等。因此,易点天下总是会充分考察用户的通用需求与个性化需求,随后开发技术产品以满足这些需求,进而解决用户的痛点。对于未来,邹小武这样展望:"将来,我们客户所有的需求都将能够在我们这一个平台上满足,试图国际化的企业只需要专注于自己的产品,其他的事情都可以交给易点天下。在接下来一到三年的时间内,易点天下将会脚踏实地一步步向前迈进,我们绝不会忘记自己的初心——科技让世界变得更平!"在不远的将来,易点天下将会逐步从境外移动营销业务为主转变为提供覆盖营销、技术、行业解决方案,金融服务等跨行业一站式解决方案的服务商(见图 2),帮助更多企业实现顺利"出海"。

---

① API 即 Application Programming Interface,指应用程序编程接口;RTB 即 Real Time Bidding,指实时竞价,这是一种利用第三方技术在数以百万计的网站上针对每一个用户展示行为进行评估以及出价的竞价技术。

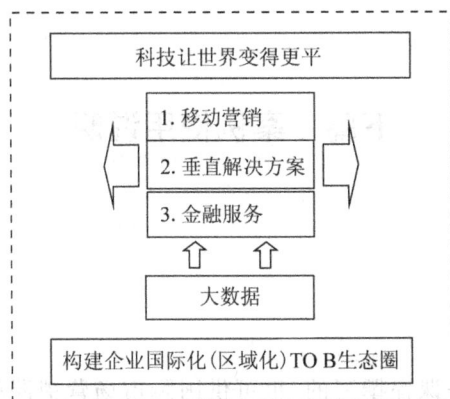

图下为新经济企业国际化(区域化)提供一站式解决方案

下篇 案例使用说明

一、教学目的与用途

本案例是为国际商务课程撰写的,也可供国际市场营销课程、网络营销课程使用。本案例描述了在中国移动互联网企业纷纷"出海"的背景下,作为移动营销服务商的易点天下通过自身技术实力帮助本土企业打破国际化壁垒的过程,介绍了易点天下平台提供的广告优化投放策略和技术服务。通过本案例的学习,学生可以了解移动营销的基本情况,以及广告投放与流量转化的基本知识。

(一)适用课程

本案例适用于国际商务课程、国际市场营销课程和网络营销课程。

(二)适用对象

本案例难度适中,适用对象包括国际商务专业硕士研究生、高年级国际经济与贸易专业本科生和电子商务专业本科生。

(三)教学目标

1. 知识传授

通过本案例的教学,学生应掌握以下知识,并学会将相关理论运用到实践中。第一,掌握移动营销和网络广告投放的相关知识。第二,了解移动互联网企业国际化过程中可能遇到的壁垒和常用的破解方法。第三,以 ClientGear 平台为例学习将数据经验转化为投放策略的方法。第四,通过对易点天下自主研发智能优化自动投放系统和四大移动营销搜索引擎的认识,了解原生广告的投放原理和机制。

2. 能力训练

通过本案例的学习,学生能够增强对移动营销发展趋势的判断能力,掌握从流量到转化的相关知识以及原生广告的投放策略和方法。学生通过归纳整理可以掌握网络营销的常用方法技巧及策划层面上的推广能力,增强因地制宜分析问题、提出针对性解决方案的能力。

3. 观念更新

在学习本案例后,学生能够对移动互联网企业国际化进程中面临的壁垒有基本认知;对市场环境剧变背景下移动营销的趋势变动有较深入的了解。2016 年,移动营销国际化的变化主要体现在以下两点：一方面，之前"出海"的企业以工具类产品为主，留存度与活跃度相对平均，变现上存在一定瓶颈，当前这类企业正追求高留存、相对高活跃的产品，例如新闻客户端、WIFI 客户端等更易变现的产品类型，从而能够承担不断上涨的买量成本。另一方面，在移动互联网"出海"的浪潮中，大而全的工具 APP 相继出现且竞争已进入白热化，此时偏垂直与本地化的服务类应用将会异军突起，表现出巨大的市场潜力。

二、启发性思考题

（一）从"科技让世界变得更平"的角度看，易点天下是如何通过移动营销打通国内企业"出海"的广告壁垒的？

（二）易点天下如何将数据经验转化为投放策略？

（三）为什么说移动互联网时代的原生广告比传统广告更具优势？

（四）移动端网络广告投放的关键是什么？

（五）你身边有没有在"出海"过程中遇到瓶颈的企业，该企业是否具备与易点天下合作的潜力？

三、案例分析背景

（一）制度背景

2015 年 3 月 28 日，国家发改委、外交部、商务部联合发布了《推动共建丝绸之路经济带和 21 世纪海上丝绸之路的愿景与行动》。在这一时期，国内移动互联网格局逐渐固化，竞争已成红海，而境外市场移动互联网用户规模快速增长，市场需求正呈现爆发增长。因此，在宏观经济战略的引领下，面对境外近 25 亿的移动终端用户基础与相对温和的竞争格局，中国移动营销"出海"企业从简单的产品输出向技术、业务模式以及资本输出转型，境外市场拓展拥有较大的市场增长空间。境外众多移动营销需求等待开拓，移动营销"出海"的窗口期正当时。

艾瑞咨询与白鲸研究院联合发布的《中国出海移动应用发展盘点报告 2016》显示，互联网企业"出海"区域包括欧美、日韩、俄罗斯、东南亚、印度、拉丁美洲、中东、北非等地；出海产品覆盖游戏、工具、社交、摄影和教育等多个品类。仅 2016 年 3 月至 6 月期间，就有 27 家国际化企业获得融资。《中国出海移动应用发展盘点报告 2016》显示，"出海"企业多诞生于北上深杭等一二线城市，其中北京企业共 1676 家，占比 26.8%，为移动国际化企业最多的城市。成都、杭州、厦门等新兴互联网城市的政策扶持力度较大，促进了移动国际化企业的发展。然而，一批移动企业，特别是主营 APP 和游戏的企业处于"出海"早期，资产较少，无法从银行获得债权融资，只能获得股权融资，而股权融资的成本要远高于债权融资。在这一阶段，相关部门如果出台一些政策，降低银行贷款门槛,增加移动"出海"企业获得债权融资的机会,将会有利于"走出去"战略的长远发展。

(二)行业背景

在网络经济规模尤其是移动网络经济快速增长的大背景下,用户注意力向移动端迁移,广告客户也在移动端投入更多预算。随着移动营销服务商对自身的服务水平、技术能力不断更新优化,原生、视频等新广告形式受到市场欢迎,移动营销行业总体的发展势头向好。具体来讲,移动营销行业的发展趋势主要体现在以下四个方面。

第一,信息触达和用户体验:广告更像是用户真正所需要的信息。

第二,消费者洞察:移动端用户黏性强,场景丰富,可得到更全面的用户画像。

第三,营销全过程的技术化:采买、创意素材、受众分析、效果监测等全流程都在向技术化发展。

第四,数据价值变现:数据挖掘和定向优化在广告领域的实践已经越来越成熟。企业自身数据与营销服务商数据结合将适用于更多的应用场景,营销服务商的数据量不断积累,可利用的数据资源不断增多,能提供更精准的用户自然属性和行为属性,最大化数据价值。

四、理论研判依据

(一)知识点一: 移动营销

1. 定义

移动营销的过程实质是针对目标市场定位(Target),通过具有创意的沟通方式(Communication),依托移动互联网,向受众传递某种品牌价值(Value),以获益(Profit)为目的的过程。移动营销行业的主体包含广告客户、移动营销服务商、移动媒体和受众,营销行为基于移动互联网完成,核心目的是帮助投放广告的企业推广其产品或服务的相关信息。

2. 特点

(1)移动端渠道成为数字营销新焦点

智能终端成为数字营销的主战场,移动端流量激增,优质 APP 资源增多,移动端营销增速加快,视频广告、原生广告快速增长,未来移动端广告支出将成为移动营销市场发展新的增长点。

(2)海量数据应用使移动营销更精准

移动端数据应用不仅在量级上取得突破,在数据背后的用户感知上更加精进,利用数据技术对受众的静态属性、动态属性、消费习惯等进行分析,使得更加精准的营销成为可能。

(3)APP 营销成为移动营销主要形式

移动 APP 贡献了移动端大多数的流量,也带来了巨大的广告需求,聚合的移动应用广告平台以及移动 DSP①、Ad Exchange② 的发展使得供需更加平衡,APP 营销成为移动端主要的营销形式。

(4) 全功能闭环使得场景营销成为可能

生活类应用在移动端落地,受众的出行、购物、吃喝、娱乐、社交、资讯获取、支付等行为均可在移动端进行,为移动营销提供了更多有效注意力、用户数据和价值场景。

(二)知识点二: 网络广告投放与转化分析

网络媒体(网站)往往包含有数十个甚至成千上万个页面,网络广告所投放的位置和价格涉及特定的页面以及浏览人数的多寡,类似于平面媒体(如报纸)的"版位""发行量",或者电波媒体(如电视)的"时段""收视率"概念,其投放效率的考察指标与相应的计价方式主要包括:①每千人成本(Cost Per Mille,CPM)。网上广告收费最科学的办法是按照有多少人看到你的广告来收费,按访问人次收费已经成为网络广告的惯例,每千人成本指的是在广告投放过程中,听到或者看到某广告的每千人平均分摊的广告成本,传统媒介多采用这种计价方式。②每点击成本(Cost Per Click/Cost Per Thousand Click-Through,CPC)。以每点击一次计费,这样的方法加上点击率限制可以增大作弊的难度,同时也是宣传网站站点的最优方式,但是此类收费方式会令不少经营广告的网站觉得不公平,例如虽然浏览者没有点击,但是他已经看到了广告,对于这些看到广告却没有点击的流量来说,网站成了白忙活。③每行动成本(Cost Per Action,CPA)。CPA 计价方式是指按广告投放实际效果,即按回应的有效问卷或定单来计费,而不限广告投放量。④以实际销售产品数量来换算广告刊登金额(Cost Per Sales,CPS)。即根据每张订单/每次交易来收费的方式,用户每成功达成一笔交易,网站即可获得佣金,当前在国内比较流行,例如当下相对较火爆的淘宝客就采用了这种方式。⑤按安装付费(Cost Per Install,CPI)。以手机 APP 为例,每一次安装,广告客户就要付钱,无论受众之后如何使用这一 APP,都不再追加付费,CPI 算是一种比较有效率的收费方式。

与 PC 端网站广告类似,移动营销也有一些指标用于描述期望访客完成预期动作的次数,进而衡量目标的完成情况,例如多少访客购买了广告介绍的产品,多少访客下载了平台上的软件等。首先是页面浏览量(Page View,PV),用户每打开一个页面就被记录 1 次,PV 越多说明该页面被浏览的越多,PV 之于网站,就像收视率之于电视,已成为评估网站表现的基本尺度;其次是转化次数,即访客到达转化目标页面或完成网站经营者期望其完成动作的次数;最后是转化率,指转化次数/访问次数,即访问转化的效率。

网站分析的对象主要包括流量来源、网站内容、网站访客。流量是网站的重要资源,流量来源可以分为直接访问、搜索引擎、外部链接三类,针对某一来源可以做细分分析,找到原因并改进或优化;网站内容通常可以分为几个子频道,每个子频道又可以由

---

① DSP(Demand Side Platform,广告需求方平台),即为广告客户提供跨媒介、跨平台、跨终端的广告投放平台,通过数据整合、分析实现基于受众的精准投放,并且实时监控、不断优化。

② Ad Exchange 是互联网广告交易平台,像股票交易平台一样。Ad Exchange 联系的是广告交易的买方和卖方,也就是广告客户方和广告位拥有方。

许许多多页面构成,网站的子频道和具体页面承载的内容和针对的访客都有所不同,分析网站流量时需要更有针对性地选择页面进行分析;网站访客有着不同的分析属性(新/老访客、地域)和人口学属性(性别、年龄、学历等),他们怀有不同的目的,从不同的来源进入,访问轨迹也不同,在分析中要细分符合市场定位的访客,做定向的对比研究。

1. 转化来源分析

广义地来说,转化对应的行动可以是用户登录、用户注册、用户订阅、用户下载、用户购买等一系列用户行为,在实际监控中可以分为两种,即页面转化目标与事件转化目标。页面转化目标是指将某个页面作为转化目标,访客到该指定页面后即为转化成功,比如访客到达了最后的购买成功页面;事件转化目标是相对页面目标而言的,指网页内部的某个可以点击的元素,如链接、按钮等,访客触发了指定的元素后即为转化成功,比如访客点击了"抢购"按钮。

2. 入口页转化分析

入口页在转化流程中占据了重要的地位,具有承上启下的作用,一个网站的主页需要体现网站类型、宗旨以及重点内容,要针对网站级别的主要流量进行设计;而入口页的内容是要针对所有流量,即任何网络推广(付费或非付费)带来的流量都要兼顾。经过某个入口页完成的转化越多,说明这个入口页越有利于转化,越与它的推广来源流量相匹配。一般来讲,优化访问入口页主要包括增加推广来源和入口页的内容匹配度、优化入口页面设计和内容、提升入口页到转化之间的易用性等。

(三)知识点三: 原生广告

美国企业家约翰·沃纳梅克(John Wanamaker)曾经说过:"我知道我的广告费有一半是浪费的,但我不知道浪费的是哪一半。"为广告客户提供更强的变现能力一直是各类媒体的追求。原生广告作为新兴的广告模式,其与内容完美融合带来的良好用户体验和高变现率使其被越来越多地应用于移动互联网领域。

1. 原生广告的特点

(1)内容的价值性

原生广告为受众提供的是有价值有意义的内容,而不是单纯的广告信息,因此能够为用户提供满足其生活形态、生活方式的信息。

(2)内容的原生性

内容的植入和呈现不破坏页面本身的和谐,不是为了抢占消费者的注意力而突兀呈现,破坏画面的和谐性,包含位置原生(跟产品和内容高度相关和整合)、形式原生(符合用户的使用期望,进入用户的使用流程)、内容原生(带给用户符合逻辑的价值)三方面。

(3)用户的主动性

用户乐于阅读,乐于分享,乐于参与其中,而不是单纯的"到我为止"的广告传播,因此属于使得每个用户都可能成为扩散点的互动分享式传播。

2. 原生广告的主要形式

原生广告区别于其他广告形式的主要一点,就是不仅仅要考虑原本品牌的定位、核心信息,还要入乡随俗,融入该平台的天然氛围。原生广告的这种特性在移动端体现得更加淋漓尽致:移动原生广告不会打断用户与移动 APP 的交互,甚至还能在最大程度上维护用户体验。正因如此,原生广告的用户接受度也比较高。据统计,原生广告的点击率比非原生广告高出 220%。当前主流的移动原生广告形式主要包括以下几种。

(1)插屏原生广告

插屏原生广告通常出现在视频、移动应用、手机游戏等启动/暂停/过关/失败/页面加载/章节切换时,只是作为呈现给用户的提示信号,不影响用户的交互体验。

(2)视频原生广告

视频广告本身是比较常见的,目前做视频的 APP 都会在影片播放前加入视频广告。例如 YouTube 网站的 TrueView 广告用户可以在观看了 5 秒钟以后选择"跳过",这种机制给用户带来了良好的体验。

(3)手机浏览器导航

手机浏览器本身就是一个非常好的应用分发平台,通过导航页中的"热门应用"来植入原生广告,既为用户提供了便捷,又能使流量变现。

(4)应用内功能植入的原生广告

例如美图秀秀中一个非常特别的按钮就是专门用来投放原生广告的。它不属于开发者常用的广告形式,而是经过精心策划、与美图秀秀用户张扬个性高度贴合的精美广告,用户接受度非常高。

其他原生广告形式还有很多,例如桌面原生广告、移动搜索原生广告、游戏关卡原生广告等等。原生广告本身并不拘于形式,关键在于产品本身能否融入该平台原本的氛围。

(四)知识点四: 用户画像

每个人在现实生活当中都是一个有个性、有体貌、有名称、有头衔、有身份、有地位的存在实体,人们可以通过这些特征准确地进行识别。而在网络世界中其实也可以通过各种标签勾勒出与现实生活一一对应的虚拟用户,这样我们就可以在海量互联网信息中准确地找到目标对象,这就是所谓的用户画像(User Profile)。

用户画像的概念最早是由交互设计之父艾伦·库珀(Alan Cooper)提出,他认为"用户画像是真实用户的虚拟代表,是建立在一系列真实数据之上的目标用户模型"。早期的用户画像相对简单,类似于个人档案信息,区分度和可用性都不强。但是随着大数据的发展、数据量的爆发式增长和大数据分析技术的成熟,使用户可捕捉的行为数据越来越多,用户画像才真正具备了应用价值。企业通过收集与分析消费者社会属性、生活习惯、消费行为等主要信息,将用户信息标签化,抽象出用户的商业全貌。用户画像为企业提供了足够的大数据基础,能够帮助企业快速找到精准用户群体,进一步挖掘用户需求等更为广泛的反馈信息。具体来讲,用户画像的过程可以分解为以下三个步骤。

(1)收集用户所有的相关数据并将用户数据划分为静态信息数据、动态信息数据两大类,静态数据就是用户相对稳定的信息,如性别、地域、职业、消费等级等,动态数据就是用户不停变化的行为信息,如浏览网页、搜索商品、发表评论、接触渠道等。

(2)通过剖析数据为用户标注相应的标签与指数,标签代表用户的兴趣、偏好、需求内容等,指数代表用户的兴趣程度、需求程度、购买概率等。

(3)用标签为用户建模,包括时间、地点、人物三个要素,简单来说就是什么用户在什么时间、什么地点做了什么事。

(五)知识点五: 网络广告平台的分类

按照平台性质,可以把广告平台分为盲网络(blind networks)、优质盲网络(premium blind networks)、优质网络(premium networks)三类。

1. 盲网络

在盲网络平台上投放时,你并不知道你的广告信息会展现在哪个具体的网站或平台上,广告客户无法指定投放网站,一般以 CPC 计费。这类平台的典型代表是 Buzzcity、Inmobi、Admoda、Mojiva、Airpush、Leadbolt 等,其中:Airpush 流量大,审批快,流量平均来源于各国,价格也相对便宜,但点击损失大,流量质量中等;Leadbolt 流量多,质量中上,单价偏高,流量质量不稳定;Adfonic 属于 DSP 平台,可以定位用户的性别和年龄比例,流量质量中上但不稳定,CPC 偏高,来自美国和欧洲大国的流量多,其他国家流量一般,审批较慢;Buzzcity 流量相对便宜,流量大但质量一般,中小国家流量多,Wi-Fi 流量和非智能机流量多;Inmobi 流量较大但质量一般,亚洲流量较多,Wi-Fi 流量和非智能机流量较多。

2. 优质盲网络

优质盲网络平台属于中性,允许指定网站,也可以按照盲网络方式下单,典型代表包括 Mmedia、Jumptap、Mobfox 等,其中 Mmedia 流量质量好,定位越精准 CPC 价格越高,也提供 CPM 购买方式,南美国家流量较多,价格较便宜,任务审核严格;Jumptap 质量好,美国流量多,广告审批相对严格。

3. 优质网络

优质网络平台上的网站数量不多,但都是行业知名站,允许用户指定投放网站,一般以 CPM 方式计费,CTR 高[①],适合品牌建设。

五、案例分析思路与要点

(一)案例分析思路

现阶段中国企业"出海",除了了解目标市场外,还需要与全球主流广告平台打交道。境外广告平台各有千秋,如何充分利用各家平台的优势来达到不同的营销目标,是

---

① CTR(Click Through Rate,点击到达率),指网络广告(图片广告/文字广告/关键词广告/排名广告/视频广告等)的点击到达率,即到达目标页面的数量除以广告的展现量。

开发者不断探讨的问题。在国际化初期,企业关注更多的可能是营销层面获取用户的需求,此处引出易点天下帮助电商广告客户打破广告投放国际(地区间)壁垒、建立完善的渠道分发链、获取大量境外用户等各知识点。

中国企业在初步获取用户之后,产生了转化与变现的需求,亟须为自建平台带来精准用户流量,降低境外广告对接成本。易点天下自主研发智能优化自动投放系统,借助独家技术和强大的人群数据库进行转化人群分析和定位,其转化率是普通投放的 10 倍,此处引出投放优化策略、移动搜索引擎技术。

互联网企业"出海"涉及行业、方式的多样化,此时仅仅满足用户获取和转化变现的需求是不够的,需要有比较复杂的、针对每个行业的解决方案。在这种情况下,只有提供行业定制化的服务才能帮助企业达到推广效果的最大化。易点天下在服务互联网企业国际化的实践中,根据不同行业、不同地区"出海"的特点分别制订了具体的行业解决方案(见图3)。

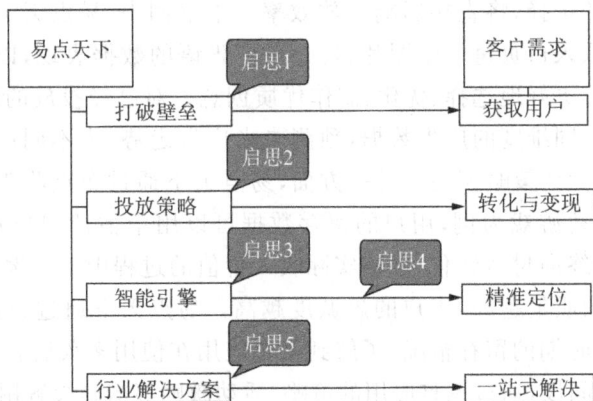

图 3　案例分析思路

(二)启发性思考题解答要点

1. 启发性思考题(一)解答要点

启发性思考题(一):从"科技让世界变得更平"的角度看,易点天下是如何通过移动营销打通国内企业"出海"的广告壁垒的?

此题需要了解易点天下近几年的发展历程和公司的主要业务。"科技让世界变得更平"是易点天下的愿景,这是因为通往境外市场的道路并不平坦,"出海"企业经常会遭遇各种困难和壁垒。

本案例中,易点天下依靠多年的运营经验,在境外移动营销领域建立起了领先优势,帮助众多广告客户打破境外广告投放壁垒,建立完善的渠道分发链,最大化广告投放回报率,具体可归纳为以下几点。

(1)当前移动端渠道已经成为数字营销新焦点,易点天下当机立断决定收缩放弃PC 端业务,发力移动端。

(2)海量数据是移动营销赖以实现精准投放的基石,易点天下选用实时优化投放策略,针对不同类型的产品进行境外预调研,优化多渠道用户获取方案;对于 Facebook 等大型广告平台,通过 RTB 或者 API 的方式接入广告智能投放平台;针对不同行业的广告客户,如手机游戏、跨境电商、消费类 APP 等,提供个性化的行业解决方案。

(3)移动营销时代,APP 营销和场景营销扮演的角色越来越不容忽视。在这一形势下,易点天下打造了深度原生化广告资源平台,为开发者提供原生流量变现,不但能够在各类媒体上投放完全定制的个性化原生广告,还能通过单一平台实现对全球广告核心平台流量的对接、自动匹配、预算智能分配、广告创意自动加工等。此外,在场景营销领域,易点天下还能够实现对用户所在场景的智能理解与匹配响应广告,提供电商、手游等用户的个性化重定向。

2. 启发性思考题(二)解答要点

启发性思考题(二):易点天下如何将数据经验转化为投放策略?

此题需要用到搜索引擎营销的创意设计、流量数据来源分析等知识。广告投放的位置、价格等因素的选择,将直接影响投放效率。本案例中,易点天下在进行入口页转化分析时,通过提取入口页每一张图片、每一条广告语的数据表现,以可视化方式展现给广告客户,帮助其更好地选择、优化、制作优质创意。对已经投放的广告,系统引擎能够实时、自动监测不同维度的广告数据,预测未来广告走势,为不同广告客户的不同推广目标提供不同的优化策略模型。另一方面,易点天下通过布点收集各种数据实现转化来源分析。以移动游戏为例,用户的留存数据可以用于估计用户对游戏的忠诚度。用户留存是用户最终向付费转化、创造实际收入价值的过程中最关键的阶段,留存率越高,说明游戏应用的质量越高,用户的忠诚度越高。易点天下通过关注某日/某周的新增用户在之后不同时期的留存情况,了解到某个应用在使用多久后容易流失用户,找出最易流失用户的时间段,通过调整应用的策略、活动激励等措施缓解用户的流失。

3. 启发性思考题(三)解答要点

启发性思考题(三):为什么说移动互联网时代的原生广告比传统广告更具优势?

此题专业性较强,需要借助新兴广告模式——原生广告的知识点来分析。移动互联网时代,媒体比过去更加重视用户体验。传统互联网广告展现的形式很不友好,也并不满足用户的意图,所以在移动互联网时代已经较少被采用。而原生广告由于展现形式原生、用户意图原生,具有很强的变现能力,同时又保证了较好的用户体验。

本案例中,易点天下提出的原生广告变现方案对每项产品都会做深入的研究和挖掘,结合产品原有功能设计广告位,既要实现盈利,也要保证受众的体验。对广告商来说,广告在形式上跟产品完全融合,真正展现了搜索引擎级别的形式原生与用户意图原生,这在展示广告领域内是革命性的,其广告效果可想而知。

4. 启发性思考题(四)解答要点

启发性思考题(四):移动端网络广告投放的关键是什么?

互联网发展至今,网络广告再也不是传统意义上的"广而告之",而是"有的放矢"。尤其在移动端,广告展示受场景所限,移动广告对用户的骚扰更加严重。虽然原生广告在形式上使得移动广告的用户体验有了突破性提升,但真正要将用户对广告的反感指数降到最低,那就必须将广告投放给真正需要它的人,这就是移动广告的精准投放。作为移动广告平台,有四个问题是移动广告投放的关键:①搞清楚每个广告要投给什么样的人(广告需求分析);②找到这些人(精准广告投放);③怎样才能以一种"体面"的方式将广告展现在用户面前(广告展现形式);④是否有足够的广告资源来匹配不同的用户需求(广告资源匹配)。而其中最具技术挑战性的就是移动广告的精准投放环节。

本案例中,易点天下的用户画像流程可以大致划分为三个阶段:①收集数据,利用大数据技术汇总姓名、年龄、性别、生日、喜好、经历等用户属性以及移动设备等其他属性;②标签赋值,在剖析数据的基础上为用户标注其相应的兴趣、偏好、需求内容等标签;③用户建模,利用上述标签共同塑造出一个个能够识别的虚拟用户,从而实现精准定位。

5. 启发性思考题(五)解答要点

启发性思考题(五):你身边有没有在"出海"过程中遇到瓶颈的企业,该企业是否具备与易点天下合作的潜力?

此题属于开放性思考题,需要结合企业在"出海"过程中面临的挑战与困境,全面考察企业是否有营销层面获取用户与变现的需求;是否有与广告平台合作的经历,效果如何;随着业务的深入,是否需要比较复杂的针对每个细分行业的解决方案等。例如,A公司目前在中国是一家具有代表性的手游创业公司,但国内手游行业已是一片红海,公司不甘于苦苦挣扎,决定开拓陌生的境外市场,但"走出去"的过程中也产生了很多疑惑。网络广告平台众多,境外推广应当选择与盲网络、优质盲网络还是优质网络广告平台合作呢?在做出取舍的基础上,再考察A公司是否适合与易点天下这样的广告联盟平台合作,能否利用其众多的境外资源、强大的技术研发能力、丰富的"出海"经验及一站式解决方案,实现用户获取及流量变现。

六、教学组织方式

教学形式采用案例授课,班级人员可以控制在30人以内,4~6人为一组分成5个小组。教室的桌椅布局要让所有的课堂参与者围坐四周,以使其容易听到和看到同组成员为基本原则。教室中应具备电脑、投影仪、黑板、粉笔等设备。同时,为方便学生更好地参与案例课堂讨论,教师可以在课前提醒学生做课前准备工作,例如,熟悉案例,浏览 en.yeahmobi.com 和 cn.yeahmobi.com 网站,了解易点天下平台提供的服务。

(一)课时分配

案例回顾与概述(5分钟):介绍案例背景,回顾案例内容,理清案例思路,明确案例主题。

提出问题与小组讨论(20分钟):结合板书提出启发性思考题,分小组讨论并形成组内答案。

小组汇报与教师引导(50分钟):针对每一道启发性思考题,选一个小组进行回答,其他小组补充。教师需结合板书和多媒体对学生引导,得出最终答案。

案例评价与总结(10分钟)：对知识点进行梳理,对案例教学过程进行评价,总结学习心得体会。

其他问题(5分钟)：教师回答学生的一些其他问题。

(二) 板书设计

启发性思考题(一)：从"科技让世界变得更平"的角度看,易点天下是如何通过移动营销打通国内企业"出海"的广告壁垒的? 启发性思考题(一)及解答要点如图4所示。

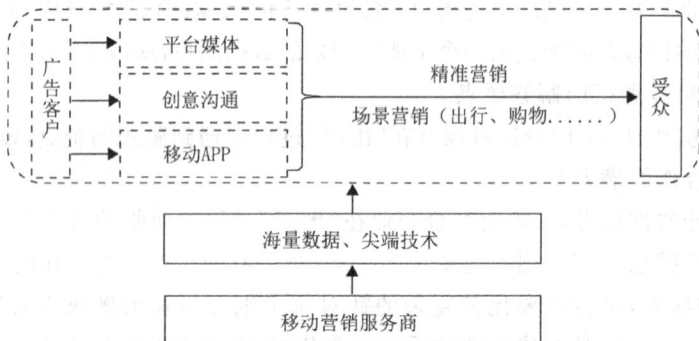

图4 启发性思考题(一)及解答要点

启发性思考题(二)：易点天下如何将数据经验转化为投放策略? 启发性思考题(二)及解答要点如图5所示。

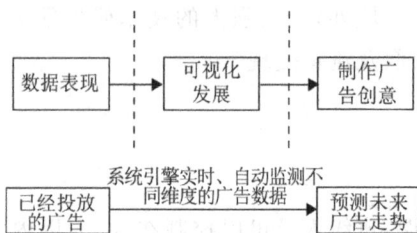

图5 启发性思考题(二)及解答要点

启发性思考题(三)：为什么说移动互联网时代的原生广告比传统广告更具优势? 启发性思考题(三)及解答要点如图6所示。

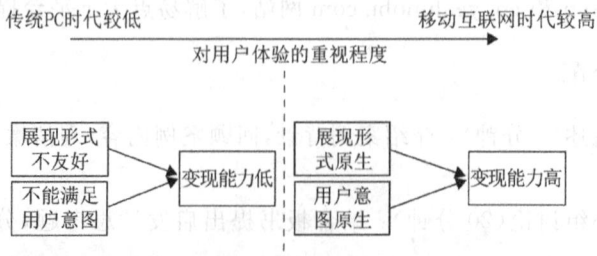

图6 启发性思考题(三)及解答要点

启发性思考题(四):移动端网络广告投放的关键是什么?启发性思考题(四)及解答要点如图 7 所示。

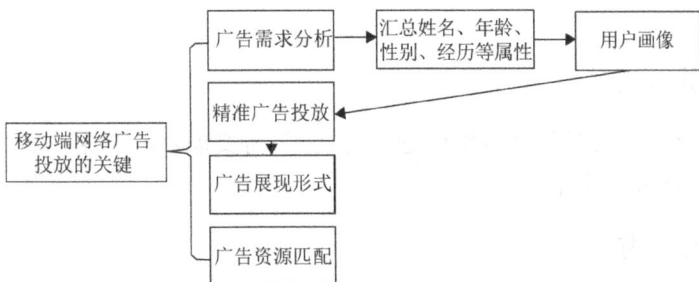

图 7　启发性思考题(四)及解答要点

启发性思考题(五):你身边有没有在"出海"过程中遇到瓶颈的企业,该企业是否具备与易点天下合作的潜力?启发性思考题(五)及解答要点如图 8 所示。

- 结合企业在"出海"过程中面临的挑战与困境,全面考察企业是否有营销层面获取用户与变现的需求;是否有与广告平台合作的经历,效果如何;随着业务的深入,是否需要比较复杂的针对每个细分行业的解决方案等。
- 例如:A公司目前在中国是一家具有代表性的手游创业公司,但国内手游行业已是一片红海,公司不甘于苦苦挣扎,决定开拓陌生的境外市场,但"走出去"的过程中也产生了很多疑惑。网络广告平台众多,境外推广应当选择与盲网络、优质盲网络还是优质网络广告平台合作呢?在做出取舍的基础上,再考察A公司是否适合与易点天下这样的广告联盟平台合作,能否利用其众多的境外资源、强大的技术研发能力、丰富的"出海"经验及一站式解决方案,实现用户获取及流量变现。

图 8　启发性思考题(五)及解答要点

(三)讨论方式

案例讨论应该大致按照典型的决策模型进行。模型包括:①定义问题;②分析案例具体情况;③形成备选方案;④选择决策标准;⑤分析并评估备选方案;⑥选择首选方案;⑦制定行动方案和实施计划。

大多数案例讨论的核心推动力是组织某个具体决策或问题的解决方案,因此,根据课时分配,案例讨论可以这样进行:在提出问题和小组讨论环节中,小组内根据五道启发性思考题进行讨论,并形成组内答案;在小组汇报与教师引导环节中,对每一道问题,教师从五组学生中选一组回答,其他小组补充,形成多种备选方案,教师根据决策标准引导学生分析评估备选方案,选出首选方案,并制订行动计划。

在案例讨论时,教师需鼓励学生形成良好的讨论习惯,如勇于提出不同意见、讨论前做好准备、讨论时及早发言、讨论后及时总结,避免盲目从众、提前背稿。

七、其他教学支持材料

（一）计算机支持

由于本案例在有关课程中当作讨论材料使用，需要展示给学生。所以在计算机中需要安装 PowerPoint 软件。

（二）网络支持

本案例中提到跨境电子商务案例，需要学生连接互联网，通过登录电商网站、跨境电商平台和相关社交网站体会和了解实务现状。

参考文献

[1] 艾瑞咨询. 2016 年中国移动营销行业研究报告——程序化时代篇[EB/OL]. (2016 - 07 -20) [2016 - 09 - 10]. http://www.iresearch.com.cn/report/2618.html.

[2] 冯英健. 网络营销[M]. 北京:清华大学出版社,2013.

[3] 罗娟娟,许仲生. 我国出口跨境 B2C 电子商务代运营发展研究[J]. 湖南工业大学学报(社会科学版),2015(5):25 - 31.

[4] 三泰一河. 利用大数据提升原生广告的精准投放[EB/OL]. (2015 - 05 - 25) [2016 - 09 -10]. http://mt.sohu.com/20150525/n413704905.shtml.

[5] 孙永波,高雪. 移动 App 营销研究评述与展望[J]. 管理现代化,2016(1):82 - 85.

[6] 袁紫娟. 原生广告中的"广告内容化"现象初探[J]. 东南传播,2015(8):147 - 148.

[7] 中国产业信息. 2016 年中国移动营销行业市场现状及发展趋势预测[EB/OL]. (2016 - 07 - 21) [2016 - 09 - 10]. http://www.chyxx.com/industry/201607/432405.html.

[8] 邹园斌. 广告技术的未来是实现原生广告的个性化投放[EB/OL]. (2016 - 03 - 16) [2016 - 09 - 10]. http://www.csdn.net/article/a/2016 - 03 - 16/15836418.

致 谢

本案例获西安点告网络科技有限公司授权发布,在采编过程中得到了易点天下的大力支持,特别是品牌策划经理尉鹏老师卓有成效的配合,特此致射。

跨境之桥：从 DKL 到 HYH

◎ 马述忠　厉佳玮　柴宇曦

（浙江大学马述忠工作室）

■■ 摘　要：本案例描述了跨境电子商务一站式服务平台的代表企业 HYH 在公司初创期，采用以搜索引擎营销和展厅营销为主的推广手段，利用中国家居产品的价格优势，成功在北美占据市场，从 B2C 平台最终发展为跨境电商服务门户的历程。HYH 总裁吴权通过实地调研，发现了中国生产商出口的迫切需求，在此基础上依托跨境电商发展的机遇，利用扩张战略建立中国分公司，为中国生产商走出国门建立平台，架起了跨境电商连接中外的桥梁。

■■ 关键词：体验式营销；B2C 平台；自建平台模式；扩张战略

The Bridge of Cross-border: From DKL to HYH

◎ Ma Shuzhong   Li Jiawei   Chai Yuxi

(Mashuzhong STUDIOS, Zhejiang University)

Abstract: This case describes that as a cross-border e-commerce one-stop service platform, HYH, developed from DKL, finally predominated in market of North America with Searching Engine Marketing, Experience Marketing, providing Chinese household products with price advantage. The CEO Wu Quan found out the demand of export of Chinese producers when he was doing a market research in China. Then with Growth Strategy, he seized a chance to built up the branch company in China, which plays a role as the platform for Chinese producers to export their products. Finally, HYH became the bridge of cross-border e-commerce over China and overseas.

Key words: experience marketing; B2C platform; self-built platform mode; expansion strategy

上篇　案例正文

一、引言

2012年，广交会①会场门口，吴权和他的同伴皮埃尔（Pierre）一起与展会标志合影留念。吴权是一位从企业高管转型而来的创业者，2011年他在美国和几位伙伴一起创立了一家房地产公司。今天他来到广交会，试图利用中国材料的价格优势，帮助企业在美国争取更多的客户。"吴权兄你看，这批木材与我们在美国看到的那批相比，质量相差无几，报价却低了这么多！"在一个木材生产商的展台前，皮埃尔宛如发现了新大陆一般喊道。吴权仔细询问了生产商的展销代表，证实了这一报价。

"吴权兄，看这个！"皮埃尔把一张宣传单塞进吴权手里。宣传单上印着几家参展厂商的产品信息，以及一些企业的营销标语。吴权拿着宣传单的右手有些颤抖，因为他正为低价材料即将为公司创造的发展空间而感到激动。

二、企业背景

2013年，有着"中国外贸电商第一股"之称的兰亭集势（Light in the Box），在历经三轮融资之后登陆纽约证券交易所，开辟了中国跨境电商将中国产品带出国门、走向世界的先河。短短几年间，跨境电商的概念在全世界不断升温，B2B、B2C等词汇因为跨境电商的兴起而重新得到关注。无数中国厂商依托跨境电商打破地域、身份、技术等方面的限制，让自己的产品走出国门、走向世界。

2012年，在两次广交会上，吴权发现了中国产品的FOB②价格在国外的优势。2013年，因为兰亭集势上市而炒热的跨境电商概念吸引了吴权的目光。凭借自己对国际（地区间）贸易和国际（地区间）物流的接触与了解，以及房地产开发过程中在家居产品市场积累的丰富经验，吴权在2013年于美国创建了HYH的前身——DKL电商平台。DKL依托"平台＋仓储＋配送＋展厅"的架构，从与房地产相关的家居产品入手，采用了以搜索引擎营销为核心、网络与广告车线上线下相结合的营销策略，在北美打下了坚实基础。随着平台的不断发展，吴权对多家中国企业和外贸基地开展了实地调研，

---

① 广交会：广州交易会，即中国进出口商品交易会，始办于1957年春季，每年举办两次。展会为国内外厂商提供了一个开展进出口商品交流展示和贸易的平台，是中国目前历史最悠久、规模最大的综合性国际贸易展会。

② FOB(Free On Board)：即船上交货价、离岸价，是指从起运港至目的地的运费和保险费等由买方承担，不计入结算价格之中的销货价格。

发现了通过跨境电商出口业务在中国生产商与境外消费者之间建立联系这一机遇，并在他的家乡——浙江宁波成立了 DKL 中国区总部，开始为中国生产商搭建起出口销售的桥梁。如今，"DKL"这一名称已经为集团旗下的家居电商平台所继承，集团重新以"HYH"命名，成为横跨 B2C、B2B、跨境物流、跨境营销和跨境媒体五大领域的集团性企业。当前，HYH 集团正沿着吴权的志向——帮助中国生产商走出去——一步步前进着，力图打造华人第一大跨境电商社区门户。

三、启程：搜索引擎与展厅

2013 年的某天，一个中年人拎着公文包走在浙江一个小镇的土路上，身上穿的西装已经略显破旧，上面残留着不少尘土。他回头看了看远处地平线上的工厂厂房，不禁叹了口气。这名中年人名叫张国华，是这个镇里一家灯具制造厂的老板。几年之前，这个小镇曾因为灯具而闻名中国，镇里一多半的土地都建起了加工厂。经济危机来临以后，为了购置灯具特意来到镇上的人越来越少了，许多人坚持不住，纷纷关厂走人，另谋生计。国华的公司由于产品质量过硬，颇受消费者欢迎，勉强还能维持盈利，但营收也在逐日下降，苦无销路的灯具只能低价处理。国华回到家，从包里翻出新打印的上季度生产和营收数据，显得有些懊丧。

"克泉，今年老爸的厂子效益不好，恐怕很难再负担起你在国外的生活费了。"国华向远在美国留学的孩子发了一条微信。不久前，国华的儿子张克泉以优异的成绩申请到了美国一所知名大学的全额奖学金，眼下正在攻读国际贸易的硕士学位。克泉和父亲聊了几句，了解了家里的情况后，一时也想不出帮助父亲解决产品销路问题的方法，于是决定上网找一些和自己专业相关的实习工作，希望赚取生活费以继续学业。在以"电子商务"为关键字在谷歌搜索实习工作时，克泉忽然发现了一条推广信息，点击打开之后，跳转到了一家名叫 DKL 的网站。"是一个家居电商平台，兴许我爸的灯具可以找到好销路了……而且是中国人创立的呢！"克泉立刻把网站的网址发给了父亲国华。

与此同时，同一个城市的一间办公室里，吴权正在和他的团队讨论着 DKL 最合适的营销推广方案。由于平台初创不久，需要尽快找到新的消费者，帮助平台尽早稳定开展销售业务，因此一套有效率的推广方案必不可少。此时，方案的重心尚未确定，吴权还在尝试不同策略的效果。"每天清早，我们让 LED 广告车在进城的交通要道宣传，晚上再开进市中心，本应该吸引不少关注。但实际效果我想大家也都看到了，客服那儿并没有几个电话打进来咨询……"吴权翻阅着推广部交给他的两套方案，指着其中一套说着。

"谷歌搜索那边的情况怎么样？"另一位高管向营销负责人问道。"目前来看效果还可以，网站制作投入了不少力气，所以谷歌推广给出的质量评分较高，能够在分类目录中获得有利的广告位置。"营销负责人说道，并开始向与会人员解释搜索引擎营销的相关要点，"……就目前的结果来看，谷歌广告每天可以为我们的网站额外带来至少 20% 的点击量"。

吴权听完营销负责人的介绍,又翻了翻面前的方案资料,若有所思地点点头。最终,他没有放弃 LED 广告车,但决定把重心转移到互联网营销上。以搜索引擎营销为核心,DKL 不断尝试新的网络推广手段,吴权和他的团队不遗余力地在 Twitter 和 Facebook 等各大社交平台上宣传他们的规划。由于这是 DKL 初次涉足网络营销,不免因为经验不足遇到不少问题,不过在屡次尝试之后终于取得了应有的收效。

此外,吴权还根据家居用品本身的特点,在美国多个大城市开始建设性质类似于苹果产品体验店这样的线下展示店,并称之为"展厅"。展厅给了 DKL 充分的空间向消费者展示精美的家居用品。展厅本身并不承担销售职能,所有的订单仍旧通过线上平台完成,让交易的效率最大化。展厅推出之后,DKL 平台的销售量又上升了一个台阶,企业在北美初步抢占了一定的市场份额。

DKL 的展厅在美国不断铺开的同时,用人需求也不断增加,展厅的布置、设计以及产品的推广都需要人手。克泉抓住这一机会向企业递交了简历,顺利地成为 DKL 的一名实习生。刚起步的 DKL 很缺人手,克泉在完成本职工作的同时,时常帮助吴权整理与其他员工交流的资料。这天他打开企业信息平台,开始例行的备忘录整理时,发现了这样的一条消息:"吴总,客服接到一个中国厂家的电话,他想接入我们的平台对外销售产品。他们生产的产品质量和价格都不错,订单量也很大,所以需要参考您的意见。他还在电话里提到,中国国内有很多像他们这样有产品但因为各种原因没有销路的厂商。"克泉打开了消息附件,一个无比熟悉的企业标志映入眼帘。

四、模式: 跨境 B2C 与境外仓

吴权收到信息后,立刻与远在中国的国华取得了联系。国华是第一个与 DKL 联系,并表达出明确销售意愿的中国生产商。"吴总,我这是第一次参与外贸,可不可以先小规模尝试一下,如果效果好的话我们再考虑进一步合作……"之后的几天,吴权和国华就这样通过网络洽谈起了初步合作事宜。

在这一时期,DKL 选取了类似淘宝的 C2C 平台模式,让家居用品商家以店铺的形式进驻平台。借助网络营销、LED 广告车与展厅,DKL 在北美获得了不少关注,平台商家数量已经形成了一定的规模。

不久之后,国华在 DKL 平台上开设了一家名为"Shining Star(闪耀之星)"的店铺,开始小规模地销售灯具,产品采取国际(地区间)直邮的形式发送到境外。由于语言和文化障碍,在与境外消费者交流的过程中,国华遇到了不少困难。为此,他专门聘请了外语客服来解决沟通问题。凭借过硬的质量,国华试销的产品受到了当地消费者的好评。然而,单品发货导致的高物流成本、外语客服的人工成本以及灯具本身在运输过程中的高耗损率使得国华不得不抬高销售价格来维持利润,失去了相对于当地家居产品的价格优势,销量很快进入了瓶颈期,难以继续扩大规模。进驻 DKL 的其他中国家居用品出口商似乎也遇到了同样的问题。一旦失去价格优势,语言沟通障碍导致的服务劣势就会显得格外明显,中国产品在性价比层面无法击败当地产品,DKL 的发展也会

严重受阻。面对这样的局面,吴权紧急召开了内部会议。

"我们的现有模式显然发生了'水土不服'的现象,是时候重点关注北美消费者的偏好了。有别于中国阿里和京东的独大态势,北美的电商平台呈现出了百花齐放的'跳蚤市场'格局。作为专营家居产品销售的平台,淘宝模式明显不符合消费者对产品的要求。"一位高层在会议上说道。

"确实,国内消费者更重视网店设计和品牌效应,而北美消费者则更加注重产品本身。就跨境电商而言,B2C平台现在存在两种模式,一种以兰亭集势和速卖通为代表,立足中国,面向世界,与全球消费者直接交易。而另一种则以亚马逊中国为代表,并不直接从北美发货,而是把体系架构完整地复制到中国,融入本地特色,近乎独立地运营。我觉得我们DKL更适合后一种模式,将重心放在北美的平台建设上,一定要确保在北美形成自己的完整体系。"吴权提出了自己的看法,"就我们主打的家居用品而言,消费者更注重质量与售后,现在的模式显然不太合适……注重质量的中国产品受物流和配送成本高的拖累,现在反而无法发挥出原有的性价比优势了。"

经过热烈的讨论,团队一致决定把DKL的整体战略重心转移到平台体系建设上来,逐步把采购和物流环节整合进平台业务。考虑到家居产品的特性与平台建设的需要,吴权在国际(地区间)直邮、专线物流等出口物流模式中选择了境外仓作为DKL的物流模式。家居用品由于存在体积大、价值高、售后服务要求高等特性,采取国际(地区间)直邮模式导致的高昂物流和管理成本促使DKL决定在北美自建仓库,借助境外仓对从中国采购的商品进行物流仓储管理,并结合当地配送初步形成自有供应链系统,为平台销售规模的扩大以及与更多中国生产商的合作打下基础。

在DKL建设境外仓、完善北美销售平台的过程中,国华的产品在平台上的销售量也恢复了上涨态势,价格优势重新凸显了出来。不久,有不少已经在美国具备一定销售渠道基础的中国家居用品厂商开始前来与DKL探讨合作的可能性。但是,类似国华这样从未接触过跨境电商的中国本土生产商,却很少向DKL表达合作意向。显然,中国产品的优势还不能得到完全发挥,平台也还存在进一步发展的空间。

五、机遇:DKL与中国生产商

2013年年中,随着DKL平台的建设逐步完善,国华的灯具也成了热销商品。在与美国当地的一些中国家居用品销售商接触后,吴权觉得中国生产商的潜力远比预想中要大,只是目前国内多数企业并不了解跨境电商,才没有参与到出口销售中来。于是,他决定来到中国开展实地调研以证实自己的想法。

"吴总,听你对国外市场的介绍,确实我们产品的价格优势非常明显,但是……"浙江某市的经济开发区里,林立着一片厂房,多数都是生产家居用品的公司,其中一家公司的老板和前来调研的吴权这样说道,语气中透出一丝怀疑。

"我也知道把东西卖到境外可以解决生意不景气的问题,但我们都是白手起家的乡下人,也没怎么上过学,怎么和外国人打交道呢?更别说向他们卖东西了。而且,国内买到的境外产品普遍很贵,而且听说要经过很多道质量检测程序。我们的产品走出国门,这么便宜的价格会不会引起别人对于质量的担忧呢?还有就是物流运输这方面,境内给经销商发货还比较简单,但是要发往境外……"吴权陷入了沉思,老板摇了摇头,转身走出了会议室。

与浙江和福建的不少生产商进行了简单的面谈后,吴权和他的团队发现,多数生产商都面临这样的问题,对外沟通困难、物流管理困难以及外国消费者对中国产品存在成见等现象都真实存在着,像国华这样愿意尝试出口业务的企业少之又少。"如果我们可以解决他们的问题,势必能够迎来新的发展机遇……"吴权这样想。

"电商平台这种销售模式在境外已经广为人知,DKL 正是凭借这一模式在美国取得了快速的发展。如今,多数西方人都已经习惯使用电子商务来选购商品了。但在中国,现在还有这么多生产商完全没有发现这一机遇。DKL 可以在这一领域打响第一枪。"在内部团队会议上,吴权向大家总结道。

"借助跨境电商,中国生产商也可以走向世界。首先,跨境电商交易都在线上完成,不用担心地域歧视等问题,消费者在线上平台进行选购,最关注的还是产品质量。其次,沃尔玛这类零售商主要采取实体店模式,一家生产商想进入实体销售领域势必面临很高的门槛,店面设计、售后服务等方面都得有相应的保证。而在跨境电商平台上,产品通过线上渠道展示,在成本方面相对于实体店销售模式具有极大的优势。生产商不需要担心门槛过高的问题,只要产品价廉质优,就可以销往境外。最后,通过线上平台,境外消费者可以和中国生产商直接对话,避免了以前产品出口需要经过外贸、分销商等多层中间渠道导致的物流和沟通困境,让产品的价格优势发挥到最大。"

"对于正在境外通过传统实体店销售产品的中国厂家而言,跨境电商也具备得天独厚的优势:第一,电商的营销费用大大低于实体店。过去,DKL 采用广告车营销模式,早晨在各大交通要道、中午下午在市中心宣传,已经把营销费用降到了广告车租赁成本的十分之一,每天至少有 20 万受众群体可以接触到广告,但最后还是只能获得零星流量。而网络营销从看到广告、点击进入到最后成交,只需要几分钟时间,无疑具有极高的效率。第二,电商的运营费用大大低于实体店。实体店存在高额的店铺租金和装修费用投入,如果产品展示和维护也由厂家自己负责的话,还需要一笔不菲的成本。实体店的地理位置一经确定就没法更改,完全依赖于附近地区的流量,因此同样也存在很高的差错成本。第三,电商的经营风险比实体店更低,可以精准地获取用户的需求进而投放产品。通过试销售,电商平台可以利用网络数据精确测算客户流量,再根据获得的数据进行大批量生产,从而最大限度地规避由于各种非正常因素引起的经营风险。第四,如今全球范围内智能手机和移动上网的普及速度非常快,消费者的消费习惯已经开始逐步转变,电商的线上销售模式才是符合市场需求转变趋势的。最后,境外仓的出现让大件家居产品出口销售的物流成本大幅下降,并使得产品的及时配送与售后处理成为可能,进一步创造了中国产品出口的机会。"

"我们需要做的,就是为中国生产商的产品提供一个在境外销售的平台。"吴权掷地有声地做出这样的总结。

2013年末,中国DKL电子商务有限公司在吴权的家乡——浙江宁波成立了。吴权和他的团队把跨境电商平台的上游业务延伸到中国当地,正式面向中国生产商进行采购和招商,试图进一步扩大平台的竞争优势。中国生产商的机遇来临了。

六、战略:跨境电商之桥

"各位,张总的企业是我们中国公司正式对接的第一家生产商。他们公司的部分产品之前在我们美国的平台上进行过试销,消费者反响热烈。张总此行是前来探讨与我们进一步合作的相关事宜,大家欢迎!"DKL的会议室里,国华刚刚进来,会议主持人就做了热情的介绍。

经历过产品试销时期的一波三折,DKL平台逐步实现了转型发展,国华也看到了这个平台的潜力。恰逢DKL中国公司成立不久,在相互深入了解的基础上,他决定正式与DKL签约,成为平台产品的采购合作商。

DKL中国公司的成立着实为国华提供了不小的帮助。之前,语言和技能上的问题一直是中国产品走出国门的阻碍,但是在DKL的体系内,生产商本身不用参与产品出口的流程,而是由DKL代为处理。DKL在中国推出的商家一对一服务,有效地帮助国华解决了跨境营销的问题;依托客户英、法语服务中心,国华自己聘请外语客服带来的高昂成本问题也迎刃而解;DKL的包装设计中心以及由其提供的完整的产品推广服务,让国华可以无需在产品宣传上花费力气,只需要关注产品质量即可。

当国华的产品通过国际(地区间)物流公司运往境外之后,合适的消费者能够在DKL的"平台+仓储+配送+展厅"推广体系中迅速找到国华的产品。国华在DKL美国的官网首页上看到自己企业最新的一批产品已经全面上架,产品右上角的"Hot"字样让国华表现出一丝惊喜。看着灯具在美国官网上凭借价廉物美的特性获得境外消费者的如潮好评时,国华心中对于企业前景的担忧情绪终于放下了。

在仓储方面,DKL的境外仓服务为国华的灯具准备了专业的境外仓储环境。国华通过视频传输看到,美国多个城市的高度自动化仓库里,产品已经被分门别类地储存完毕。在接到消费者订单的时候,仓库的员工通过操作各类机械化设备将指定的产品配发到合适的地点,等待配送方面的对接。完善的物流与仓储服务减少了灯具的破损率,降低了物流成本,使中国产品的价格优势得到真正发挥。

在配送方面,DKL别出心裁地将境外华人开设的便利店打造成了完整的配送网络。消费者可以方便就近地取到自己在网上购买到的家居产品。

在展厅方面,国华在DKL发给他的视频里看到了熟悉的身影:儿子克泉正在产品展示区域内精心地布局设计,将灯光效果以及灯具的外观恰到好处地展示给前来体验的消费者。这种体验店的设计,国华只在国内的智能手机销售中心里看到过,感觉格外新鲜。产品展示区的边上就有一台联网的电脑,消费者在实地体验过产品之后,可以即时在DKL的平台上下单,获得最好的购物体验。

看到这里,国华心想,展厅既然提供了线下的实物展示平台,如果还要通过网上下单再经物流配送才能拿到商品,会不会显得流程有些冗长？随后,他给吴权发送了一封邮件,询问展厅方面是否能像国内那样直接提供线下的销售渠道。

"电商对于传统零售的革命是逐步进行的,首先是书籍、衣服、鞋帽、数码这些轻量产品,之后逐步朝家居、大家电、器械这些大产品渗透。前者基本都是体量轻、货值低、标准化程度高的产品,但至于后者,消费者在做出购买决定的时候是需要三思而后行的,通常需要看过产品才会下单,因此展厅就应运而生了。但这个时候的展厅已经远远不同于传统实体店。实体店肩负着三样功能:展示、存货、销售,而就 DKL 的平台而言,展厅已经不再担负存货职责;销售也不需要收银员,客户在展厅自助上网下单即可,此时还可以借机收集客户邮箱等联系方式,方便之后有针对性地投放广告,这在一定程度上降低了平台后续的营销成本。此外,展厅并不需要像传统实体店那样把所有颜色、所有尺寸的产品全部展示出来,而只需要将其中客户最关心的材质、款式、质量等典型属性展示出来即可。其他能够通过线上平台清楚获知的信息,就不必在线下重复展示了,客户结合线上线下信息便能够做出自己的选择。在这样的简约风格规划下,展厅面积可以做到传统实体店的十几分之一,甚至几十分之一,进一步降低推广成本,提升推广速度……"一个小时后,吴权就从电商革命的角度出发,在这一问题上向国华做出了详细的答复。

在从零售业开始兴起的跨境电商革命浪潮中,凭借"平台＋仓储＋配送＋展厅"模式与中国生产商提供的物美价廉产品,DKL 在北美零售行业掀起了一阵风暴,打破了传统的"中国出口商、境外进口商、境外零售商"的冗长供应链模式,建立了以境外仓为媒介,直接连接中国生产商和境外消费者的桥梁。2014 年,吴权又从跨境电商 B2B 入手开拓新的业务,在采购、仓储、配送以及广告营销这几个环节都成立了对应的机构,并为整个集团取了新名"HYH",从跨境营销、跨境物流、外贸 B2B 和外贸 B2C 等多方面为想要开展跨境业务的中国生产商提供服务。在将来,HYH 将不断修缮已经建立起来的这座连接中国生产商和境外消费者的跨境电商之桥,以打造"华人第一大跨境电商门户和社区"为目标,让更多中国生产商依托跨境电商"焕发第二春"。

七、结束语

"……就像我刚才提到的那样,在新电商时代,中国原有的劣势大多已经消失,我们反而比西方的经销商有更多的优势。在当前跨境电商大发展的时代背景下,我们每个人都有可能创建一个国际化企业!"

中国的某个城市,吴权努力地让听众感受到跨境电商为城市带来的机遇。话音未落,现场就爆发出经久不息的掌声。国华作为合作方代表,也参加了这次宣传会,从生产商的角度讲述了跨境电商给他的企业带来的机遇和发展。吴权和国华宣传的不仅仅是 HYH 这家企业与整个跨境电商产业链,更多的是一种推动中国人再次"走出去"的信心和力量。

"一直以来,中国人在面对境外竞争者时都缺乏自信。我也是中国面孔,但是在海外拼搏努力的经历让我认识到,中国文化和中国制造并不软弱。伟大的道路上只需要一个或几个伯乐。我们将倾尽所有,在中国和国外之间架起真正稳固的桥梁,让中国生产商决战全球,让中国复兴、自立和强大。"吴权在台上斗志昂扬地说道。

吴权如此说,HYH 也如此做,虽然当前这座"平台＋仓储＋配送＋展厅"模式的跨境电商之桥只在中国与北美之间贯通,但是在未来,借助 HYH 这样的跨境电商平台,中国生产商必将与全球更多的国家和地区建立联系,把跨境电商带来的机遇实实在在地转变为发展的成果,实现产业振兴的宏图。

下篇　案例使用说明

一、教学目的与用途

本案例是为国际商务课程撰写的,也可供电子商务课程、市场营销课程使用。本案例介绍了 HYH 集团从北美跨境电商 B2C 平台发展为连接中外的跨境电商一站式服务门户的历程,为学生展示了跨境电商企业发展模式的转变。通过本案例的学习,学生可以了解出口跨境电商平台的主要模式以及新兴营销策略的相关知识。

(一) 适用课程

本案例适用于国际商务课程、电子商务课程和市场营销课程。

(二) 适用对象

本案例难度适中,适用对象包括国际商务专业硕士研究生,高年级电子商务本科生和市场营销专业本科生。

(三) 教学目标

1. 知识传授

通过本案例的教学,学生应掌握以下知识,并学会将相关理论运用到实践中。第一,面对待拓展的市场,HYH 前身 DKL 转变营销重心,从以搜索引擎营销为代表的网络营销入手,使平台迅速得到推广。通过学习,增进学生对于搜索引擎营销的了解。第二,通过对 DKL 展厅的介绍,让学生了解体验式营销的相关知识。第三,通过对 DKL 平台模式的转变发展及其决策历程的研读,掌握跨境电商零售业 B2C 平台的现有模式及其优劣势。第四,DKL 在中国建立公司,最终拓展为 HYH 集团,通过对这一发展历程的学习,学生可以掌握跨境企业扩张战略的相关知识。综上,学生可通过对 HYH 企业战略思路与发展历程的深入分析,对中国跨境电商企业未来的发展趋势与前景展开预测。

2. 能力训练

通过介绍 HYH 把握中外市场需求、实现企业战略目标的历程,提升学生将企业战略目标转化为实际发展成果的能力,培养学生结合行业整体趋势对企业未来发展方向进行把握和决策的能力。

3. 观念更新

通过本案例对 DKL/HYH 运营跨境电商平台、提供跨境电商服务的整体介绍与深入分析,提升学生对于当前出口跨境电商平台发展现状的认知;结合 HYH 的营销实践,提升学生对跨境电商企业业务推广模式的理解。

二、启发性思考题

（一）在企业推广初期,DKL 将企业营销重心从广告车转向搜索引擎的原因是什么?

（二）DKL 的展厅(体验店)营销是怎样的一种营销模式?

（三）DKL 平台的运营模式发生了从 C2C 到 B2C 的转变,其内在原因是什么?

（四）联系实际,你认为目前跨境电商平台存在哪些不同的模式? HYH 属于哪种模式?

（五）HYH 从单纯的跨境电商平台发展成为生产商提供跨境服务的集团企业,这一过程体现了跨境企业的何种发展战略?

三、案例分析背景

（一）制度背景

2009 年至 2010 年,商务部、央行等中央机构连续出台了《商务部关于加快流通领域电子商务发展的意见》《跨境贸易人民币结算试点管理办法实施细则》等一系列意图规范跨境电商业务以及鼓励支持跨境电商的文件和规定,在制度层面开始为跨境电商的发展保驾护航。在这一时期,商务部提出了加快流通领域电子商务发展的主要目标:以市场为导向,以企业为主体,以信息化带动流通现代化为主要手段,加快流通领域电子商务应用的推广进程。这个目标为跨境电商企业随后的发展奠定了总基调。2013 年末,财政部发布了《关于跨境电子商务零售出口税收政策的通知》,进一步完善了跨境电商出口退税政策。2014 年,海关总署发布了《关于跨境贸易电子商务进出境货物、物品有关监管事宜的公告》,进一步完善了有关跨境电商进出口货物通关的制度规定,促进了跨境电商业务的发展。2015 年 7 月,国务院发布《国务院关于加快培育外贸竞争新优势的若干意见》,明确表示要大力推动跨境电子商务发展。培育一批跨境电子商务平台和企业,大力支持企业运用跨境电子商务开拓国际(地区间)市场;鼓励跨境电子商务企业通过规范的"境外仓"等模式,融入境外零售体系;促进市场采购贸易发展,培育若干个内外贸结合商品市场,推进在内外贸结合商品市场实行市场采购贸易,扩大商品出口。这一系列政策与政府意见均表明,跨境电商平台在中国未来的发展过程中存在极大的潜力与空间。

本案例中,HYH 从境外电商做起,在中国与北美之间建立跨境电商平台,以产品采购、出口、配送一体化为主的发展模式与中国跨境电商的政策环境和发展趋势相吻合。凭借吴权对于行业环境的理解,HYH 把握住了机遇,取得了不小的成就。

（二）行业背景

根据峰瑞资本的研究分析，自2015年起，出口跨境电商在行业整体中所占的比重越来越大，在未来更将扮演主要角色。在出口电商的具体结构中，B2B电商从简单的信息撮合逐步涉足贸易领域，但是由于涉及垫资与大量企业资金票据等，因此目前尚难以代替传统线下外贸商，实现纯线上化；B2C电商的市场交易额较小，但增速较快。总体上来看，已经呈现出B2C市场占比上升，B2B和B2C协同发展的新业态。

目前，在出口跨境电商产业链方面，以平台电商和自营电商为主的出口电商企业起到了联系上游卖家和下游消费者的渠道作用。制约境外电商发展的最重要的因素是相对滞后的物流服务，仅有少数大型物流供应商有能力提供涵盖仓储、国际（地区间）物流、落地配送等方面的全产业链物流配送服务。在这一背景下，境外仓逐渐成为出口跨境电商组织物流的主流选择。2016年中国政府工作报告中出现了境外仓的提法，表明境外仓模式将在国家制度的大力支持下获得广阔的发展机遇。

从品类分析来看，中国出口电商当前的核心竞争力在于本土制造商的成本优势。HYH主要经营家居用品，其出口优势在于利润水平高，家居款式丰富，而缺陷在于产品特性导致的物流仓储方面门槛较高，以及营销方面对平台从业者掌握专业知识的需求。

跨境电商出口卖家大致上存在单品突破、扩大库存量、人员扩张、精细运营、建立自有品牌、独立渠道这样的发展历程。目前多数出口商停留在扩大库存量这一层面，存在供应商生产能力过剩、产品差异化程度不高以及在销售和客服方面运营能力不足等问题。

B2C平台运营目前主要存在以亚马逊和eBay为代表的平台模式，与以兰亭集势为代表的自营模式。前者的行业竞争格局已经趋于稳定，发展新的独立电商品牌机会渺茫；后者则存在吸引客户和运营成本较高、用户重复购买率较低的问题，业务量已经普遍开始萎缩。

在未来出口平台发展方向上，移动端平台开始成为跨境电商发展的重要推手。传统PC端更适合做特定搜索，购买目的明确，消费者经常会自发进行比价。而移动端用户多为购买目的不明确的碎片化浏览，容易产生冲动消费。从购买前的渠道铺设、产品搜索、产品展示、产品口碑建设到购买后的客户服务、物流跟踪等，都可以借助移动端突破时空限制，提升买卖双方的体验。

总而言之，中国跨境电商出口行业存在极大的发展空间，依托产品成本较低、移动端推广速度快、境外华人数量大等优势，能够在未来取得突破性发展，实现生产性行业销售模式的革命。

四、理论研判依据

（一）知识点一：搜索引擎营销的相关知识

搜索引擎营销（Search Engine Marketing，SEM），即根据用户使用搜索引擎的方式,利用用户检索信息的机会,有针对性地将营销信息传递给目标用户的一种营销手段。其基本思想是让用户发现信息,并通过点击进入目标网站或网页,进一步了解所需要的信息。企业利用搜索引擎营销,向搜索引擎付费进行推广,让用户主动点击企业广告,找到企业并与企业产生联系,最终达到营销目的。利用搜索引擎营销,能够以相对较低的成本提高企业主站的访问量,为企业带来更多的商业机会,帮助企业树立行业品牌,提高产品和企业本身的曝光度,符合互联网尤其是移动网络不断发展的趋势。

搜索引擎营销的目标主要包括有递进关系的四个层次(见图1):①搜索引擎的存在层,即在主要的搜索引擎分类目录中获得被收录的机会,这是搜索引擎营销的基础,也是后续三个目标得到实现的前提条件。搜索引擎存在层的目标在于让目标站点中尽可能多的网页(不仅仅是站点首页)被搜索引擎收录,提高站点在搜索引擎层面上的可见性。②搜索引擎的表现层,即目标站点的网页在搜索结果中拥有更高的排名或优先级。因为搜索引擎的用户关心的一般只是搜索结果中靠前的少量内容,如果目标站点在被主要关键词检索的结果中排名靠后,那么就有必要利用好关键词广告、竞价广告等形式作为补充手段来实现表现层的目标。③搜索引擎的关注层,即目标站点经由搜索引擎获得的网站访问量,从搜索引擎营销实践来看,仅仅做到被搜索引擎收录并且在搜索结果中排名靠前,并不一定能增加用户的点击率,更不能保证将访问者转化为企业客户,在此基础上还需要目标站点从整体上优化网站设计,从本质上提高站点吸引力。④搜索引擎的转化层,即通过访问量的增加转化为企业收益的提升,这是搜索引擎营销实际效果的最终体现。

图1　搜索引擎营销目标层次

搜索引擎营销的相关步骤包括:①了解产品/服务的受众群体。②调查目标群体的搜索习惯(分析目标群体习惯使用什么样的关键词搜索目标产品)。③调查目标群体经常会访问的网站类型。④分析目标群体最关注产品的哪些特性(品牌、价格、性能等)。⑤利用搜索引擎的关键词分析工具,选择并确定相关搜索关键词,规划竞价排名计划。⑥投放关键词广告。⑦根据点击量、访问量、转化率对营销效果进行评估并做调整。

(二)知识点二:　体验店与体验式营销的相关知识

体验店,是最贴近消费者的零售终端店面种类之一。常见的体验店一般以展示最新技术或产品、服务为主,不定期地举办专题活动,鼓励到店的消费者置身其中,参与互动,进而与消费者建立有效的沟通渠道,收集顾客的意见,以便改进产品和服务。以体验店为代表的营销方法即为体验式营销(Experiential Marketing)。

体验式营销立足于消费者的感官(Sense)、情感(Feel)、思考(Think)、行动(Act)、关联(Relate)五个方面,重新定义、设计营销的思考方式,突破传统上"理性消费者"的假设,认为消费者做出消费决策时是理性与感性兼具的,消费者在消费前、消费时、消费后的体验,才是研究消费者行为与企业品牌经营的关键。

体验式营销具有以顾客的体验为中心的特点,要求营销人员注重消费情景的营造,思考消费内在的价值观念、消费文化和生活意义,通过各种手段和途径(娱乐、店面、人员等)来提升消费者到店消费的体验。

在体验店模式中,体验式营销主要表现为如下几个目标:①体验产品。消费者在体验店中通过感官体验来感知产品的真实性和价值,对产品的品质和价值建立起因亲身体验而产生的信赖感。②服务顾客。消费者在体验产品的过程中享受贯穿于整个营销流程的专业化、标准化和人性化服务。消费者通过情感、思考和行动来感知产品的无形价值,建立起对企业品牌的信赖。③创造需求。消费者在体验产品和接受服务的过程中,企业发掘他们对产品的潜在需求,将其转变为显性需求。④提升权益。消费者参与和分享体验式营销的过程,能够为消费者带来除了获得产品的直观信息以外的其他益处,包括参与新产品试用推广的机会、享受店内其他增值服务等。

(三)知识点三: 电子商务 B2C 与 C2C 平台的取舍

电子商务平台的 B2C 模式,是指商家通过平台直接向消费者销售产品和服务的零售模式(境内到境外,或境外到境内),国内最早采取 B2C 模式的电商平台是 1999 年的 8848 网上商城。B2C 平台的经营者通过网站提供交易相关服务,同时为市场交易双方提供订单保管、查询、物流等服务。B2C 模式又分为自主销售式 B2C 和平台式 B2C 两类,前者的平台即为卖家本身,后者则为诸多企业卖家提供第三方平台。当前,自主销售式 B2C 的代表是京东,平台式 B2C 的代表则是天猫商城。

C2C 模式是指个人与个人之间通过网络进行商品或服务交易的模式,平台由独立第三方负责经营。最早采取 C2C 模式的电商平台是 1995 年创办的 eBay。C2C 平台需核实交易参与方的身份,并对交易者提供商品(服务)的合法性和真实性进行监管,当前,C2C 平台的代表是淘宝。

B2C 与 C2C 的共性在于有相同的消费群体和类似的消费需求。两类平台均面向个人消费者,其消费的基本需求是安全、准时、无误地购买符合期望的商品或服务,并在交易环节享受平台提供的基本服务。由于通过互联网实现交互,消费者对于平台存在诸如网站界面友好、个人信息安全保障等基本要求。

B2C 与 C2C 的不同之处有以下四点:①交互方不同。B2C 平台(尤其是自主销售式平台)的消费者在消费过程中直接与企业进行交互,平台即是卖家本身。C2C 平台上,消费者则需要同时与其他个人或企业进行交互,平台除提供交易渠道外还需要作为交易监管者保障双方的合法权益。②产品不同。B2C 平台销售的多为标准化产品和服务,而 C2C 模式下非标准化的商品居多,如处理品、二手产品、稀缺商品或非正常渠道产品(进口退税、水货等)。通常来说,C2C 产品是对 B2C 与传统商店产品的一种补充,但这也导致了消费者对 C2C 产品质量的顾虑。③物流配送方式不同。B2C 平台大多有自营物流系统,C2C 则往往依赖第三方物流。④准入制度不同。平台模式 B2C 下的合作商家大多需要通过企业资质认证,C2C 则相对宽松。

（四）知识点四：跨境外贸电商平台的模式

跨境外贸电商平台是为跨境电子商务活动提供载体的一种商业形式。通过为境内外买家和卖家提供便于跨境电商活动开展的网络基础设施、支付平台、安全平台、管理平台等支持，跨境外贸电商平台成为协调、整合境内外买卖双方信息流、货物流、资金流的重要场所。目前，跨境外贸电商平台模式可以归纳为以下三种[①]。

第一种，第三方跨境电商平台模式。这一模式下的跨境电商平台是作为卖家的境内外贸企业，旨在为卖家和买家提供统一的销售平台，阿里速卖通和敦煌网是这类平台的代表。采用这种模式建立平台的企业，不参与销售、支付等中间交易环节，仅仅为外贸企业和境外消费者自主交易提供信息流、资金流和物流服务的中间平台，其盈利方式是在交易价格基础上抽取一定比例的佣金。这一模式的优势在于开放性强，管理灵活，有利于中小型生产商与外贸企业进驻平台开展跨境电商业务。

第二种，自建跨境电商平台模式。兰亭集势、大龙网是这类模式的代表企业。这类平台企业自己联系境内外贸企业作为供货商，即直接从外贸企业采购商品，通过自建B2C平台将产品销往境外，扮演了独立销售商的角色，其盈利来自于销售利润。这一模式的优势在于最大限度地发挥了产品的比较优势，能够通过提供一站式销售以及服务获得最大利润。

第三种，外贸电商代运营服务商模式。四海商舟、锐意企创是这类模式的代表企业。这种模式下，跨境电商服务提供商不参与电子商务具体买卖环节，而是为从事跨境电商的中小企业提供不同的服务模块，如"市场研究模块""营销商务平台建设模块"以及"境外营销解决方案模块"等，以跨境电商服务商的身份帮助外贸企业建设独立的电子商务网站平台，并为企业提供全方位一站式的跨境电商解决方案，帮助其将商品销售给境外零售商或消费者。其盈利来源于为企业提供跨境电商相关服务的服务费用。外贸企业选用代运营模式、自主建立独立跨境电商平台的优势，在于自主度高，独立性强，容易形成自己的品牌和市场优势。

三种模式各自具有优势和特色，生产商与外贸企业需要根据企业自身产品的目标市场定位以及电商平台的规模、推广能力、附加值、成本等多项因素，综合考虑选择参与合作的平台类型。

（五）知识点五：跨境企业的扩张战略

扩张战略（Expansion Strategies），又称进攻战略（Attack Strategies）或成长战略（Growth Strategies），是企业发展战略的一种。从企业发展的角度来看，成功企业都会经历长短不一的扩张战略实施期，原因在于本质上只有运用扩张战略才能扩大企业规模，使企业从竞争力弱小的小企业发展成为实力雄厚的大企业。扩张战略的主要类型

---

① 樊晓云. 我国跨境外贸电商平台模式比较分析与选择[J]. 对外经贸，2015(2)：12-14.

有横向一体化、纵向一体化、无关多样化与企业内部发展这四种①。

横向一体化战略指企业现有生产活动的扩展并由此导致现有产品市场份额的扩大,采用该战略的企业主要从三个方面进行扩张:①扩大原有产品生产和销售的规模。②拓展产品相关的功能或技术。③以原有产品为核心拓宽市场或寻找新的客户群体。大多数企业早期的扩张战略都是采取这种形式。

纵向一体化战略指企业向原生产活动的上游和下游阶段扩展。该种扩张战略使企业通过内部的组织和交易方式将上下游不同阶段联结起来,以实现产业内部化,包括后向一体化和前向一体化。后向一体化(Backward Integration)指企业介入原供应商的生产活动;前向一体化(Forward Integration)指企业控制其原属客户公司的生产经营活动。纵向一体化是公司初始业务规模增长到一定阶段后主要采取的扩张战略。公司通过横向一体化打败竞争对手,达到市场多头垄断地位后,便会进入纵向一体化扩张,以占领其供应和市场领域。现实中,多数大型企业均存在一定程度的纵向一体化。

无关多样化战略是指企业基于对市场风险和环境不确定因素的考虑,选择进入与原来产品关联较少的领域进行拓展的战略,其意图在于减少固守原有产品所带来的系统性风险。这种战略的采用主要发生在市场中出现原产品需求下降或某一新产品供不应求的情况下。

企业内部发展战略是指企业利用内部资源,通过人才培养等方式提高企业生产效益的战略模式。这种战略主要适用于企业外部环境较差,同时企业自身具有较强成长性以及良好的员工素质和培养体系的情况,能够让企业从内部获得长足发展。

采用扩张战略的前提在于,企业预期在未来面临较好的宏微观经济环境,同时企业有能力获得充分的资源满足执行该扩张战略的需求,同时还要求该战略与企业文化相匹配。满足这些条件,扩张战略才能获得最好的效果。通过扩张战略,企业能够迅速提升自身的价值,实现更高的生产效率与经营效益,有利于形成特定的竞争优势。

五、案例分析思路与要点

(一)案例分析思路

HYH 集团的前身是 DKL 跨境电子商务平台。DKL 总裁吴权经过一系列市场调查,决定从家居产品入手开始建立跨境电商平台。利用搜索引擎营销、LED 广告车和展厅,DKL 迅速在北美扩大市场,此处引出搜索引擎营销和展厅体验式营销的相关知识。之后,由于原有模式遭遇瓶颈,DKL 通过进一步调研确立了自建电商平台的发展模式,借助境外仓组织物流,进而设立 DKL 中国公司,确立了"帮助中国生产商将产品推向世界"的战略重心,随后成立 HYH 集团,向"华人第一大跨境电商门户"的目标迈进。通过对 DKL 跨境电商平台独有模式以及 HYH 企业战略的解读,引导学生对现今跨境电

① 毛蕴诗. 跨国公司战略竞争与国际直接投资[M]. 广州:中山大学出版社,1997.

商平台的主流模式展开分析与概括,同时补充介绍跨国企业扩张战略的相关知识点。

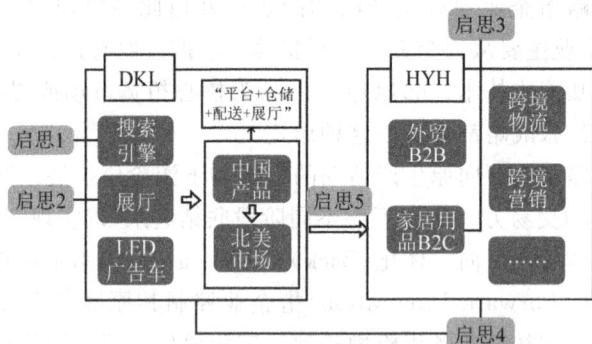

图 2　案例分析思路

(二)启发性思考题解答要点

1. 启发性思考题(一)解答要点

启发性思考题(一):在企业推广初期,DKL 将企业营销重心从广告车转向搜索引擎的原因是什么?

搜索引擎营销的基本思想是:让用户通过搜索引擎搜索关键词,主动发现推广信息,随后点击进入网站/网页进一步了解用户所需要的信息,最终与企业建立联系。企业利用搜索引擎营销,从存在层开始,让目标站点成为搜索引擎的信息源,进入搜索引擎的分类目录/索引数据库。随后通过竞价排名等形式,让企业的推广链接在表现层,获得更高的关注度。最后进入关注层与转化层,将广告转化为点击量,最终提高企业的收益。

本案例中,HYH 初期将推广重心从广告车营销转变为以谷歌搜索引擎营销为主的网络营销,首要原因是搜索引擎营销过程具有受众广泛、用户主动、更新方便等特点,与跨境电商平台自身的需求相吻合。其次,用户从搜索过程中获取广告到最后点击进入平台与商户成交,只需要花费很短的时间,与电商平台交易线上化的趋势相吻合。此外,搜索引擎营销可以保证精准的广告投放,进而使得营销效果最大化。

2. 启发性思考题(二)解答要点

启发性思考题(二):DKL 的展厅(体验店)营销是怎样的一种营销模式?

HYH 线下展厅主要运用的营销模式类型是体验式营销。这种营销把握了家居产品本身需要实地体验的销售特点,从感官、情感、思考、行动、关联五个角度出发,将线上销售中最难以展示的、顾客最需要了解的材质、质量、款式等方面通过代表性商品展示出来,以获得最理想的营销效果。

本案例中,HYH 移除了展厅的存货和交易功能,使得展示功能最大化,将交易流程移至线上平台完成,有效地实现了线上平台和体验式营销的优势互补,在节省展厅建设与布置成本的同时,最大限度地发挥了展厅在体验式营销方面的长处。HYH 展厅的消费体验不仅消除了线上产品价格较低带来的质量担忧,也让消费者感受到了中国产品的可靠性与高性价比,一定程度上可以改善境外消费者对中国产品的印象,有利于平台的进一步推广。

3. 启发性思考题(三)解答要点

启发性思考题(三):DKL 平台的运营模式发生了从 C2C 到 B2C 的转变,其内在原因是什么?

横向对比 B2C 平台与 C2C 平台可知,B2C 平台虽然在自由度方面有所欠缺,商品服务丰富性上也存在劣势,但在平台管理层面更严格,提供的商品与服务质量更高,准入门槛更高,商品采购与物流管理的统一性更强,能够更好地培养消费者对平台和产品的信赖感,因此有利于企业的长远发展。

本案例中,DKL 最终选取了 B2C 平台模式,自主采购产品,自主开展销售,自主进行物流配送,其原因在于:一方面,B2C 符合 DKL 主营产品——家居用品对于质量、售后服务的要求,能够提升消费者对于产品与平台的信任;另一方面,B2C 平台模式使得 DKL 能够实现采购、物流、售后服务的标准化、规范化,降低了中国出口商品普遍高昂的物流成本和管理成本,为企业创造了进一步发展的空间。

4. 启发性思考题(四)解答要点

启发性思考题(四):联系实际,你认为目前跨境电商平台存在哪些不同的模式?HYH 属于哪种模式?

当前,跨境外贸电商平台主要包括三种模式:以速卖通为代表的第三方跨境电商平台模式,以兰亭集势为代表的自建跨境电商平台模式,以及以四海商舟为代表的外贸电商代运营服务商模式,三种模式各有优势。

HYH 旗下的 DKL B2C 平台采用的是第二种模式,在北美自建家居用品销售平台,从中国生产商处采购产品,采用"平台+仓储+配送+展厅"一站式方案将中国产品直接销售到境外消费者手中,使得 FOB 价格优势最大化。HYH 目前的发展方向则介于第二种与第三种模式之间,是管理层战略与自建平台模式结合的产物。HYH 为生产商提供跨境营销、跨境仓储等一系列跨境电商服务,力图打造华人第一大跨境电商门户,其与代运营模式不同之处在于,HYH 是让参与合作的生产商借助自己的平台开展跨境电商业务,一方面让平台的经营保持自己的独立性,另一方面又可以进一步放大中国产品的价格优势,使其更容易在境外市场中立足。

5. 启发性思考题(五)解答要点

启发性思考题(五):HYH 从单纯的跨境电商平台发展成为生产商提供跨境服务的集团企业,这一过程体现了跨境企业的何种发展战略?

HYH 集团从 B2C 出口跨境电商平台 DKL 扩张发展为涵盖跨境 B2C、跨境 B2B、跨境物流、跨境咨询等多领域的集团性企业,力图在未来打造华人第一大跨境电商门户。

HYH 的战略规划与实际行动是横向一体化和纵向一体化的结合,一方面采用横向一体化战略,从美国做起,利用"平台+仓储+配送+展厅"模式以及多样化的营销策略,迅速占领北美市场。另一方面,HYH 也运用纵向一体化战略,在中国建立公司,系统化地对中国产品进行采购,溯源至供应链上游;同时利用境外华人的优势自主配送商品,建立配送体系,同时大力开展展厅营销,将业务范围拓展至供应链下游。

HYH 牢牢把握住了跨境电商的制度环境与行业环境不断转暖的机遇,利用自身资源优势建立跨境电商门户,其战略环境与发展轨迹符合企业扩张战略执行的条件,预期能够取得较好的收效。

六、教学组织方式

案例授课班级人数不宜过多,应该控制在 20～30 人,可以 4～6 人为一组分成 5 个小组。教室的桌椅布局要让所有的课堂参与者围坐四周,以使其容易听到和看到同组成员为基本原则。教室中应具备电脑、投影仪、黑板、粉笔等设备。同时,为方便学生更好地参与案例课堂讨论,教师可以在课前提醒学生做课前准备工作,例如,熟悉案例,了解这一电商平台的形式与主要业务内容等。

(一)课时分配

案例回顾与概述(5 分钟):介绍案例背景,回顾案例内容,理清案例思路,明确案例主题。

提出问题与小组讨论(20 分钟):结合板书提出启发性思考题,分小组讨论并形成组内答案。

小组汇报与教师引导(50 分钟):针对每一道启发性思考题,选一个小组进行回答,其他小组补充。教师需结合板书和多媒体对学生引导,得出最终答案。

案例评价与总结(10 分钟):对知识点进行梳理,对案例教学过程进行评价,总结学习心得体会。

其他问题(5 分钟):教师回答学生的一些其他问题。

(二)板书设计

启发性思考题(一):在企业推广初期,DKL 将企业营销重心从广告车转向搜索引擎的原因是什么? 启发性思考题(一)及解答要点如图 3 所示。

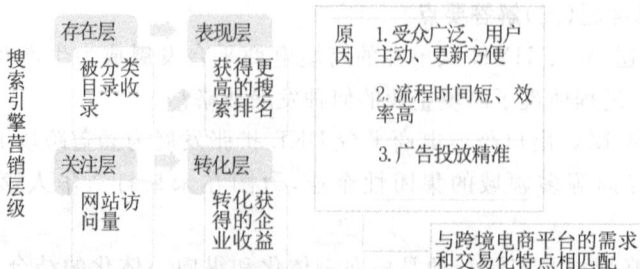

图 3　启发性思考题(一)及解答要点

启发性思考题(二)：DKL 的展厅(体验店)营销是怎样的一种营销模式？启发性思考题(二)及解答要点如图 4 所示。

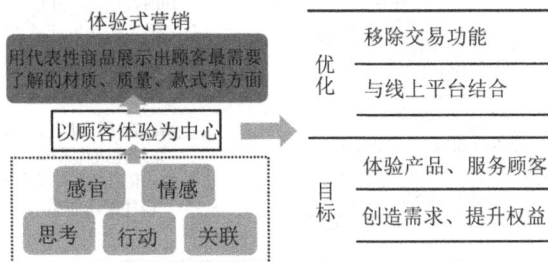

图 4　启发性思考题(二)及解答要点

启发性思考题(三)：DKL 平台的运营模式发生了从 C2C 到 B2C 的转变,其内在原因是什么？启发性思考题(三)及解答要点如图 5 所示。

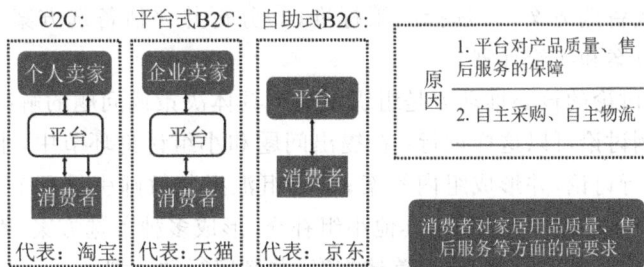

图 5　启发性思考题(三)及解答要点

启发性思考题(四)：联系实际,你认为目前跨境电商平台存在哪些不同的模式？HYH 属于哪种模式？启发性思考题(四)及解答要点如图 6 所示。

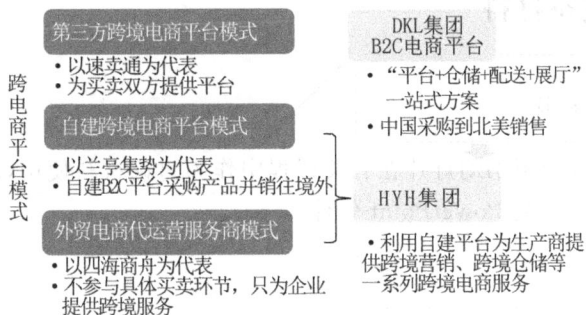

图 6　启发性思考题(四)及解答要点

启发性思考题(五)：HYH 从单纯的跨境电商平台发展成为生产商提供跨境服务的集团企业,这一过程体现了跨境企业的何种发展战略？启发性思考题(五)及解答要点如图 7 所示。

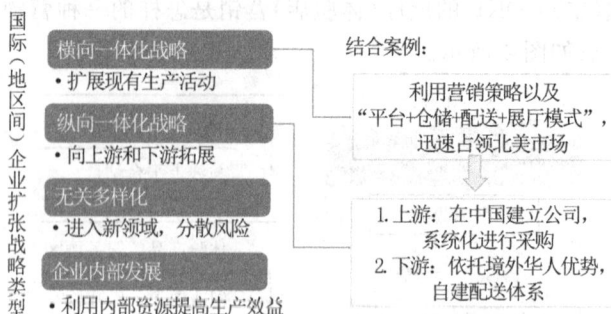

图 7　启发性思考题(五)及解答要点

(三) 讨论方式

案例讨论应该大致按照典型的决策模型进行。模型包括：①定义问题；②分析案例具体情况；③形成备选方案；④选择决策标准；⑤分析并评估备选方案；⑥选择首选方案；⑦制定行动方案和实施计划。

大多数案例讨论的核心推动力是组织中某个具体决策或问题的解决方案,因此,根据课时分配,案例讨论可以这样进行：在提出问题和小组讨论环节中,小组内根据五道启发性思考题进行讨论,并形成组内答案；在小组汇报与教师引导环节中,对每一道问题,教师从五组学生中选一组回答,其他小组补充,形成多种备选方案,教师根据决策标准引导学生分析评估备选方案,选出首选方案,并制定行动计划。

在案例讨论时,教师需鼓励学生形成良好的讨论习惯,如勇于提出不同意见、讨论前做好准备、讨论时及早发言、讨论后及时总结,避免盲目从众、提前背稿。

七、其他教学支持材料

(一) 计算机支持

由于本案例及配套板书幻灯片在有关课程中作为讨论材料使用,需要展示给学生。所以在计算机中需要安装 PowerPoint 软件。

(二) 网络支持

本案例涉及跨境电子商务案例,需要学生连接互联网,通过登录电商网站、跨境电商平台和相关搜索引擎体会和了解实务现状。

参考文献

[1] Adjei，Noble. The influence of C2C communications in online communities on customer purchase behavior[J]. *Journal of the Academy of Marketing Science*，2010,38(5)：63.

[2] 樊晓云. 我国跨境外贸电商平台模式比较分析与选择[J]. 对外经贸,2015(2)：12-14.

[3] 范秀成,陈英毅. 体验营销：企业赢得顾客的新思维[J]. 经济管理,2002(22)：62-67.

[4] 黄海,王晓今. 峰瑞研究报告(一)出口跨境电商的机遇与未来[EB/OL]. (2015-12-16)[2016-08-12]. http://36kr.com/p/5040858.html.

[5] 毛蕴诗.跨国公司战略竞争与国际直接投资[M]. 广州：中山大学出版社,1997.

[6] Mike Moran，Bill Hunt. 搜索引擎营销——网站流量大提速[M].董金伟、祝贺译.北京：电子工业出版社,2009.

致　谢

　　本案例在采编过程中得到了 DKL 和 HYH 方面的大力支持,特别要感谢 CEO 吴权(化名)先生提供的企业资料与宝贵意见。

第三部分

跨境电商品牌生产/贸易商

品牌是企业乃至国家竞争力的综合体现，代表着供给结构和需求结构的升级方向。2003 年至今，品牌经济提升加速，全国掀起了创建自主品牌的浪潮，中国品牌形象不断改善，知名品牌的国际化（区域化）程度越来越高。然而从总体上看，当前我国品牌在国际（地区间）竞争中仍处于追赶和从属地位，自主品牌出口不足。中国品牌与世界品牌的差距主要体现在两个方面：首先，国际（地区间）市场占有率存在差距。根据联合国发展计划署统计，国际（地区间）知名品牌在全球品牌中所占比例不到 3％，但市场占有率却高达 40％，销售额超过 50％。而目前参与国际（地区间）市场的中国企业中，拥有自主品牌的不到 20％，自主品牌出口额在出口总额中的比重不足 10％。在全球 100 个最有价值品牌企业中，大部分企业在国际（地区间）市场的销售额占其总销售额的 50％以上，而即使是一些知名度很高的中国企业，在境外销售额也不到 10 亿美金，仅占其总销售额的 10％左右。其次，知识产权保护存在差距。当前来自中国的企业遭遇的反倾销投诉最多，商标被抢注、专利被侵权等负面新闻也时常见诸报端。

如何抓住中国经济快速发展的机遇，使中国从制造大国转变为品牌强国，是需要面对和研究的重要课题。2016 年 6 月，国务院印发《国务院办公厅关于发挥品牌引领作用推动供需结构升级的意见》，明确发挥品牌引领作用的主要任务和重点工程。在跨境电子商务迎来发展黄金期的大背景下，借助跨境电子商务培育自主品牌成为越来越多制造商与出口贸易商的选择。本书第三部分选编的三个案例来自三家跨境电商出口领域的品牌生产/贸易商，分别是依托品牌级营销与母语化运营把产品优势转化为品牌优势，打造了一系列知名品牌的亚马逊全球优秀卖家千岸；凭借差异化定位培育了扬名境外的平衡车行业领军品牌，通过为美国 UL 认证机构提供质检方案化危机为机遇的骑客；立足于自有品牌的多平台运营与内部创业、异地运营等核心优势，利用企业联盟布局跨境物流仓储，构建了"跨境电商人才生态圈"的网易盛世。上述案例正是数万中国品牌"出海"先行者们迎接挑战、破除危局、开拓变革的一个缩影。

产品为王：千岸的品牌培育之路
让世界听到骑客的声音
产品、物流与人才：网易盛世的跨境电商三部曲

产品为王：千岸的品牌培育之路

◎ 马述忠　邱国丹　柴宇曦

（浙江大学马述忠工作室）

■■摘　要：本案例讲述了在中国企业纷纷走出去，试图在境外打造、推广自有品牌的时代大背景下，千岸科技作为先行者在境外电商平台上站稳脚跟，最终取得成功的成长历程。千岸秉承"产品为王"的经营理念，在创业初期立足亚马逊平台开拓境外销售渠道，经历了无牌阶段、商标阶段与品牌阶段，最终凭借标准化营销与本土化营销双管齐下的策略，赢得了境外消费者与知名网络媒体的广泛好评，培育了一系列国际知名品牌。

■■关键词：品牌培育；销售渠道整合；标准化营销；本土化营销

Product Is King: The Path of ThousandShores' Brand Cultivation

◎ Ma Shuzhong   Qiu Guodan   Chai Yuxi

（Mashuzhong STUDIOS, Zhejiang University）

Abstract: This case describes the growth process of Shenzhen Thousand-Shores Technology Co., Ltd. ("ThousandShores"). Under the background of many Chinese enterprises going abroad to build or promote their brands overseas, Thousandshores, as a successful pioneer, gained a firm foothold on foreign electronic business platforms and eventually achieved success. Adhering to the business philosophy of "Product Is King", Thousandshores expanded overseas sales channels based on the Amazon platform at the beginning of the business, and went through unlicensed stage, stage of trademark and brand stage, and finally won wide acclaim from overseas consumers and well-known online media by taking advantage of both standardized marketing and localized marketing, and developed a series of international famous brands.

Key words: Product Is King; standardized marketing; localized marketing; brand cultivation

上篇　案例正文

一、引言

研究表明,口碑是最强大的营销工具。当一位同行人阐述使用了某件商品的感受时,我们都会竖起耳朵听;而当我们看到很多人推荐一款产品,也不免会萌生想要拥有它的渴望。这就是电商卖家需要五星好评的心理学因素:五星好评可以作为口碑推荐,向客户保证质量并推动犹豫客户购买。

深圳市千岸科技有限公司,就是凭借过硬产品在亚马逊上赚得口碑的五星卖家之一。千岸是亚马逊"全球开店"项目上线后首批入驻的卖家,相较于其他电商平台,亚马逊对品牌的保护更为严格,更有利于知识型、科技型品牌和企业成长。亚马逊的产品展示顺序是由产品品质、消费者好评程度、产品描述精准性、价格等综合型因素所决定的;价格绝不是唯一的指标因素。因此,在亚马逊平台上极少发生"价格战"。在千岸入驻亚马逊后,公正的系统使得其产品排名能够始终靠前,迅速获得市场认可。

那么,千岸是如何赚得五星好评的呢?除了产品质量,还有什么秘诀吗?

二、企业背景

20世纪90年代末,何定正在美国攻读计算机博士学位,那时中国电子商务尚未起步,eBay也才刚刚建立。初到美国的他没有车,而美国的购物中心离学校都比较远,购物常常麻烦师兄捎带。直到他发现一个叫 onsale.com 的购物网站,下单后两天就送到家,非常方便。随着在 onsale.com 上购物次数的增多,何定开始尝试在网上售卖一些从美国商场购买的促销商品,每个月居然都有几千美金入账。正是这些无意间的尝试,让电子商务在何定的心里播下了种子。

之后,何定在继续攻读博士学位的同时也尝试着和朋友合开公司做电子商务,期间也有不小的斩获。在美国求学的这段时间里,何定除了获得计算机博士学位外,也获得了宝贵的电子商务实操经验。完成学业后,何定供职于硅谷的一家知名企业,但是对于电子商务行业的兴趣和探索一直未曾停止。2010年,何定终于决定回国创办自己的公司——深圳市千岸进出口有限公司(后改名为深圳市千岸科技有限公司)。

千岸成立至今,一直稳扎稳打,逐渐成长壮大。2015年1月,千岸的新一轮品牌运营初见成效,多个品牌产品获 The Wirecutter[①] 等境外知名网络媒体报道,受到了一致好评;2015 年 6 月,公司月销售收入达 3000 万元人民币;8 月,千岸 4 款品牌产品入选亚马逊全球优秀产品展,亚马逊全球高级副总裁会见 CEO 何定。当前,千岸已经形成了自有品牌体系,如旗下的 iClever、Intocircuit、OxyLED 和 Dr. Meter 等品牌都已为全球消费者熟知,在亚马逊上树立了可信赖的品牌形象。

三、深耕产品

在传统商业中,相较于产品,追求经营业绩的企业更注重的是拓展渠道。随着大数据时代的到来,商业模式发生了根本性的转变。产品供应到用户的环节正在逐步缩短,分销重要性逐渐减弱,越来越多的企业开发产品上架后即可直供用户,渠道的作用被弱化。与此同时,用户对企业的影响力日渐重要,移动互联网时代可以说人人都是自媒体,用户的意见反馈成本非常低,话语权从商家逐渐迁移到用户身上。每个领域不同产品都有意见领袖,他们的评价和分享直接影响其数量庞大的粉丝。互联互通的互联网环境,倒逼企业必须真正做到以"用户为中心,做好产品"才能赢得市场。而要做到这一点,也不像以前那么困难。企业可以借助互联网直接收集、分析用户行为数据,把握住用户需求,针对需求来提供产品。比如,目前用户活跃在微信微博等新媒体并将产品质量问题表达在这些平台上,此时就需要及时收集这些问题反馈,升级改进产品。

千岸认定,"渠道为王"正在逐步让位于"产品为王",好的产品将胜过好的渠道。何定认为,所有营销手段离开了优秀的产品都是毫无用处的。一个真正持久优秀的品牌,必须有切实优秀的产品做基础。千岸坚持对筛选出来的供应商进行现场审核:工厂的规模信息、技术力量(研发能力、工艺水平)、质量水平(质量体系、库存管理、原材料管控、生产现场管理、生产线过程控制、不合品管理、设备/模具管理、产品追溯系统)、交付能力等都在审核范围内。千岸销售的同一款产品至少保证有三家供应商,以保证供应商的产品不出质量问题,同时千岸也要求供应商在试制阶段进行模具验证与小批量产品验证,质量符合规定才能进入量产阶段。在确保产品质量的前提下,重点关注产品创新和差异化竞争。此外,细节决定成败,无论是产品的包装、说明书还是材质,千岸都会注重细节,希望给客户最好的体验。例如,说明书和品牌推广文案必须去"中国化外语",千岸坚持请母语工作人员来执笔撰写,实行母语化运营。

实际上,千岸奉行的"产品为王"经营理念不仅适用于电商渠道,同样也适用于实体渠道和现阶段深受年轻人喜爱的移动电商领域。随着移动互联网的兴起,电商呈现出了"去中心化"趋势,基于粉丝经济和人口多样化的社会化电商不断涌现。购买某些产品不需要再借助电脑端平台搜索,利用手机即可完成购买行为。在这种情况下做产品,不仅需要把好质量关,还需要抓住消费者爱分享爱传播的心理特点,营造出一定的话题

---

① The Wirecutter 是一家专业推荐 IT 和家电产品的综合网站。每隔一段时间,该网站就会提供当月或者当季最新资讯以及推荐产品列表,长期以来吸引了不少消费者以及发烧友的浏览与关注。

性,引导他们分享传播,扩大影响力。例如,在英国与美国市场,千岸针对 Facebook 用户策划了一场推广 iClever 品牌下产品的活动,让用户分享自己的使用小窍门,如果跟帖量达到 389 的话就可以得到一个别致的小礼物。在这一活动中,对使用小窍门的评论跟帖就会形成热点话题,发帖用户的一些朋友如果也在使用 iClever 品牌产品,那么他们也会参与活动发帖分享,这样就形成了有部分重合的一批热点话题圈,产品的特点与良好性能也得到了宣传。

好产品的最终目的是为消费者解决问题。在用户需求越来越个性化的今天,怎么样才能在动态变化中抓住用户的痛点并用产品止"痛"呢?事实上,"用户之痛"就是"用户需求"或"用户问题"的代名词,其背后往往隐藏着特别有价值的功能需求。从品牌产品开发到推广的各个环节,千岸始终致力于精准定位客户群体,掌握目标群体需求。例如,Intocircuit 品牌下的产品定位在中高端客户,因此在产品的开发过程中对安全、性能方面都有较为严格的要求,在推广过程中也会多多宣传安全、性能方面的优势。2015 年上半年,千岸业务部接到一通特殊的电话,是由 NASA(美国国家航空航天局)打来的。原来,NASA 当时要给机构里的每间办公室配备充电器,供在职科学家、工程师使用。作为世界上最权威的科技机构之一,NASA 在选择办公用品时在安全和性能方面都提出了极为严苛的要求。他们从市场上挑选充电器,经过初步筛选,包括美国知名品牌 Belkin(贝尔金)和千岸的 Intocircuit 品牌在内的几款充电器入围。随后,经过性能评测与比较,NASA 最终选择了 Intocircuit 充电器,这才主动打电话过来联系千岸下单。虽然这笔订单的数额不大,但是意义重大。这通电话让千岸的全体员工士气大振,也更坚定了千岸"产品为王"的经营理念。

四、打响品牌

跨境电商并不是一个新鲜的概念。从 2005、2006 年开始,就有很多人开始从传统的外贸转向外贸 B2C。跨境电商可以分为三个阶段:①2005 年之前,基本以大宗商品买卖为主,即传统 B2B。以阿里巴巴为代表的各国商家通过网络去寻找客户,把产品信息放在网上等待境外客户来询价,然后通过线上或者电话沟通来形成订单,订单量通常较大,有时甚至会达到几万单左右。随着竞争变得越来激烈,从 2006 年起有些商家就开始尝试直接把商品卖给境外的最终客户,这就是外贸 B2B 向外贸 B2C 的转换。②外贸 B2C 在 2006—2010 年间急剧地发展。进入市场的卖家越来越多,随之出现了价格战,同时质量也急剧下降,导致了恶性循环。③2010 年后,一批电商卖家开始意识到,作为产品的拥有者需要在客户当中树立口碑,因而开始注重培养品牌,品牌电商应运而生。

由此可见,外贸 B2C 是中国品牌崛起的一个历史性机遇。通过外贸 B2C 运营自己的品牌是一种低成本策略,不用耗资几十万、几百万美金去做广告宣传,只需要在经营的过程中做好品牌培育。各行各业都可以把握这个契机,狠抓产品品牌建设,借助外贸 B2C 面向境外客户打响知名度。目前,亚马逊是一个最合适的平台,因为亚马逊对品牌的保护非常严格。千岸在亚马逊开店后不久,即借助镇店之宝产品、多种季节性促销与丰富的促销策略,迅速在亚马逊消费群体中建立了品牌知名度。凭借可靠的产品品质和优质的销售服务,千岸还积累了大量的"回头客",形成了自己的忠实消费群体。

何定把在境外建立品牌和推广品牌的完整过程总结为三个阶段:无牌阶段、商标阶段、品牌阶段。事实上,在亚马逊平台经营的这些年里,这三个阶段千岸都完整地经历过。在无牌阶段,亚马逊上销售会造成很多人跟帖模仿,往往形成价格战,结果是生产商、卖家、顾客三败俱伤。为了摆脱这种恶性循环,部分卖家开始步入第二阶段,商标阶段。何定认为,这一阶段企业还没有真正形成品牌,而只是为了防止跟帖模仿,想一个名字,设计一个 LOGO,加一个商标并在美洲、欧洲或其他地区注册。因为产品贴了商标,可以在众多雷同的产品中区分出来,确实可以摆脱跟帖者,但这只是培养品牌的第一步而已,对于企业的长足发展来说还远远不够。

把产品优势转化为品牌优势,是从亚马逊卖家转型为品牌运营商的标志。成功的品牌,需要合理定位并充分体现品牌的独特风格和差异化优势,再经过成功的运营,逐步形成品牌的核心价值,进入品牌阶段。当前,在全球品牌价值排行榜中,已经有不少中国品牌的身影,将来无疑将会有更多的中国品牌成为世界驰名品。然而,不可否认的是,目前很多企业仍处于从商标阶段到品牌阶段的转变过程中,此时亚马逊这类促成长型平台就更适合体现品牌的性价比优势。如果善加利用,再辅之成功的品牌化运营,将会极大地提升产品附加值,并同时提升公司的形象和价值。

打响品牌的道路总是不平坦的。2010 年深圳千岸公司成立后也走过一些弯路。公司开创之初没有意识到品牌的重要性,所以头两年只进行了销售活动,盈利来源主要是价格差,很容易陷入价格战。2010 年左右亚马逊的卖家还没有那么多,亚马逊全球开店、中国开店这些项目都还没有启动,所以竞争相对没有那么激烈。因此千岸也能实现盈利。一两年之后,千岸意识到这条路不是长久之计,品牌才是核心。就把原来一些没有品牌的产品逐渐下架,自 2012 年起从零开始转型做自有品牌的产品,并坚定地沿着这条路走下去。第一个品牌就是手机周边产品品牌 iClever。在这一时期,千岸非常注重产品的质量与客户服务,跟工厂密切合作,把产品打造到极致。随后,千岸尝试培养了几个品类的不同品牌产品,如 iClever 的手机周边;Intocircuit 的移动电源和充电器;Dr. Meter 的测试仪器仪表与 OxyLED 的照明设备等。

在运营过程中,CEO 何定深刻地认识到,品牌的背后实际上都是产品在支撑。打造成功的品牌就是打造一系列能够真正打动客户的成功的产品。客户通过亚马逊购物收到产品后,如果他非常满意,甚至被打动了,就会记住你的品牌,成为回头客。一个品牌的回头客多了,品牌溢价慢慢地就产生了。

五、应对纠纷

在产品设计环节,千岸一直把客户放在首要位置:在设计产品前全方位地了解客户需求;在设计产品时充分考虑客户的各种使用可能性,严格把控工艺质量。在这两个前提下,再去追求性价比。事实上,与千岸真正形成竞争的主要是美国品牌,这些企业通常定价较高,千岸有把握在品控方面做得不比它们差,甚至更好,但是又有明显更低的报价,这是培养自有国产品牌的主要根据之一。

然而,千岸也深知,在品牌扩张的道路上,侵权纠纷是不可避免的。许多外国企业在知识产权保护方面非常敏感,它们会仔细考察进入市场的竞争对手,只要其产品和自己拥有的专利稍有沾边,就会诉诸法律,针对中国商家尤甚,因为它们认定中国商家的法律意识没有本地商家那么强,因此比较容易从打官司中占到便宜。可是,这些企业的主张并不都能站得住脚,因为专利的特性并不像一是一,二是二那么清晰,本来就客观存在一些模糊的边界。一些中国企业的产品与它们的专利确有相似,但并不能百分百断定是侵犯了专利。一般来说,为了应对纠纷需要做好文献检索和制定对策两项工作。在专利申请过程中,利用文献检索是广为人知的,但在专利侵权诉讼中利用文献检索这一技巧却并未受到重视。实际上,在侵权诉讼中,对当事人双方来说,做好文献检索工作都是十分重要的。文献检索之后,企业需要对自己制造、销售的产品进行分析对比,并制定对策。几种常见的对策为:①利用和解或调解;②据理反驳;③利用撤销专利权或反驳专利权无效程序。

千岸的 iClever 品牌也曾遭遇侵权纠纷。如果涉及侵权的产品对公司来说不太重要,而应诉也很可能会输掉官司,公司会选择采取第一种对策,舍弃该产品并与对方和解。比如 iClever 曾经出品了一款汽车上用的手机支架,而有一家韩国公司申请了这方面的设计专利。这款支架的特色是把手机放到支架上后,拿上拿下都可以用一只手操作,而从普通的支架上拿下手机需要用一只手按下按钮使其松开,另一只手拿手机。于是这家韩国企业向千岸发起了设计专利诉讼。千岸咨询了律师,律师认定此项专利的有效性比较强,如果应诉,打赢官司的可能虽然存在,但不确定性也比较大,也可能产生比较高的律师费用。因为这款产品对千岸来说的战略价值也不是非常高,公司高层在权衡之后决定放弃销售该产品,委托律师出面跟对方谈和解方案,以后也不再销售该产品了,但没有放弃 iClever 这个品牌。后来这个产品换了一种设计,避开了这项专利重新发售了。

如果涉及的产品对公司来说比较重要,而且应诉也有较大的可能打赢官司,那么千岸就会采取斗争的态度来应诉,采取第二种或第三种策略。例如,最近就有一家美国公司对千岸公司旗下 Dr. Meter 品牌的一款空气测量仪提起专利侵权诉讼。对方称 2 项专利受到侵权:一项是储存功能,即测量结果不用马上记在纸上,而是按一下按钮后,数据就被自动保存下来,并且可以保存多组数据;另一项专利是一次可以同时测量数个指标,如湿度、污染以及成分等。在接到警告函后,千岸马上召开了高层紧急会议,并邀请顾问律师出席。因为空气测量仪是公司新推出的一款产品,正处于成长期,公司在早期已投入了高额的研发与营销成本,计划将其打造为明星产品。如果被迫停止销售,不仅会造成经济上和员工士气上的重大打击,对企业长远发展也会产生较大的负面影响。经过高层与律师的反复讨论和仔细分析,最终大家一致认定很可能是涉事产品日益增长的市场占有率引起了警觉,对方意图利用专利来阻挡竞争产品进入市场。事实上,该产品的特点跟对方拥有的专利重合度并不高,可以积极抗辩。在专利侵权诉讼中,被告经常主张其所实施的技术并未落入原告专利权的保护范围,即被告的行为不构成侵权。千岸的空气测量仪确实跟对方拥有的专利有小部分重合,但并不一定能严格算作是侵犯了专利,因此可以以被控侵权物没有使用与原告专利必要技术特征相同的特征这一理由来抗辩。这一抗辩理由是否成立,还有待受理法院审理确定。

六、注重营销

千岸在产品营销时既注重标准化,又考虑到多样化的文化需求,讲求标准化和本土化策略的融合。

一方面,标准化营销最大的优点在于实现成本经济性和规模优势。在自有品牌营销方面,以入驻亚马逊平台的企业为例,何定认为要做的工作大体可以划分为三个部分。

第一部分是帖子内容本身(标题、照片、标签、描述、评论)的营销,即帖子级营销。这其中标题是最重要的,关系到是否可以被顾客搜索到;另外对时尚类产品来说,图片也是需要格外重视的;评论模块是亚马逊特有的,甚至可以说是亚马逊成功的最重要因素,它积累了境外用户的评价,是客户在未来购物的重要参考。因此,维护好这五个维度的内容是帖子营销成功的关键。

第二部分是曝光度。在亚马逊茫茫的产品海洋中,内容相近的帖子恐怕有几百万甚至上千万张,怎么才能被搜到? 首先,需要把关键词充分利用好。在多年的探索过程中,何定总结了一些小技巧,例如最热门的关键词大家都在用,搜到也不一定被看到,这时不妨用一些稍显偏门、冷门的关键词,反而容易引起注意。其次,可以投放站内付费广告。客户搜索关键词时,会直接看到 16 款产品,这 16 款产品下面会排几款并不符合这些关键词的付费广告产品,这对于靠自然搜索没法排到前两页的新上架产品来说,是很有帮助的。最后,需要进行站外引流。不同类产品站外引流的方法有所不同,从 3C 类产品①来看,主要是从促销类网站、科技类网站、评测类网站、新闻类网站、论坛这几个渠道进行引流。

第三部分是品牌级营销。从品牌产品开发到品牌产品推广,千岸掌握目标群体需求,精准定位市场营销客户群体。线上除了建立优质的亚马逊品牌页面,还要建立其他优秀的品牌网站,包括自有的官方网站,DEALS 类网站等。此外借助 SEO 搜索优化、社交媒体等多种方式,需要积累强大的媒体资源,融合各种媒体的宣传。其中,社交媒体是不可忽略的,通过 Facebook、Twitter 能够形成忠实的品牌粉丝群体,粉丝群体的壮大也能够逐步增加品牌影响力。线下依托境外新趋势热点产品开展季节活动,假日促销等方式。双管齐下提高产品站内外的曝光率,增加产品销售额,建立品牌形象。

---

① 3C 产品:就是计算机(Computer)、通信(Communication)及消费类电子产品(Consumer Electronics)三者的统称,亦可称为"信息家电"。由于 3C 产品的体积一般都不大,所以往往在中间加一个"小"字,即称作"3C 小家电"。

在实际营销过程中,千岸也注意到,世界各国(地区)各民族之间客观存在着较大的差异。每个国家(地区)的顾客偏好、消费观念、习惯、文化习俗可能都不一样,各营销环节也必须要进行本土化调整。因此在境外推广方面,千岸实施本土化策略,使公司的各种营销行为符合目标市场所在地的情形,更好地"入乡随俗",以保证公司运行平稳。传统营销的本土化策略是直接根据各国(地区)文化与生活习惯制定不同的营销策略,而对于跨境电商而言,文化差异只是通过流量平台间接起作用,流量平台自身的特色才是制定本土化策略的直接根据。需要注意的是,这些特色中的一部分是由于文化差异之外的原因造成的。例如,因为使用同一语言,在流量平台方面欧洲和北美国家或地区比较接近,社交媒体主要集中在 Facebook、Twitter 等主流大平台上。包括德国在内的一些国家会有自己的特色。而亚洲各国或地区与欧美之间就存在很大的差异,尤其是常用网络社区的影响力差异较大。中国国内社交媒体领域的主要流量平台是微信,其次是微博,那么就要根据这两种媒体的交流与传播方式特点制定相对应的营销策略。

因此,在制定跨境电商本土化营销策略时,千岸首先会去研究各个国家或地区人流量大的网站、社交媒体和论坛的特征,描绘刻画当地网民的行为轨迹,量体裁衣,为其制定相应的营销策略。千岸的境外市场推广部门拥有一支国际(区域化)化的专业团队,以归国留学人员为主,同时积极与境外本土人士展开合作,致力于推动专业的营销方式与当地的文化、社会习俗以及消费者的价值观念等相适应,利用地道的语言给本土消费者带去更好的服务体验,在节省企业境外派遣人员与跨境经营高昂费用的同时,迎合了不同国家(地区)的市场需求。

七、结束语

如今,积极投身信息全球化大潮的千岸自主研发了集采购、物流、订单、财务模块及数据分析为一体的 ERP 系统,在国内设立华南运营中心(深圳)与华东运营中心(义乌),在北美三国、欧洲五国分别设立分公司及自营境外仓储中心。近年来,千岸以 B2C 品牌网站与亚马逊、eBay、Wish 等第三方平台为主要销售载体,已经在美国、加拿大、德国、法国、英国、意大利、西班牙、日本等市场打造出一系列有影响力的中国品牌,积累了较丰富的品牌运营经验。今后除了自营品牌,千岸还将为一些国内优秀企业在亚马逊平台上开展代运营业务。例如,千岸正在和华为、李宁等希望走出国门的知名品牌合作,帮助它们打造线上市场,实现国际化梦想。

谈及未来,何定也是信心满满。近年来,跨境电商发展的宏观大环境总体向好,中国政府紧随时代潮流,多次发布有利于跨境电商的政策,积极促成传统外贸企业转型。今后,千岸将抓住这一历史性机遇,积极响应打造国际知名品牌的号召,借助跨境电子商务贸易便利化的政策东风,争取在三年内达到 30 亿元人民币的年平均销售额,累计打造 30 个国际知名品牌。相信在不远的将来,千岸将携手优秀的中国制造业企业,在境外市场实现从"中国制造"到"中国品牌"的华丽转型。

下篇　案例使用说明

一、教学目的与用途

本案例是为国际商务课程撰写的,也可供国际市场营销课程、电子商务课程和国际商法课程使用。本案例描述了在中国企业纷纷在境外打造、推广品牌的背景下,千岸科技作为一个成功先行者的成长过程,介绍了在境外和推广建立品牌的三个阶段、处理侵权纠纷的基本方法以及品牌营销的有效策略。通过本案例的学习,学生可以了解跨境电商企业利用第三方平台打响自主品牌的主要模式以及品牌营销策略的相关知识。

(一)适用课程

本案例适用于国际商务课程、国际市场营销课程和电子商务课程,也可作为国际商法课程的辅助案例。

(二)适用对象

本案例难度适中,适用对象包括低年级国际商务专业硕士研究生、国际经济与贸易专业本科生以及电子商务专业本科生。

(三)教学目标

1. 知识传授

通过本案例的教学,学生应掌握以下知识,并学会将相关理论运用到实践中。第一,了解跨境电子商务产业发展的三个阶段。第二,了解中国企业品牌境外扩张的过程,其竞争对手可能持有的态度及应对措施。第三,掌握出口电商帖子营销的相关知识与技巧。第四,掌握标准化营销与本土化营销的概念及特征。

2. 能力训练

通过对跨境电子商务产业发展历程的回顾与中国品牌崛起迎来历史性机遇的分析,结合千岸在品牌运营三阶段中的发展策略,培养学生结合行业整体趋势对企业未来发展方向进行把握和决策的能力;通过介绍和分析千岸针对专利侵权纠纷的处理方法,提升学生应对国际纠纷的能力;在熟悉了千岸标准化营销和本土化营销的策略后,学生应初步具备结合标准化营销和本土化营销的优点,在境外打响中国品牌的能力。

3. 观念更新

通过对千岸"产品为王"经营理念的深入分析,更新学生的营销理念;学生应当对出口电商境外品牌营销的策略有深刻认识,包括研究各个国家和地区人流量大的网站、社交媒体和论坛的特征,以及描绘刻画当地网民行为轨迹等。

二、启发性思考题

(一)为什么口碑是最强大的营销工具?

(二)以千岸的发展历程为例,为什么"渠道为王"会让位于"产品为王"?

(三)现阶段大多数中国企业处于境外品牌培育的哪个阶段,应当如何抓住发展契机?

(四)千岸是如何处理专利侵权纠纷的?

(五)标准化营销与本土化营销孰优孰劣,应当如何进行选择?

三、案例分析背景

(一)制度背景

品牌是企业乃至国家竞争力的综合体现,代表着供给结构和需求结构的升级方向。我国品牌建设 30 年的历程大约经过了三个阶段:①从 1978—1991 年,中国品牌经济处在启蒙阶段,企业对于品牌的认识还普遍停留在商标层面;②从 1992—2002 年,品牌经济步入了发展阶段,党中央和国务院领导同志多次对名牌战略的实施做出批示,国家制定了各种各样支持发展名牌的措施;③2003 年至今,品牌经济提升加速,全国掀起了创建自主品牌的浪潮。

在广大企业和社会各界的共同努力下,中国品牌形象不断改善,知名品牌的国际化程度越来越高。然而从总体上看,当前我国品牌在国际(地区间)竞争中仍处于追赶和从属地位,自主品牌出口不足。如何抓住中国经济快速发展的机遇,使中国从制造大国转变为品牌强国,是需要面对和研究的重要课题。2013 年 3 月 14 日,中国国务院发文,就文化创意和设计服务与相关产业融合发展做出部署,希望培育一批具有核心竞争力的企业,形成一批拥有自主知识产权的产品,打造一批具有国际(地区间)影响力的品牌,强调要"培育精益求精的工匠精神,增品种、提品质、创品牌","打造中国制造金字品牌"。2016 年 6 月,国务院印发《关于发挥品牌引领作用推动供需结构升级的意见》,明确发挥品牌引领作用的主要任务和重点工程,要求完善标准体系,不断夯实质量技术基础;增强科技创新支撑,为品牌发展提供持续动力;健全品牌发展法律法规;加强自主品牌宣传和展示,倡导自主品牌消费;支持企业加大品牌建设投入,提高品牌培育能力;引导企业诚实经营,不断提升品牌形象;加强人才队伍建设,培养引进品牌管理专业人才;凝聚社会共识,积极支持自主品牌发展;培养消费者自主品牌情感,树立消费信心;发挥好行业协会桥梁作用,为品牌建设和产业升级提供专业有效的服务;坚持正确舆论导向,关注自主品牌成长,讲好中国品牌故事。

（二）行业背景

在现阶段，中国品牌的发展存在四种现象：①中国企业普遍认为品牌国际化（区域化）发展是必要的，但对品牌的认识不够，多数人认为只要把产品销售出去就是最大的成功，做品牌是实力雄厚的跨境公司的事，与他们无关，导致很多企业缺乏品牌经营和品牌战略规划意识，严重制约了企业品牌建设和发展。②由于企业过度重视短期利益等原因，品牌战略规划与品牌具体执行差距较大。③品牌专业人才匮乏，企业品牌经理有名无实。当前国内高等院校和研究机构在培养品牌专业人才上基本是空白，很多企业虽然设立了品牌部，但品牌部经理在品牌战略和发展上没有发言权，有名无实。④核心竞争力的产品不具有全球领导地位，企业普遍缺乏自主创新意识，过度依赖外来技术，不愿在研发方面加大投入。

品牌国际化（区域化）是中国品牌发展的必由之路，中国品牌与世界品牌的差距主要体现在两个方面。首先，国际（地区间）市场占有率存在差距。根据联合国发展计划署统计，国际（地区间）知名品牌在全球品牌中所占比例不到 3％，但市场占有率却高达 40％，销售额超过 50％。而与此对应的是，目前参与国际（地区间）市场的中国企业中，拥有自主品牌的不到 20％，自主品牌出口额在出口总额中的比重不足 10％。在全球 100 个最有价值品牌企业中，大部分企业在国际（地区间）市场的销售额占全年销售额的 50％以上，而即使是一些知名度很高的中国企业，在境外销售额也不到 10 亿美金，仅占其销售额的 10％左右。其次，知识产权保护存在差距。当前来自中国的企业遭遇的反倾销投诉最多，涉及的行业包括纺织、家电、打火机等，商标被抢注、专利侵权等负面新闻也时常见诸报端。

四、理论研判依据

（一）知识点一：口碑营销的相关知识

口碑（word of mouth）源于传播学，口碑营销（word of mouth marketing）是指企业在品牌建立过程中，通过客户间的相互交流将自己的产品信息或者品牌传播开来。病毒式营销是口碑营销中比较常见的一种，其核心内容就是能"感染"目标受众的病毒——事件，病毒威力的强弱则直接影响营销传播的效果。现如今，消费者对广告甚至新闻都具有极强的免疫能力，只有制造新颖的口碑传播内容才能吸引大众的关注与议论。张瑞敏砸冰箱事件在当时是一个引起大众热议的话题，海尔由此获得了广泛的传播与极高的赞誉，可之后又传出其他企业类似的行为，就几乎没人再关注，因为大家只对新奇、偶发、第一次发生的事情感兴趣。

口碑营销产生背景是博客、论坛这类互动型网络应用的普及。不断循环口碑营销的过程，产品定位、传播因子、传播渠道三方面因素不可或缺。①产品定位。很多营销人员希望口碑营销能够超越传统营销，但是如果营销的产品消费者不喜欢，很容易产生负面的口碑效果,结果不但没有起到促进作用,甚至可能导致产品提前退出市场。②传播因子。传播因子具有很强的持续性、故事性,能够吸引消费者持续关注,并且容易引申和扩散。③传播渠道。营销模型决定着传播渠道,传播渠道的选择主要由产品目标用户群特征决定,除了传统媒体和网络媒体,最具有影响力和最适合口碑营销的渠道是博客、论坛和人际交互传播。

(二)知识点二: 产品策略的相关知识

市场营销策略是企业以顾客需要为出发点,根据经验获得顾客需求量以及购买力的信息、商业界的期望值,有计划地组织各项经营活动,通过相互协调一致的产品策略、价格策略、渠道策略和促销策略,为顾客提供满意的商品和服务而实现企业目标的过程。就以满足市场需求为目标的4P理论而言,随着大型连锁超市的遍地开花,渠道(Place)慢慢成为独立的第三方力量,越来越不可控;市场逐渐成熟,暴利再难持续,价格(Price)成为产品的结果;促销(Promotion)更因为新媒体的出现导致传统促销的低效。至此,4P只剩下产品(Product)可控了。

在传统商业中,相较于产品,企业更注重的是拓展渠道以取得经营业绩。而在互联网时代,商业模式发生了根本性转变。一方面,产品供应到用户的环节正在逐步缩短,分销环节重要性逐步减弱,许多产品在企业开发上架后即可直供用户,渠道作用显著弱化。另一方面,用户对企业的影响力日渐重要,移动互联网时代人人都是自媒体,用户意见反馈成本非常低,用互联网方式甚至可以直接收集分析用户行为数据,反馈成本几乎为零且十分便利。可以预见,渠道为王会逐步让位于产品为王。

(三)知识点三: 品牌境外推广的模式和方法

境外推广(Oversea Marketing),顾名思义是指借助境外常用的互联网、杂志、报纸、手机端以及户外流媒体等工具,使企业获得境外品牌声誉及当地询盘的一种行为。境外推广资源需要熟悉当地语言及媒体的专业人士开发,给企业造成了一定的困难。

境外推广的方式有很多种,如参加境外展会或者直接在境外签约产品代理商等。对于实力雄厚的外贸公司来说,传统境外推广模式带来的效果当然不容置疑,但对于中小微企业来说,传统的境外推广模式是不现实的。因此,新型境外推广方式应运而生,其主要推广模式有:①搜索引擎营销。在自建外贸营销网站的基础上,网络推广公司对企业的外贸营销网站进行搜索引擎排名推广。②通过大型外贸B2B平台进行推广。③许可(Permission)邮件营销。在向其目标发送产品等相关信息时,事先征得用户"许可"。当前在境外许可邮件营销已高度成熟,在获取买家信息、发展潜在买家、培养忠诚客户的过程中发挥重要作用。④外贸整合营销,即"独立网站+平台推广"方式,也可称为"外贸营销型网站+国际商贸平台+搜索引擎优化(Web+B2B+SEO,WBS)"。外贸企业建立一个以自身企业外贸营销网站为核心的平台,以境外买家的需求和习惯为基准进行营销渠道整合,保证境外买家能通过多种途径准确获得外贸企业的产品信息。作为核心的企业营销站点,详尽考察所处行业特征、企业发展规模与阶段,并将传统营销、许可邮件营销、B2B营销、搜索引擎营销和分类目录等营销渠道整合起来。兼顾了营销网站的宽度、B2B平台的优势以及搜索引擎的高使用率。

(四)知识点四: 被指控专利侵权时的应对策略

当被指控侵权时,首先需要充分做好文献检索工作,做到心中有数。文献检索主要是为了:①查明被侵犯的客体——专利权是否存在,该专利权是否仍然有效,何时申请,何时到期。②查清专利权人是谁,有无继承或转让等事项,以及这些行为是否符合法定手续,以防止盲目应诉。③对比专利权利要求与被控侵权物技术特征的区别,看后者有无实质性改进,以备在诉讼中做出有力抗辩。④查找有无相同或相似的国内外专利,以备将来提出反诉。

文献检索之后,企业需要对自己制造、销售的产品进行分析对比,并制定对策。几种常见的对策为:①利用和解或调解。经过分析对比,如果确属侵犯了他人的专利权,自己又仍想实施该专利技术,最明智的办法是主动与对方进行私下和解,以求得谅解。②据理反驳。经过分析对比,如果确认不属于侵犯专利权或对方的专利权并无专利性可言,自己企业不构成侵权或实际上属于专利法规定的例外,就应当据理反驳。此外,有些国家与地区的法律规定,如果被指控人能提供自己不知道销售或者使用的是专利产品的证据,则可免除侵权责任。③利用撤销专利权或反驳专利权无效程序。专利侵权诉讼往往伴随着反诉专利权无效,当前我国也有相当多的无效宣告请求案也是伴随着相关的专利侵权案提出来的,主要是因为专利权这种财产权的法律状态,不如其他有形财产权那样稳定所致。

(五)知识点五: 标准化营销与本土化营销

国际(地区间)营销高度重视文化的国际差异性。所谓标准化国际(地区间)营销策略,就是把在本国国内销售的产品及其营销方法直接带到国际(地区间)市场,用同样的方法销售同样的产品。标准化将世界看作一个大市场,不必理会各个国家(地区)之间的差别,企业的任务就是提供性能先进、可靠、廉价的全球化标准产品。赞成企业营销本土化的观点则认为,公司应该"做全球性考虑,但更应根据当地情况采取行动",即总公司提出战略性方针,当地公司则注重个体消费者差异。

标准化营销与本土化营销各有所长。相较于本土化而言,运用标准化可获得以下优势:首先,企业可以通过产品标准化在全球营销活动中降低成本。产品标准化可以实现批量生产与规模经济,大幅降低原材料、机械设备和其他生产成本;大量生产还可以降低单位产品的开发研究费用;包装、广告标准化也可以节约成本。其次,产品标准化可以使企业统一协调其营销活动,销售全球标准化产品有助于树立统一的企业产品形象;另一方面,本土化营销则以不同的营销方法出售差异化的产品,以便适应当地文化环境,更好地满足当地市场的需求,提高产品的市场占有率。毕竟世界各国(地区)和各民族存在客观差异,如各种非关税壁垒、经济水平差异导致消费者层次不同等,在某一国(地区)成功的营销方式不一定会在另一国(地区)自动地产生效用,顾客偏好、竞争者、分销渠道和传播媒介可能都不一样,各营销环节必须要进行本土化调整。

五、案例分析思路与要点

(一)案例分析思路

案例以千岸公司的发展壮大为脉络主线展开。千岸秉承"产品为王"的经营理念建立起了良好的口碑,引出口碑营销的相关知识并分析为什么在现阶段"渠道为王"应该让位于"产品为王"。千岸在品牌的境外建立与推广过程中经历了三个典型阶段:无牌阶段、商标阶段、品牌阶段,由此引出品牌境外推广的模式与方法。在品牌扩张的道路上,侵权纠纷是不可避免的,通过介绍千岸应对纠纷的态度与策略引出被指控专利侵权的原因和对策。最后,借由对千岸在标准化营销和本土化营销之间做出取舍的介绍,引出标准化营销和本土化营销的概念与特点(见图1)。

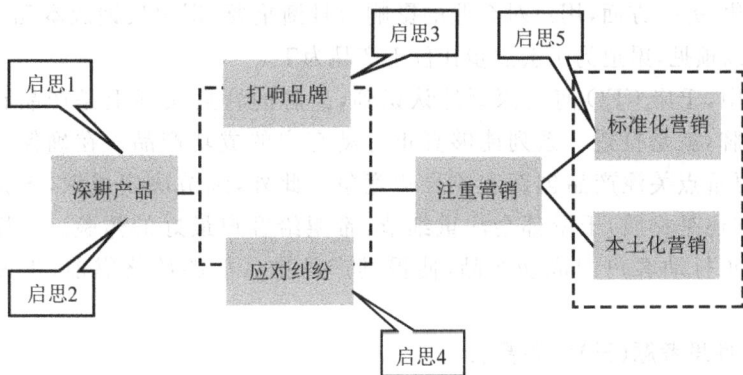

图 1 案例分析思路

(二)启发性思考题解答要点

1. 启发性思考题(一)解答要点

启发性思考题(一):为什么口碑是最强大的营销工具?

消费者常常会根据实际消费经历与期望价值的差距,形成购后评价并向外散发,即产生口碑。通过口碑,没有产品消费经历的潜在消费者可以了解产品的相关信息,并做出是否购买的决定。随着互联网的普及,越来越多的企业建立了独立网站或在第三方电子商务平台上建立网店,网络口碑正在发挥和传统口碑一样的功能,并且与传统口碑相比,网络口碑具有传播速度快、波及范围大、匿名性等特点,对消费者的购买决策具有更强的影响力。对于一款不熟悉的产品,其他消费者的评价无疑会帮助消除消费者心头的疑虑。

本案例中,千岸是凭借过硬产品在亚马逊上赚得口碑的五星卖家之一。在产品定位方面,千岸在把好质量关的基础上研究各个国家和地区人流量大的网站、社交媒体和论坛的特征,描绘刻画当地网民的行为轨迹,量体裁衣,为其制定相应的营销定位与策略。在传播因子方面,千岸抓住消费者爱分享爱传播的心理特点,营造出一定的话题性,引导他们分享传播,扩大影响力。在传播渠道方面,千岸注重第一时间收集用户在网站、媒体和论坛上对于产品的反馈,及时升级改进产品,进一步提高用户满意度,创造更好的口碑。

2. 启发性思考题(二)解答要点

启发性思考题(二):以千岸的发展历程为例,为什么"渠道为王"会让位于"产品为王"?

在以满足市场需求为目标的4P理论(渠道Place、价格Price、促销Promotion、产品Product)框架内,认同渠道为王就是认为"酒香也怕巷子深",渠道(Place)最重要;认同"产品为王",就意味着持"产品本身质量最重要"的态度,认为产品(Product)最重要。在传统商业中,相较于产品,企业更注重的是拓展渠道以取得经营业绩。而在互联网时代,商业模式发生了根本性转变。一方面,产品供应到用户的环节正在逐步缩短,渠道作用显著弱化;另一方面,用户对企业的影响力日渐重要,用户反馈成本几乎为零且十分便利。可以预见,渠道为王会逐步让位于产品为王。

本案例中,千岸CEO何定深刻地认识到,品牌的背后实际上是产品在支撑。打造成功的品牌,就是打造一系列能够真正打动客户的成功产品。在确保产品质量的前提下,需要重点关注产品创新和差异化竞争。此外,细节决定成败,无论是产品的包装、说明书还是材质,千岸都会注重细节,希望给客户最好的体验。千岸打造了一系列能够真正打动客户的成功产品,使得其产品排名能够始终靠前,迅速获得市场认可。

3. 启发性思考题(三)解答要点

启发性思考题(三):现阶段大多数中国企业处于境外品牌培育的哪个阶段,应当如何抓住发展契机?

外贸企业应抓住中国经济快速发展的机遇,在境外打响中国品牌,使中国从制造大国转变为品牌强国。中国企业在境外建立品牌和推广品牌的过程中大致需要经历三个阶段:无牌阶段、商标阶段和品牌阶段。从总体上看,我国品牌在国际(地区间)竞争中仍处于追赶和从属地位,自主品牌出口不足,现阶段大多数中国企业仍处于从第二阶段到第三阶段的过渡期。当前我国政府正大力支持企业在境外加大品牌建设投入、提高品牌培育能力,应当抓住这一契机,利用搜索引擎营销、B2B平台推广或许可邮件营销等方式在境外打响自主品牌。

本案例中,千岸有效使用了品牌境外推广模式中的"外贸营销型网站+国际商贸平台+搜索引擎优化(Web+B2B+SEO,WBS)"整合营销,较好地完成了从第二阶段到第三阶段的过渡。2015年1月,千岸的新一轮品牌运营初见成效,多个品牌产品获The Wirecutter等境外知名网络媒体报道,受到了一致好评;2015年8月,千岸4款品牌产品入选亚马逊全球优秀产品展,亚马逊全球高级副总裁会见 CEO 何定。当前,千岸已经形成了自有品牌体系,旗下的 iClever、Intocircuit、OxyLED 和 Dr. Meter 等品牌都已为全球消费者熟知。

4. 启发性思考题(四)解答要点

启发性思考题(四):千岸是如何处理专利侵权纠纷的?

有些企业在开发、制造、销售新产品时,往往不注意是否已有他人申请专利或已获得专利权,或认为只要是自己研制开发的产品就有权制造、销售,导致了当前中国企业国际化(区域化)进程中专利纠纷频发的尴尬处境。一般来说,为了应对纠纷需要做好文献检索和制定对策两项工作。在做好文献检索工作之后,企业需要对自己制造、销售的产品进行分析对比,并制定对策。几种常见的对策为:①利用和解或调解;②据理反驳;③利用撤销专利权或反驳专利权无效程序。

本案例中,千岸在应对专利纠纷时,根据具体情况采取两种截然不同的态度。第一种情况是涉及侵权的产品对公司来说不太重要,而应诉也很可能会输掉官司,这时企业会选择舍弃,与对方和解。如果涉及的产品对公司来说比较重要,而且应诉也有较大的可能打赢官司,那么千岸就会采取斗争的态度来应诉,采取第二种或第三种策略。

5. 启发性思考题(五)解答要点

启发性思考题(五):标准化营销与本土化营销孰优孰劣,应当如何进行选择?

此题属于开放性思考题,需要结合企业国际化(区域化)进程中的实际情况来分析。例如,应当根据目标市场的文化特点,对自己的产品进行更改,适应异国(地区)文化,入乡随俗,还是应当审慎地克服文化阻力,用母国的产品和文化去征服异国(地区)消费者,创造市场,需要视具体情况而定。事实上,国际(地区间)营销策略不是完全的标准化或完全的本土化,而是企业应当不断学习,逐渐把握其营销计划和项目被延伸到全球各地的程度,以及必须修改并使之适应当地情况的程度,在此基础上采取部分营销组合因素标准化、部分因素本土化的做法,即所谓的"全球本土化营销策略"。

六、教学组织方式

案例授课班级人数不宜过多,应该控制在 20～30 人,可以 4～6 人为一组分成 5 个小组。教室的桌椅布局要让所有的课堂参与者围坐四周,以使其容易听到和看到同组成员为基本原则。教室中应具备电脑、投影仪、黑板、粉笔等设备。同时,为方便学生更好地参与案例课堂讨论,教师可以在课前提醒学生做课前准备工作,例如,熟悉案例,了解深圳千岸科技有限公司的相关信息,理解亚马逊全球开店项目的运作,熟悉中国品牌在境外推广的总体情况。

(一)课时分配

案例回顾与概述(5 分钟):介绍案例背景,回顾案例内容,理清案例思路,明确案例主题。

提出问题与小组讨论(20分钟)：结合板书提出启发性思考题,分小组讨论并形成组内答案。

小组汇报与教师引导(50分钟)：针对每一道启发性思考题,选一个小组进行回答,其他小组补充。教师需结合板书和多媒体对学生引导,得出最终答案。

案例评价与总结(10分钟)：对知识点进行梳理,对案例教学过程进行评价,总结学习心得体会。

其他问题(5分钟)：教师回答学生的一些其他问题。

(二) 板书设计

启发性思考题(一)：为什么口碑是最强大的营销工具？启发性思考题(一)及解答要点如图2所示。

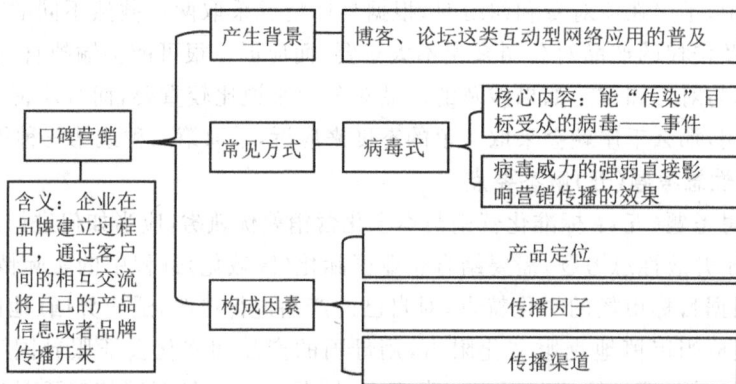

图2　启发性思考题(一)及解答要点

启发性思考题(二)：以千岸的发展历程为例,为什么"渠道为王"会让位于"产品为王"？启发性思考题(二)及解答要点如图3所示。

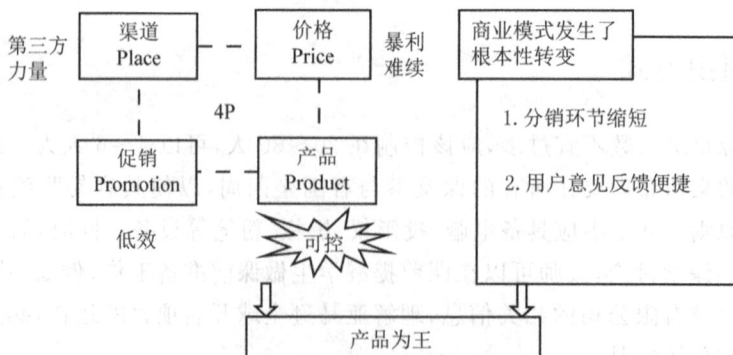

图3　启发性思考题(二)及解答要点

启发性思考题(三)：现阶段大多数中国企业处于境外品牌培育的哪个阶段,应当如何抓住发展契机？启发性思考题(三)及解答要点如图4所示。

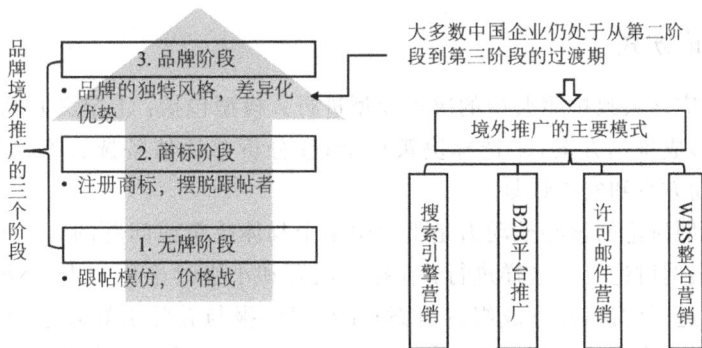

图4　启发性思考题(三)及解答要点

启发性思考题(四)：千岸是如何处理专利侵权纠纷的？启发性思考题(四)及解答要点如图5所示。

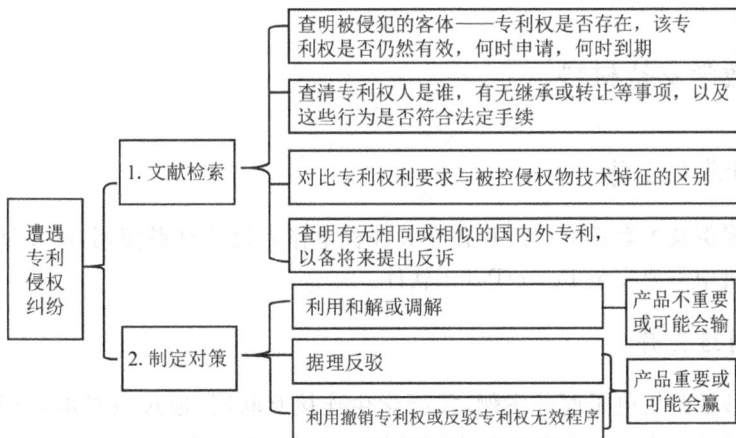

图5　启发性思考题(四)及解答要点

启发性思考题(五)：标准化营销和本土化营销孰优孰劣？应如何进行选择？启发性思考题(五)及解答要点如图6所示。

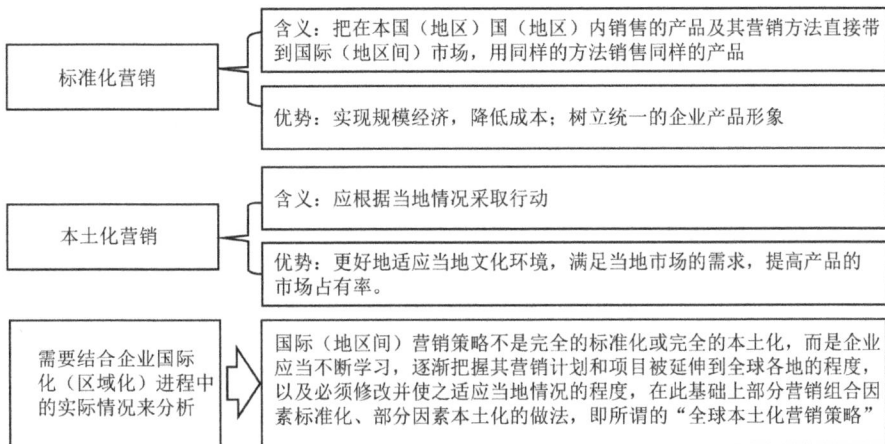

图6　启发性思考题(五)及解答要点

（三）讨论方式

案例讨论应该大致按照典型的决策模型进行。模型包括：①定义问题；②分析案例具体情况；③形成备选方案；④选择决策标准；⑤分析并评估备选方案；⑥选择首选方案；⑦制定行动方案和实施计划。

大多数案例讨论的核心推动力是组织中某个具体决策或问题的解决方案，因此，根据课时分配，案例讨论可以这样进行：在提出问题和小组讨论环节中，小组内根据五道启发性思考题进行讨论，并形成组内答案；在小组汇报与教师引导环节中，对每一道问题，教师从五组学生中选一组回答，其他小组补充，形成多种备选方案，教师根据决策标准引导学生分析评估备选方案，选出首选方案，并制定行动计划。

在案例讨论时，教师需鼓励学生形成良好的讨论习惯，如勇于提出不同意见、讨论前做好准备、讨论时及早发言、讨论后及时总结，避免盲目从众、提前背稿。

七、其他教学支持材料

（一）计算机支持

由于本案例及配套板书幻灯片在有关课程中作为讨论材料使用，需要展示给学生。所以在计算机中需要安装 PowerPoint 软件。

（二）网络支持

本案例涉及跨境电子商务案例，需要学生连接互联网，通过登录电商网站、跨境电商平台和相关社交媒体体会和了解中国品牌在境外的发展和现状。

参考文献

[1] Adjei, Noble. The influence of C2C communications in online communities on customer purchase behavior[J]. *Journal of the Academy of Marketing Science*, 2010,38(5):63.

[2] 阿里巴巴(中国)网络技术有限公司.挡不住的跨境电商时代[M].北京:中国海关出版社,2015.

[3] 陈厚义,李新民.市场营销的国际化与本土化——中国高等院校市场学研究会2003年年会暨会员代表大会文集[M].贵阳:贵州人民出版社,2015.

[4] 杜一涵.网络视角下企业战略变革研究[D].开封:河南大学,2015.

[5] 陆宇莺.中国企业产品国际化的品牌营销策略研究[J].中国商贸,2012(06):58-59.

[6] 吕利强,秦奋.我国企业在国际贸易中应对恶意侵权诉讼策略研究[J].电子知识产权,2006(5):20-22.

[7] 彭红斌,石丽静.美对华知识产权壁垒的特点、原因及对策分析[J].国际商务财会,2013(05):59-63.

[8] 杨壮.中国企业国际化的机遇分析与挑战应对[J].财经界,2016(10):73-76.

[9] 易万云.国际知名品牌培育研究[J].商业研究,2011(6):118-119.

[10] 张明月.我国企业出口贸易知识产权纠纷及规避研究[D].湘潭:湘潭大学,2015.

致 谢

　　本案例获深圳千岸科技有限公司授权发布,在采编过程中得到了千岸方面的大力支持,特别要感谢 CEO 何定先生提供的企业资料与宝贵意见。案例正文的压缩版已先行在《浙商》杂志 2017 年第 8 期发表,感谢杂志主编张远帆和记者陈抗为付梓做出的努力。

让世界听到骑客的声音

◎ 马述忠　胡邵聪　柴宇曦

（浙江大学马述忠工作室）

■ **摘　要**：骑客公司在危机中谋求转机，并意外获得品牌培育的机会。本案例详细阐述了中国平衡车产业由于产品质量问题爆发了消费者信任危机，骑客公司专利遭遇锐哲公司起诉的困境。通过产品质量标准制定以及专利保护，骑客公司总裁应佳伟成功化解了企业危机，抓住了培育品牌的机遇，帮助骑客公司在行业中树立了标杆形象。

■ **关键词**：品牌定位；标准制定；专利保护；品牌培育

Let the World Hear the Voice of Chic

◎ Ma Shuzhong   Hu Shaocong   Chai Yuxi

(Mashuzhong STUDIOS, Zhejiang University)

Abstract: A practical case has been described where Hangzhou Chic Intelligent Technology Co., Ltd ("Chic") was forced to cope with industry crisis and thus to strive for firm upgrading as well as brand building. Due to its inherent defect of product quality, the balancing scooter industry of China encountered a severe trust crisis of consumers, while Chic also had to confront with an additional predicament of patent litigation filed by Razor USA LLC. Based on establishment of product quality standard and patent protection, Ying Jiawei, the president of Chic, successfully resolved such crisis and subsequently seized the opportunity of brand cultivation, which helped Chic set up its benchmark position in the industry of balancing scooters.

Key words: brand position; standards formulation; patent protection; brand building

上篇　案例正文

一、引言

2015 年的 12 月 12 日,在办公室里看报纸的杭州骑客智能科技有限公司(简称"骑客")总裁应佳伟显得有些懊恼。自美国三大航空公司由于电池质量问题对平衡车实施禁运之后,有关锐哲(Razor)公司[①]对骑客提起专利诉讼的新闻又登上了《人民日报》。很显然,锐哲公司试图借此火上浇油,一击打垮骑客,从而夺得骑客在美国的市场份额。销售渠道遭封杀,产品专利遭打击,雪上加霜的骑客被逼入了绝境,应佳伟能否化解企业危机,帮助骑客扭转目前的局势?

二、企业背景

在美国,有一家专门做平衡车的公司叫赛格威(Segway)[②]。赛格威早在 2003 年就开始研制有杆平衡车,并申请了许多自平衡技术[③]方面的专利。由于世界各国人民的出行偏好不同以及平衡车的价格较昂贵,所以赛格威的平衡车没有得到大多数消费者的青睐。然而,近些年随着经济的发展,各国(地区)之间交流越来越频繁,人均消费水平越来越高,平衡车成了一种新型热门的代步工具和娱乐工具。许多有着长远眼光的企业家嗅到了商机。骑客是国内最早研发平衡车的生产商,骑客在 2006 年成立了专业的研发团队,从 2006—2013 年,该团队申请了 150 余项人体互动平衡技术[④]专利,之后骑客在 2013 年 5 月份正式挂牌成立。

骑客依托于教育部计算机辅助产品创新设计工程中心、浙江大学国际设计学院和浙江省服务机器人重点实验室等专业机构共同孵化。骑客拥有厂房面积 5000 平方米,办公面积 3000 平方米,2013 年骑客销售额突破 90 万,2014 年销售额突破 3000 万。2015 年"中国平衡车产业联盟"成立,骑客成了常务理事单位。骑客拥有强大的研发专家团队,由 8 位博士、12 位硕士组成,专家团队成员在软件开发、工业设计、自动化控制等领域均为技术权威人士。骑客强大的研发能力为国内外消费者提供了优质的智能平衡车产品。

---

① 锐哲公司全称是 Razor USA LLC,成立于 2000 年,主要经营和销售电动滑板车,总部在美国。
② 赛格威是最早生产平衡车的企业,在业内也被称为"平衡车鼻祖",现已被纳恩博(Ninebot)收购。
③ 自平衡技术是平衡车维持平衡的一种技术,也叫自动平衡技术。
④ 人体互动平衡技术是平衡车维持平衡的一种技术,与自动平衡技术不同,它依靠人体的重心位置确定平衡状态。

三、骑客平衡车走出国门

随着经济的快速发展和智能化生活的到来,个人出行代步工具日新月异。从人力车、摩托车到汽车,出行的方式在不断地进步和创新。像汽车这样的代步工具已经普及,例如,在美国平均每 1.3 人就有一辆汽车,但过多的汽车会导致交通拥挤、大气污染等问题。相比之下,电动代步工具依靠电力驱动,不会产生尾气,环保又清洁。在这样的背景下,电动产品成了一股"新"力量,特斯拉(Tesla)的电动汽车是一个很鲜明的例子。但是,特斯拉汽车的充电桩难以普及而且拥挤问题也不容易得到解决,这直接阻碍了电动汽车的发展。目前一些小型的电动代步工具已经逐渐兴起,如赛格威的有杆平衡车,但它更多应用于娱乐场所,目标群体仅限于青少年。鉴于市面上还没有适用于短途出行的代步工具,骑客总裁应佳伟看到了这块"大蛋糕",并雄心勃勃地表态:正如互联网让人们的衣食住行发生了翻天覆地的变化一样,在未来人们的出行方式也一定会发生变革。

目标宏伟的应佳伟立志于服务全球市场,他希望骑客的产品能够在平衡车市场中有一席之地。几经思考之后,他和营销部总经理蔡总一起探讨产品定位的问题。目前市面上赛格威的平衡车最受欢迎,骑客要做出与赛格威差异化定位的产品。赛格威的平衡车主要针对的是发达国家的青少年,是一款娱乐电动产品。目前短途出行最频繁的是上班族和学生,这个消费群体的人口基数相当大,市场需求也是巨大的,骑客需要针对这个消费群体设计平衡车。蔡总强调,用于短途出行的平衡车需要更加注重安全性能,所以骑客研发的平衡车需采用低底盘的双轮结构,底盘低具有承重量大、逃生容易的优势,在电池上也采用了业内知名的锂电池,锂电池安全系数高,容量大。此外,骑客平衡车还加入了温度感应报警器,一旦电池的温度超过一定数值,平衡车会自动发出警报声,提示使用者暂停使用。在平衡车的续航能力方面,骑客也做出了不同于赛格威的差异化定位,骑客的产品主要用于上下班代步、公共场合骑行,所以骑客平衡车所用的锂电池能够续航 2 个小时以上,一次充电可跑 40 多千米。由于平衡车是智能产品,客单价较高,所以骑客选择人均消费水平较高的欧美市场为目标市场,在国内也选择较发达的一、二线城市。蔡总表示骑客产品的定位不同于赛格威,赛格威平衡车在消费者心中是一款娱乐休闲的玩具,骑客则将产品定位为新型的短途代步工具,并希望在消费者心目中刻画一种安全、实用的产品形象。

有了科学的产品定位,应佳伟带领他的研发团队潜心做研究。2009 年骑客研制出了第一辆越野双轮电动平衡车,并开始投入国内市场。2014 年 8 月骑客和苏宁达成合作协议,苏宁众包平台在苏宁易购和北京、上海、深圳、南京、杭州等 16 个重点城市 58 家苏宁门店开始销售越野双轮电动平衡车,苏宁的线上线下双重推广扩大了骑客的销售量。营销部总经理蔡总认为骑客的产品想要走出国门,展会是个很好的平台。2014 年的 6 月份,骑客先后参加了第 25 届中国国际自行车展览会、2014 年南京国际度假旅游及房车展览会和第 114 届中国出口商品交易会。国际性的展会为骑客提供了一个直接展示给境外参展者的平台,骑客的产品也因其新颖性和科技性深受参展者的青睐。2014 年的 8 月份,骑客产品亮相美国拉斯维加斯国际冬季消费类电子产品展览会,骑客平衡车凭借其时尚的外观、强大的功能和先进的科技水平获得了时尚产品第四名,吸引了全球参展者的目光,这也是唯一获奖的中国智能产品。优异的成绩表明骑客凭借其掌握的尖端智能技术正式开始征战国际(地区间)市场。

一系列展会的成功推广帮助骑客平衡车走出了国门,仅 2014 年骑客平衡车的出口销售额就达到了 3000 万,一跃成为浙江省出口的一匹"黑马"。然而,蔡总并不满足于现在的销售业绩,他建议应佳伟通过跨境电商平台抢占更多的市场份额,例如亚马逊(Amazon)、Wish 和易贝(eBay)等。2014 年,亚马逊平台上的消费者数量达到了2.94 亿,这对于任何一家制造商来说都是巨大的市场。跨境电商平台的优点是能够将产品信息直接展示给购买者,不受地域和时间的限制。此外,与传统展会相比,跨境电商平台的信息更新速度快,而且支付方式多样化,便于各地消费者的支付。传统展会虽然适合大额订单的成交,但是不能直接面对消费者,存在中间商差价。跨境电商平台不仅满足小额订单的交易,而且很大程度上满足了零售模式的交易,平衡车通过零售方式能获得更多的差价利润。通过跨境电商平台,骑客的产品能够以较低的推广成本进入国外市场,而且购买者也能及时地反馈信息,这对于产品的更新和新趋势的把握都是很有帮助的。

骑客在国际展会和跨境电商平台的双重助推下,2014 年的年销售额达到了 3000 万元。平衡车的一夜爆红吸引了很多想进入平衡车行业的生产商和加盟商,应佳伟以每份 10 万元的价格出售公司的专利使用权,获得了专利使用权的加盟商开始加工生产电动平衡车,并入驻各大跨境电商平台销售,获得授权的加盟商都能在其中分得一杯羹。对于未来,应佳伟充满信心,平衡车的兴起代表着智能化时代已经到来,骑客作为中国平衡车制造商的领头羊,已经走出了中国的大门,向国际(地区间)市场进军。

四、帮助行业制定产品质量标准

根据《英国时报》的报道,2015 年 10 月英国人鲍尔(Paul)花了 300 英镑在网上买了一台平衡车。收到车子后,鲍尔拿出来给 6 岁的孙子试试看是否适用,之后就把平衡车放在厨房充电。过了一段时间,鲍尔在房间里听到厨房有很大的滋滋声,透过玻璃可以看到平衡车冒出很大的火花。鲍尔感觉不妙便跑到厨房,看到火花从平衡车的电池组位置冒出来,想断开电源把火扑灭,但看到火花越来越大,无法控制,便逃出厨房关上门,并拨打了消防电话。此时平衡车马上炸开,就像一个小型炸弹,隔三间房子的邻居都能听到爆炸声。事故发生之后,一些国外的网友评论中国产的平衡车存在安全质量问题,建议不要从中国卖家的店铺购买。各国的媒体也纷纷报道该事件,在一夜间电池起火事件登上了各大新闻网站的头条。该事件震惊了国内外消费者,引发了平衡车买家对产品质量的恐慌。

在起火事件后的几周内,英国海关扣押了 17000 多台中国产的平衡车,其中有

15000台存在质量问题。英国国家贸易标准局表示：很多被扣留的商品都被发现采用了不符合规定的插头，没有加入保险丝，这会加大设备过热的可能从而引起爆炸和着火的风险。截至2016年2月，美国至少有10个州报告了共11起由平衡车引发的火灾。美国著名购物网站Overstock.com已于2015年12月9日发表声明，称因担心消费者安全，决定停止销售平衡车。美国航空、联合航空、达美航空也宣布禁止携带或托运平衡车。在欧洲，英国著名百货零售企业乐购(Tesco)、约翰·路易斯(JohnLewis)和阿哥斯(Argos)均停止销售相关产品。

英国平衡车电池起火事件闹得沸沸扬扬，导致中国平衡车的出口量急剧下降，骑客平衡车的销售量也出现了负增长，从2015年10月份到11月份骑客仅出口了2万台平衡车。骑客所授权的几家经销商也陷入了困境，月销售额都大幅降低，库存大量积压。电池起火事件打击了整个中国平衡车产业，境外消费者的信任度大大降低。劣质的平衡车成为这场毁灭性灾难的导火线，尽管低质量的平衡车在价格方面赢得了竞争优势，但是质量安全问题败坏了所有中国优质平衡车制造商的名誉。在国外消费者心中，"中国制造"是低端、劣质的形象，这对中国其他产品的出口也会造成不良影响。

英国平衡车电池起火事件给了骑客当头一棒。对于刚成立两年的初创企业来说，遇到了可以毁灭整个行业的事件，无疑是一个挑战。起火事件后的第二天，应佳伟向深圳和永康的加盟商发出了召开会议的紧急通知。三天后的会议上，他做了详细的分析，指出在2015年的下半年，中国的平衡车行业充斥着各式各样的制造商，生产出的平衡车五花八门，质量参差不齐，在价格方面也是天差地别，价格高的达到了数万元，价格低的数千元，甚至几百元。到目前为止平衡车行业还没有制定具体的行业标准，电池、电芯、体感安全技术都没有规范化，整个行业出现了鱼龙混杂的现象。2015上半年亚马逊等跨境电商平台上销售的还是质量较高的产品，消费者投诉事件很少发生。下半年竞争趋于激烈化，各平衡车经销商不断地压低售价获得利润，而制造商通过降低生产成本获得利润。制造商通过采用劣质低价的电池或者不安装保险丝达到降低成本的目的，这使得产品的安全性得不到保障。从技术角度来看，用于平衡车的电池要适合大电流放电，这对电芯的要求其实是很高的。目前市场上性能较好的平衡车均使用进口电芯，像骑客就采用了业界知名的三元聚合物锂电池，锂电池的电芯具有适合大电流放电、稳定可靠的优点。

产品质量问题降低了国外消费者对平衡车的信任度，这表明中国的平衡车行业已经出现了消费者信任危机。为了挽回消费者的信任，应佳伟成立了一个应对信任危机的项目小组。他和该项目小组连夜召开讨论企业应对策略的会议。作为一家初创型企业，刚成立两年就遇到消费者信任危机实属不幸，但是骑客只有积极应对才能生存下去。会议结束后，应佳伟和项目小组共同"铸造"了应对危机的"三板斧"：第一，经销商需重新申请专利授权。市面上侵权商品过多，为了保障加盟商的合法利益，只有拥有骑客指定的授权标识的才是正品。骑客不仅要求重新申请授权，而且还提高了加盟商的授权标准。第二，骑客在产品出口时提供免责声明。应佳伟认为骑客平衡车的产品质量是经得起消费者考验的，引起电池起火事件或者不安全事件的平衡车都是劣质产品。

这些劣质产品的生产商不敢拿出免责声明,是因为他们无法保证产品的品质,不敢对自己产品的品质负责。如果所有平衡车生产商在产品出口时都提供免责声明,那么无论发生什么事件都能从源头找到解决办法,消费者的信任程度也会大大提升。第三,骑客作为"中国平衡车产业联盟"的常务理事单位,向该联盟提出了尽快规定行业标准的建议。平衡车产品标准包括平衡车的电池安全标准、保险丝的安全系数标准、产品的质量检验标准。骑客还参与了广东省电动车商会举办的"平衡车发展及行业规范研讨会"。广东省质监局已立项"电动独轮车通用技术条件"以及"电动两轮平衡车通用技术条件"两项标准。到目前为止中国平衡车行业还没有具体可参照的质量检验标准,而骑客是最早研发平衡车的企业,同时也是手握专利最多的企业,所以骑客向联盟提出尽快制定产品质量标准的建议,希望可以帮助中国平衡车行业淘汰掉一些不合格的产品,从而向境外输送安全的产品,帮助行业度过信任危机。

五、向锐哲公司提起专利无效诉讼

2010 年,美国华盛顿州卡默斯市有一位名叫陈星的商人发明了电动独轮车索罗威尔①(Solo Wheel),他还创立了自己的公司英凡蒂②(Inventist)。除了索罗威尔,他还于 2012 年初发明了两轮电动平衡车。虽然当时只是一个概念,并没有实现产品化,但是他也向美国专利商标局申请了专利,其中包括一项平衡车基础专利 US8738278。2015 年 9 月底,陈星以 1000 万美元将英凡蒂旗下产品的独家销售权卖给了美国电动滑板车巨头锐哲公司。

2015 年 12 月 12 日前夜,临近西方圣诞节的好日子,骑客早已摩拳擦掌,兴奋地等待着这个购物狂欢日的到来。谁也没料到,因为接到锐哲公司专利侵权的投诉,亚马逊突然强制下架了所有中国厂商的双轮电动平衡车,并冻结所有卖家账户近三个月的销售额。锐哲公司向亚马逊投诉,称包括骑客在内的多家中国平衡车制造商侵犯其 US8738278 号专利。突如其来的消息使得应佳伟顿时不知所措,骑客再一次陷入了困境。应佳伟仔细阅读锐哲公司的投诉信,并对下架缘由进行反复的推敲。冷静之后,应佳伟觉得这不是简单的专利侵权投诉,而更像是一场市场份额争夺战。骑客从 2006 年开始研发到 2009 年投入市场,在这期间做了很多专利方面的工作,并且花费了 20 多万元专门用于查询相关专利。为了防止引起专利冲突,骑客避开了所有其他公司研发的专利技术。许多美国公司包括赛格威等用的都是自平衡技术,通俗地说,车子一开机就是平衡的。但是应佳伟的研发团队对此做了创新,骑客平衡车采用的是人体互动平衡技术,开机时是不平衡的,只有人站在平衡车上骑行时才能够保持平衡,骑客的研发团队通过这个概念把自动调节平衡技术改为人体互动平衡技术,该技术成熟后于 2014 年在中国和美国同时申请了发明专利和实用专利。

---

① 索罗威尔是一款迄今为止最小、最环保、最便捷的自平衡电动独轮车。

② 英凡蒂是美国 Inventist Inc. 公司的缩写,成立于 2010 年。

2015 年 12 月 12 日,亚马逊官方网站挂出公告:亚马逊已全面下架平衡车,并向所有亚马逊平衡车卖家发出邮件,要求其提供质量证明即平衡车的相关资质文件或者证书,包括 UN38.3(电池认证)、UL1642(电芯认证)和 UL 60950－1(充电器认证)。亚马逊还要求卖家提供有关证据证明店铺内销售的产品不属于侵权产品,只有满足以上两个要求的卖家才能正常销售。在亚马逊平台上搜索"平衡车"这一关键词,搜索结果中只出现平衡车的相关配件,包括保护膜套装及包装袋等,而不会出现平衡车整机商品。不仅如此,亚马逊还发邮件给平衡车买家告知此事并允许其申请退货和退款,很多来自中国的平衡车卖家账户资金被冻结。亚马逊全面下架平衡车表明骑客及其加盟商的线上销售渠道被封锁,一些只在线上售卖平衡车的经销商更是苦不堪言,不仅没有了销售渠道,资金还被强制退回给买家,可以说是"钱货两空"。骑客加盟商小叶表示自己的账户被强制退货 335 台,账户已负债 70 多万美金。

12 月 13 日,应佳伟通知美国分公司负责人布鲁克斯(Brooks)尽全力调查锐哲公司的背景和此次专利侵权事件。13 日晚上,他又连夜坐飞机赶到美国,并在美国分公司召开了一个关于专利维权的会议。在会议上,布鲁克斯强调陈星把专利授权给了锐哲公司,锐哲公司获得专利授权后也开始生产双轮平衡车,但是该授权的专利只是一种概念专利,并不能将其产品化,骑客申请的专利都能应用到产品中。除了这点以外,骑客平衡车和锐哲公司生产的平衡车是两种不同的产品,两款产品采用的平衡技术也不同,外观以及材质都存在较大差异。在结束了长达四个小时的会议之后,应佳伟和骑客法务部刘部长一致决定明天聘请美国著名的律师詹姆斯(James)担任企业的法律顾问,商讨企业专利纠纷的事宜。

美国律师詹姆斯通过和应佳伟以及刘部长的沟通,了解了骑客现在的处境,给了骑客两条解决纠纷的路径:第一,向美国专利管理机关申请调解和处理,以个人调解的方式向锐哲公司提出解决纠纷的方案,并要求锐哲公司撤回向亚马逊平台的起诉。锐哲公司和骑客可以同时上架产品。具体的解决方案以最终协商结果为准,双方必须履行合约,违者退出亚马逊平台。第二,对锐哲公司提起专利无效诉讼,无效诉讼若能成功,骑客有权要求锐哲公司赔偿骑客的名誉损失费用和跨境电商加盟商的损失费用,并且要求亚马逊重新上架骑客及其加盟商的平衡车产品,以及下架锐哲公司所有侵犯骑客专利的产品。但是詹姆斯也阐述了无效诉讼失败的后果,一旦起诉失败,锐哲公司将获得美国亚马逊平衡车市场的全部份额,而骑客完全被迫放弃该市场。

应佳伟意识到骑客无法通过与锐哲公司协商私下解决专利纠纷,因为锐哲公司就是冲着将骑客打垮而来。处于被动势态的骑客别无选择,只有提起专利无效诉讼。2015 年 12 月 15 日,骑客正式通过美国法院向锐哲公司提起了专利无效诉讼。

六、骑客品牌扬名境外

作为行业内最早研发和生产平衡车的中国企业,在某种意义上骑客开创了平衡车市场。然而,在行业获得野蛮式发展的同时,作为初创型企业的骑客没能很好地驾驭该市场,激烈的价格战使得产品的质量一度下滑,以至于频频发生安全事故,同时骑客又遭受了专利纠纷的打击,应佳伟带领骑客征战境外市场步履维艰。但是正是这些困难重叠到了一起,赋予了骑客塑造国际(地区间)品牌的机遇。

应佳伟在早期创立骑客时通过对加盟商的宣传试图扩大骑客的知名度,但是并没有收到很好的效果,反而导致行业内越来越多的劣质生产商开始冒充骑客,使得消费者对骑客的产品质量产生了怀疑。英国平衡车电池起火事件引起了世界各国媒体的关注,也将骑客推上了"中国制造"的风口浪尖。各国媒体跟踪报道起火事件的善后处理,层层追溯平衡车质量问题的源头,而中国方面没有其他平衡车制造商站出来做回应。在国内外媒体的围堵之下,骑客的平衡车曝光度达到了前所未有的高度。骑客勇于在媒体前做正面回应,敢于对自己的产品做免责申明,因此"骑客"这两个字在不知不觉中成了中国平衡车的代名词。也正是由于骑客在媒体前承诺对自己任何一款产品都免责声明,媒体曝光此次事件后,国外消费者对骑客的品牌有了一定的认知,但是就骑客平衡车产品的质量而言,他们心中仍然是抱有疑虑的。

英国平衡车电池起火事件引起了美国安全总局的重视,美国安全总局要求所有从中国进口的平衡车都需要经过 UN38.3(电池认证)、UL1642(电芯认证)和 UL 60950 - 1(充电器认证)的审核。对于整车的安全标准,UL 认证机构①作为美国最权威的安全试验和鉴定的机构,还没有可参考的具体标准。锐哲公司拥有的专利只是概念图,并非具有实体物件可参照的专利。当美国安全总局要求锐哲公司提供具体的质检方案时,锐哲公司却给不出具体的质量检验方案。有媒体称美国不允许从中国进口平衡车却又不给中国具体的质量检验标准是制造贸易壁垒的表现,这阻碍贸易自由化进程,与世界贸易组织规则相违背。社会舆论的压力使得美国 UL 认证机构在上海的分公司找到了骑客,因为骑客不仅拥有整机的专利而且还拥有零部件的专利,希望骑客能够提供可参考的质量检验方案。骑客将具体的质检方案提供给 UL 上海分公司,UL 上海分公司将这份质检方案转交到了美国总部,并出乎意料地获得了认可。这一消息使得骑客在美国平衡车同行内享有了较高的知名度,也让许多美国消费者知道骑客是一家拥有专利的平衡车制造企业。骑客的品牌在美国因为 UL 质检方案事件一夜成名。

除了帮助美国 UL 认证机构提供可参考的质量检验方案以外,与锐哲公司的专利纠纷也使得骑客常常出现在国外的新闻报纸中。在为 UL 认证机构提供质检方案之后,媒体界支持骑客的呼声越来越大,锐哲公司的专利侵权投诉变得越来越站不住脚。在美国,骑客成为中国平衡车行业最具影响力的企业,只要一提起中国平衡车就会自然而然想到骑客。骑客品牌在不知不觉中成了美国民众耳熟能详的中国品牌。

中国的平衡车产业经历了一次毁灭性的打击,行业进入了重新洗牌的阶段。骑客抓住了这个意外的机遇,通过为 UL 认证机构提供质量检验方案,使得骑客品牌在国外获得了较高的知名度和认可度。面对骑客日后的发展,应佳伟看到了满满的希望。

---

① UL 是美国保险商试验所(Underwriter Laboratories Inc.)的简写。UL 是美国最有权威的,也是世界上从事安全试验和鉴定的较大的民间机构。

七、结束语

中国的平衡车产业是一个从无到有、从零起步到千亿产值的行业。骑客自 2013 年 5 月创立,其研发产品仅仅上市两个月,大量山寨产品便纷纷涌入市场,接踵而至的"价格战"开始洗劫市场利润。直到震惊国内外的英国平衡车电池起火事件发生,"中国制造"被再次掌掴,平衡车行业经历了一次毁灭性的打击,但这也是行业洗牌、企业突围的机遇。骑客在行业经历了境外消费者信任危机之后,又很不幸地成了锐哲公司进行专利纠纷攻击的"靶子"。骑客的道路相当曲折险阻,应佳伟通过为 UL 认证机构提供质量检验方案,获得媒体的跟踪报道,使得骑客的知名度得到前所未有的提高,这也让骑客在中国平衡车行业处于沉寂状态时期成了最为活跃的企业。因为锐哲公司没有给 UL 认证机构提供质量检验方案,舆论的天平逐渐向骑客倾斜,骑客提起的专利无效诉讼成功的概率相当大。通过保护企业专利,骑客成功地让媒体和舆论做了最公平的见证者。即使骑客是一个初创企业,特殊的环境倒逼骑客成长,应佳伟也要向世界发出骑客的"声音",让世界知道骑客不仅是注重产品质量的企业,也是踏踏实实做研究、拥有产品专利的企业。

附录

中国平衡车出口量和出口总额如表 1 所示。

表 1　中国平衡车出口量和出口总额

时　间	销量/台	销售额/美元	月均销量/台	月销售额/美元
2014 年第一季度	333050	143232979	111017	47744326
2014 年第二季度	572449	211788879	190816	70596293
2014 年第三季度	678695	217104753	226232	72368251
2014 年第四季度	528708	169497080	176236	56499027
2015 年第一季度	436092	193008878	145364	64336293
2015 年第二季度	600487	239366560	200162	79788853
2015 年第三季度	1436329	340206134	478776	113402045
2015 年第四季度	4021107	786617491	1340369	262205830
2016 年一月份	714915	161552993	714915	161552993

下篇　案例使用说明

一、教学目的与用途

本案例是为国际商务课程撰写的,也可为国际市场营销学课程、电子商务课程和国际商法课程使用。本案例为学生提供了一个在企业处于信任危机和专利纠纷时培育品牌的机会,我们希望通过设置一个真实的案例环境,强化学生分析事物的能力和提出解决事物困境的应变能力。

(一)适用课程

本案例适用于国际商务课程、国际市场营销课程和电子商务课程,也可作为国际商法课程的辅助案例。

(二)适用对象

本案例难度适中,适用对象包括国际商务专业硕士研究生、高年级国际经济与贸易专业本科生和电子商务专业本科生。

(三)教学目标

1. 知识传授

通过本案例的教学让学生掌握以下理论知识:第一,在骑客的品牌定位中让学生掌握 STP 营销理论。骑客从研发产品到投入市场,科学的品牌定位帮助骑客找准目标市场。STP 营销理论主要从市场细分、目标市场和产品定位三个维度解释骑客平衡车的品牌定位。第二,骑客从对市场的深度挖掘中发现细致的差异化需求,从而对平衡车进行了创新,与消费者需求相吻合。学生从骑客的产品差异化中可以掌握迈克尔·E.波特(Michael E. Porter)在《竞争战略》一书中阐述的差异化理论。第三,英国出现平衡车电池起火事件从而导致中国平衡车产业出现消费者信任危机,通过骑客的"三板斧"让学生掌握消费者信任危机及其解决措施。第四,在美国律师詹姆斯给应佳伟的建议中,让学生掌握国际经济贸易诉讼的法律程序。第五,通过骑客意外获得品牌培育的机会,让学生了解新时代下除了传统的品牌培育方法以外,还有两条特殊的品牌培育的路径:制定产品质量标准和保护专利。

2. 能力训练

通过本案例的教学,学生们能够得到以下几点的能力训练:第一,锻炼学生思考和分析事物发展的能力。亚马逊全面下架平衡车对中国平衡车行业和平衡车研制企业有哪些影响？在骑客面临行业危机时，企业的应对措施对企业本身和行业会有什么影响？对这些问题的分析能够锻炼学生的逻辑思维和分析能力。第二，提升学生国际(地区间)营销方面的实践能力。本案例中的骑客公司在平衡车产品投入市场前做了产品定位，这是国际营销的一部分。第三，提升从国际(地区间)市场维度思考问题的能力。本案例讲述了一个创新企业应对国际(地区间)专利纠纷的故事，能够让学生从国际(地区间)市场和全球化角度思考问题。

3. 观念更新

通过本案例的教学，学生们能够对原有的传统观念进行更新。例如，传统营销模式往往依赖于广告、新闻等，而如今"事件营销"已经风靡全球；再比如企业在过去往往都依赖传统的品牌培育方法，如找明星代言、依靠明星效应扩大知名度等，而现在的企业可以通过帮助行业制定标准来扩大品牌知名度。

二、启发性思考题

(一) 骑客的品牌是如何定位的？

(二) 骑客与赛格威的产品有什么不同？

(三) 国外消费者买到劣质平衡车并出现了信任危机，骑客是如何应对的？

(四) 骑客是如何解决专利纠纷的？

(五) 骑客的品牌培育有哪些途径？

三、案例分析背景

(一) 制度背景

本案例使用说明中未提及的理论背景信息主要有：专利的种类与区别。发明专利是指对产品、方法或者其改进所提出的新的技术方案。实用新型专利是指对产品的形状、构造或者其结合所提出的适于实用的新的技术方案。外观设计专利是指对产品的形状、图案或者其结合以及色彩与形状、图案的结合所做出的富有美感并适于工业应用的新设计。

2015年8月由深圳市科创标准服务中心、市计量质量检测研究院、市标准院等21家单位和企业发起创建的深圳平衡车产业与创新联盟，将整合各方资源，运用标准化手段规范产业健康发展。联盟成立当天便发布了全国首个平衡车行业的标准《平衡车安全要求》。该标准规定了平衡车的性能安全、电气安全、机械安全等关键属性的要求，填补了这个细分行业的一项空白。

2016年2月18日，美国消费品安全协会(CPSC)发布公告：要求在美国本土所生产、进口、销售的平衡车必须要符合最新的安全标准，包括 UL2272 平衡车电路系统认证标准。同时,所有平衡车电池必须符合 UN38.3 认证要求。如果其调查到相关的平衡车产品不符合上述标准,根据美国相关法律法规,这些产品会被定为危险品,在海关进口过程中将会被扣押。如果发现在国内销售该问题产品的,将会要求召回。

(二)行业背景

电动平衡车,又叫体感车、思维车、摄位车等。市场上主要有独轮和双轮两类。其运作原理主要是一种被称为"动态稳定"的基本原理,利用车体内部的陀螺仪和加速度传感器,来检测车体姿态的变化,并利用伺服控制系统,精确地驱动电机进行相应的调整,以保持系统的平衡,是现代人用来作为代步工具和休闲娱乐的一种新型的绿色环保的产物(见图1)。

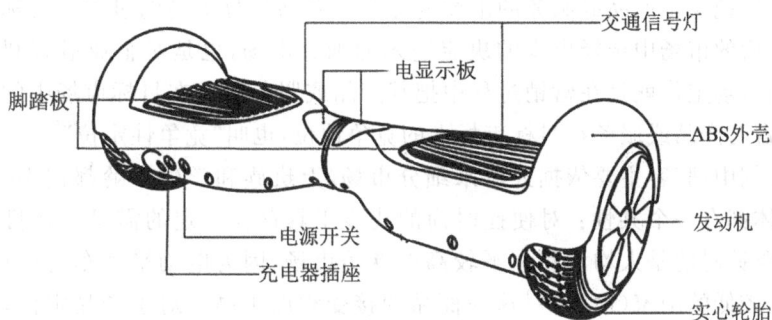

图 1 平衡车结构

根据中国海关信息网披露的数据,2013 年中国还没有平衡车的出口数据;2014 年中国平衡车出口量达到了 211.3 万台,出口金额达到了 7.42 亿美元;到了 2015 年,中国平衡车出口量呈井喷式增长,出口数量达到了 649.4 万台,出口金额达到了 15.59 亿美元。在国际(地区间)上,平衡车行业还没有可参照的产品质量标准,境内外海关也没有具体的质检方案。正是在这样的背景下,平衡车产业在中国开始了爆发式的发展。2015 年平衡车成为中国企业出口创汇的一把"利器",但是这种粗犷式的发展也带来了许多问题,如偷工减料现象严重、产品质量无法保障等等。同时,一个数据可以反映出中国平衡车的出口竞争也是越来越激烈。2014 年出口的平衡车均客单价为 350.99 美元,到了 2015 年均客单价掉到了 240.09 美元,下降了 31.6%。中国的平衡车产业蓬勃发展的同时竞争也越发激烈。

四、理论研判依据

(一)知识点一: STP 营销理论

市场细分的概念是美国营销学家温德尔·R. 史密斯(Wendell R. Smith)在 1956 年最早提出的,此后,美国营销学家菲利浦·科特勒(Philip Kotler)进一步发展和完善了温德尔·R. 史密斯的理论并最终形成了成熟的 STP 理论——市场细分（Segmentation）、目标市场选择（Targeting）和市场定位（Positioning）。

根据 STP 理论，市场是一个综合体，是多层次、多元化的消费需求集合体，任何企业都无法满足所有的需求，企业应该根据不同需求、购买力等因素把市场分为由相似需求构成的消费群，即若干子市场，这就是市场细分。企业可以根据自身战略和产品情况从子市场中选取有一定规模和发展前景，并且符合公司的目标和能力的细分市场作为公司的目标市场。随后，企业需要将产品定位在目标消费者所偏好的位置上，并通过一系列营销活动向目标消费者传达这一定位信息，让他们注意到品牌，并感知到这就是他们所需要的。STP 理论是指企业在一定的市场细分的基础上，确定自己的目标市场，最后把产品或服务定位在目标市场中的确定位置上。具体而言，市场细分是指根据顾客需求上的差异把某个产品或服务的市场划分为一系列细分市场的过程。目标市场是指企业从细分后的市场中选择出来的决定进入的细分市场，也是对企业最有利的市场组成部分。而市场定位就是在营销过程中把其产品或服务确定在目标市场中的一定位置上，即确定自己产品或服务在目标市场上的竞争地位，也叫"竞争性定位"。

在本案例中，骑客主要依据人口来细分市场，上班族和学生年龄都在 16～30 岁之间，这些群体都有一个共性：对便捷时尚的代步工具存在一定的需求。就目标市场而言，骑客主要针对的是人均消费水平较高的欧美市场，因为电动平衡车的单价较高，人均收入水平较低的国家（地区）对这一商品的接受程度不高。对于产品定位，骑客将其研发的平衡车定位成新型智能的代步工具。

（二）知识点二：差异化理论

1980 年迈克尔·波特在其《竞争战略》一书中阐述了企业获取竞争优势的三个基本战略：成本领先战略、差异化战略和目标集聚战略，由此奠定了差异化在企业获取竞争优势中的作用。

差异化理论的核心观点包括：产品差异化是差异化战略的主要手段，差异化战略的经济学意义是制造稀缺，是企业从对市场的深度挖掘中发现细致的差异化需求，从而对某一商品或服务进行创新，与消费者的不同需求相吻合，制造商品或服务的某一方面或经营过程中某一环节有别于竞争对手的稀缺，即"局部的供不应求"，从而产生竞争优势，获得超额利润。产品差异化竞争的意义在于一方面通过产品的特殊性形成消费者的偏好和忠诚，另一方面通过产品差异化，有利于在位企业设置进入壁垒，获取市场竞争的有利地位。

本案例中骑客的差异化战略是挖掘还没有开发的细分市场，并做出了与赛格威产品存在差异化特点的平衡车。骑客的平衡车主要针对上班族和学生，赛格威主要针对青少年；骑客的平衡车适合短途出行，而赛格威的平衡车适用于休闲娱乐。

（三）知识点三：消费者信任危机和解决措施

消费者信任危机是某一行业中的产品由于某些原因如质量问题导致使用者的利益

受损,从而导致其他消费者对该产品失去信任,以至于该产品无法正常销售。

解决措施:第一,品牌路径。品牌是产品或企业核心价值的体现,也是消费者或用户记忆商品的工具。对企业来说品牌更是一种无形资产,是企业文化的外在表现,一个好的品牌可以帮助消费者形成品牌忠诚,使其重复购买。品牌更是一种质量的定位,好的品牌可以给消费者一种信任感,让消费者放心购买。培育一个良好的品牌,增加消费者的认可度,从而赢得消费者的信赖。第二,质检路径。企业生产的产品通过第三方检验机构,获得质检通过,以通过质量标准的方式博得消费者的认可。典型的质检路径有获得第三方检验检疫机构的认可,通过客观的质量检验可以让消费者更加相信产品的质量,消除消费者的疑虑,增加消费者的信赖度。

本案例中,英国平衡车电池起火事件引起了国内外的轩然大波,各种质疑与评论铺天盖地地袭来。国外的消费者对中国平衡车失去了信心,消费者信任危机爆发,骑客作为行业中的领头羊与"中国平衡车产业联盟"理事单位,挺身而出,通过帮助行业制定安全检测标准,帮助骑客树立良好的品牌形象,增加骑客产品的认可度,解决消费者信任危机。

(四)知识点四: 国际经济贸易诉讼的法律程序

国际经济贸易诉讼的程序,是指在国际经济贸易案件诉讼过程中法院、当事人及其他诉讼参加者必须遵循的规则。国际经济贸易诉讼属于涉外民商事诉讼,按照一般民事诉讼法的规定,它的重要程序主要有以下几方面。

1. 起诉

诉讼是以诉讼当事人向有管辖权的法院提出诉讼书的方式开始的。按照西方国家的法律,只有与案件有利害关系的当事人才能向法院提出诉讼请求,而法院也只能依据诉讼当事人的请求才能对案件进行审理,这就是所谓"不告不理"的原则。原告在向法院递交诉讼书的同时,应交纳法定的诉讼费和备案费,同时还应按被告的人数提交诉讼副本,以便法院送达被告。

按照各国(地区)法律的规定,法院决定受理诉讼后,应将诉讼状送达每一个被告人,并给出被告提交答辩状的期限。按照英美的诉讼程序,双方当事人应轮流送达各种书状,彼此就诉讼标的展开争论,其目的是缩小争执的范围,直至剩下最后一个争论点,才在法庭开庭审理时由陪审团或法官断定。

2. 答辩和请求

英美各国的法律都允许被告在收到起诉书和起诉通知书后,在一定期间内向法院提出"答辩"或"请求"。

答辩是指被告对原告在起诉书中所提的指控做出答复。被告一旦对起诉事项向法院做出了实质性的答辩,就表示接受了法院的管辖权,日后就不得再以法院无管辖权为理由提出抗辩或不执行法院的判决。

3. 诉讼证据

在西方各国的民事诉讼程序中,诉讼证据占有十分重要的地位。凡诉讼当事人要证明其在诉讼中所主张的事实或要求,都必须首先提出证据予以证明。法院只能根据当事人的事实进行审理,任何无关的事实法院都不能讨论。

凡提出对自己有利的事实的一方当事人,对该项事实应负举证责任。举证的方法主要有以下几种。

(1)人证

人证是指以证人的证言供作证明之用。证人的证言陈述一般应以自己的亲身实践为依据,英美法系的法律有所谓"传闻证据规则",禁止适用证人根据听来的事实作为依据。

(2)鉴定

鉴定是以鉴定人的报告作为证据之用。鉴定人是具有专门技能和知识的专家,他依据法院的命令,就法院指示的诉讼材料陈述自己的意见。鉴定人不同于一般的证人,他不像证人那样陈述自己见闻的具体事实,而是就诉讼材料向法院提出自己的意见。

(3)书证

书证是指以书面文件做证据。一方当事人如认为有必要可向法院提出申请,要求对方提出有关文书,当事人也有义务提交他在书状或答辩中所引用的文书。

(4)勘验

勘验是由法官或其他负责审理案件的司法人员对勘验的标的物进行观察、检验的行为。

4. 保全措施

保全措施是指法院根据原告的请求,以裁定的方式对被告财产所做的一种临时性的强制措施,如扣押被告的有形财产、命令被告返还非法侵占的财物、查封被告的无形财产,或发出被告为某种行为或不为某种行为的暂时命令等。

5. 审理

开庭审理是民事诉讼的程序中最有决定意义的环节。在审理程序中,英美法系与大陆法系的一个重要区别是英美法系国家采用陪审制,而大陆法系国家则没有陪审制。按照英美的诉讼法,争议案件可以分为事实问题和法律问题两个方面。陪审团的职权在于断定事实,而法官的职责则限定于确定案件所适用的法律。

6. 裁判与上诉

(1)法院的裁判

法院经过审理阶段,最后对于如何处理案件的实质性问题,或在审理过程中对于解决案件的程序问题所做的决定,称为裁判。法院的裁判分为两种:凡法院为解决案件的实体问题,即为解决当事人之间民商事权利义务是否存在、内容如何、范围大小等问题所做的决定,称为判决。至于法院在审理过程中为了解决程序上的问题,即为解决诉讼程序、手续等问题所做的决定,称为裁定。

(2)对法院判决的上诉

上诉是民事诉讼当事人不服第一审法院的判决,在该判决发生法律效力之前,请求上一级法院加以审查、纠正的一种程序。

本案例中,骑客受到锐哲公司的起诉,美国律师詹姆斯给了应佳伟两个建议:一是通过自行协商解决,二是通过提起无效诉讼,使锐哲公司的起诉无效。将国际(地区间)经济贸易法律纠纷的一般解决途径套用到案例中可以看出,骑客遭到锐哲公司的专利侵权起诉后,在律师詹姆斯的建议下选择了第二种解决途径,应佳伟选择了对锐哲公司的起诉提起无效诉讼,骑客拥有很多平衡车方面的专利,应佳伟相信骑客能够在这场官司中获得胜利。

(五)知识点五: 菲莫品牌培育理论

2001年菲莫公司在拓展国际(地区间)烟草市场时提出了菲莫品牌培育理论。该理论的主要核心观点是培育一个国际(地区间)品牌有五个关键环节:了解市场/消费者及趋势;品牌构架的搭建;产品的研发;对消费者的引导;品牌表现的跟踪。在培育国际(地区间)品牌中的核心要点是对消费者的引导,主要通过广告、新闻和公共关系三种途径。

1. 广告

知名品牌的培育和开发离不开公共宣传和广告支持。品牌的价值取决于消费者对产品品质的了解程度,必须经过清晰的传播才能得到消费者的认可。广告是一种经济有效的传播信息方法。在品牌培育和开发中广告常起到重要作用,原因在于广告能从理性和情感两个方面传达品牌主张,并能大大提高品牌知名度,还可以维持品牌已经获得的领先地位,起到遏制竞争对手的作用。

2. 新闻

在塑造品牌的过程中利用新闻帮助企业宣传成为了一种广为人知的方式。在营销活动中有效综合运用新闻报道传播手段,创造最佳传播效能。这种模式通过新闻的形式和手法,多角度、多层面地诠释企业文化、品牌内涵、产品机理、利益承诺,传播行业资讯,引领消费时尚,指导购买决策。这种模式非常有利于引导市场消费,在较短时间内快速提升产品的知名度,塑造品牌的美誉度和公信力。

3. 公共关系

企业公共关系是指企业在运营过程中,有意识、有计划地与社会公众进行信息双向交流及行为互动的过程,以增进社会公众的理解、信任和支持,树立良好的企业形象,达到企业与社会协调发展的目的。作为一种与广告截然不同的方式,公关以其自身独特的优势在塑造企业品牌方面发挥着越来越重要的作用。

本案例中骑客培育品牌的方法是菲莫培育品牌理论的延伸,菲莫的培育品牌理论中主要是企业自身主动去寻求广告、新闻和公共关系去塑造一个好的品牌形象,而骑客属于间接地培育品牌。骑客在拓展国际(地区间)市场时并没有主动寻求国际(地区间)广告或者国际(地区间)公共关系,反而是被迫陷入了消费者信任危机和专利纠纷。骑客通过专利保护间接地制造了国际(地区间)新闻,又为UL认证机构提供了产品质量检验标准,从而在公共关系上获得了较多的公众支持,达到了培育品牌的最终效果。

五、案例分析思路与要点

(一) 案例分析思路

在平衡车产品投入市场前,骑客针对平衡车做了品牌定位,找准了销售市场和消费者,由此引出品牌定位的 STP 营销理论和差异化理论。在通过跨境电商线上销售时遇到了消费者信任危机和专利纠纷事件,由此引出解决消费者信任危机的知识点和国际(地区间)经济贸易诉讼的流程知识。通过保护知识产权和帮助制定产品行业标准,骑客成功获得了境内外消费者的认可,骑客的品牌也借此"一炮走红"(见图 2)。由此引出菲莫的品牌培育理论。

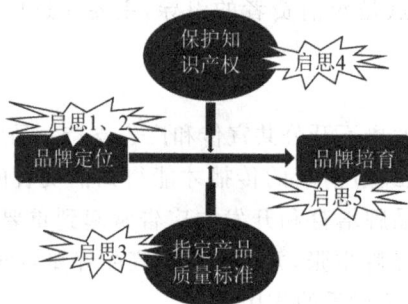

图 2 案例分析思路

(二) 启发性思考题解答要点

1. 启发性思考题(一)解答要点

启发性思考题(一):骑客的品牌是如何定位的?

此题回顾了国际营销学中的营销定位理论知识,主要围绕骑客的品牌定位和营销策略展开。在解答此题时教师需要引导学生回顾 STP 营销理论,并将 STP 营销理论的框架运用到本案例中。例如让学生写出骑客的目标群体、目标市场等。骑客的主要目标群体是上班族和追求时髦的学生,目标市场是人均消费水平较高的欧美市场,产品定位是新型智能的代步工具。此外,教师还可以引导学生分析骑客的营销策略是否合理,并鼓励学生提出更好的营销定位,比如举一个目标市场的例子,譬如欧美国家的某一个城市,为什么这个城市适合平衡车的销售,是不是因为该地区的经济较为发达等。最后,教师再总结 STP 营销理论的发展历史、概念和各个营销环节的知识要点。

2. 启发性思考题(二)解答要点

启发性思考题(二):骑客与赛格威的产品有什么不同?

此题需要用到产品差异化相关知识点。教师需要引导学生从骑客的营销策略中思考骑客的平衡车与赛格威的平衡车存在哪些差异。在找出各自的差异后分析为什么骑客选择营销与赛格威存在差异化的产品,而不是直接模仿赛格威并与其正面竞争、争夺市场份额。赛格威采用的是自平衡技术,而骑客平衡车采用的是人体互动平衡技术,这是两者最大的差异。只有在市场中推出与竞争对手存在差异的产品,后来进入的企业才有可能获得市场份额。由这个问题可以引出迈克尔·波特的差异化理论,并学习差异化理论。学生回顾差异化理论的基本内涵,最后教师传授差异化理论的主要手段和讲述差异化战略的经济学意义等知识要点。

3. 启发性思考题(三)解答要点

启发性思考题(三):国外消费者买到劣质平衡车并出现了信任危机,骑客是如何应对的?

此题是发散性的思考题。首先,教师要引导学生思考国外消费者买到劣质平衡车后的信任危机发展过程,并通过骑客的应对措施总结一般情况下信任危机的解决办法。其次,教师可以提前告知学生跨境电商平台上的平衡车市场属于柠檬市场(也称次品市场,是指信息不对称的市场),可能由信息不确定引发质量风险,并由柠檬市场的特点得出在柠檬市场的交易环境下,企业层面应该如何更好地避免发生消费者信任危机。最后根据骑客的"三板斧"措施,即经销商需重新申请专利授权、骑客在产品出口时提供免责声明和向联盟提出尽快规定行业标准的建议,启发学生联系理论知识总结出在面对消费者信任危机之后能够解决危机的应对措施,主要从企业本身层面去考虑,政府层面的考虑可以作为补充。

4. 启发性思考题(四)解答要点

启发性思考题(四):骑客是如何解决专利纠纷的?

此题教师需引导学生分析亚马逊全面下架骑客平衡车的过程,并辅助学生给出解决国际(地区间)经济贸易诉讼的程序。从锐哲公司向亚马逊起诉骑客侵权为事情的起点,分析亚马逊全面下架平衡车对骑客造成的影响。教师分析此次下架风波是由专利纠纷所引起,并从专利纠纷出发分析骑客的一些应对措施,骑客通过美国法院向锐哲公司提起了专利无效诉讼。从而从特殊归纳到一般,即企业在面临国际法律纠纷时应该采取哪些有效措施,具体的法律诉讼程序有哪些。此题设计的知识要点较为准确,学生需多次回顾法律诉讼的程序,防止弄错诉讼的顺序,即程序的步骤是该思考题的关键。

5. 启发性思考题(五)解答要点

启发性思考题(五):骑客的品牌培育有哪些途径?

此题需要学生回顾传统的品牌培育方法,并比对骑客的品牌培育路径。首先教师启发学生思考传统的品牌培育方法,从而引出菲莫(Philip Morris)的品牌培育理论。随后指出骑客有别于菲莫的品牌培育方法。骑客成立之初品牌意识薄弱,行业危机和专利纠纷倒逼骑客的成长,应佳伟扭转企业局势,帮助企业度过"寒冬"。骑客培育品牌主要有三个要点:其一,骑客的品牌定位。骑客应对行业和专利纠纷的一系列措施要归功于之前的品牌定位。骑客主要针对人均收入水平较高的欧美市场,主要消费人群是上班族和学生,作为新型的智能代步工具,骑客科学的品牌定位帮助骑客走出国门。其二,从英国平衡车电池起火事件出发,骑客帮助行业制定质量检验标准,间接地帮助了骑客在行业内树立良好的标杆形象。其三,通过保护知识产权的手段,骑客利用企业拥有的专利优势为打造国际

(地区间)品牌提供强有力的支撑,媒体报道也让骑客获得了更多的认可。

六、教学组织方式

案例授课班级人数不宜过多,应该控制在 20～30 人,可以以 4～6 人为一个小组。教室的桌椅布局要让所有的课堂参与者围坐四周,使其都很容易听到和看到对方为基本原则。教室中应具备投影仪、黑板、粉笔、桌子等设备,同时为了方便学生更好地参与到案例课堂讨论中,教师可以在课前提醒学生准备座位名牌等,以更好地营造轻松的讨论氛围。

案例讨论时间:本案例可以作为专门的案例讨论课来进行。下面是按照时间进度提供的课堂计划建议,仅供参考。

(一)课时分配

案例回顾与概述(5 分钟):介绍案例背景,回顾案例内容,理清案例思路,明确案例主题。

提出问题与小组讨论(20 分钟):结合板书提出启发性思考题,分小组讨论并形成组内答案。

小组汇报与教师引导(50 分钟):针对每一道启发性思考题,选一个小组进行回答,其他小组补充。教师需结合板书和多媒体对学生引导,得出最终答案。

案例评价与总结(10 分钟):对知识点进行梳理,对案例教学过程进行评价,总结学习心得体会。

其他问题(5 分钟):教师回答学生的一些其他问题。

(二)板书设计

启发性思考题(一):骑客的品牌是如何定位的? 启发性思考题(一)及解答要点如图 3 所示。

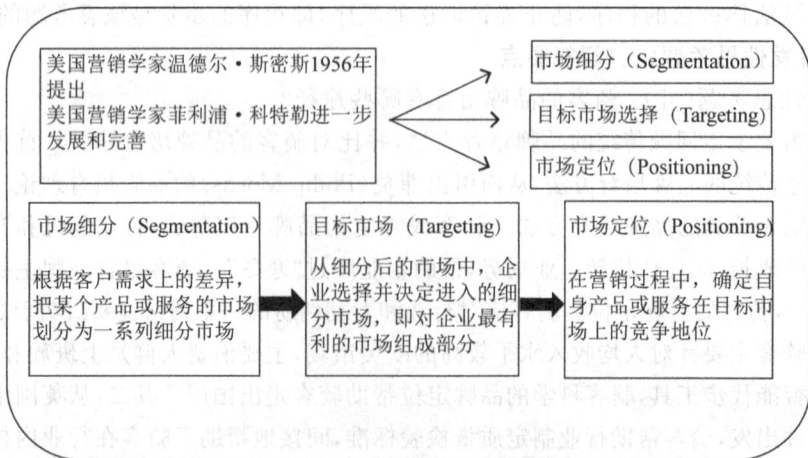

图 3　启发性思考题(一)及解答要点

启发性思考题（二）：骑客与赛格威的产品有什么不同？启发性思考题（二）及解答要点如图 4 所示。

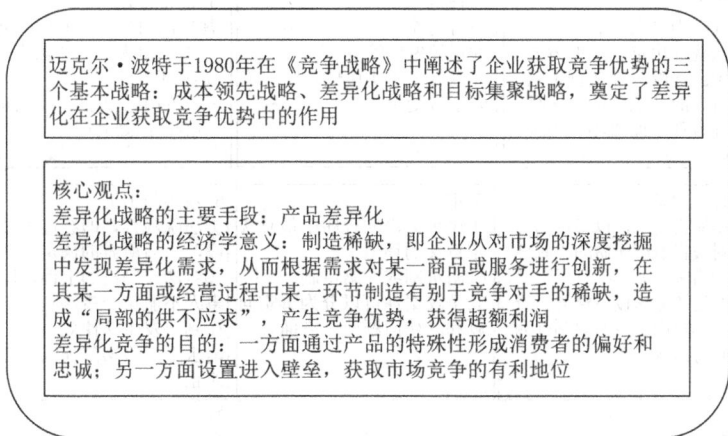

迈克尔·波特于1980年在《竞争战略》中阐述了企业获取竞争优势的三个基本战略：成本领先战略、差异化战略和目标集聚战略，奠定了差异化在企业获取竞争优势中的作用

核心观点：
差异化战略的主要手段：产品差异化
差异化战略的经济学意义：制造稀缺，即企业从对市场的深度挖掘中发现差异化需求，从而根据需求对某一商品或服务进行创新，在其某一方面或经营过程中某一环节制造有别于竞争对手的稀缺，造成"局部的供不应求"，产生竞争优势，获得超额利润
差异化竞争的目的：一方面通过产品的特殊性形成消费者的偏好和忠诚；另一方面设置进入壁垒，获取市场竞争的有利地位

图 4　启发性思考题（二）及解答要点

启发性思考题（三）：骑客是如何应对消费者信任危机的？启发性思考题（三）及解答要点如图 5 所示。

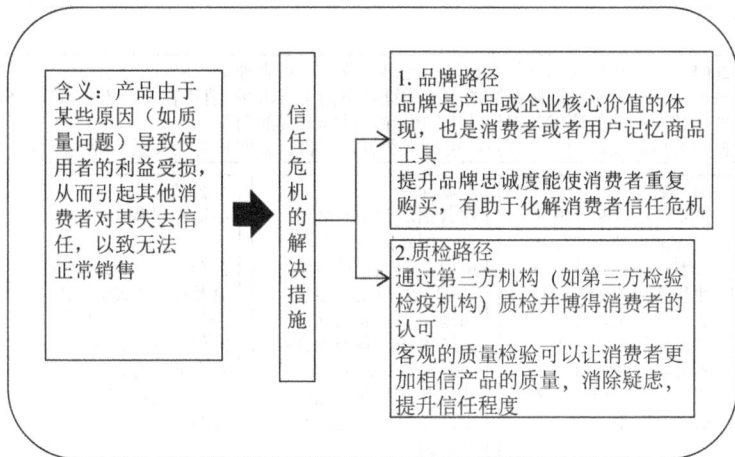

含义：产品由于某些原因（如质量问题）导致使用者的利益受损，从而引起其他消费者对其失去信任，以致无法正常销售

信任危机的解决措施

1. 品牌路径
品牌是产品或企业核心价值的体现，也是消费者或者用户记忆商品工具
提升品牌忠诚度能使消费者重复购买，有助于化解消费者信任危机

2. 质检路径
通过第三方机构（如第三方检验检疫机构）质检并博得消费者的认可
客观的质量检验可以让消费者更加相信产品的质量，消除疑虑，提升信任程度

图 5　启发性思考题（三）及解答要点

启发性思考题（四）：骑客是如何解决专利纠纷的？启发性思考题（四）及解答要点如图 6 所示。

1. 起诉 以诉讼当事人向有管辖权的法院提出起诉书的方式开始；法院只能依据诉讼当事人的请求才能对案件进行审理，即"不告不理"原则	2. 答辩 被告对原告在起诉书中所提的指控做出答复 一旦做出了实质性答辩，就表示接受了法院的管辖权	3. 诉讼证据 凡提出对自己有利的事实的一方当事人，对该项事实应负举证责任 举证的主要方法：①人证；②鉴定；③书证
4. 保全措施 根据原告请求，以裁定的方式对被告财产所做的临时性强制措施，如扣押有形财产、命令返还非法侵占财务、查封无形财产、发布限制行为的暂时命令等	5. 审理 ①民事诉讼的程序中最有决定意义的环节 ②陪审制或非陪审制 ③争议案件可以分为事实问题和法律问题两个方面	6. 裁判与上诉 ①法院裁判，即经过审理阶段，最后所做的决定 ②对法院判决的上诉，即当事人不服第一审法院的判决，在判决发生法律效力之前，请求上一级法院加以审查、纠正

图 6　启发性思考题(四)及解答要点

启发性思考题(五)：骑客培育品牌的途径有哪些？启发性思考题(五)及解答要点如图 7 所示。

2001年菲莫在扩展国际烟草市场时提出菲莫品牌培育理论
核心观点：1. 培育国际品牌的五大关键环节为了解市场/消费者及趋势、品牌架构的搭建、产品的研发、对消费者的引导、品牌表现的跟踪
2. 培育国际品牌的核心要点：引导消费者，广告、新闻和公共关系三种主要途径

1. 广告 在品牌培育和开发中广告常起到重要作用，原因在于广告能从理性和感情两个方面传达品牌主张，并能大大提高品牌知名度，还可以维持品牌已经获得的领先地位，遏制竞争对手	2. 新闻 在营销活动中有效综合运用新闻报道传播手段，创造最佳传播效能，多角度、多层面地诠释企业文化、品牌内涵、利益承诺；能够在较短时间内快速提升产品的知名度，塑造品牌的美誉度和公信力	3. 公共关系 在运营过程中，有意识、有计划地与社会公众进行信息双向交流及行为互动，以增进社会公众的理解、信任和支持，树立良好企业形象，达到企业与社会协调发展的目的

图 7　启发性思考题(五)及解答要点

（三）讨论方式

案例讨论应该大致按照典型的决策模型进行。模型包括：①定义问题；②分析案例具体情况；③形成备选方案；④选择决策标准；⑤分析并评估备选方案；⑥选择首选方案；⑦制定行动方案和实施计划。

大多数案例讨论的核心推动力是组织中某个具体决策或问题的解决方案，因此，根

据课时分配,案例讨论可以这样进行:在提出问题和小组讨论环节中,小组内根据 5 道启发性思考题进行讨论,并形成组内答案;在小组汇报与教师引导环节中,对每一道问题,教师从 5 组学生中选一组回答,其他小组补充,形成多种备选方案,教师根据决策标准引导学生分析评估备选方案,选出首选方案,并制定行动计划。

在案例讨论时,教师需鼓励学生形成良好的讨论习惯,如勇于提出不同意见、讨论前做好准备、讨论时及早发言、讨论后及时总结,避免盲目从众、提前背稿。

七、案例的后续进展

2016 年 4 月 4 日,骑客同美国安全委员会在美国召开有关中国平衡车产业质量安全的座谈会,骑客提供了若干项安全建议,其中包括在电池中安装安全警报系统,这是其他品牌平衡车所没有的装置。

2016 年 6 月 20 日,杭州骑客智能科技有限公司顺利通过 UL 验厂。这标志着杭州骑客智能科技有限公司生产的智能平衡车无论是产品的核心技术,还是产品的制造过程和工艺,都得到了国际权威专业机构的认可和好评,这也意味着骑客智能平衡车终于能够在美国正常销售了。

八、其他教学支持材料

(一)计算机支持

由于本案例在有关课程中当作讨论材料使用,需要展示给学生。所以在计算机中需要安装 PowerPoint 软件。

(二)视听辅助手段支持

本案例中提到的双轮电动平衡车是新型产品,需要一段介绍平衡车的视频。

参考文献

[1] Reck，Dickson．*National Standards in a Modern Economy*［M］．New York：Harper and Brothers，1956．

[2] David，A．Asker．*Building Strong Brand*［M］．New York：Free Press，1996．

[3] Stevens，P．R．*Trade Show and Event Marketing*：*Plan*，*Promote* & *Profit*［M］．Natorp Boul Evard：South-Western Educational Publishing，2005．

[4] 龚强，成酩．产品差异化下的食品安全最低质量标准［J］．南开经济研究，2014（1）：22－41．

[5] 吕利强，秦奋．我国企业在国际贸易中应对恶意侵权诉讼策略研究［J］．电子知识产权，2006（5）：20－22．

[6] 潘勇．浅析电子商务市场中的信任机制——基于"柠檬市场"理论的分析［J］．财贸研究，2006（3）：53－57．

[7] 王惠萍．中国商品信任危机及解决措施［J］．现代企业，2008（10）：51－52．

[8] 姚琦，程芬，黄承锋．科技型小微企业品牌培育路径与演化模型研究［J］．科技进步与对策，2014（2）：93－97．

[9] 叶瑾．湖南省重工机械企业国际知名品牌培育对策研究——以三一重工为例［J］．现代商贸工业，2012（2）：11－13．

[10] 易万云．国际知名品牌培育研究［J］．商业研究，2011（6）：118－119．

[11] 臧豪杰．信任危机根源探究及对策建议［J］．宁夏党校学报，2012（1）：78－81．

[12] 张新华．培育发展知名品牌的理论思考与路径选择［J］．轮胎工业，2006（12）：754－760．

[13] 周晓红．中小企业自主品牌培育的动因及路径［J］．福建行政学院学报，2008（6）：79－83．

[14] 周兴芳．企业专利侵权之应对策略——从 SigmaTel 与珠海炬力专利纠纷案分析美国 337 条款［J］．知识产权，2006（5）：56－59．

致　谢

　　本案例获杭州骑客智能科技有限公司授权发布,在采编过程中得到了骑客公司的大力支持,特别是亿脑创新工场总裁、骑客公司董事长应佳伟先生拨冗配合、协调,还有总裁助理刘鹏云的莫大帮助,特此致谢;案例正文的压缩版题为"初创企业如何应战行业巨头"已先行在《浙商》杂志 2016 年第 12 期发表,感谢杂志主编张远帆和记者陈抗为付梓做出的努力。

产品、物流与人才：
网易盛世的跨境电商三部曲

◎ 朱芬芬　卢传胜　柴宇曦　马述忠
（浙江大学马述忠工作室）

███ **摘　要**：在跨境电商迅猛发展的今天，如何找准定位、招揽人才、快速发展，已经成了众多贸易商考虑的首要问题。在这一时代背景下，网易盛世与俄顺国际物流结成跨境电商第三方平台企业联盟，秉承"自建物流独立站，整合资源齐发力"等核心运营理念，以"十年磨一剑，一流跨境人"的态度投身于跨境电商人才培养，在发展过程中不断锤炼优化"产品、物流、人才"的跨境电商三部曲，创新性地提出"跨境电商人才生态圈"的建设方案，在业内形成了深远的影响力。

███ **关键词**：异地运营；自建物流；内部创业；人才培养

Products, Logistics and Talent: Spirit of Cross-border Technology Business Trilogy

◎ Zhu Fenfen　Lu Chuansheng　Chai Yuxi　Ma Shuzhong

(Mashuzhong STUDIOS, Zhejiang University)

Abstract: In the rapid development of cross-border electricity providers today, cross-border industry gradually opened a mystery, more and more people began to get involved in cross-border electricity industry, how to accurately locate the rapid growth has become the primary consideration of many traders the key factors; this case from the perspective of cross-border electronic business platform for third-party point of view, about the cross-border electricity business enterprise union: Egomall Technology Co., Ltd and Eshun International Logistics. how to rely on "self-built logistics and independent stations, integration of resources together," the core business philosophy to discuss enterprise union in the development process of continuous optimization of the enterprise's "product, logistics, talent" trilogy, innovation, "the electricity business talent ecology circle of building".

Key words: Self-built logistics; internal entrepreneurship; personnel training

上篇 案例正文

一、引言

2016年12月23日晚,静谧的寒冬腊月,网易盛世科技有限公司深圳总部的会议室却灯火通明。公司股东齐聚一堂,正在召开年度总结会议,这对于公司而言是一个"总结过去、展望未来"的重要日子。回首第一个五年战略规划,团队兢兢业业地付出,收获良多:公司由原始的纯商品贸易逐渐步入多元化的成熟发展阶段;自建国际(地区间)物流线路和对俄独立站不断完善,不仅解决了自身物流配送需求,还推广到市场并组成了企业联盟;在跨境人才培养业务拓展方面业已完成前期"试水",开发出跨境电商核心课程与教辅材料,开发建设了跨境电商教学资源库,有意合作的院校已达近100家。公司第二个五年计划的目标是齐力打造国内第一个集"实战运营、物流配送、人才培养"于一体的综合性跨境电商运营和人才服务商。

二、企业背景

出生于安徽农村的卢传胜,在大学期间亲自创办了一个公益性学生组织,通过公益活动锻炼了自己的能力,也积累了一些处理问题的经验。本科期间出色的表现让他有些心高,放弃了保研的机会转而申请留学,后因未获得全额奖学金而作罢。2009年6月,卢传胜从南昌大学生物工程专业顺利毕业,通过校招阴差阳错地进入了深圳一家跨境电子商务公司,正式开启了他人生中的跨境电商之路。怀揣着憧憬,卢传胜来到深圳工作,从一个在校生到社会人的角色转变让他措手不及,无论是工作环境还是生活状态都让他感到与预期相距甚远。当时的跨境电商企业管理理念淡薄,不大重视人才的培养和人文关怀,为节约人力与时间成本,新员工未经系统培训就直接上岗,甚至不懂产品知识和报价等基本技能。大家都做着最简单最原始的工作,人手一个新账户,把大账户的清单机械地抄到新账户中发布产品。在这里,卢传胜丝毫体会不到大学时期的优越感,业绩的压力犹如一座大山压在了他的肩上,落差和压抑使他更加坚定了创业的决心。

2009年8月23日,卢传胜笑称为"八二三事变",那一天他与另外两个伙伴决定创业,不敢让父母知道,东拼西凑,陆续凑足了三万元。卢传胜承受着没有家人的支持,没有充足的资金等多方面的压力,凭借着对跨境电商的热爱和创业精神开始了创业,主要经营的产品是深圳华强北市场的各类电子产品。当时,由于信息不对称,境外不少批发类客户从中国批量进货回国(地区)二次售卖,而跨境电商从业人员较少,利润点较高,小团队坚持每天大量上传产品不断更新,经过一年多的奋斗赚得了第一桶金,同时也因发展迅速获得了敦煌网平台的表彰。

时光荏苒,当时的大环境已不复存在,卢传胜经历了不少创业者都走过的坎坷之路,从合伙到散伙到再合伙,唯一不变的就是始终坚持在实战运营的第一线上,扮演着跨境电商贸易商的角色。近年来业内竞争愈发激烈,利润进一步压缩并逐步走向透明化。逆境中,卢传胜的团队迎难而上,优化了产品品类,深挖产品线,同时分散至多平台操作来规避可能的风险。同时,公司人员也得到了扩充,年销售额稳步提升。面对竞争激烈的跨境电商行业,卢传胜是如何带领团队一步步化解危机?他的一句"本修生物,误入电商奇途,争渡,争渡,不得归路"是其心路历程的真实写照。凭借着对跨境电商的执着和坚定信念,他是否能在未来闯出属于自己的一片蓝海?

三、异地运营控成本,内部创业拓市场

2009 年,卢传胜投身跨境电商贸易之后,订单量日益增加,但货运代理对团队信誉不认可、账期短、供应商谈判时常质疑团队是否正规等问题不断凸显,因此卢传胜联合李春辉、龙登科等公司初创人员决定正式成立网易盛世科技有限公司。此后,eBay 和 Amazon 等平台陆续对中国卖家开放注册,外部环境给国内跨境电商发展提供了良好的平台,业内这一系列利好消息对于公司联合创始人、首席战略官卢传胜来讲无疑是一个重要的契机。经过不懈的努力,团队熟悉了境外市场的选品,了解了境外消费者的心理,积累了处理订单、客户沟通和处理纠纷的能力和经验。依托 eBay、Amazon 等第三方平台,网易盛世进行多品类多平台运营,取得了良好的收效。但公司规模日益扩大的同时,人员的流失率也在增高。卢传胜逐渐意识到了这一问题。由于跨境电商的门槛不高,在培养了一支成熟的客服团队并解决物流、产品等问题后,基本可以"自立门户"了。经过不断努力,2013 年卢传胜创新性地提出跨境电商的"异地运营"模式。

所谓的异地运营,一般是指将采购、物流和售后部门安排在沿海发达城市,将客服、运营和行政部门安排在内地。异地运营的核心是将企业的物流、仓储、售后服务(退换货)部门与客服、运维部门分开,有助于压缩企业人力和办公成本。从人力资源的角度来说,内地许多城市(如武汉、郑州等地)出台的一系列跨境电商利好政策有助于客服人员招聘。一方面,内地薪酬和沿海城市相比较低,利于企业控制成本;另一方面,内地员工的稳定性高于沿海城市,有利于减少人员的流失率。这种人员管理方式的变革与创新一定程度上提升了团队稳定性,为企业进行规模化经营奠定了稳定的人力资源基础,同时也减少了企业的风险。此外,异地运营还能够带动地方经济快速发展,促进就业。借助异地运营模式,越来越多的内地人才可以"落叶归根",留在自己的家乡从事跨境电商,对业务熟悉的员工不断累积、沉淀下来,成了企业的知识资产。

业内已经有企业采用了异地运营模式并取得了显著的效果。例如,以外贸 B2C 业务为核心的跨境电商企业价之链就将部分业务团队放在深圳,并在武汉设立分公司。这种模式成功地帮助企业控制了成本,提高了企业可持续发展的能力。2010—2015 年,

价之链近 10 次获得亚马逊等主流平台的官方标杆性大奖,与此同时,他们也完成了 A 轮融资,并于 2016 年在新三板正式挂牌上市。价之链取得的成功验证了异地运营模式的合理性和可靠性。

除了异地运营这一创新举措外,网易盛世一直秉持"开放、合作、分享、共赢"的经营和管理理念,积极鼓励员工进行内部创业,为一些有想法有能力的员工提供广阔的平台。给卢传胜留下最深刻印象的,是一个在深圳从事跨境电商多年,积累了丰富经验的武汉女孩。她在深圳得心应手,但由于打算回老家武汉发展,又对这一行业十分不舍,于是便向公司提出了自己回武汉创业的想法。当网易盛世管理层得知她想拥有独立自主权的诉求后,不但没有否决她,反而给予她关注与支持,鼓励她回到武汉以项目合伙制的形式共用企业资源开展经营业务。后来,这个女孩创业成功了,自己个人价值得到体现的同时也给网易盛世带来了一定的收益,她逐步入股了母公司,顺势成立了网易盛世科技武汉分公司。

内部创业在资金、人才等各方面的优势显而易见:创业者所需承担的责任小,规避了常规创业的高风险,从而大大减轻了他们的心理负担;共用母体资源也提高了创业成功的概率;建立企业的内部创业机制不仅可以满足精英员工更高层次的"成就感",留住优秀人才,同时也有利于企业丰富主营业务,扩大目标市场,节约管理成本,延续企业发展周期。

四、自建物流破危局,独立站点引关注

借力第三方平台,采取异地运营、内部创业等先进战略,网易盛世的销售业绩逐年攀升,做大体量的同时也积累了丰富的运营经验。当团队为收获成果而欢呼雀跃之际,卢传胜却没有真正体会到成功的喜悦。这是因为他深知客户来源单纯依赖第三方平台,商户往往就会处于被动地位。有些平台不断调整规则,甚至产品在既没违反规则也未侵犯知识产权的情况下也有可能被迫无故下架,这些情况的频频出现让卢传胜时刻有着危机感,逐渐萌生了自建网站的想法。

2015 年的双十一,无论对国内电商还是跨境电商来说都是一个不眠夜。当天,网易盛世在阿里巴巴速卖通平台上接到了很多订单,其中很多是寄往俄罗斯的包裹,半个月后,当大家还沉浸在喜悦的氛围中时,却收到了很多由于物流延误造成的投诉和退货,原来是网易盛世接到了来自俄罗斯的大量订单,导致爆仓。一些网易盛世旗下的商户账号因而受到了处罚,给企业造成了不小的损失。国际(地区间)物流的痛点就这样暴露了出来。

众所周知,跨境电商行业的一大突出问题就是国际(地区间)物流,传统第三方物流无论是时效性还是价格都并不能让人满意。每逢旺季,卖家们叫苦连天,境外买家也是怨声载道,严重影响了客户的购物体验。从某种意义上来说,国际(地区间)物流问题不是卖家自身所能够解决的,往往是交付给承运方之后,卖家便失去了主动权,只能听天由命。网易盛世面临的问题也是行业内的普遍问题,物流环节的糟糕表现导致了不少售后问题,造成了人力和物力的巨大损失。在行业利润空间逐渐萎缩的大背景下,降低各类成本势在必行。为了优化国际(地区间)物流线路,降低售后成本,提高运达效率,

进而提升客户体验,卢传胜在吸取 2015 年双十一爆仓事件经验教训的基础上,统计了网易盛世所经营的速卖通平台订单,发现对俄订单占有较大比重,因而把目光投向了面向目的地国(地区)的专线物流,开始在网上收集快捷高效配送到俄罗斯地方的物流提供商信息。

偶然间,俄罗斯本地化物流 CDEK 进入了卢传胜的视野,他抱着试一试的心态将发往俄罗斯的所有订单交给了 CDEK 让其在俄进行配送。相较于俄速通而言,CDEK 的价格更加实惠,只需要在速卖通平台上选择"卖家自定义物流"发货即可。这个偶然的发现让卢传胜尝到了一些甜头,兴奋不已。随后他对俄罗斯境内的物流提供商进行了全面的了解,发现 CDEK 是继俄邮和 SPSR 之后俄罗斯境内第三大物流公司,在俄境内不但网点多而且支持上门派送,明显区别于俄罗斯多数物流到点自提的模式。然而,CDEK 在中国的运营推广做得不是很好,这在卢传胜眼里既是机遇,也是挑战。他与合伙人邓仕锦、蔡晨辉等一拍即合,旋即抱着尝试的态度与 CDEK 总部取得了联系,联合了另一个具有 15 年对俄双清工作经验并且报关、扣关处理能力较强的团队成立了义乌市俄顺物流有限公司,整合各自资源自建了白色商业清关渠道。经过与 CDEK 总部的多次谈判,俄顺国际物流最终获得了 CDEK 中国总代理的资格,全权负责 CDEK 在中国的业务,CDEK 也就此成为俄顺国际物流在俄罗斯境内的配送合作伙伴。网易盛世自此有效地解决了公司对俄订单配送问题,配送效率得到了极大提升,运费成本也得到了大幅缩减。此后,俄顺国际物流也开始逐步接受同行公司或者货运代理公司的业务。

然而,好景不长,2016 年 10 月,阿里巴巴全球速卖通发布了取消"卖家自定义物流"方案的通知。在收到这晴天霹雳般的消息后,卢传胜并未灰心,他与俄顺国际物流合伙人一起收集资料,向阿里巴巴提供各种证明材料、货运数据以及买家反馈等,积极与速卖通物流小二接洽。凭借及时的配送时效、低廉的价格和优质的服务,俄顺国际物流最终通过了速卖通平台的审核,被列为阿里巴巴平台官方认可的物流方案,并且借此打响了知名度,正式走向市场。

在网易盛世与俄顺国际物流组建的企业联盟下,网易盛世拥有了自建物流,与其他同行相比拥有了极强的竞争力,更具有权威性和官方性。自建物流使得网易盛世在承运和派送信息上更加可靠和准确,许多同行企业同样也使用俄顺国际物流,显著提升了企业联盟在行业内的知名度。通过逐步整合资源并优化渠道,俄顺国际物流中俄专线逐步形成以下核心竞争优势:①采用白色商业清关方式,合作清关团队具有 15 年对俄双清经验,报关、扣关处理能力强;②拥有俄罗斯本土强大的网络网点,整合陆运与空运,线路灵活,能够实现俄罗斯全境最晚七天妥投;③提供俄罗斯本土任意网点 14 天免费仓储,二次派送;④货物从中国寄出全程可控,可实现任何环节货物停发、派送地址修改;⑤提供免费客服服务,能够协助卖家解决俄罗斯纠纷;⑥正在俄筹备建设境外仓,占地约 7000 平方米,未来可以成为 Wish 和速卖通平台的官方境外仓,能够帮助跨境电商卖家为客户提供更好的服务;⑦价格优势明显,服务水平高,超过 45 天包赔双倍运费,赢得了业内口碑;⑧俄罗斯本土物流、快递主流为到点自提,而俄顺国际物流实现了俄罗斯全境派送上门;⑨俄顺国际物流国内仓逐步建立,全国已有义乌仓、北京仓、温州仓、上海仓、深圳仓、广州仓和泉州仓等七大分仓,其他分仓也在陆续筹备和建设中。

有心栽花花不发,无心插柳柳成荫。俄顺国际物流从 2016 年 6 月 1 日正式成立以来,取得了十分令人意外的销售业绩,短短数月就奠定了一定的客户基础与口碑,受到了跨境电商卖家的青睐。通过整合业内资源,俄顺国际物流计划近期开通中美专线、中巴专线并搭建空运线,开辟其他高效专线物流线路。

有了优势中俄专线物流资源之后,俄顺国际物流也琢磨着把资源盘活,随即开发上线了对俄独立站点易购唐(EgoTang),专注俄罗斯电商市场。易购唐 1.0 版本专注自营,全部使用俄顺国际物流渠道,强化对俄物流配送和仓储服务(见图1)。后期升级版本则会陆续开放商家注册,同时承诺始终使用自建物流。

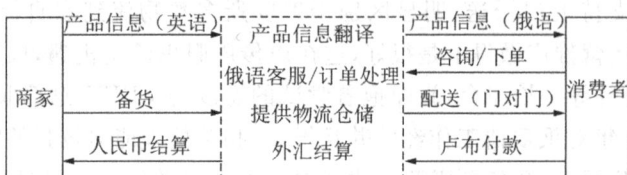

图 1　易购唐的业务架构

随着中俄两国政治、经济、文化合作的日益密切,越来越多的跨境电商卖家开始关注俄罗斯市场。卢传胜带领网易盛世与俄顺国际(地区间)物流合伙人团队组建联盟,开始布局跨境电商国际(地区间)物流,既解决了网易盛世对俄物流需求,同时也帮助同行企业解决了对俄的物流配送难题。卢传胜意识到,在跨境电商行业中唯一不变的就是不断的变化,从而在变革的浪潮中迎风搏击,化爆仓危机为机遇,书写了精彩的逆境求生记。

五、平台桥接校企间,打造人才生态圈

时间回溯到 2011 年,卢传胜刚开始在跨境电商领域探索自己的机会。在创业小有成就的初期,他就受到了知名跨境电商平台敦煌网的邀请,前往全国各地交流分享实战经验。在江西财经大学分享跨境电商创业心得之后,一名即将进入大四的学生找到了他。卢传胜与这名学生沟通后,发现他有自己创业的意愿,但对选择什么行业、主营什么业务感到比较迷茫。又经过了一番长谈之后,卢传胜根据实际情况建议他选择自行车配件行业,在淘宝上进货后在沿海城市安排发货,并对他的业务流程提供了一定的指导和建议。此后,这名学生脚踏实地地实战卖货,遇到难题及时虚心向卢传胜学习,此后无论遇到什么困难他都毅然决然地坚持下去。毕业后,这名学生选择来到深圳发展,此时自行车零部件利润空间已经不高,他开始卖自行车整车。前期积累的运营经验使得他能迅速发展,一年后他的自行车销量在敦煌网同行中名列前茅。在这名学生身上,卢传胜收获了分享的喜悦,他明白了或许一个不经意间的建议就能够影响到别人,此后他开始持续关注跨境电商行业的人才培养。

当前,跨境电商行业组织形式多样,尤其以小微团队居多。由于行业可复制性高,

新组建的团队层出不穷,但是受限于管理水平、软硬件环境等条件制约,新晋员工往往无归宿感,不少跨境电商卖家因而遇到了团队扩展的瓶颈。在跨境电商行业不懈钻研多年后,卢传胜在工作之余把精力投向了对企业竞争情报和知识管理领域的研究,凭借在企业实战和教学研究方面的优势,先后受聘为阿里巴巴集团速卖通大学讲师、商务部中国国际电子商务中心特聘专家讲师、中国国际贸易学会全国跨境电商教学工作委员会副主任委员、浙江大学中国跨境电子商务大讲堂讲师团专家和全国跨境电商岗位专业培训与考试中心专家委员等,他在企业实战和教学研究方面的专业性陆续得到业内的一致认可。

目前,行业内也有不少从事高校跨境电商人才培养的服务商,但是他们提供的产品大多并不具备系统性,而且对高校运作也所知甚少,加之缺少后续跟进,不少项目难以落地。真正能够做好高校跨境电商人才培养的团队必须具有跨境电商企业和高校教学经历的双重背景,才有可能设计出符合高校人才培养实际的教学体系。在多年高校人才培养经验的基础上,卢传胜经过潜心研究,提出"一流跨境人"项目,致力于打造"跨境电商人才生态圈",依托线下培训和线上联合创业的复合辅导模式,大力开展跨境电商师资培养与高校跨境电商教学体系标准的建设,着力构建集"校、行、企、政"于一体的人才培养与发展模式。

"一流跨境人"项目直接与高校合作,力争通过多种形式使得高校跨境电商课程能够落地,同时辅助开发各类教学资源,比如人才培养方案、教辅教材、试题库和教学评估体系等。由于"一流跨境人"项目具备学术背景,因此也能够与高校教师在课题申报与论文写作等领域开展学术合作。在师资培训和课程开发基础上,项目紧密联系理论与实践。安排在校师生3~6个月的顶岗实习,教师企业顶岗与学生云客服相结合,使得师生们能够深入企业内部真正了解跨境电商实操。通过专业、系统的培训,项目能够集聚起一大批优秀的专业人才,高校可以通过这一平台向跨境电商企业输送专业人才,为企业节约了大量招募人才的时间成本。学员档案制也是"一流跨境人"项目的一大特色。"学员档案"评价制度能够引导、鼓励、促进学员的发展,使学员既能判断自己的进步,又能积极反省自身的不足,同时也能够帮助教师和学校管理者制定计划,实现人才培养的追溯与协调提升(见表1)。

表1 "一流跨境人"项目对于跨境电商行业人才培养的阶段分解

人才培养阶段分解	子项目名称	子项目内容
第一阶段	师资培训与课程开发	线下培训
		线上共同创业及相关辅导
第二阶段	教学实施与师生顶岗	教师企业顶岗
		学生云客服
第三阶段	人才培养输出与创新创业	
第四阶段	人才培养追溯与协调提升	

当前,"一流跨境人"项目已经在全国各地高校培养了跨境电商师资 1000 多人,线上线下培养高校学生 10000 余人,同时有条不紊地跟踪维护各地的人才培育设施。在不远的将来,"一流跨境人"项目必将凭借其先进的核心理念对跨境电商行业的人才培养起到巨大的推动作用。

六、结束语

非专业对口的普通农家子弟,何以在跨境电商行业内取得不俗的成绩? 从通过校招迈进跨境电商行业的大门到自己创业,卢传胜在企业发展的过程中面对接踵而至的产品、物流、运营经验和客服等一系列难题,从不灰心气馁,而是冷静思考寻找问题的突破口。他带领网易盛世团队借力第三方平台,自建物流和网站,实施"一流跨境人"项目,化解了不同阶段遇到的瓶颈与危机,先后在跨境电商实战运营、跨境电商国际物流与跨境电商人才培养这三个领域成功布局。

谈及未来的发展,卢传胜信心满满。近年来,宏观环境较好,国家政府多次发布扶持政策,积极促成传统外贸企业转型,给跨境电商的发展提供了良好的平台。今后,网易盛世一定会抓住契机,不断完善产品、物流、人才等关键因素,借助政策东风,专注打造集实战运营、物流配送、人才培养于一体的综合性跨境电商服务商:在实战运营方面,争取连年保持稳步增长,严控内部管理流程,继续发挥异地运营与内部创业模式的红利优势,在规模和盈利水平上更上一层楼;在国际物流方面,俄顺国际物流将持续优化中俄专线,不断优化售后服务流程,继续开辟更多专线产品,布局境外仓储,提升品牌知名度和客户忠诚度;在人才培养方面,"一流跨境人"项目将秉承"把好事办实,把实事办好,尽心尽力为跨境电商人才发展服务"的理念,帮助高校培养师资并建立人才培养体系和标准,力争让人才培养产品深入人心,让课程落地,与高校一道持续不断地为跨境电商企业输送优秀人才。

卢传胜坚信,"平凡的世界,平凡的人做平凡的事,平平凡凡地坚持下去,注定不平凡。"只有立足于跨境电商实战运营本身,才可能培养出高素质的跨境电商人并做出一系列接地气的培训产品;只有不墨守成规,主动追求变革创新,不忘初心,不畏将来,才能一次一次战胜自己,在跨境电商领域创造出属于自己的一片蓝海。

下篇　案例使用说明

一、教学目的与用途

本案例是为国际商务课程撰写的,也可供国际物流管理课程、网络营销课程使用。本案例介绍了网易盛世科技有限公司从跨境电商产品、物流、人才培养等方面着手,进行多平台操作、自建物流、培养输送人才的历程。通过本案例的学习,学生可以了解跨境电商企业培训管理、异地运营模式、内部创业模式与人才培养校企合作的基本情况。

(一)适用课程

本案例适用于国际商务课程、国际物流管理课程和网络营销课程。

(二)适用对象

本案例难度适中,适用对象包括国际经济与贸易专业本科生以及国际经济与贸易硕士研究生。

(三)教学目标

1. 知识传授

通过本案例的教学,学生应掌握以下知识,并学会将相关理论运用到实践中。第一,网易盛世依托"异地运营"模式,将物流、仓储、售后服务(退换货)与客服人员分开,大大降低了运作成本,同时也减少了员工的流失率,学生可以通过对照学习,整理归纳并掌握这一运营模式。第二,网易盛世鼓励员工内部创业,借此提高企业内部员工的工作积极性,一定程度上实现了企业与员工双赢的局面。第三,借助自建物流和独立站,俄顺国际物流确立了配送时效强、价格低廉、服务优质的竞争优势,凸显了自建物流的重要性。

2. 能力训练

通过本案例的学习,学生能够增强在跨境电商企业运营过程中通过对现有业务流程的创新,突破产品、物流、人才瓶颈的能力,掌握并提升结合企业自身发展和外部环境变化调整企业创新机制的能力。

3. 观念更新

在学习本案例后,学生能够借鉴网易盛世的"异地运营"模式,将视野由沿海城市逐步拓展到内地城市,对跨境电商企业资源配置的区位优化有较深入的了解;对内部创业在防止人才流失与拓宽业务领域方面的作用有深刻的认识。

二、启发性思考题

(一)网易盛世对企业培训管理给予高度重视的原因是什么？

(二)网易盛世异地运营的模式给企业带来了哪些变化？

(三)跨境电商企业建立的内部创业机制具有哪些优势？

(四)网易盛世在培养跨境电子商务人才方面的主要创新是什么？

(五)俄顺国际物流为什么选择自建物流,其优势有哪些？

三、案例分析背景

(一)制度背景

2013 年 9 月和 10 月,中国政府先后提出共建"丝绸之路经济带"和"21 世纪海上丝绸之路"等重大倡议,得到国际社会高度关注,跨境电子商务的意义与作用在这一背景下日益凸显并迎来发展的春天。在"一带一路"倡议的大背景下,政府大力支持中国(杭州)跨境电子商务综合试验区先行先试,更于 2016 年明确提出"1+12"跨境电子商务综合试验区的规划蓝图,在宁波、天津、上海、重庆、合肥、郑州、广州、成都、大连、青岛、深圳、苏州 12 个城市新设一批跨境电子商务综合试验区,力求尽快形成可复制、可推广的经验,加快在全国范围内的推广,用新模式为外贸发展提供新支撑。

(二)行业背景

在传统外贸年均增长不足 10% 的情况下,中国跨境电子商务产业连年保持着 20%～30% 以上的增长。2016 年中国跨境电商进出口总额高达 6.5 万亿元,年增速超过 30%。在跨境电商行业快速发展的大背景下,跨境电商人才的培养却呈现出供不应求的态势。截至 2015 年,跨境电商专业还未被纳入本科和高职专业目录;与此同时,各行各业各部门分别起草独立的跨境电商人才标准,但是却没有核心的课程标准相对应。针对配套人才培养的脱节从一定程度上制约了跨境电商行业发展的现状,近年来国家出台了一系列扶持政策鼓励这一领域的人才培养,例如各地市综合试验区纷纷对开设跨境电子商务本科以上专业且纳入全国高等院校统一招生计划的高校给予扶持资金;设置专项奖金,鼓励跨境电子商务企业通过高校、具备培训资质的社会培训机构及跨境电子商务平台企业为员工开展专业培训等。

四、理论研判依据

(一)知识点一: 跨境电商企业的培训管理

1. 培养员工职业创新能力

当前,跨境电商企业普遍面临全球化、高质量、高效率的工作系统挑战,凸显了员工培训的重要性。内部培训作为员工不断汲取新的知识与技能的过程,能够直接影响到员工的工作效率和工作能力,使其能适应或能接受具有挑战性的工作与任务,实现自我成长和自我价值。这不仅能够使员工在物质上得到满足,而且能使员工得到精神上的成就感。在新的时代背景下,跨境电商企业应由传统培训转变为创新型培训方式,培养员工分享知识并创造性地调整产品或服务的能力。总而言之,提高员工职业能力使其更好地胜任本职工作,能够为企业创造更高的无形经济效益。

2. 确立企业核心竞争优势

员工培训是现代企业人力资源管理的重要内容。人才是企业最基本也是最重要的资源,面对激烈的国际(地区间)竞争,员工培训就是要不断培训与开发高素质的人才以获得竞争优势。在以知识经济资源和信息资源为重要依托的新时代,智力资本已成为获取生产力、竞争力和经济成就的关键因素。企业竞争不再依靠自然资源、廉价的劳动力、精良的机器和雄厚的财力,而主要依靠知识密集型的人力资本,员工培训是创造智力资本的途径。因此,跨境电商企业应建立一种新的适合未来发展与竞争的培训观念,进而提高企业员工的整体素质。

3. 构建高效工作绩效系统

在 21 世纪,科学技术的发展导致了员工技能和工作角色的变化,企业需要对组织结构进行重新设计(如工作团队的建立等)。今天的员工已不再是单纯地接受工作任务并提供辅助性工作,而是越来越多地参与提高产品与服务的团队活动。跨境电商企业应该全方位培训员工,根据不同职能部门做好相应的岗前培训,确保员工能够在团队工作系统中胜任不同管理性质的工作角色,具备运用新技术获得提高客户服务与产品质量的信息、与其他员工共享信息的能力,具备人际交往技能和解决问题的能力、处理投诉纠纷能力、沟通协调能力等。构建高效运转的企业工作绩效系统高效运转并进行针对性的培训,可使跨境电商企业事半功倍。

(二)知识点二:跨境电商企业的异地运营模式

异地运营一般是指将采购、售后人员放在沿海发达城市,将客服与运营人员放在内地的企业资源配置模式。异地运营的核心是将物流、仓储、售后服务(退换货)与客服人员分开,使得人力资源与办公成本大幅降低,利用内地诸多城市陆续出台的跨境电商利好政策,较为容易地构建客服人员团队,并通过这种行为方式的变革与创新较大地提升团队稳定性,为企业进行规模化经营提供保障。当前,"异地运营"模式在跨境电商行业内推行也取得了显著的效果,例如以外贸 B2C 业务为核心的跨境电商企业价之链就采用了"异地运营"的模式,将业务团队放在深圳,武汉设有分公司,依托政策利好实现了飞速发展。

(三)知识点三:跨境电商企业中的内部创业

"内部创业"(corporate intrapreneurship)是指企业为了获得创新性成果以进一步提升其竞争力而得到组织允诺、授权和资源保证之后所实施的一系列创业活动,是由一些有创业意向的企业员工发起,在企业的支持下承担企业内部某些业务内容或工作项目,进行创业并与企业分享成果的创业模式。这种激励方式不仅可以满足员工的创业欲望,同时也能激发企业内部活力,改善内部分配机制,是一种员工和企业双赢的管理制度。

内部创业制度的优势在于:①共用母体资源。由于创业者对于企业环境非常熟悉,在创业时一般不存在资金、管理与营销网络等方面的困扰,可以集中精力开发与拓展新市场领域。公司一般会从利润中抽出一部分资金作为基金,用于资助那些具有可行性创业方案的员工,同时在资源、机制上给予支持。②合理规避风险。一个宽松的内部创业平台能够为有潜质的员工尽可能多地提供发展机会,鼓励其去独立开拓某一领域。即使创业失败,创业者所需承担的责任也小得多,大大减轻了他们的心理负担。同时,企业内部创业机制还可以满足精英员工在更高层次上的"成就感",留住优秀人才。③适当干预调控。企业通常会通过一些"遥控"措施来关心和指导员工创业。例如企业投资的创业项目要与企业保持直接业务关系、占有创业企业的一部分股份等。通过内部创业,企业能够有条件采取多种经营方式,扩大市场领域,节约成本,延续企业的发展周期,借由制度化的授权减轻企业负责人的工作负担,使企业运作趋于安定。此外,内部创业还能够帮助企业看到自身组织的弊端,不断发现问题并调整修正自己的战略,从而在有效的时间内探索出一条切实可行的变革之路。

内部创业成功的前提条件是:①充分的信息调研。要了解公司是否具有一套完善的内部创业机制、能否给予创业员工各种支持、企业对创业失败的态度等问题,同时也要考察员工是否具备创业实力、创业计划是否具有可操作性。②合理的项目选择。任何一种创业方式都存在风险,内部创业虽然省去了自筹资金的烦恼,但项目的选择、制度的建立却显得更为关键。一般来说,创业公司的业务与母公司业务的关联性越大,就越容易成功。

(四)知识点四: 跨境电商企业人才培养的校企合作模式

企业的核心竞争最终都会回归到"人才"的竞争。随着跨境电商产业规模的扩大,企业对跨境电商人才的需求日益增强,作为新兴学科专业的跨境电子商务,其人才培养也逐渐成为关注焦点。当前,越来越多的企业采用校企合作的方式,从终端截取优秀人才,给企业注入新鲜血液,跨境电商人才培养的校企合作模式优势有如下几个方面。

1. 企业反哺学校

学生在学校所接受的教育大多数为理论知识的讲授,很少会涉及实践技能的培养。校企合作可以有效地改善跨境电商人才培养的质量,为学生提供可靠的实训平台,使学生拥有更多的实践机会,显著地提升学生的实战能力,同时使得学校对跨境电商人才培养的方向与跨境电商企业的真实需求相符合。此外,这一模式还能够提升企业的品牌影响力。

2. 促进教学改革

校企合作能够让学校对于跨境电商的人才培养规划与时俱进,相关学科课程不断调整,实训过程得以强化,从而达到培育实用型人才的目标,不断地推动学校自身的教学改革进程。校企合作同时也能够整合教学资源,让企业专家进入学校指导学生,学校教师进入企业指导运营,逐步地建立起"双师型"的教学团队,增强学校的师资力量。

3. 储备对口人才

当前,跨境电商企业急需专业型、应用型的人才。校企合作培养模式中,企业能够在学校建立相应的实训平台,从而确保企业可以得到长期的、稳定的人才供应,大大降低了企业招聘人才所消耗的精力、时间与财力。

(五)知识点五: 跨境电商企业自建物流

当前,国内跨境电商企业的竞争加剧,常见竞争已经从产品、价格的单项竞争拓展至服务层面的竞争,而国际(地区间)物流服务就是服务层面竞争中至关重要的一环。自建物流能够提升跨境电商企业的掌控力度,并且能够充当新业务推广与品牌宣传的有力工具。虽然自建物流对于资金的占有率在短期内较大,但是从企业长远发展的角度来看可以更好地控制成本。自建物流具有如下几个方面的优势。

1. 掌控物流环节

对于企业内部的采购、制造和销售环节,原材料和产成品的性能、规格,供应商以及销售商的经营能力,自建物流的企业自身能够掌握最详尽的资料,进而有效协调物流活动的各个环节,以较快的速度解决物流活动管理过程中出现的问题,获取供应商、销售商以及最终顾客的第一手信息,以便根据顾客需求和市场发展动向对经营战略方案做出调整。由此可见,企业选择自建物流,可以在改造企业经营管理结构和机制的基础上盘活原有物流资源,带动资金流转,为企业创造利润空间。

2. 降低交易成本

选择第三方物流解决方案时,由于信息的不对称性,企业往往无法完全掌握物流服务商完整、真实的资料。而自建物流企业通过内部行政权力控制原材料的采购和产成品的销售,不必为运输、仓储、配送和售后服务的佣金问题进行谈判,避免多次交易花费以及交易结果的不确定性,降低了交易风险,减少了交易费用,进而自主控制营销活动。

3. 保护商业机密

自建物流可以控制从采购、生产到销售的全过程,掌握最详尽的资料。如果交由第三方物流企业,势必会触及企业的采购计划、生产计划甚至新产品的开发计划等商业机密,而企业自营物流则可以保护上述商业机密。

五、案例分析思路与要点

(一)案例分析思路

跨境电商企业网易盛世依托"自建物流和独立站,整合资源齐发力"等核心企业运营理念,用"十年磨一剑"的方式培育一流跨境人,不断优化企业的产品、物流、人才战略,创造性地提出"电商人才生态圈"的建设理念,专注成为集"实战运营、人才培养、物流配送"于一体的综合性实战运营和人才培养服务商,在运营维度上引出跨境电商企业培训管理与异地运营模式两个知识点;在人才维度上引出跨境电商企业内部创业模式与人才培养中的校企合作等知识点;在物流维度上引出跨境电商企业自建物流模式的相关知识点(见图2)。

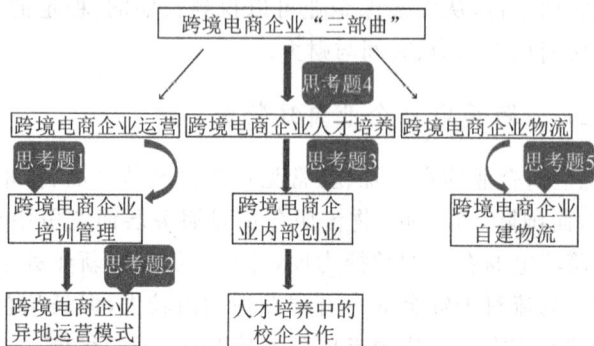

图 2　案例分析思路

(二) 启发性思考题解答要点

1. 启发性思考题(一)解答要点

启发性思考题(一):网易盛世对企业培训管理给予高度重视的原因是什么?

跨境电商企业对于全球化、高质量、高效率工作系统的需求与日俱增,凸显了员工培训的重要性。在跨境电商行业内,企业竞争不再取决于自然资源、廉价的劳动力、精良的机器和雄厚的财力,而主要依靠知识密集型的人力资本。员工培训是创造智力资本的重要途径,跨境电商企业应该全方位培训员工,根据不同部门的职能做好相应的岗前培训,确保员工能够在团队工作系统中胜任不同管理性质的工作角色,具备运用新技术获得提高客户服务与产品质量的信息、与其他员工共享信息的能力,具备人际交往技能和解决问题的能力、处理投诉纠纷能力、沟通协调能力等。由此可见,运营培训管理是跨境电商企业发展和培养核心竞争力的重中之重。

2. 启发性思考题(二)解答要点

启发性思考题(二):网易盛世异地运营的模式给企业带来了哪些变化?

目前业内部分跨境电商企业已经逐步开始尝试企业异地运营,一般是将采购、物流和售后部门放在沿海发达城市,将客服、运营和行政部门放在内地,从而实现物流、仓储、售后服务(退换货)与客服和运营人员分开的资源配置格局。异地运营模式通常能够给企业带来如下变化:①降低人员流失率,提高稳定性;②降低办公运营成本,提升利润空间;③带动地方经济快速发展,促进就业;④充分利用扶持政策,享受政策红利;⑤满足一部分高素质人才落叶归根的需求。

本案例中,网易盛世在应用异地运营模式之前企业运营成本逐年增加,人员流失也呈现出上升趋势,给企业长期发展造成了一定的负面影响。如今,网易盛世采用异地操作模式,将采购、物流和售后部门放在深圳,将物流、仓储、售后服务(退换货)与客服运营人员放在武汉等地,资源配置更加合理,减少了企业运营成本,促进了企业的发展。

3. 启发性思考题(三)解答要点

启发性思考题(三):跨境电商企业建立的内部创业机制具有哪些优势?

当前很多企业采用股权激励的方式来激励员工,让其可以长期为本企业服务。然而,拥有很多股份的年轻骨干也很难拒绝自己创业的诱惑。采取"开放、合作、分享、共赢"的内部创业模式能够为一些有想法有能力的员工提供广阔的平台,不仅可以满足员工的创业欲望,同时也能激发企业内部活力,改善内部分配,是一种员工和企业双赢的管理制度。内部创业能够给员工足够的重视、认同感与实现自我价值的机会,他们能够与母公司共用产品、物流、售后、供应链等资源,这一模式也能够帮助企业留住优秀人才。

本案例中,网易盛世建立了完善的内部创业制度,积极鼓励员工内部创业,在资源共享方面给予较大力度的支持,与内部创业员工共享母体产品、物流等资源,减少了员工自主创业的风险。在这一制度背景下,网易盛世对内激发员工不断努力创新,对外也吸引了一批优秀的人才。

4. 启发性思考题(四)解答要点

启发性思考题(四):网易盛世在培养跨境电子商务人才方面的主要创新是什么?

网易盛世在培养跨境电子商务人才方面的主要创新包括:①通过线下培训和线上共创辅导模式,大力开展跨境电商师资培养和高校跨境电商教学体系和标准建设,着力构建集"校、行、企、政"于一体的人才培养与发展模式,为培养跨境人提供支撑平台。"一流跨境人"项目直接与高校合作,通过多种形式确保课程实施能够落地,辅助开发人才培养方案、教材教辅、试题库和教学评估体系等各类教学资源,并与各校教师共同开展课题、论文等学术合作。②在师资培训和课程开发的理论基础上安排师生 3 至 6 个月的顶岗实习,通过教师企业岗和学生云客服相结合的方式,深入到企业内部了解跨境电商实操。③建设跨境电商人才库,鼓励高校开展创新创业教学,引导高校直接向跨境电商企业输送专业人才,为企业节约大量时间成本。④建立学员档案评价制度,引导、鼓励、促进学员的发展,使学员既能看到自己的进步,又能积极反省自身的不足,帮助教师和学校管理者制定计划。

5. 启发性思考题(五)解答要点

启发性思考题(五):俄顺国际物流为什么选择自建物流,其优势有哪些?

俄顺国际物流选择自建物流的原因包括:①自建物流在承运和派送信息上更加可靠和准确;②能够解决网易盛世科技有限公司的对俄寄递问题,提升俄顺国际物流在同行业内的知名度,赢得其他卖家的认可和信任;③能够运用自身掌握的资料有效协调物流活动的各个环节,以较快的速度解决物流活动管理过程中出现的问题,获得供应商、销售商以及最终顾客的第一手信息,以便随时调整自己的经营战略。

六、教学组织方式

案例授课班级人数不宜过多,应该控制在 20～30 人,可以 4～6 人为一组分成 5 个小组。教室的桌椅布局要让所有的课堂参与者围坐四周,以使其容易听到和看到同组成员为基本原则。教室中应具备电脑、投影仪、黑板、粉笔等设备。同时,为方便学生更好地参与案例课堂讨论,教师可以在课前提醒学生做课前准备工作,例如:熟悉案例,浏览 www. egotang. com、www. 16kuajingren. com 网站,体验 Amazon、eBay、Wish、Lazade、Aliexpress 等境外电商平台服务,以更好地熟悉消费者购物的环境。

(一) 课时分配

案例回顾与概述(5 分钟):介绍案例背景,回顾案例内容,理清案例思路,明确案例主题。

提出问题与小组讨论(20 分钟):结合板书提出启发性思考题,分小组讨论并形成组内答案。

小组汇报与教师引导(50 分钟):针对每一道启发性思考题,选一个小组进行回答,其他小组补充。教师需结合板书和多媒体对学生引导,得出最终答案。

案例评价与总结(10 分钟):对知识点进行梳理,对案例教学过程进行评价,总结学习心得体会。

其他问题(5 分钟):教师回答学生的一些其他问题。

(二) 板书设计

启发性思考题(一):网易盛世对企业培训管理给予高度重视的原因是什么? 启发性思考题(一)及解答要点如图 3 所示。

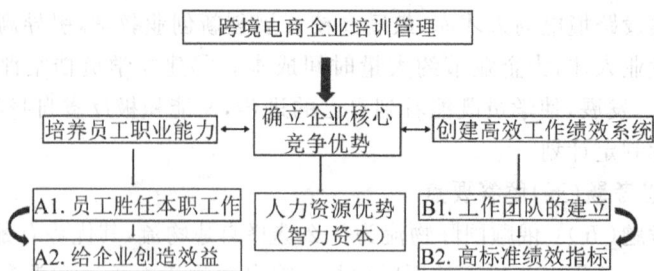

图 3　启发性思考题(一)及解答要点

启发性思考题(二):网易盛世异地运营的模式给企业带来了哪些变化? 启发性思考题(二)及解答要点如图 4 所示。

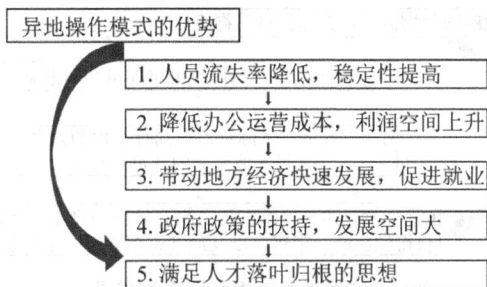

异地操作模式的优势
1. 人员流失率降低，稳定性提高
2. 降低办公运营成本，利润空间上升
3. 带动地方经济快速发展，促进就业
4. 政府政策的扶持，发展空间大
5. 满足人才落叶归根的思想

图 4　启发性思考题(二)及解答要点

启发性思考题(三)：跨境电商企业建立的内部创业机制具有哪些优势？启发性思考题(三)及解答要点如图 5 所示。

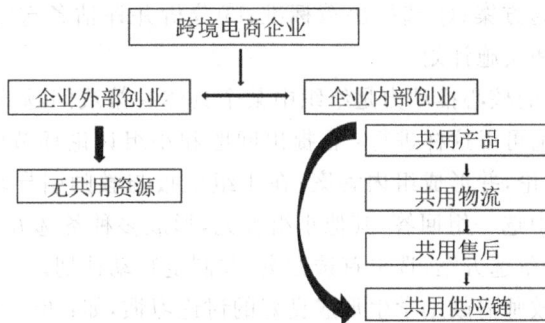

跨境电商企业
企业外部创业　←→　企业内部创业
无共用资源
共用产品
共用物流
共用售后
共用供应链

图 5　启发性思考题(三)及解答要点

启发性思考题(四)：网易盛世在培养跨境电子商务人才方面的主要创新是什么？启发性思考题(四)及解答要点如图 6 所示。

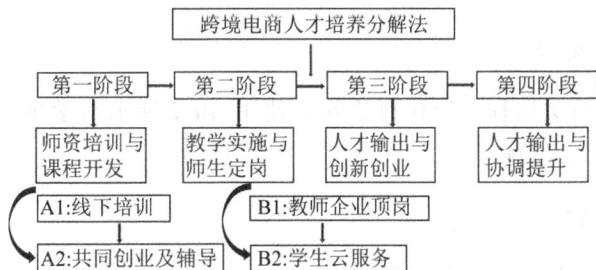

跨境电商人才培养分解法
第一阶段　第二阶段　第三阶段　第四阶段
师资培训与课程开发　教学实施与师生定岗　人才输出与创新创业　人才输出与协调提升
A1:线下培训　B1:教师企业顶岗
A2:共同创业及辅导　B2:学生云服务

图 6　启发性思考题(四)及解答要点

启发性思考题(五)：俄顺国际物流为什么选择自建物流,其优势有哪些？启发性思考题(五)及解答要点如图 7 所示。

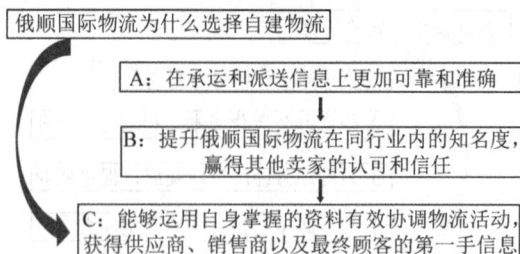

图 7　启发性思考题(五)及解答要点

（三）讨论方式

案例讨论应该大致按照典型的决策模型进行。模型包括：①定义问题；②分析案例具体情况；③形成备选方案；④选择决策标准；⑤分析并评估备选方案；⑥选择首选方案；⑦制定行动方案和实施计划。

大多数案例讨论的核心推动力是组织中某个具体决策或问题的解决方案，因此，根据课时分配，案例讨论可以这样进行：在提出问题和小组讨论环节中，小组内根据五道启发性思考题进行讨论，并形成组内答案；在小组汇报与教师引导环节中，对每一道问题，教师从五组学生中选一组回答，其他小组补充，形成多种备选方案，教师根据决策标准引导学生分析评估备选方案，选出首选方案，并制定行动计划。

在案例讨论时，教师需鼓励学生形成良好的讨论习惯，如：勇于提出不同意见、讨论前做好准备、讨论时及早发言、讨论后及时总结，避免盲目从众、提前背稿。

七、其他教学支持材料

（一）计算机支持

由于本案例在有关课程中当作讨论材料使用，需要展示给学生。所以在计算机中需要安装 PowerPoint 软件。

（二）网络支持

本案例中提到跨境电子商务案例，需要学生连接互联网，通过登录 www. egotang. com、www. 16kuajingren. com、Amazon、eBay、Wish、Lazade、Aliexpress 等电商网站、跨境电商平台和相关社交网站体会和了解实务现状。

参考文献

[1] 曹淑艳,李振欣.跨境电商务第三方物流模式研究[J].电子商务,2013(03): 23 - 25.

[2] 陈云波.在国际电子商务发展趋势下的中国跨境电子商务发展趋势探讨[J].商, 2013(13):295.

[3] 王外连,王明宇.刘淑贞.中国跨境电子商务的现状分析及建议[J].电子商务,2013 (09):23 - 24.

[5] 亿恩网.跨境老兵逆境求生记——卢传胜的跨境电商生态圈之梦[EB/OL].(2016 - 10 - 13)[2016 - 11 - 27].http://mt.sohu.com/20161013/n470169133.shtml.

[4] 亿恩网.2015年中国跨境电商网络营销大会[EB/OL].(2015 - 09 - 25)[2016 - 11 - 25].http://mt.sohu.com/20150925/n422126943.shtml.

[6] 张涛.基于第三方电子商务平台的中小企业集群竞争优势研究[D].昆明:云南财经 大学,2012.

[7] 中国国际电子商务中心.全国跨境综试区建设及跨境电商创新发展高级研修[EB/ OL].(2016 - 05 - 23)[2016 - 12 - 4].http://www.ec.com.cn/article/dsrc/pxdt/ 201605/9566_1.html.

致 谢

　　本案例获网易盛世科技有限公司授权发布,在采编过程中得到了网易盛世科技有限公司的大力支持,特别是网易盛世联合创始人卢传胜先生的全力配合,特此致谢;案例正文的压缩版已先行在《浙商》杂志 2017 年第 12 期发表,感谢杂志主编张远帆和记者陈抗为付梓做出的努力。

第四部分

跨境电商生态链服务商

我国跨境电子商务在全球金融危机后得到了快速的发展，并仍然在很长一段时期内面临着良好的发展机遇和广阔的发展空间。但我们也应该看到，由于我国外贸相关法律法规的制约以及税收、物流环节监管的不健全，我国跨境电子商务占外贸的份额仍然较低，并且始终存在诸如人才缺乏、支付风险、基础设施和物流体系不完善、交易过于烦琐、企业信息化水平较低等问题，跨境支付结算环节中的信用问题凸显，跨境电子商务物流发展仍显滞后。另一方面，全球跨境电商仍然受制于贸易壁垒，既包括物理上的配送成本和监管壁垒，也包含由语言市场碎片化和线上支付系统导致的新型贸易成本，这一现状客观上对我国出口电商的发展起到了阻碍作用。在这一背景下，2015 年 6 月，国务院印发了《国务院办公厅关于促进跨境电子商务健康快速发展的指导意见》，鼓励外贸综合服务企业为跨境电子商务企业提供通关、物流、仓储、融资等全方位服务；支持企业建立全球物流供应链和境外物流服务体系。同年，国家外汇管理局也制定了《支付机构跨境外汇支付业务试点指导意见》。可以看出，国家高度重视跨境电子商务产业生态链的配套服务建设，采取政策扶持、监管放开、区域试点等多种措施相结合的方式为跨境电商生态链服务商的发展保驾护航。

本书第四部分展示的五个案例来自五家跨境电商生态链服务企业。其中，一达通与绿道平台均属于能够为国内外贸企业提供物流、保险、通关、退税、结汇、融资等服务的外贸综合服务企业平台。一达通始终聚焦于中小企业需求，凭借"一站式"外贸全流程解决方案、低门槛金融支持与全环节风控体系成长为了 150 亿美元体量的行业巨头；而绿道平台立足于旗下跨易达的共同配送、境外仓储与易系列的贸易合规管控，让跨境电商进出口企业都能享受到个性化定制服务。斑马与顺友则是跨境电商物流仓储业的两家标杆企业。前者由代收转寄起步，依托"e 仓储""e 联运"的成熟系统、境外布局的免税优势与超精细化管理成了阿里巴巴全球物流合作伙伴；后者整合了全球邮政、航空资源与自建转运中心这"三把枪"，确立了平邮跟踪与自动分拣等产品优势，赢得了广大跨境电商卖家的褒奖与青睐。这部分的压轴案例向读者介绍了国内首家自己掌握全部核心环节且同时受到国内外监管机构推荐的跨境电商支付机构 PingPong 如何通过业界领先的低费率、合规性与亲和力为跨境电商卖家量身打造实惠、快捷、安全的支付平台。它们是如何从日趋激烈的行业竞争中脱颖而出的？请您阅读案例，找出答案。

一触即达 惠通八方
一站走上通关绿色通道
不忘初心：斑马的跨境物流征程
顺友：跨境物流一帆风顺之友
PingPong：跨境电商资金自主的唯一之选

一触即达　惠通八方

◎ 马述忠　濮方清　柴宇曦

（浙江大学马述忠工作室）

■■■ **摘　要**：一达通曾经徘徊在破产的边缘，然而正是对中小外贸企业长尾需求的判断和对一站式外贸综合服务的坚持，让一达通迅速发展，成为阿里巴巴全资子公司并且在2016财年商品交易总量突破150亿美元。一达通一站式外贸综合服务提供通关、外汇、退税基础服务和金融、物流增值服务，让天下没有难做的生意，帮助中小企业发展。国际（地区间）贸易环节众多，往往隐藏着各式各样的风险，基于大数据的一达通风险控制系统不仅可以保障平台的安全运行，还能为其他外贸环节主体和监管部门规避风险、创造价值。未来，一达通将更加深入外贸底层系统设计，以期在世界电子贸易平台的建设进程中有力推动相关规则和标准的制定。

■■■ **关键词**：外贸综合服务；一站式；风险控制；大数据

Get Global Benefits with OneTouch

◎ Ma Shuzhong   Pu Fangqing   Chai Yuxi

(Mashuzhong STUDIOS, Zhejiang University)

Abstract: Shenzhen OneTouch Business Service Ltd. (OneTouch in short), is a wholly owned subsidiary company of Alibaba Group, serving as an online platform providing professional import and export BPO (business process outsourcing) services to China's small and medium-sized cross border trade enterprises. More precisely, the services include customs clearance, logistics and financing services. Risks are everywhere in the cross-border trade, but OneTouch risk management system can not only ensure the platform security, but also create values for other parts of the cross-border trade link. OneTouch's gross merchandise volume has reached over 15 billion dollars. In the future, more efforts will be put on the design of the bottom system of cross-border and OneTouch would like to participate in rule making in eWTP (Electronic World Trade Platform).

Key words: foreign trade comprehensive service system; one-stop; risk management; big data

上篇 案例正文

一、引言

"那段时间你们是怎么过来的?"当一达通创始人、总经理魏强被问到那段艰苦的岁月时,他欲言又止,思绪回到了 2005—2007 年间那段可以嗅到死亡气息的日子。"如今,盈利对于我们而言是水到渠成的事情,根本不需要刻意追求,而在那时,盈利只能说遥遥无期。"魏强拿手比画着,"那时候一个月也就 20～30 单生意,开拓两三个客户,还都是瞎猫撞到死耗子,走投无路才会找我们。每天的辛苦奔波常常没有结果,业务额'交白卷'的日子比比皆是。"2005 年春节,曾经一起创办公司的七个合伙人相约来到魏强的办公室,表示他们要撒手不干了。对合伙人的退出,魏强充分理解,当时公司几乎没有现金,只剩 600 万应收账款。这时魏强原本可以选择宣告公司破产,盘点资产,这样他还能从公司分到 200 万元。但魏强的选择出人意料,他又拿出 400 万元现金,将其余人的股份买下,决定继续做下去。他觉得这时还不能认输。谁会想到,那时濒临破产的一达通如今已经成为外贸综合服务平台的巨无霸。2016 年 3 月 29 日,一达通副总经理肖锋在新浪微博宣布:"阿里一达通 2016 财年(上年 4 月 1 日至本年 3 月 31 日)GMV① 提前突破 150 亿美元预订目标! 2017 财年,向着 500 亿刀,走起!"一达通是如何从低谷走向辉煌的? 总经理魏强坚持做外贸综合服务的原因又是什么?

二、企业背景

要回答第一个问题,就应当回顾一达通的发展历程,可以分为培育期(2001—2007年)、收获期(2008—2009 年)、整合期(2010—2013 年)、爆发期(2014 年至今)四个阶段。

2001 年,国家放开进出口权,一达通趁势成立。当时,国家对外贸易经济合作部印发《关于进出口经营资格管理的有关规定》,确定进出口经营资格实行登记和核准制。这样,一达通能够顺利拿到进出口权,进而提供进出口代理服务。当时,一达通做了三件"与众不同"的事:第一,开发了服务 IT 系统,当时其他同行基本是人工线下操作;第二,定位于中小企业客户,其他同行主要定位大企业客户;第三,按单固定收费,其他同行大都按交易额比例收费。遗憾的是,过于超前的模式没能给一达通带来太多收益。成立后的七年时间,一达通年年亏损。

---

① GMV:Gross Merchandise Volume,即商品交易总量。

2008 年,金融危机爆发,一达通扭亏为盈。金融危机对于贸易企业来说是灾难,但对于一达通这样的服务企业来说是福祉。外贸行情好的时候,企业资金充裕,可以承受较高的物流费用。当外贸越来越难做时,企业出现了资金周转困难,并开始在物流等服务环节进行"节流"。这样,一达通的优势就体现出来了。通过一达通,企业只需要缴纳 1000 元服务费,不仅可以省去自行报关报检、退税结汇的麻烦,还能获得更加便宜的国际(地区间)运费、保险费等。此外,针对中小企业的资金问题,一达通与中国银行合作,推出了信用证贷款、退税融资等服务。这一年,一达通终于实现盈利。

2010 年,一达通被阿里巴巴收购,开始整合进入阿里外贸生态圈。在资本运作中,投资分为战略性投资和财务性投资,前者注重业务的互补性,后者主要为了短期获利。显然,阿里巴巴对一达通的投资是战略性的,其国际站能与一达通实现业务互补。一直以来,阿里巴巴国际站是一个信息平台。然而,在这个信息泛滥的年代,信息越来越不值钱。因此,阿里巴巴国际站需要谋求从信息平台到交易平台的转变。凭借在外贸服务领域的多年积累,一达通能够帮助阿里巴巴国际站实现转型。此外,阿里巴巴拥有的资金、品牌、外贸供应商等资源也能促使一达通实现腾飞。

2014 年,一达通正式成为阿里巴巴的全资子公司,迎来了爆发式增长时期。这一年,一达通成为行业的搅局者:当年 5 月 13 日,阿里国际平台宣布,企业通过阿里巴巴一达通平台出口,不仅不用支付服务费,而且每出口一美元最高能获得 3 分钱人民币补贴;同年 7 月 22 日,阿里联合七家银行推出"网商贷高级版",企业通过阿里巴巴一达通平台出口,每出口一美元可贷款一元人民币,最高贷款额度 1000 万元;不久之后的 12 月 11 日,阿里国际站开启信用保障体系,根据供应商在一达通平台上的真实交易进行额度授信,并对买家承诺"你敢买,我敢赔",以消除买家下单疑虑。这些重大利好推出后,引发行业震动。一达通的客户数也增加到 30000 多家,较上一年翻了一倍,呈爆发式增长态势。

但是要回答前面抛出的第二个问题,就需要回到一切刚开始的地方。

三、聚焦中小企业需求

1990 年,22 岁的魏强大学毕业后进入一家外贸公司。在长期的外贸实践中,他渐渐发现了中国外贸行业的两个典型特征:一是小,90% 外贸公司的客户数量都在 10 个以下;二是中国的外贸规则复杂烦琐,通关手续高达上千种,这对小企业来说无疑是个头疼的问题。当时的进出口代理公司基本上都靠大客户吃饭,为数众多的中小企业无人问津。面对这种形式,魏强心中就开始琢磨如何开拓中小企业的市场,用"农村包围城市"的方法开启一种新的电子商务模式。

中小企业的需求到底是什么呢?又有什么特点呢?近几年一达通做了一次专项调研,通过对珠三角 1000 家中小外贸企业进行问卷调查和实地考察,发现其服务需求主要体现在五个方面:通关、物流、外汇、退税、融资。

1. 通关方面

大多外贸企业选择报关公司代理报关,报关速度是企业选择服务商最关注的指标。

一般企业报关行为主要通过两种途径,即自行报关以及委托报关行或进出口代理公司报关,其中超过一半的企业选择通过报关行报关,这部分企业大都没有进出口权,考虑的因素主要为信任长期合作的报关公司,服务质量更有保证,相比于进出口代理公司环节更少,费用也有优势。在报关服务方面,客户最关注的指标是报关速度和抽检率。在我国进出口领域,不管是传统报关行还是进出口代理公司或是企业本身,都是依据海关授予的报关资质来享受通关服务的,资质越高,通关速度越快。而在抽检方面,主要侧重考察企业本身的报关行为上曾经是否有过违规,违规次数越多,抽检率就越高。

2. 物流方面

货运代理公司是当时中小外贸企业物流服务的主体,服务水平不高,信息化程度低。在当时中小外贸企业的物流方面,货运代理公司是其服务主体,受访客户92%都是通过货运代理公司完成物流工作,而货值微小的客户通过速递出口。针对货代市场的状况,受访者普遍反映该领域的服务水平低,信息化手段不高,另外,有一定规模的货代企业虽然有自己的仓库及处理中心,但都存在建设水准不高、网点布局不合理、集约化与规模化水平低等问题,导致当时的服务水平达不到客户期待值。

3. 外汇方面

TT[①] 和 L/C[②] 是最主要的两种收付外汇方式,绝大部分企业没有建立外汇风险防范机制。受访者数据统计指出,供应商出口收汇倾向于通过 TT、现金支付押金的方式进行交易,其次考虑使用 L/C,这也和境外买家的交易支付习惯相关;进口商进口付汇,主要遵循国际(地区间)惯例以 L/C 的形式进行交易支付。企业出口收汇和进口付汇都面临外汇风险,一半以上的企业没有任何防范措施,其中有超过两成的企业希望能以人民币计价结算的方式进行收付汇工作。在这一时期,中小企业普遍存在外汇知识有限、对汇率避险工具缺乏了解等问题,因此为企业提供外汇服务,通过提供多计价币种组合、外汇保值产品和融资服务等方式有效规避汇率风险已经成了迫在眉睫的需求。

4. 退税方面

大多数企业自行办理退税业务,缺乏专业的退税人才和规范的在线退税管理系统。受访企业超过一半为公司自行办理核销退税,关于核销退税的时间,有超过70%的企业曾经委托进出口代理或报关行来进行退税,退税时限在 7 个工作日以内,超过一半的企业如果自行办理退税,时间都在 3 个月左右。许多国内出口企业很难在规定的退(免)税申报期实现收汇核销,成为难以解决和应对的普遍现象,其中所带来的税收风险很大。

5. 融资方面

银行是中小企业获取融资的主要途径,繁多的制约因素导致中小企业融资困难。当时,大多数中小企业无力进入正规的资本市场进行直接融资,抵押担保仍是中小企业融资的主要手段,并且中小企业也难以从金融机构获得一年期以上的中长期贷款。

---

① TT:Telegraphic Transfer,即电汇,是国际(地区间)贸易中常见的付款方式。

② L/C:Letter of Credit,即信用证,是指证银行应申请人(买方)的要求并按其指示向受益人开立的载有一定金额的、在一定的期限内凭符合规定的单据付款的书面保证文件。信用证是国际(地区间)贸易中主要、最常用的支付方式。

可见，虽然中小外贸企业在我国进出口中占有很重要的地位，但是中小外贸企业在发展过程中却面临着各种困难，如人民币升值、原材料价格攀升、进出口环境恶化、进出口服务质量良莠不齐和严峻的资金短缺等一系列问题，使中小外贸企业生存更为艰辛。近年来，虽然进出口服务市场报关、物流、外汇、退税、金融服务商众多，但单一化、节点化的服务模式不能灵活有效解决中小企业进出口所面对的成本压力和进出口效率的问题，导致供需双方形成结构化矛盾。魏强多年前就看到了这种矛盾，并很早开始布局筹划。即便如此，一达通的发展过程也并不顺利。

四、一站式综合服务

在 2005 年的合伙人散伙风波之后，情形并没有因为魏强的坚持而马上好转。与中国加入 WTO 后贸易快速发展、外贸行业迎来黄金期形成反差的是，一达通没有实现盈利。简单的成本优势已经把中国外贸行业留在了最简单初级的形态，人们对外贸成本并不重视。2007 年后，魏强不得不将自己的房产卖出来填补亏空，面对妻子的担忧，需要魏强做抉择的时候到了，到底是坚持还是放弃？"我有些骑虎难下，这辈子都在做外贸，不做这个，我可以做什么？我不甘心，一定要再努力一下。"就在此时，2008 年的金融危机给了一达通一个翻身的好机会。

在被问到"是不是没有金融危机，就不会有现在的一达通？"时，一达通副总肖锋回答："没有金融危机，我们还是会继续坚持，这绝对不是一时冲动。首先需要关注内部，考察流程对不对，游戏规则合理不合理，什么环节有缺失，看到的全都是自己需要做到的事情，所以一达通这种模式走下去并没有错，只需要继续完善；其次，当时对于一达通模式的需求正在不断上升，我们还是有信心的。"能够让魏强能够如此执着的模式，便是一达通的"一站式外贸综合服务"。

中小企业做外贸与大企业相比，劣势不在制造，而在供应链。中小企业需求分散，结果往往是纠缠于供应链的各个环节却得不到优惠的价格。魏强看到了这个领域的商机，于是他把各类中小企业外贸交易的碎片化需求整合在后台，并以标准化的模块来提供"一站式"的服务。

针对中小企业的种种困难，魏强的方案思路很简单：一达通仅收取少量服务费，企业只管贸易，从以往复杂的进出口环节中脱离出来。无论买家在天南海北、国（地区）内国（地区）外，只要明确了交易双方，剩下要完成交易的报关、报检、物流、配送等服务，都可以交给一达通来处理。图 1 所示的就是一达通"一站式"的外贸综合服务的全流程解决方案。

为了提高效率，一达通在开发进出口服务系统的基础上，将烦冗复杂的操作流程简化，通过"化整为零"的方式聚合中小企业的进出口贸易要求，以一达通 AA 级报关资质来帮助中小企业获得更高的优先级。按照正常速度，中小企业在海关往往需要一至两天的时间才能报关完毕，一达通则能将这个时间缩短到两三个小时之内，与大企业相差无几。

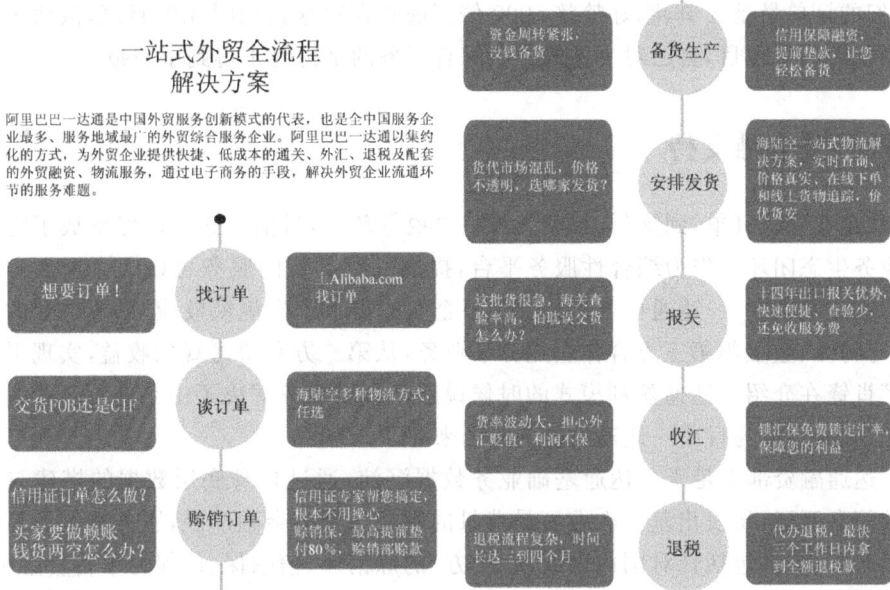

图1　一达通外贸全流程解决方案

在一达通的通关后台,共设置有流水线式的 11 个岗位。首先由接单员接洽订单,这个过程中,接单员提交客户的资料和需求,系统自动解读,判断订单会涉及 11 个岗位中的哪几个,随后智能通知相关岗位专人在何时做何事,比如报关岗负责报关单参数等。在这之后,系统会把数据转给下一个或几个岗位,每个人做好自己分配到的任务即可。不论客户从事什么业务,从哪个口岸进出口,是否需要海陆空运输,怎样国际(地区间)结算,一达通都可以标准化处理。

一达通打造的一体化供应链综合服务平台,为不少客户降低了进出口开支,有的甚至降到之前的十分之一。广州某家以经营液体化工产品和汽车零部件为主的贸易公司,由于其客户主要是境外企业,进出口贸易量比较大。这家公司以前通过一家进出口公司走外贸流程,其每年单笔手续费就高达 300 万人民币。由于此类商品的利润越来越低,深思熟虑后,该公司决定放弃使用代理,转为自营进出口。但令这家公司没有想到的是,海关、船务公司、商检局、银行……每个部门都要联系,公司又没有熟悉这方面的专业人员,结果报错数据、跑错部门的事情时有发生。正在一筹莫展之际,这家公司遇到了一达通。在了解了一达通外贸综合服务平台的运作方式和在线管理系统后,该公司负责人当即拍板与一达通结成长期合作伙伴。如今,这家公司每年只需要支付 10多万的进出口手续费即可无后顾之忧。如果说阿里巴巴在外贸中做的是"前半程"B2B信息交流与撮合,那么一达通做的则是"后半程",为客户提供通关、结汇、退税等线下交易服务。2010 年 11 月,阿里巴巴收购一达通,对于阿里来说,它将外贸 B2B 从线上做到线下,而对于魏强来说,一达通得到的则是阿里的客户资源。

2013 年 8 月的最后一天,魏强在写给员工的信中说道:"8 月,凭着 8100 单的通关单量以及 3.7 亿美元的进出口额,一达通的月度业绩被再次刷新,而 9 年前的 2004 年 8

月,我们的订单量是 8 单,刚好整整 1000 倍。"魏强在写这封信时无限感慨,散伙风波时的场景依然历历在目,自己对一站式外贸综合服务的坚持终于得到了回报。

五、低门槛金融支持

"从企业寻找订单,到支付、报关、运输、退税等环节,目前一达通已经形成了完整的外贸业务生态闭环。作为综合性服务平台,提供一些必备的服务可以大大增加客户的黏性。在此基础上,一达通再通过集合中小企业的需求产生规模效应,形成平台的议价能力,与物流、金融等第三方合作企业分享业务,从第三方获得可观的收益,实现平台的盈利。"肖锋在介绍一达通盈利模式的时候说道,"金融服务解决了中小外贸企业融资难的问题,同时也成为目前一达通主要的盈利来源。"

一达通融资部立足于一达通基础业务数据沉淀,通过自身底层数据的搭建与企业征信的信息互通,研发出基于企业贸易背景的贸易融资类金融产品,服务整个贸易链条的买卖双方,提供包括针对国内供应商(卖方)的赊销保、信融保、信保订单备货融资、退税融资、结算宝金融产品及针对境外买家(买方)的 E-CreditLine(ECL)金融产品,从解决买卖双方的资金问题着手,促进双方的业务达成。

同时,基于贸易环节的数据沉淀,一达通融资部研发了企业的信用融资类贷款产品,企业凭借自身出口数据与信用,就可以获得信用融资。例如,一达通联合中国银行、平安银行、上海银行等多家银行共同推出 B2B 互联网金融产品——一达通流水贷(原网商贷高级版),该产品是以一达通平台大数据为基础的纯信用贷款产品,主要面向使用一达通出口基础服务的客户,以出口额度积累授信额度的无抵押担保的纯信用贷款服务。按照客户最近半年在一达通平台的出口数据,1 美元可累计 1 人民币的贷款额度,最高可贷款 1000 万元。且申请、放款、还款全部在线上完成,大大提高了贷款的效率、降低成本,缓解了中小企业融资难的困境。

深圳市某光电有限公司与一达通合作的缘分就是从流水贷业务开始的。一直以来,该公司经营稳健,但由于缺少房产抵押,向银行申请贷款支持扩大生产时,却屡屡遭到银行拒绝,没有银行愿意给该客户贷款。2015 年 7 月,公司陈总在了解到一达通流水贷业务后对此非常感兴趣。7 月 10 日,该公司以自营外贸数据向一达通申请贷款,一达通融资部与上海银行客户经理一同上门拜访客户、收集资料,仅过了 5 个工作日,客户即正式获批上海银行 500 万纯信用贷款额度。客户按照产品要求通过一达通出货积累数据,完成了 500 万流水贷款的全额提用。流水贷的成功申请不仅为企业经营周转补充了急需的现金流,更为企业日后发展积累了"大数据"这一无形财富。

在这家企业的例子中,中小外贸企业由于缺少抵押,银行融资困难,或是由于利率太高难以承受,要获得临时性的资金更是难上加难。这种情况下,一达通流水贷的价值就体现出来了,基于企业的出口数据授信可以无抵押获批贷款,贷款利率也相对低、贷款期限灵活,随时可用。除了流水贷外,基于信用证融资的信融保则可以提供信用证买断和信用证融资、打包服务。

以一家制造业的工厂为例。几个月前,他们接触了一个日本买家,对方的需求是价值2000万人民币的一批婴儿车订单。对于这家工厂来说,这是笔难得的大单,但对方却提出用信用证付款,这让工厂老板有些举棋不定。当时,这家企业仍停留在现金结算阶段,要接这类订单,就要做好利润被一压再压的准备,但为了企业生存,利润再低也还是要去争取的。于是,工厂老板找到了一达通。信用证融资是一达通贸易融资业务的其中一项,对于这家工厂的订单,一达通首先会要求日本客户在日本当地银行开出受益人为一达通的信用证,并由一达通进行审证工作。此后,一达通会垫付30%的货款给这家外贸工厂用于备货。工厂进行生产备货并制单,而后委托一达通进行报关、发货。接下来,一达通负责对单证进行审核并提交给合作银行,在银行再次审核后,由银行将单证寄给日本客户的开证行,日本的开证银行收到单证并审核后,进行付款。一达通在收到货款后,会扣除垫付款及利息,并把余款支付给这家外贸工厂。在整个过程中,实际上是这家外贸工厂通过一达通间接向银行进行了信用证融资。一达通会向外贸工厂收取整个贸易融资金额月息1.5%的融资费,其中5‰为银行从中收取的贷款利息,另百分之一为一达通收取的手续费。相对于很多小额贷款公司月息3.5%左右的利息,1.5%显然要低得多。在这一过程中,虽然企业需要跟国内银行签订一个贷款协议,但是所有的资金都是通过一达通的账户支付的,这家企业当期贸易数据、过往贸易情况和信用记录则由一达通提供给国内银行。

一达通通过参与外汇结算、出口退税,掌握所服务企业的日常财务、报税数据,从而获悉企业真实的经营情况和未来的偿债能力,将碎片需求"化零为整",把中小微企业的融资需求打包给银行,然后再零售给小微企业。帮助银行规避风险,减少银行对中小企业的调查与放贷成本的同时,缓解了中小企业与银行之间的信息不对称矛盾,降低了金融机构的授信门槛。

六、全环节风控体系

2015年12月,海关陆续公布了几起侵犯知识产权、单货不符、多报少出的案件。某国际贸易有限公司出口鞋子,申报产品无牌,实际则仿冒耐克、阿迪达斯品牌,由于涉案金额较大,除了侵权货物被没收和销毁外,出口公司还可能面临巨额赔偿和刑事处罚;某纺织品公司申报出口涤纶布,而实际出口货物为花洒、称、轮子等,由于单货不符,货物被海关扣留无法出口,公司面临缉私罚款;某贸易公司出口全涤布,被海关查出多报少出,申报数量为85841.3米,而实际为50146.6米,涉案金额114万美元,除货物被海关扣留无法出口外,如果被定性为骗税退税行为,公司还将面临缉私罚款和税务稽查、函调,甚至承担刑事责任。由此可见,出口风险无小事,每一个环节都需要保证没有差错,将风险降低到最小。

国际(地区间)贸易的风险通常包括两类,其中一类是贸易政策性风险,即是否满足各国(地区)及国际(地区间)贸易组织(如WTO)相关协议(商品归类原则、原产地规定、贸易配额约定、动植物跨境限制等);另一类则是贸易公平性原则风险,即为保障贸易公平设置的全球公认风险"红线",如侵犯知识产权、违禁物品交易(毒品、稀有动物及制品、非法武器交易等)、走私漏税、虚假贸易洗钱等。一达通在多年积累的基础上归纳出价格虚报、单货不符、骗退税、洗钱和知识产权等基础业务中风险频发的关键环节,上文提到的三个实例中就分别出现了单货不符、骗退税、知识产权问题。

"海关来一达通调研时,我总是向他们展示一达通的风险控制模型,查验率甚至比他们还高。"肖锋对于一达通外贸综合服务平台的风险控制十分自信。一达通的风控模型在风控技术手段方面运用了大数据分析技术、移动 APP 查验技术、风险参数漏斗技术等;在风险管理系统方面,囊括了平台内控治理系统、一拍档管理系统、信用评估系统、资源分配及考核系统等;此外,长期的数据积累形成外综服平台后台的风险数据库,包括知识产权库、价格数据库、外部风控参数库、历史交易库和商家(买卖)信息库等;最后,还有严格的安全认证审核,即线下人工预审,包括准入时现场看厂、业务分析、财税审核等。在此基础上,一达通构筑了外综服平台的风险识别、风险评估和风控治理体系(见表1)。

表 1   一达通风险控制框架

	事前审核	事中监控	事后管理
通关	产权审核(品牌) 价格预审(单价) 产品 HS 代码	数据比对(同产品价格、重量等) 逻辑审核(型号、规格、属性等) 监装校对(单货相符)	数据分析(综合审核) 参数设置(调整风险参数) 完善流程(优化细节) 客户管理(锁定、拒绝)
退税	开票人预审 客户准入看厂 财务函调交流	退税环节审单 贸易真实性核查 税务审核	退税票据的核对接收 异常票据的处理 客户处理
外汇	预收汇押汇	出口不收汇 收汇不出口 异常监控	总量核销
金融	订单贸易真实性核查 中信保买家调查核保 供应商实地看厂	金融环节审单、订单、合同审核 质量协议、买家验货报告 货权的控制、贷后管理	保险理赔 法律诉讼
物流	投保货运险 特殊货物的处理	物流环节审单 费用结算 货损的监控与反馈	目的港处理 保险理赔

以一达通最新推出的移动 APP 监装产品为例,外综服平台要求对重点出口货物进行 100% 监装查验,由手机在发货现场拍摄视频或拍照,锁定地理位置及车牌、货号等主要参数,上传到后台系统进行风险评估。这样可以杜绝长期存在于出口活动中的以"配货配票"方式骗取出口退税的不法行为。"所有这些措施,都需要一达通拿出巨大的资

源、资金投入,但这些投入是值得的,它能保护外综服平台自身的安全运行,同时也将产生巨大的社会价值。"肖锋补充道。

国际(地区间)贸易便利化自由化与风险控制(保障贸易公平性原则)又是一对天然的矛盾:管得过严会影响通关便利,放松则易造成公平风险,如何平衡?肖锋的回答是:"海关查验率若高于5%,则通关将明显受阻,查验率过低则风险管理易失控。仅凭政府有限的监管资源已难以适应市场的变化,市场化的外贸新业态、新技术则是解决这一矛盾的有力推手。"一达通在平台风险控制上投入大量的精力,不仅是为了平台自身的安全治理,也是想让合法企业的外贸通道更顺畅,同时协助提升政府服务效率,降低行政成本。这,就是风控的价值。

七、高转化数据增值

无论是金融产品还是风险控制,都离不开数据的积累和沉淀,在一达通构筑电子商务交易闭环的同时,阿里巴巴集团平台上积累了大量交易相关数据,一达通正是通过对海量交易数据的掌握形成自己的核心竞争力。通过数据沉淀,一达通为中小企业提供一系列衍生服务,并通过中小企业信用体系[①]解决跨境贸易金融以及买家和卖家之间的信任问题。互联网和大数据给传统企业带来了系统性变化,立足于数据,生产商能够更加灵活地应对市场需求。

从整个供应链体系来看,企业外贸交易是一个较长的过程,从合同的签订到报关、报税、运输,每一个环节都很真实,也能产生大量的数据。一达通通过为中小企业提供服务,参与了交易的整个流程,能够清楚掌握交易数据和其他交易信息(见图2)。

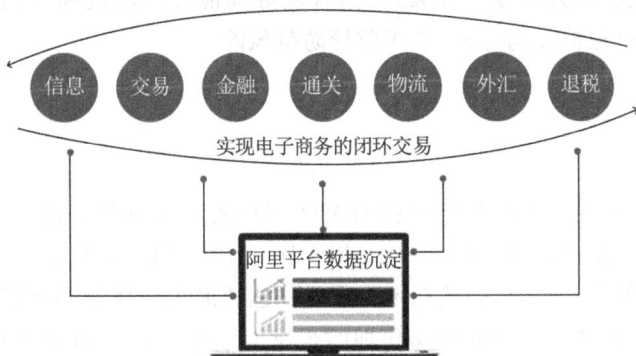

图2 一达通跨境电子商务闭环交易

---

① 一达通将中小企业在国际(地区间)站上的行为以及真实贸易的交付数据等相关信息作为其信用保障额度的累积依据,将阿里巴巴验证的近期6个月真实数据活用为积累额度,通过对数据的归集、识别、清洗、分析和挖掘,实现数据商业化。阿里巴巴在特定条件下帮助供应商向买家提供跨境贸易安全保障,帮助卖家提升在国际(地区间)市场上的竞争力,建立良性循环,促进中小企业发展并拉动出口。

肖锋认为,对于一达通这样的综合性服务平台来说,无论是下订单,还是和海关对接,都需要业务数据化,而这只是刚刚开始。在此基础上,还要实现数据产品化,例如,目前一达通基于整个供应链环节为中小企业提供融资服务,包括信用融资、流水贷业务、贸易融资服务等,都是数据产品化的具体表现形式。最后一步则是要实现平台的业务标准化,业务流程只有标准化后才能规模化,而后则会产生更多的数据,而大量数据的产生又可以进一步协助扩大业务规模,形成一种良性循环(见图3)。

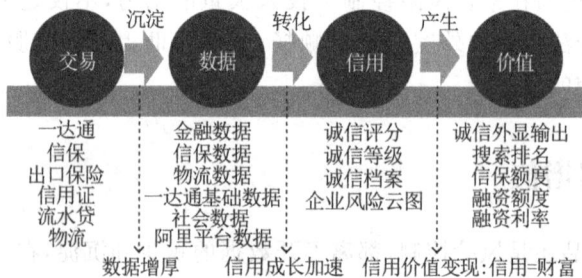

图 3 一达通数据价值转化流程

企业常常会因为金融产品创新而面对诸多风险。一达通应该如何应对因金融产品创新而带来的风险呢?肖锋认为,外贸行业涉及中小企业、海关、综合服务平台以及消费者等多种利益相关者,具体到风控环节,真正介入的环节越多,供应链越长,风险控制就会越容易;而如果环节越少,掌握的数据越少,风险事件就越容易发生;数据越多,对于一达通而言风险就越低。而对于客户来说,自身历史交易数据积累得较多,则可以在平台上获得较高的搜索排名,提升曝光率和询盘量,还可以更快地获得更加优质的金融服务,享受个性化的通关服务。海关、工商管理等其他部门通过和一达通的数据对接,可以对客户进行更加精准的分析,利于监管防范风险。

八、结束语

2016 财年,一达通的 GMV 已经提前突破 150 亿美元的预定目标。阿里巴巴 B2B 事业群总裁吴敏芝预估,2017 财年(2016 年 4 月 1 日至 2017 年 3 月 31 日),一达通出口额将达到 500 亿美金。当前,仍然有不少人对一达通庞大的体量感到担忧,认为一达通让那些做出口代理、货运代理和快递代理的企业生存更加艰难,而且在处理本地化问题时表现也并不理想,违背了阿里巴巴"让天下没有难做的生意"的宗旨。肖锋对此却不以为然:"一达通主要损害了靠信息不对称赚钱的大卖家的利益,让更多中小外贸企业获得实惠。"

无疑,一达通今后的发展也不免要面对一系列的困难与挑战。政府虽然已经肯定了综服平台是新业态,但是监管部门目前并没有专门针对平台的管理政策,通过平台进行的外贸流程中,一旦有企业存在不合规行为,风险都由平台承担。例如,在通关过程中出现申报不实等异常案件时,海关把综服企业当作唯一责任主体对待,服务主体承担了实际贸易主体的责任,责任主体错位。而真正的过错方(生产销售单位)却不被处罚。因此,不论是魏强,还是肖锋都抓住一切机会发声,希望监管部门能够明确外综服平台的地位和责任。

现如今,一达通也积极推出"一拍档",引入各类本地化外贸服务企业(如货代、进出口代理、报关行、财税公司等)成为一达通的紧密合作伙伴,为外贸企业尤其是中小企业提供完整的本地化、贴身化、个性化的低成本出口流程综合服务。"如果把一达通比作车厂的话,一拍档就是4S店,他们实现了面向企业的个性化服务需求和一达通标准化服务供给之间的对接。"肖锋经常把这个比喻挂在嘴边。"今后,一达通要发展成为外贸的底层系统,就好比是手机的安卓系统,其他外贸相关的产品或者服务都可以在这个系统上开发。2016年9月,马云在G20首脑杭州峰会上提出了eWTP① 计划,引起了许多国家政府与企业的重视与关注。我们希望借此东风,让更多国际(地区间)企业直接参与全球贸易,也希望能够建立起这个行业新业态的监管规则和信用体系规则。"

---

① eWTP：Electronic World Trade Platform,世界电子贸易平台。

下篇　案例使用说明

一、教学目的与用途

本案例是为国际商务课程撰写的,也可供国际贸易实务、物流管理、电子商务课程使用。本案例介绍了外贸综合服务企业一达通从中小型外贸企业需求出发,提供通关、结汇、退税相关的基础服务和金融、物流相关的增值服务。通过本案例的学习,学生可以了解外贸综合服务市场的需求和供给情况、外贸综合服务企业及其风险控制的基本情况。

(一)适用课程

本案例适用于国际商务课程、国际贸易实务和电子商务课程。

(二)适用对象

本案例难度适中,适用对象包括国际商务专业硕士研究生、高年级国际经济与贸易专业本科生和物流管理专业本科生。

(三)教学目标

1. 知识传授

通过本案例的教学,学生应掌握以下知识,并学会将相关理论运用到实践中。第一,外贸行业流程规则复杂,众多中小企业对外贸综合服务需求量很大,需求主要集中在通关、物流、外汇、退税、融资五个方面,一达通正是从这些需求出发形成自己的运作流程。了解外贸综合服务企业运作流程的有关知识点有助于学生了解其基本情况,为后文提供分析情境。第二,外贸综合服务汇集了企业需求的同时也集中了风险,需引导学生识别外贸综合服务存在的风险种类(退税风险、信用风险、法律风险和知识产权风险),了解一达通如何利用大数据技术构建包括事前审核、事中监控和事后管理在内的风险控制框架。第三,外贸综合服务作为发展迅速的行业,需要让学生认识到外贸综合服务企业仍需要面对信息保密隐患、物流集成不足、政策尚不成熟等困难与挑战。第四,在了解一达通基本情况的基础上,从盈利模式、商业秩序、数据利用、发展空间等方面梳理外贸综合服务企业的发展趋势并据此对一达通的发展提出建议。第五,引导学生查找资料了解世界电子贸易平台(eWTP)的相关情况。

2. 能力训练

通过本案例的学习,学生能够增强对外贸综合服务市场需求的判断能力,提升外贸综合服务风险识别和规避的能力,加强因地制宜分析问题、提出针对性解决方案的能力。

3. 观念更新

在学习本案例后,学生能够对外贸综合服务需求和外贸综合服务企业运作流程有基本了解;对跨外贸综合服务发展前景和面临的问题有较深入的了解;对外贸综合服务中大数据应用、外贸风险及风险防范措施有深刻的认识。

二、启发性思考题

(一)在了解了一达通"一站式综合服务"的基础上,你认为外贸综合服务企业(平台)的运作流程是怎样的?

(二)外贸综合服务平台的运作存在哪些风险,一达通又是如何防范的?

(三)一达通今后的发展还将面临哪些问题与挑战?请分别从企业和政府的角度分析。

(四)今后一达通需要怎么做才能够更好地利用其平台优势?

(五)请查阅相关资料,阐述你对 eWTP 的理解。

三、案例分析背景

(一)制度背景

政府自 2013 年开始不断支持外贸综合服务行业的发展,2014 年国税第 13 号文件更是在退税方面扫清了政策障碍,之后商务主管部门、海关等一直在稳步推进相关监管创新和改革。就浙江省而言,在 2014 年,商务部门积极联系推动"一达通"于 9 月正式落户杭州,重点培育 12 家本省外贸综合服务企业,利用浙交会、广交会等平台进行宣传推广,引导企业更好为中小微生产企业服务。"1+12"试点培育企业全年共服务小微企业 4 万余户,带动出口 21.6 亿美元。2015 年外贸综合服务平台继续维持高速发展态势,1—4 月"1+12"试点企业共服务带动出口 11.2 亿美元,同比增长 181%。

(二)行业背景

外贸综合服务企业被认为是从传统的外贸代理发展而来的。在传统的进出口业务中,最初是实施许可制度的,在这种许可制度下,无进出口权限的企业,往往委托代理企业出口,代理企业收取代理费。在外贸经营权限放开以后,虽然从理论上讲,外贸出口已无太高门槛,但是对于中小企业来讲,一方面外贸出口涉及的环节众多、流程复杂;另一方面专门的报关、报检、退税、结汇等人员的支出较高。基于上述两个方面的考虑,中小企业仍然愿意将出口委托给代理公司来完成。

中小企业从简化流程、节约成本的考虑,将出口环节委托给代理公司来完成,但是根据我国现行法律法规的规定,代理企业是不允许以自己的名义去退税的,但是实际业务中,中小企业一般希望代理公司能将包括退税的所有环节都代其完成。在现实的需要与法律的限制的冲突之下,产生了能代理退税的代理公司,即通常所讲的"假自营真代理"。随着对外贸易的发展,熟人关系中的"假自营真代理"已经无法满足需要,专门从事该业务的代理公司应运而生。这一类的公司,是外贸综合服务企业的雏形,但是中小代理公司,往往在业务操作上不规范,成为出口骗税的温床。

一达通的崛起,标志着"外贸综合服务"企业发展到一个新的阶段。一达通首次提出了"外贸综合服务企业"的概念,其业务模式是:将进出口业务中的各个环节的服务,整合到一个统一的平台,然后由平台投放给中小外贸企业,其主要服务项目包括通关、退税、结汇以及物流、融资等。当前来看,外贸综合服务企业多以信息化技术平台或系统为支撑,能够更有效地优化产业组织形式,提高外贸服务的规模化、标准化、集约化和专业化水平,降低外贸交易成本,以提升外贸产业整体竞争优势,尤其是为广大中小外向型生产企业提供有效支持。

四、理论研判依据

(一)知识点一: 外贸综合服务企业(平台)出口运作流程

当前外贸综合服务平台提供的服务大体分为基础服务和增值服务两类。前者基本上是按照进出口流程设计,只是更为标准化、简洁化和互联网化,因为几乎所有平台均有前后端一体化的系统软件支持线上实现交易;后者则主要根据各平台自身优势(主要是资金优势)提供延伸服务,是各平台差异化服务的集中体现模块,同时也是其盈利的主要来源(或目的)。下面主要针对外贸综合服务出口流程予以介绍。

1. 客户准入审核

按照国税 2014 年第 13 号文件规定,外贸综合服务平台进行退税的前提必须是境内注册的生产企业,因此平台需要对申请服务的客户进行审查,审核其一般纳税人资质、注册情况、生产大致情况等。当然存在部分贸易型客户申请服务的,一般操作是平台主要审核该贸易型客户要求服务的出口订单下实际的生产企业。

2. 客户下单

一般平台支持客户在其系统客户端自助下单,主要是输入出口产品采购、包装、报关通关以及出口货运等相关信息,这里可能涉及某些特殊类产品存在一些资质限制、海关监管条件的问题,同时贸易型客户需要输入供货生产企业与产品出口信息,即所谓的"双审"环节。

3. 报关出口

在报关环节,多数平台并不强制要求由平台完成报关通关或指定报关代理机构,即允许客户自己指定报关代理机构并由其完成报关通关,但前提条件是报关代理机构必须按照平台发送的申报数据报关,同时报关抬头为平台公司。

4. 收汇结算

平台要求凡是由平台报关出口的订单,客户对应的出口收汇必须打入平台公司账户,由平台公司完成外汇核销。平台一般会设置客户资金账户(可能是内部台账式)以方便客户线上自由查询自己的账户可用资金,这一点上一达通的模式最为简便:一达通与中国银行合作,设置了一种基于一个母账户下的虚拟子账户,客户向一达通申请虚拟子账户且可以自行定义户名(一般会命名为客户自己的户名),如此不仅解决了境外采购商对客户更换账户的疑虑,还方便了收汇后的客户认领识别。

5. 申报退税

以平台自己的名义报关收汇的出口订单,对应地该订单的出口退税也将由平台企业申报,平台一般在出口报关、全额收汇且收到生产企业对应的专用增值税票后向主管税务机关申报退税,部分平台企业承诺在上述三个条件满足的三个工作日内垫付退税款(一般会收取一定的费用)。当前,根据国税 2015 年第 2 号文规定,新办平台企业按照出口退税三类企业规定执行,由于可能涉及大量的函调程序,可能使得其退税周期在6 个月以上(持续时间在首票出口退税申报后的一年内)。

6. 增值服务

平台增值服务一般围绕着"融资"主题展开,如出口信用证融资(买断或不买断)、出口订单押汇、备货融资、仓储(库存)融资乃至一达通推出的"流水贷"及"网商贷高级版"等,当然除此之外也有其他个性化服务。

7. 流程小结

平台企业服务的直接对象为生产型企业,报关抬头、收汇核销主体以及退税申报主体必须是平台企业。

(二)知识点二: 外贸综合服务企业(平台)面临的主要风险

平台企业将无数的中小微外向型企业集聚起来以获取规模化外溢优势,但规模集聚的同时也必然集聚了风险,可以说风险管控是每家平台企业的生命线。

1. 退税风险

目前实践来看退税风险是平台最大的风险。退税风险的诱发因素很多,但主要还是与客户(含工厂)主动骗取退税的意图和开票供应商未缴税甚至倒闭导致失控发票等有关(其中后者在当前外部环境不佳和民间联保互保链断裂频发的背景下尤为突出且外生性明显)。一旦平台遭遇上述情况,可能影响其他正常客户业务的退税申报,调查涉及的订单可能不仅无法获得退税款,而且还需计提销项税,导致平台(退税申报主体)损失可能高达 30% 以上。因此为防范客户(含工厂)的骗税行为,需要从资质准入、贸易真实性、大额查验、价格监控和异常情况预警等五个方面建立防控机制。

2. 信用风险

信用风险主要是指境外买家、客户和工厂的信用风险,通常体现在金融服务中。基础服务中平台一般先收汇后付款(包括退税款),主要影响在于因境外买家信用违约未付款导致外汇核销问题(海关出口与收汇数据不匹配),但可以通过外管特殊申报予以解决。金融服务中,还款来源依赖于境外买家信用,其中信用证项下打包贷款(备货融资)还涉及客户与工厂信用,因此需做好境外买家与贸易真实性验证、信用保险与融资限额设置、协议约定客户的连带责任等防范措施。

3. 法律风险

平台法律风险主要来自于其"尴尬"的法律地位。由于平台一方面在贸易中与客户(包括工厂)是代理委托的法律关系,另一方面为符合平台退税政策,平台与工厂(可能是客户自己)及境外买家是自营购销关系,也就是说一个贸易订单中存在自营与代理两种法律关系,这必然导致贸易纠纷中的地位界定困境。另外从严谨的法律逻辑来看,部分金融产品(如融资与远期锁汇)服务协议可能涉及是否拥有相应的金融资质的问题(虽然实际操作中可以借由贸易背景下的货款垫资和预付解释)。平台法律风险的应对只能有待政府对平台法律地位作进一步澄清和解释,也需要平台实时关注司法界对涉及平台法律地位的案件的裁定、解释和研究。

4. 货物质量与知识产权风险

由于平台与工厂及境外买家形式上具有自营购销关系,境外买家对商品质量索赔及第三方因商品涉及知识产权而引发的索赔必然首先冲击到平台。因此,平台代理服务协议与自营购销协议中须约定:因商品质量问题发生的索赔最终须由工厂承担,同时商品因涉及知识产权而发生的索赔损失必须由客户和工厂承担。

(三)知识点三: 外贸综合服务企业(平台)存在的主要问题

虽然近年来外贸综合服务企业发展快速,且其出现与发展对于促进出口贸易增长、推进外贸转型升级、推动普惠贸易进程等而言具有重要意义,但是在其发展过程中也面临着一些亟待解决的问题。

1. 信息保密疑虑带来业务推广障碍

由于法律不完备,外贸综合服务企业掌握了委托人的所有贸易信息,无法从制度上杜绝信息泄漏或者转卖。目前很多企业在使用外贸综合服务业务时还十分犹豫,只能在节约成本和客户信息保密之间权衡。这也是外贸综合服务企业无法将业务推广到有一定生产规模企业的症结所在。

2. 物流环节的集成有待提升

当前试点培育的外贸综合服务企业多是外贸公司背景,对通关、收汇、退税等流程十分熟悉,也都完成了信息化的整合。但对于物流业务了解不够、介入不深,依然采取委托外包方式,未能将物流整合进外贸综合服务体系中。应当利用对货源的掌握进入到国际(地区间)物流领域,进一步延伸外贸的产业链。

3. 监管政策尚不完善

由于外贸综合服务企业是一个新型模式,目前商务、税务、海关等部门在其发展、规范、监管上都还在摸索,未形成完善的管理制度。外贸综合服务企业当前普遍反映商务主管部门指导服务力度还不够,扶持政策不明确;现有出口退税政策限制了委托人的范围,将外贸综合服务企业独立当成处罚的责任主体;现有海关分类管理办法中未考虑外贸综合服务企业的平台属性,未给予特殊容错率对待等。

(四)知识点四: 外贸综合服务企业(平台)的发展前景

1. 外贸综合服务企业应改革其盈利模式

目前,外贸综合服务企业的盈利主要来自两个方面:一是向外贸企业收取的代理服务费,一般是每单进出口业务几百元或上千元;二是向银行、保险、物流等服务提供商支付的费用与向被服务企业收取的费用之间的差价。外贸综合服务企业要成为中小企业的"外贸服务超市",应广纳客源,其利润不应来自对客户收取的费用,而应来自因客户的规模化购买所产生的对服务提供商的议价能力。因此,外贸综合服务企业未来应逐步取消服务费,甚至将一部分通过整合业务资源所获得的差价收益回馈给客户,以此吸引更多客户。

2. 外贸综合服务企业应完善商业秩序管理职能

我国已成为货物贸易第一大国,与此同时,外贸领域不可避免地存在一些违法违规行为,如制售假冒伪劣商品、走私、虚假出口、骗取退税、骗汇、逃套汇以及伪造、变造或买卖进出口证明文件等。由于外贸综合服务企业介入交易环节、掌握交易信息,因此,为减少违法违规行为,使我国外贸持续健康发展,外贸综合服务企业应建立起交易信息审查制度,"过滤"掉违法违规交易并对外贸企业建立信用评价体系,根据企业信用实行宽严有别的监管措施,帮助提高政府管理的效率,通过市场化手段实现外贸商业秩序的有效管理。

3. 外贸综合服务企业的平台交易数据应发挥重要作用

未来将是大数据时代,外贸交易是一个很长的流程,从合同的签订到报关运输,每一个过程都很真实,也能产生大量的数据,外贸综合服务企业为成千上万的中小企业提供服务,参与到交易的过程中,能够清楚全面地掌握交易数据和交易信息。这些海量的外贸交易数据有很大的价值。一方面,这些数据可以供外贸企业进行市场分析,发掘潜在客户与市场机会,降低搜寻成本;另一方面,外贸综合服务企业可以利用这些数据去构建针对外贸企业的信用评价体系,为融资信贷等提供参考,规避风险。因此,外贸综合服务企业将来应加强大数据技术的开发应用,加强平台数据的分析与利用,为寻找商业机会与风险管控提供依据。

4. 外贸综合服务企业应扩大规模拓展市场空间

当前,中国服务于中小企业的外贸综合服务企业较少,仅有十几家,且主要分布在东部沿海地区。若按一家企业平均服务于一万家中小企业计算,现阶段依托外贸综合服务企业开展对外贸易的中小企业仅有约十万家,因此,外贸综合服务行业有很大的发展空间。为了让更多的中小企业无障碍、高效率、低成本地开拓国际(地区间)市场,一方面,现有的外贸综合服务企业需要扩大规模和服务地区范围,以市场需求为动力,持续丰富并不断完善服务内容,另一方面,一些外贸公司、货运代理企业、报关行等传统的外贸服务企业要看准形势,抓住有利时机,努力转型为外贸综合服务企业。以对外贸易作为支柱产业的地区,也应下大力气培育与建设外贸综合服务企业或平台。

5. 外贸综合服务企业应积极促进我国外贸转型升级

发展对外贸易不仅对稳增长、保就业至关重要,而且有利于促进我国经济与世界经济的深度融合。从贸易大国到贸易强国,不仅需要优化贸易产品结构、提高出口产品的技术含量和附加值,还需要外贸管理体制和商业模式的改革创新。加快培育外贸综合服务企业,是提升开放型经济发展水平、优化进出口环境的重要举措,是打造外贸服务竞争新优势、增强外贸企业国际(地区间)竞争力的有效手段,也是培育新的外贸增长点、实现外贸跨越式发展的必然选择。通过外贸综合服务企业提升贸易便利化水平,使更多中小企业能够更加顺畅地开拓境外市场,将是促进外贸转型升级的有力手段。

(五)知识点五: 世界电子贸易平台(eWTP)的相关知识点

1. 世界电子贸易平台(eWTP)的内涵

eWTP是一个私营部门引领、市场驱动、多利益攸关方参与的国际(地区间)合作平台(机制),主要通过开展公私对话和机制性合作,探讨和推广全球电子贸易的发展趋势、面临问题、商业实践和最佳范例,孵化全球电子贸易的规则和标准,为全球互联网经济和电子商务发展创造更加有效、充分和普惠的政策和商业环境。

2. 世界电子贸易平台(eWTP)的特点

eWTP有以下特点:①该机制由市场驱动和私营部门引领;②各利益攸关方平等参与,包括政府机构、各种企业、国际(地区间)组织、智库、专家学者、各种社群等,其中中小微企业、普通消费者、发展中国家(地区)的诉求需要得到更加充分的关注;③该机制是开放透明的,感兴趣方都可了解和参与;④该机制的相关决定和政策建议可能不会具有强制性的法律效力,而是需要国际社会通过广泛传播、积极倡导、商业实践去实现。因此eWTP的定位、特点和宗旨,将使其成为联合国机构、世界贸易组织等多边和区域性国际(地区间)机构的合作伙伴,互相促进、互为补充。

五、案例分析思路与要点

(一)案例分析思路

一达通曾徘徊在破产的边缘,但出于对中小外贸企业通关、外汇、退税、金融、物流服务需求的认识,坚持提供一站式外贸综合服务并取得迅速发展,从一站式外贸综合服务引出对外贸综合服务企业运作流程的思考;外贸综服平台汇集需求的同时也集中了风险,由此引出外贸综合服务平台的风险及防范对策;外贸综合服务作为迅速发展的事物,其发展正面临着多方面的问题与挑战;在对一达通的基本情况有所了解之后,从盈利模式、商业秩序、数据利用、发展空间等方面对一达通今后的发展提出建议;最后,引出eWTP的概念,引导学生思考一达通与eWTP的关系(见图4)。

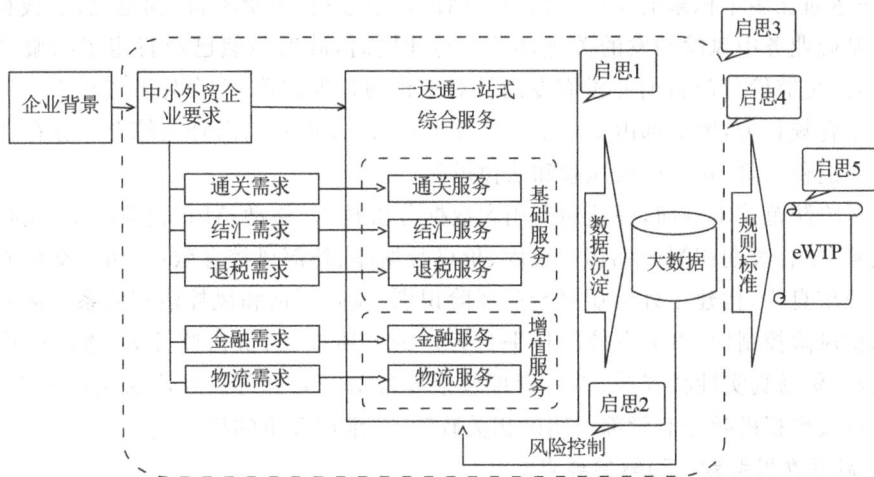

图 4　案例分析思路

(二) 启发性思考题解答要点

1. 启发性思考题（一）解答要点

启发性思考题（一）：在了解了一达通"一站式综合服务"的基础上，你认为外贸综合服务企业（平台）的运作流程是怎样的？

该思考题需要运用到有关外综服企业出口运作流程的知识点。外贸综合服务企业在对外贸易综合服务出口流程一般包括客户准入审核、客户下单、报关出口、收汇结算、申报退税、增值服务等。除增值服务外，基本按照一般出口流程设计，且在计算机技术的支持下流程更加标准化、便利化；增值服务则根据不同企业的特点设计，日益成为平台盈利的主要来源。

本案例中，一达通外贸综合服务分为基础服务和增值服务。从图 1 一站式外贸全流程解决方案和文中其他相关信息中可以看出，企业可以在 Alibaba.com 上找订单并和对方谈判确认订单，在一达通平台上下单，这段操作包含了客户准入审核和客户下单流程；通过一达通金融服务（如赊销保、流水贷）备货生产，通过一达通物流服务安排发货，这部分可选的操作体现了增值服务环节；报关出口环节中，一达通凭借 AA 级报关资质为中小企业提供快捷的通关服务，企业也可以自己指定报关代理机构并由其完成报关通关；收汇结算环节要求凡是由平台报关出口的订单，客户对应的出口收汇必须打入平台公司账户，由平台公司完成外汇核销；在申报退税环节中，平台一般在出口报关、全额收汇且收到生产企业对应的专用增值税票后向主管税务机关申报退税。

2. 启发性思考题（二）解答要点

启发性思考题（二）：外贸综合服务平台的运作存在哪些风险，一达通又是如何防范的？

案例正文中提到的三个案件分别涉及了侵犯知识产权、单货不符合多报少出的情况,而一达通在多年积累的基础上已经归纳出价格虚报、单货不符、骗退税、洗钱和知识产权等基础业务中风险频发的关键环节。与此同时,政府虽然已经肯定了综服平台是新业态,但是监管部门目前并没有专门针对平台的管理政策,平台外贸流程中一旦有企业存在不合规行为,风险都由平台承担。综上,可以大致归纳出外贸综合服务存在的主要风险有退税风险、知识产权风险和法律风险。

在风险防范技术方面,一达通利用大数据分析技术、移动 APP 查验技术、风险参数漏斗技术,结合长期积累的知识产权库、价格数据库、外部风控参数库、历史交易库和商家(买卖)信息库,构建了外综服平台的风险识别、风险评估和风控治理体系。例如在通关和退税风险控制中,事前审核包括平台客户的资质准入、价格监控等,事中监控包括监装校对、贸易真实性核查等,事后管理包括异常情况处理等。在应对法律风险方面,企业负责人也积极呼吁监管部门明确相关政策,并维持政策的稳定性。

3. 启发性思考题(三)解答要点

启发性思考题(三):一达通今后的发展还将面临哪些问题与挑战? 请分别从企业和政府的角度分析。

本题需要用到外贸综合服务企业(平台)问题与挑战的相关知识点。从企业的角度来看,在企业信息进入外综服平台之后,其保密情况不受控制。外贸综合服务企业掌握了委托人的所有贸易信息,由于法律不完备,无法从制度上杜绝信息泄漏或者转卖。目前很多企业在使用外贸综合服务业务时还十分犹豫,只能在节约成本和客户信息保密之间权衡。这也是外贸综合服务企业无法将业务推广到有一定规模的生产企业的症结所在。另一方面,在外综服企业提供的服务中,物流服务的优化仍然停留在初级水平。当前大多数外综服企业对于物流业务了解不够、介入不深,依然采取委托外包方式,未能将物流整合进外贸综合服务体系中。

从政府的角度来看,虽然对外贸综合服务表示支持,但监管部门的政策变化尚未跟上。政府部门在走访调查中发现,外贸综服企业普遍反映政府对外综服企业的定位及权责界定不明确,具体表现在政府相关部门追责时,税务部门将外贸综合服务企业独立当成处罚的责任主体,海关没有根据其平台属性给予特殊容错率对待等。

4. 启发性思考题(四)解答要点

启发性思考题(四):今后一达通需要怎么做才能够更好地利用其平台优势?

本题需要用到外贸综合服务企业(平台)发展前景的相关知识点。当前,一达通已经形成了完整的外贸业务生态闭环,其中基础服务包括通关、收汇、退税服务,为平台增加了客户的黏性,在此基础上化零为整产生规模效应,形成平台议价能力,从差价中获利;增值服务包括金融服务和物流服务,是一达通目前和将来的主要盈利来源。为了吸引更多的用户,未来一达通应该更加深入对外贸易环节的底层,压缩基础服务盈利占比。

考虑到外贸领域不可避免地存在一些违法违规行为,对外综服务企业造成很大的困扰,一达通正逐步形成风险控制体系框架和中小企业信用体系。此外,一达通还应该建立交易信息审查制度,完善信用评价体系,帮助提高政府管理的效率,通过市场化手段实现商业秩序的有效管理。

跨境电子商务交易闭环中,每一个环节都会产生大量的数据,需要借此实现业务数据化与数据产品化。在此基础上,一达通今后还需要加大平台数据的分析与利用,实现平台业务的标准化、规模化。

鉴于外贸综合服务行业有巨大的发展空间且能够促进我国外贸转型升级,一达通需要抓住外贸新形势的机遇,借助有利的政策扩大扩大规模和服务地区范围,提升贸易便利化水平,使更多中小企业能够更加顺畅地开拓境外市场。

5. 启发性思考题(五)解答要点

启发性思考题(五):请查阅相关资料,阐述你对 eWTP 的理解。

该题为开放题,请结合 eWTP 的概念、性质、宗旨、影响力等相关资料作答。

如"世界电子贸易平台的基本宗旨包括以下几个方面:第一,促进全球中小微企业发展,促进全球年轻人发展,促进全球创新创意创造。第二,促进贸易权成为一项基本人权,让普罗大众都能享有自由平等的贸易和消费权利。第三,促进全球普惠贸易和普惠消费发展。建立普惠贸易和普惠消费的全球电子商务平台和一体化跨境零售服务网络,服务全球消费者。第四,促进全球数据经济发展。建立开放、自由、共享、利他的全球数字市场,建设大数据、云计算、普惠金融、智能物流、数字信用等数据时代的新型基础设施体系"。

六、教学组织方式

案例授课班级人数不宜过多,应该控制在 20~30 人,可以 4~6 人为一组分成 5 个小组。教室的桌椅布局要让所有的课堂参与者围坐四周,以使其容易听到和看到同组成员为基本原则。教室中应具备电脑、投影仪、黑板、粉笔等设备。同时,为方便学生更好地参与案例课堂讨论,教师可以在课前提醒学生做课前准备工作,例如,熟悉案例,浏览一达通及其他外贸综合服务平台网站,了解外贸实务流程及外贸新业态的相关情况。

(一)课时分配

案例回顾与概述(5 分钟):介绍案例背景,回顾案例内容,理清案例思路,明确案例主题。

提出问题与小组讨论(20 分钟):结合板书提出启发性思考题,分小组讨论并形成组内答案。

小组汇报与教师引导(50 分钟):针对每一道启发性思考题,选一个小组进行回答,其他小组补充。教师需结合板书和多媒体对学生引导,得出最终答案。

案例评价与总结(10 分钟):对知识点进行梳理,对案例教学过程进行评价,总结学习心得体会。

其他问题(5 分钟):教师回答学生的一些其他问题。

(二) 板书设计

启发性思考题(一)：在了解了一达通"一站式综合服务"的基础上,你认为外贸综合服务企业(平台)的运作流程是怎样的? 启发性思考题(一)及解答要点如图 5 所示。

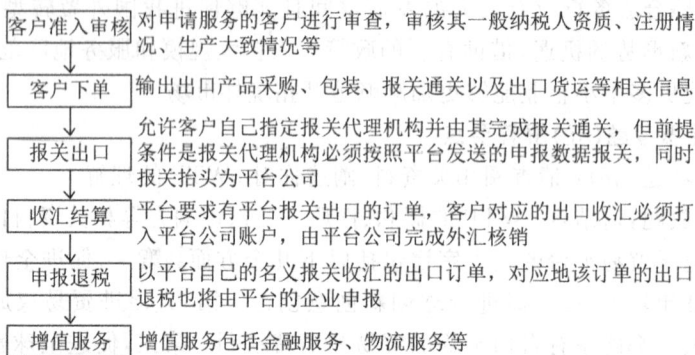

客户准入审核	对申请服务的客户进行审查,审核其一般纳税人资质、注册情况、生产大致情况等
客户下单	输出出口产品采购、包装、报关通关以及出口货运等相关信息
报关出口	允许客户自己指定报关代理机构并由其完成报关通关,但前提条件是报关代理机构必须按照平台发送的申报数据报关,同时报关抬头为平台公司
收汇结算	平台要求有平台报关出口的订单,客户对应的出口收汇必须打入平台公司账户,由平台公司完成外汇核销
申报退税	以平台自己的名义报关收汇的出口订单,对应地该订单的出口退税也将由平台的企业申报
增值服务	增值服务包括金融服务、物流服务等

图 5　启发性思考题(一)及解答要点

启发性思考题(二)：外贸综合服务平台的运作存在哪些风险,一达通又是如何防范的? 启发性思考题(二)及解答要点如图 6 所示。

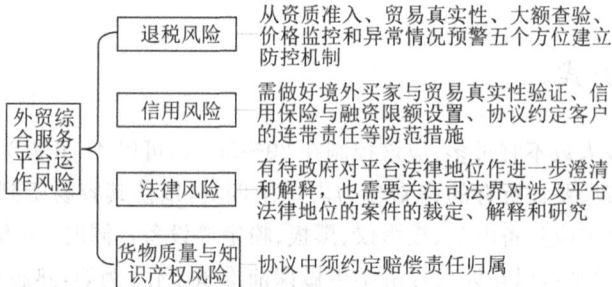

外贸综合服务平台运作风险

退税风险	从资质准入、贸易真实性、大额查验、价格监控和异常情况预警五个方位建立防控机制
信用风险	需做好境外买家与贸易真实性验证、信用保险与融资限额设置、协议约定客户的连带责任等防范措施
法律风险	有待政府对平台法律地位作进一步澄清和解释,也需要关注司法界对涉及平台法律地位的案件的裁定、解释和研究
货物质量与知识产权风险	协议中须约定赔偿责任归属

图 6　启发性思考题(二)及解答要点

启发性思考题(三)：一达通今后的发展还将面临哪些问题与挑战? 请分别从企业和政府的角度分析。启发性思考题(三)及解答要点如图 7 所示。

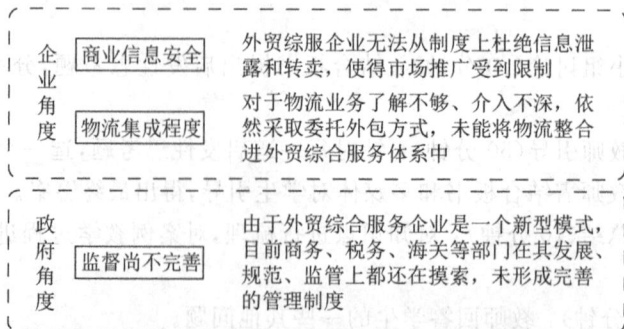

企业角度	商业信息安全	外贸综服企业无法从制度上杜绝信息泄露和转卖,使得市场推广受到限制
	物流集成程度	对于物流业务了解不够、介入不深,依然采取委托外包方式,未能将物流整合进外贸综合服务体系中
政府角度	监督尚不完善	由于外贸综合服务企业是一个新型模式,目前商务、税务、海关等部门在其发展、规范、监管上都还在摸索,未形成完善的管理制度

图 7　启发性思考题(三)及解答要点

启发性思考题(四)：今后一达通需要怎么做才能够更好地利用其平台优势？启发性思考题(四)及解答要点如图8所示。

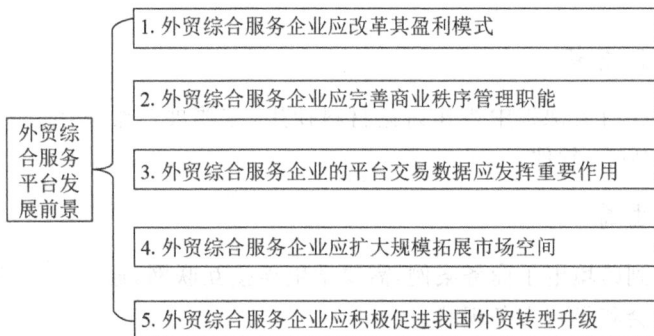

```
                  ┌─ 1. 外贸综合服务企业应改革其盈利模式
                  │
                  ├─ 2. 外贸综合服务企业应完善商业秩序管理职能
外贸综             │
合服务 ───────────┼─ 3. 外贸综合服务企业的平台交易数据应发挥重要作用
平台发             │
展前景             ├─ 4. 外贸综合服务企业应扩大规模拓展市场空间
                  │
                  └─ 5. 外贸综合服务企业应积极促进我国外贸转型升级
```

图 8　启发性思考题(四)及解答要点

启发性思考题(五)：请查阅相关资料,阐述你对 eWTP 的理解。启发性思考题(五)及解答要点如图9所示。

> 世界电子贸易平台的基本宗旨包括以下几个方面：第一,促进全球中小微企业发展,促进全球年轻人发展,促进全球创新创意创造。第二,促进贸易权成为一项基本人权,让普罗大众都能享有自由平等的贸易和消费权利。第三,促进全球普惠贸易和普惠消费发展。建立普惠贸易和普惠消费的全球电子商务平台和一体化跨境零售服务网络,服务全球消费者。第四,促进全球数据经济发展。建立开放、自由、共享、利他的全球数字市场,建设大数据、云计算、普惠金融、智能物流、数字信用等数据时代的新型基础设施体系。

图 9　启发性思考题(五)及解答要点

(三)讨论方式

案例讨论应该大致按照典型的决策模型进行。模型包括：①定义问题；②分析案例具体情况；③形成备选方案；④选择决策标准；⑤分析并评估备选方案；⑥选择首选方案；⑦制定行动方案和实施计划。

大多数案例讨论的核心推动力是组织中某个具体决策或问题的解决方案,因此,根据课时分配,案例讨论可以这样进行：在提出问题和小组讨论环节中,小组内根据五道启发性思考题进行讨论,并形成组内答案；在小组汇报与教师引导环节中,对每一道问题,教师从五组学生中选一组回答,其他小组补充,形成多种备选方案,教师根据决策标准引导学生分析评估备选方案,选出首选方案,并制定行动计划。

在案例讨论时,教师需鼓励学生形成良好的讨论习惯,如勇于提出不同意见、讨论前做好准备、讨论时及早发言、讨论后及时总结,避免盲目从众、提前背稿。

七、其他教学支持材料

（一）计算机支持

由于本案例在有关课程中当作讨论材料使用，需要展示给学生。所以在计算机中需要安装 PowerPoint 软件。

（二）网络支持

本案例中提到跨境电子商务案例，需要学生连接互联网，通过登录外贸综合服务平台和相关论坛体会和了解实务现状。

参考文献

[1] 阿里研究院. 专访阿里跨境电商研究中心主任欧阳澄：民间倡议 eWTP 何以写入 G20 公报？[EB/OL]. (2016 - 09 - 12)[2016 - 12 - 31]. http：//business. sohu. com/20160912/n468280459. shtml.

[2] 邓志新,张俊. 中小外贸企业服务外包模式探索——以深圳一达通企业服务有限公司为例[J]. 特区经济,2013(2)：204 - 205.

[3] 季湘红,魏涛涛,阮卓婧. 外贸综合服务企业出口模式比较探析[J]. 国际商务财会, 2015(12)：13 - 17.

[4] 李彭. 一达通公司外贸商业模式创新的研究[D]. 昆明：云南大学,2014.

[5] 骆敏华. 外贸综合服务企业业务模式与风险控制[J]. 国际商务财会,2016(7)： 11 - 14.

[6] 阮淑慧. 浅析浙江省中小企业跨境电子商务发展——以一达通为例[J]. 江苏商论, 2016(24)：46 - 48.

[7] 苏定东. 论民营中小微外贸企业出口困局与一达通的服务策略[J]. 中国经贸导刊, 2014(32)：11 - 12.

[8] 王晶. 一达通：为中小外贸企业"全程服务"[J]. 中国商人,2014(2)：46 - 49.

致　谢

　　本案例获阿里巴巴一达通授权发布,在采编过程中得到了一达通的鼎力支持。感谢一达通副总经理肖锋先生等为本案例提供一手企业资料和宝贵意见,丰富了案例的时效性和内涵,特此致谢;案例正文的压缩版题为"外贸服务商如何熬到收获期"已先行在《浙商》杂志 2017 年 2 月合刊发表,感谢杂志主编张远帆和记者陈抗为案例行文、措辞提供的宝贵意见。

一站走上通关绿色通道

◎ 马述忠　潘钢健　濮方清
（浙江大学马述忠工作室）

■■■ **摘　要**：绿道平台作为一站式跨境供应链服务平台，能够协助跨境电商解决供应链难题。旗下跨易达能够整合跨境物流并通过共同配送来降低物流成本，提高物流效率。另外，跨易达还建立境外仓替代传统的FBA仓，解决了境外仓储的难题。除了出口以外，绿道平台也关注进口，通过协助境外企业进行清关与仓储实现了保税进口。绿道还注意到了企业进出口过程中出现的不合规问题，通过旗下易合规平台协助企业轻松规范贸易。而在未来，绿道将继续开拓供应链服务，让更多企业轻松通关。

■■■ **关键词**：供应链；共同配送；境外仓储；保税进口；规范贸易

Step Forward on the Cross Border Green Channel with One-stop

◎ Ma Shuzhong   Pan Gangjian   Pu Fangqing

(Mashuzhong STUDIOS, Zhejiang University)

Abstract: Greenpass platform, an one-stop cross-border supply chain service platform, helps cross-border electricity supplier to solve supply chain problems. Its Kuayida integrates across cross-border logistics and through joints distribution to reduce logistics costs, improve logistics efficiency. In addition, it also establishes overseas warehouse instead of traditional FBA to solve the problem of the storage overseas. In addition to exports, the Greenpass platform is also concerned about imports. It achieves bonded imports by helping the overseas enterprises finish customs clearance and warehousing. Greenpass is also concerned about the non-compliance problems of import and export enterprises and its Yihegui platform help enterprises easily regulate trade. In the future, Greenpass will continue to develop supply chain services so that more companies easily finish customs clearance.

Key words: supply chain; joint distribution; overseas warehousing; bonded import; standard trade

上篇 案例正文

一、引言

"我们来这里是要感谢孙总的。"经营跨境电商的老张专程来到江苏宏坤集团的总部。"哪里哪里,帮助我们的客户快速通关是我们的本职。"坐在会客室里的宏坤集团CEO孙晓青女士十分开心。"哈哈,现在我们可省心多了,在各平台上的订单只要在你们集团旗下的绿道平台动动手指就能完成整套外贸通关流程,每公斤还只要一块钱运费,放在以前我可不敢相信。"老张连忙向孙晓青女士道谢。这个让老张惊讶万分,不仅节省了实际成本还省时间成本的绿道平台到底是什么?它又是如何解决跨境电商的通关难题的呢?

二、企业背景

江苏跨境电商物流新通道——绿道平台的发展是中国对外贸易发展的一个缩影。其母公司江苏宏坤集团的前身是成立于 1996 年的南京宏康报关有限公司。伴随着中国进出口的高速发展,公司规模不断扩大,业务范围也在不断地扩展,从报关、物流到保税。公司也在 2007 年获准进出口商品预归类单位资质。2008 年注定是特殊的一年,这一年里美国金融风暴让 CEO 孙晓青感受到传统外贸的脆弱,毅然决定发展供应链服务,成立江苏宏坤供应链管理有限公司。

2012 年,集团全力打造"绿道"一站式跨境供应链服务平台。多年来,绿道平台专家团队深耕于外贸综合服务领域,凭借对外贸行业自我进化的敏锐嗅觉和技术前瞻,不断升级迭代,逐步搭建绿道 1.0 无纸化通关平台、绿道 2.0 综合服务平台,在业内和客户群中积累了优秀口碑,并得到海关总署和商务部的肯定与大力支持。2016 年 9 月,绿道平台正式跃升至 3.0 一站式开放平台时代,以更加开放的形态、更加多元的服务搭建起跨境贸易供应链各方共建、共享、共赢的绿色生态圈。

作为中国创新型跨境供应链综合服务平台,绿道主推旗下的两个产品,第一个是跨境物流整合配送——跨易达。跨易达通过标准流程串联服务供应商,为跨境用户提供对应的标准化供应链服务产品,实现门到门物流,国(地区)到国(地区)通关的全程服务。另一个则是易系列,包括易合规等,在为用户提供进出口贸易常规服务的基础上,绿道完善了多项针对高级会员的增值服务,以"私享定制"的专属服务为用户的跨境交易提供全方位、个性化的综合管理。而在未来,绿道平台将会发展进口业务,不仅让出口企业受惠,进口企业也能快速通关。正如孙晓青所说那样:"绿道平台的出现是宏坤集团在具备了成熟的技术条件下,由自我服务向服务更多企业转变,也是传统企业走向互联网外贸的绿色新通道。"

三、一站掌控供应链

　　跨境贸易的链条很长,所涉及的操作环节众多,想要走出这条通路,不仅要熟谙各国(地区)贸易规则,还要承担因信息不对称所带来的各类风险,巨大的成本及繁复的操作门槛对中小外贸企业尤其不利。绿道的核心是对跨境电商供应链各个环节进行管理,而最终目的是实现跨境贸易企业的转型升级和交易成本的最大化节约。

　　老刘在南京做服装贸易已经有二十几年了,经历了千禧年的外贸热潮,也挺过了2008年的金融危机,用他自己的话说就是"到了互联网+,外贸形势这么差,再不搭电,我差不多就可以卷铺盖回老家了"。然而即便嗅觉敏锐,互联网的延伸程度也让老刘直叹分身乏术。之前在线下做外贸的时候客户基本上都是固定的,但自从入驻了亚马逊、eBay和Wish平台,客户来源就来了个"大爆炸",不单单有小批发商,还有数量多但是分散在世界各地的散客,这让成本大幅上升。

　　2012年转到线上,用他的话说是"跳进了一个坑",因为"单子变散了,也把物流打散了"。他举了个例子,一件1公斤的服装包裹直邮到美国,想要确保时效,即便以淡季折扣价来算,物流成本也几乎占到商品成本的50%,有时甚至毫无利润可言。如果发相对便宜的邮政小包,就要承担"不挂号无法追踪、一挂号毛利失踪"的一连串风险。如果不幸有顾客退换货物,邮寄成本算下来,差不多就是财货两空。

　　物流成本是一方面,最头疼的是要看海关的脸色,本来货物就杂,品类也多,不同国家(地区)税制不同、清关方式也是各有各的不同,往往到了目的地海关才发现包裹不符合当地规定,就只能眼睁睁看着包裹被扣,要么补缴税款,要么就丢掉完事。待到后期收汇还得绕一圈剥一层皮下来,每回付完手续费,算下来利润就不剩多少了。现在随着各平台上中国人开的店越来越多,竞争越来越激烈,利润也渐趋平均。老刘也渐渐发现,既然大家卖的货都差不多,赚得也差不多,那成本省下来利润不就多了吗?"要是有一个公司把出口的所有流程都串起来一手办了不就省了吗?"

　　后来,他在同行的介绍下开始使用跨易达平台,他所遇到的跨境外贸问题在这个平台上都能得到解决。现在,老刘可以根据自己的实际需要在平台上选择不同的物流形式,大大节省了时间成本,加快了物流效率。跨易达还凭借与江苏银行合作推出的跨境支付解决方案,帮助老刘实现了快速阳光结汇,并且有效规避了汇率波动,整套流程下来,花费的时间、人工和成本几乎只有过去的一半。

　　此外,由于平台有专业的商品预归类团队,在线帮助老刘把每一件商品自动合规归类,老刘能提前知道商品在不同国家(地区)的通关要求,提前规避清关风险。这正是绿道所要解决的跨境企业现实需求,帮助其一站式在线解决全套流程。而为老刘承载这全套流程的跨易达正是绿道平台下专门针对跨境电商后端供应链的一站式平台。

孙晓青介绍，绿道要做的就是帮助中小企业出得去——有低成本高效率的通关和物流服务，回得来——有更快捷阳光的结汇和退税服务，不仅要易获得——有简便易获得的操作方法，还要全掌控——有透明公开的清晰流程。在贸易成本普遍高企、利润普遍偏低、外贸出口比较优势逐步下降的今天，绿道致力于一站式为外贸企业解决以上核心难点，为其实现降本增效，提升中国外贸企业的全球竞争力。

四、共同配送提效率

在跨境电商供应链体系建设中，物流与仓储是两个极为重要的环节。它们是让产品从工厂走向消费者的关键。但囿于自身体量的局限，中小型外贸企业往往在跨境物流等方面缺乏议价权，也为企业增加了巨大的财务成本。绿道平台能够通过平台整合各种物流方式达到共同配送的效果，在提升效率的同时有效降低通关、物流等跨境供应链成本。这将惠及广大受物流困扰的跨境电商中小企业。

顾先生正是其中一位受惠者。在亚马逊销售手机配件的顾先生表示，"以前得自己联系货代，基本上1公斤得30元以上，货代不稳定经常换，通关时候总是各种状况，而到了旺季，在预约进仓时间延长10天左右的情况下，上架时间则至少要被拉到55天，有的甚至超过两个月，断货也就成了必然结果，另外旺季丢件也是常有的事，后期收汇还得绕一圈付一大笔手续费，算下来利润就不剩多少了，还让供货能力大打折扣，影响境外拓展"。

"一直到去年开始通过跨易达走货，情况才终于好转。"与之前自己联系货代自己砍价不同，如今发一票25公斤的货到美国，直接把亚马逊订单传到跨易达平台，平台自动完成商品备案和归类，然后直接在上面选择线路，等着货代上门提货就可以了。与此同时，顾先生通过跨易达拥有了在美国当地的境外仓，平时备货就走海运拼箱的方式节省费用，遇上销量紧俏仓库告急的情况，就从国内走空运专线，不出10天就能到达美国仓库；对于常规补货或散客直发，就用大货快件的通道，与平台其他卖家的货一同集货到香港，再以快件出口，既保证了时效又降低了直接发快件的成本；而对于时效要求不那么高的买家，可以在平台选择阳光小包的方式发货，用比一般邮政小包低的成本出口，不仅时效有保证，还能换取退税依据，出关后就能拿到退税。

"从提交订单到买家收货也就7个工作日，成本也比我之前省了一半还多，现在生意难做，省下来的就是利润了。"与此前卖家单打独斗的情况不同，跨境电商综合服务平台的发展，对于像顾先生一样的中小型跨境电商企业来说，或将成为其压缩成本提升利润的崭新渠道。作为国内大型跨境电商综合服务平台，跨易达每年承担着跨境电商1500万件散货包裹以及数万吨大货的出口量，凭借20余年通关、物流的深厚经验，跨易达整合海运、空运、陆运、境外仓、国际（地区间）配送物流等服务商资源，无缝对接海关、商检、税务、外管部门数据系统，在小包、快递、拼箱、境外仓储等方面为中小微企业量身定制低成本、高时效的物流解决方案，使得运价在行业低位的基础上保持透明，为卖家提供了重要的物流保障。

而到了旺季,绿道平台将同一亚马逊账号或者同一卖家的不同账号下的货物集中统一运输,之后锁定送达固定仓,这样不仅能降低运费单价,更缩短了上架时效。在绿道一站式跨境供应链服务平台"旺季国货暴走节"的活动页面,"绿道—亚马逊龙舟计划"的字样十分醒目。"共 ONT8、IND5、SFD8 三个仓参与活动,旺季也可以确保 3 个工作日内入仓,且由亚马逊官方承运,活动开始前就有近八成的美国线用户报名。"孙晓青介绍,在龙舟模式下,如果货物被集中锁定到龙舟仓,从而避免被系统把整批货拆分到全美各个亚马逊仓库,那么 45 个立方的发货计划不仅大幅度节约了成本,还把时间减少到 25 天,优势一目了然。这一切都源自于绿道平台致力于解决跨境物流问题的决心。正如孙晓青所说的那样"让专业人做专业事,我们希望外贸企业专注生意,不需要花多余的精力和成本去做其他环节"。

五、境外建仓境外储

除了管理进出口商品物流,境外建仓也是未来跨境电商供应链布局的一个重要考虑因素。不同于传统外贸"发一单,运一批,存一宿"的固定模式,在孙晓青看来,境外仓在减少物流时间、节约物流费用,降低物流风险和提供增值服务等方面都有着无可比拟的优势。

数据显示,2 千克以内商品运用境外直投小邮包的形式,物流成本是 8 分/克即约为 160 元/千克。2 千克以上的商品则很少选择上述形式,一般转运香港使用 DHL 等国际(地区间)物流发货,物流成本约为 32~36 元/千克。因此类似帐篷、家具等大宗商品物流成本极大。境外仓则可以减少物流成本,方便本地发货,缩短本地物流时间及退换货时间。

经营家用小型电器出口的陈经理真切地感受到境外仓给他带来的便利。他在使用境外仓前,也曾受到传统物流弊端的困扰。每次都得到一定销量后才进行集装物流,而且运输时间也是相当漫长,从中国运抵英国要 10 天左右,令许多客户担忧售后难以保障。之后,他也曾用过亚马逊的 FBA 仓①。FBA 仓成本不低,而在使用几次后,陈经理依然感觉体验不佳。首先,他发现 FBA 仓由于语言时差等原因沟通起来十分别扭,每次都得安排专人在晚上用英语与客服沟通。有一次,陈经理的货物运送到仓库时由于包装的原因被拒收了,当他联系 FBA 仓库负责人,负责人表示不负责寻找适合的回程路线。陈先生只能被迫将货物销毁,独自承担货物损失。同时,他开始寻找 FBA 仓的替代品。

经同一商会的朋友介绍用了跨易达的境外仓服务之后,小批量的货直接从仓库发货,每个月只需要适当补货,算上仓储成本,每台机器节约了近 100 元物流成本,甚至比 FBA 仓便宜了不少。本地配送也大大地节约了时效,最快的一包货物从仓库发出到客人收到只花了 3 天。同时,由于在当地有仓库,客户提升了对产品的信任度,这是因为

---

① FBA 仓:Fulfillment By Amazon 仓,是由亚马逊提供的以仓储为主的一条龙式物流服务。

在境外的客户，习惯于优先挑选本地配送（Local Delivery）的产品，这让询盘量比起以前来有小幅增长。而且客户需要退换货等售后服务时也变得更为容易。跨易达向陈经理保证了货物的安全，商户完全可以自由支配存放在境外仓的货物，不受账号异常的影响。而且跨易达还提供包裹拆分服务、合并服务、打印贴标签服务、拍照服务。随着陈先生的生意越做越大，他想要扩展到其他的跨境电商平台，这时境外仓相比FBA仓的优势就更加明显了。由于体验良好，陈先生在今年决定继续扩大使用境外仓的规模。

绿道平台的思路是将B2B供应链优势移植到跨境B2C领域，鼓励中国卖家使用境外仓，让跨境电商在境外实现"本地化"。正如同孙晓青所说的那样，"随着跨境电商被提至外贸增长新引擎的高度，鼓励企业出口的境外仓将站上政策风口，成为中国制造的境外支点。"

当前，绿道旗下的跨易达已经建成了包括美国洛杉矶仓在内的6大境外仓，这6个境外仓分布在北美、欧洲、亚洲和澳洲，分别辐射当地的消费市场。这些境外仓不仅提供退换货、分拣与派送和境外备货等境外仓基础功能，还提供多个服务项目。当前跨易达还在建设另外的6个境外仓，包括新兴经济体——韩国首尔境外仓和东南亚马来西亚境外仓。这些境外仓的建成将继续保证跨易达为平台用户提供更好的供应链服务。

六、做出口也做进口

作为新型跨境供应链综合服务平台，绿道平台已经帮助众多出口跨境电商成功出口。但孙晓青知道，跨境电商既需要出口，也需要进口。绿道平台逐渐开始提供进口供应链服务并取得了众多合作伙伴的好评。

2016年，宏坤供应链与三胞集团达成战略合作，绿道平台为三胞集团旗下Brookstone（博斯通）、House of Fraser（东方福来德百货）等大消费板块项目提供大通关解决方案、进口物流解决方案、商品合规及风险管控、智能仓储及信息数据支持等一站式进口综合服务，打造国际（地区间）跨境电商进口快速通道。

作为美国新奇特零售的典范，博斯通成为三胞集团境外并购企业在中国正式落地的第一店。不同于传统行业，新奇特零售业的商品更新频率更高，要依据商品销量对单品布局做经常性调整，而影响商品销量的因素又有时常不可控，如客源并不固定，这就导致同一商品在不同时期的销量会有较大波动，具有突发性，时常面临断货及压货的双重风险。因此保障进口时效，有效防止物流风险则成为博斯通进口环节的重中之重。绿道空运专线为博斯通商品开辟出一条从境外制造商的工厂到南京江宁的保税仓快速运输路线，确保货物运输的高时效，实现快捷补货，对于爆品最快甚至可以一日到达，有效防止断货，同时大大降低了囤货风险。

新奇特商品不仅品类杂，商品属性也更加混合多元。博斯通南京店涵盖了技术、旅行、健康、家具等品类的数百个SKU[①]，不仅数量大，换新频率也较高，无论是商品备案

---

① SKU：即Stock Keeping Unit，是库存进出计量的基本单元，可以以件、盒、托盘等为单位。

还是报关单据填制都要耗费庞大的人力与时间成本。而通过绿道自主研发的关务平台,博斯通的商品信息可以直接对接海关、国检、外汇、国税系统,自动生成报关单并实现分送集报,全套流程在线完成,智慧优化关务、税务操作流程,规避关务作业违规风险,从而降低企业操作成本。

2014年,三胞集团以约2亿英镑收购House of Fraser 89%股份,成为这家有165年历史的连锁百货公司的新主人,并改名为东方福来德,正式在南京开业。与博斯通项目不同,百货类项目虽品类较多但相对固定,对时效依赖较低但对备货有严格要求,对于大型百货商城来说,科学灵活的备货计划至关重要,这其中,对仓库的智能管理尤为关键。保税仓与普通仓库不同,商品的入库与出库均需要报关,如何提升大体量商品的报关效率则是关键。绿道研发团队迎难而上,经过33天不眠不休的鏖战为东方福来德百货搭建起一条定制的保税仓智能管理体系,为保税仓库自动化管控创造了可行性范例。这套系统帮助东方福来德百货商品在入库时自动生成报关单并完成分送集报,之后的上架、贴标、商检等一系列动作也能实现智能管控,操作员可以灵活调度架上的任意一件商品,商品在出库时自动生成出库报关单,而后通过自动拣货派送至门店。不仅每一步操作都能实现可视化监控,系统还能对仓库管理数据定期生成分析报告,为后期采购、营销及品牌布局做重要参考。

值得一提的是,在此项目中,绿道平台无缝对接东方福来德百货的ERP系统,东方福来德百货员工可以在线完成订单实时下达以及货物的精准配送,并对库内情况进行实时追踪,大大提升了备货效率。对于东方福来德百货即将上线的线上零售,绿道也做好了准备积极应战,确保用户在线下单之后商品可以直接从保税仓库发货,一站送到买家手中。"自营百货最怕明天都要开业了今天还没有货。"孙晓青介绍,绿道平台从订单到仓库再到门店,通过对整体流程的数据梳理,生成自己的销售数据,协同线上线下,形成O2O大商业数据,最终作为企业下一步布局的依据。

除了三胞集团以外,绿道平台还曾为英国石油、麦当劳、轩尼诗、沃尔玛等提供专业的通关、物流、报检等进口供应链一体化解决方案,并在实践中积累了大量经验。绿道通过对进口物流及保税仓储的研究与创新,创造出一套实用可行的保税进口模式,为国内制造企业、贸易及零售商提供了更多实现的可能。

七、让外贸更易合规

2014—2015年,跨境电商大量涌现,出口商品80%以邮包和快件的非贸形式出境,但海关无法将其纳入统计,其中部分小包因为不报关很难配送到FBA仓或境外仓,引发了一连串问题,由此产生了大量的合规需求。另外对于企业个体来说,在激烈的市场竞争中,每家企业都希望做到高效地规范贸易,希望能够降低自身合规成本。特别是对汽车企业而言,内部商品数据数量繁杂,复杂多变,所涉及的上下游合作方众多,规范贸易对其不仅意味着内部管控准确高效,还意味着整个上下游供应链管控的严谨和前瞻。

绿道平台抓住了这个机遇。易合规,将传统进出口企业的关务管理程序纳入到智慧平台,将原本由人工操作、频繁返工的复杂流程交由数据化平台全程在线完成,针对传统进出口企业在关务管理中因信息时差、标准散乱而导致的通关时效差、违规风险大、关务成本高等问题,易合规搭建起合规的智能化管控体系,从源头实现对海关事务风险的预先评估和防控,为进出口企业降低关务风险,提高通关效率,降低通关成本。

东风悦达起亚汽车有限公司是易合规的客户之一。作为国内一流汽车品牌,东风悦达起亚连续多年保持着高速增长,零配件进口速度和数量直线上升,与此同时,超大的体量却凸显出通关环节原有流程处理滞后的问题,如商品管理混乱、串料串号;进 QP 系统①前缺少相应风险提示,误操作或填错信息后只能反复修改反复提交审核;订单与许可证管理混乱,报关单生成不智能等,由于缺乏科学管理平台,信息管理混乱,人工操作导致诸多环节的重复劳动和冗杂纠结,严重影响通关效率,影响企业信誉,无形中抬高了企业成本。当时,公司负责人也感觉到问题十分困难,抱着尝试的态度找到了绿道平台。

绿道与之达成合作后,经过一系列考察和分析,为其建立了一套个性化解决方案,主要有以下几个方面。

第一,建立规范的数据库,同时建立了专门的商品数据库信息,进行有效的关税筹划,节税和防范潜在的漏缴税款风险。提前确定监管证件和税款、加快通关作业速度、有效保障企业信誉、促进诚信体系建立。保证数据的准确性并具备审核功能,使商品管理有秩序,有效减少申报信息重复录入。

第二,提供进入 QP 系统前的风险提示,有效提高了审核效率,降低风险。

第三,建立专门的管理台账,实时反馈分类管理,订单信息一目了然。

第四,报关单生成自动化,企业可根据自身实际需要自行调整,提高效率。

通过绿道平台,企业顺利理清了所遇难点,逐个击破,实现贸易合规管理、风险控制、订单管理、对接海关无纸化通关,满足企业供应链透视化的跟踪需求,便于预警、提示和分析。同时通过设定第三方服务商服务质量和效率评估,建立对第三方服务商的关键绩效指标考核要求,大大提升通关效率,也为企业带来更多利润。同时,绿道平台还推动企业进行合规文化的建设。

另一方面,企业还能使用绿道平台项下的贸易合规云应用板块,积极优化供应链内外部管理流程,对企业经营活动中可能涉及的各类海关、国检事务风险进行预先评估和防控,打造合规准确、符合政策监管要求的核心内部商品数据库,关联海关与国检申报系统,做到一次录入、分别报送国检与海关两个部门,从而极大地提高企业商品通关效率,降低通关成本,进一步提升企业的合规管理和关务管理水平。

八、结束语

绿道的发展建立在对传统外贸企业需求的了解以及对时代的把握上。它将所有的

---

① QP 系统:即 quickpass 系统,是海关从简化手续且方便企业的角度出发开发的电子口岸预录入系统。

跨境电商供应链问题一站解决，不仅关注物流与仓储，还重视企业进出口的合规问题。而在未来，绿道将继续整合供应链资源，为平台用户提供更多更优质的服务。一方面，绿道与江苏银行合作提供专门针对跨境电商的金融解决方案和结汇换汇方案，协助跨境电商企业节省成本和资金周转；另一方面，跨绿道积极与海关等政府部门合作，力争在货物出境后即可协助用户获得退税，极大解决了跨境电商的资金回笼问题。正如同孙晓青期盼的那样，平台服务逐渐完善，将平台开放给更多有需要的外贸参与者，实现"一站走上跨境绿色通道"，让"无门槛的外贸"由想象变为现实。

下篇　案例使用说明

一、教学目的与用途

本案例是为国际商务课程撰写的,也可供国际供应链管理课程、国际贸易实务课程使用。本案例介绍了外贸综合服务企业绿道平台如何通过自建平台为客户一站式解决跨境电商贸易问题。本案例分别从物流共同配送、境外仓储、保税进口和合规管理四个方面展开。通过本案例的学习,学生可以了解外贸综合服务平台的基本情况、如何改进供应链中物流和仓储问题以及保税进口和合规管理的基本概念。

(一)适用课程

本案例适用于国际商务课程、国际供应链管理课程和国际贸易实务课程。

(二)适用对象

本案例难度适中,适用对象包括国际商务专业硕士研究生和高年级国际经济与贸易专业本科生。

(三)教学目标

1. 知识传授

通过本案例的教学,学生应掌握以下知识,并学会将相关理论运用到实践中。第一,绿道平台将供应链的问题集中起来,一站式解决跨境电商问题,减少了外贸企业的中间成本。学生应当从中了解跨境电商供应链以及一站式解决方案的相关概念。第二,通过分析老刘借助绿道平台减少物流成本的案例,掌握跨境电商平台如何利用共同配送改进物流效率。第三,绿道平台在发展境外仓时,采取了与当地 FBA 仓不一样的方式,学生应当学会比较境外仓与亚马逊 FBA 仓的异同。第四,通过学习绿道协助三胞集团进口的过程,了解保税进口的概念以及其重要性。第五,规范贸易在现代国际(地区间)贸易中变得越来越重要,学生通过学习绿道平台易合规并思考规范贸易对跨境电商的发展有何影响。

2. 能力训练

通过本案例的学习,学生能够掌握并提升跨境电商供应链管理能力特别是通过借助外界平台或政策减少交易成本的能力;增强对境外仓储方式选择的判断能力;提高在跨境电商进出口中实现规范化贸易的能力。

3. 观念更新

在学习本案例后,学生能够对跨境电商供应链的概念,一站式解决方案以及规范贸易有一定的认识;对境外仓与亚马逊 FBA 仓的区别有所了解;对跨境电子商务服务商提供的共同配送、保税进口服务有深刻的认识。

二、启发性思考题

(一)试说明绿道平台采用一站式解决方案应对跨境电商问题有哪些好处?

(二)绿道平台是如何减少跨境物流成本,提高跨境物流效率的?并分析这样做的好处。

(三)绿道平台的境外仓与亚马逊 FBA 仓有何区别?

(四)绿道平台如何协助跨境电商进口企业?

(五)跨境电商应当如何实现规范贸易?请以易合规为例回答。

三、案例分析背景

(一)制度背景

2014 年 5 月,国务院印发《国务院办公厅关于支持外贸稳定增长的若干意见》。意见指出促进外贸稳定增长必须要增强外贸企业竞争力,可通过支持各类外贸企业发展创新和完善多种贸易平台来实现。其中,支持各类外贸企业发展注重支持外贸综合服务企业发展,为小微企业出口提供专业化服务。而创新和完善多种贸易平台则是需要出台跨境电子商务贸易便利化措施。鼓励企业在境外设立批发展示中心、专卖店、境外仓等各类国际(地区间)营销网络。

在 2015 年 6 月,国务院印发《国务院办公厅关于促进跨境电子商务健康快速发展的指导意见》,支持各地创新发展跨境电子商务,引导本地跨境电子商务产业向规模化、标准化、集群化、规范化方向发展。鼓励外贸综合服务企业为跨境电子商务企业提供通关、物流、仓储、融资等全方位服务。支持企业建立全球物流供应链和境外物流服务体系。充分发挥各驻外经商机构作用,为企业开展跨境电子商务提供信息服务和必要的协助。

(二)行业背景

在传统的进出口业务中,最初是实施许可制度的,在这种许可制度下,无进出口权限的企业,往往委托代理企业出口,代理企业收取代理费。在外贸经营权限放开以后,虽然从理论上讲,外贸出口已无太高门槛,但是对于中小企业来讲,一方面外贸出口涉及的环节众多、流程复杂;另一方面专门的报关、报检、退税、结汇等人员的支出较高。基于上述两个方面的考虑,中小企业仍然愿意将出口,委托给代理公司来完成。经过多年的发展,代理公司发展为外贸综合服务平台。

外贸综合服务平台是特定企业依托互联网,向进出口商统一投放线上外贸流程服务而设立的机构,覆盖物流、保险、通关、退税和融资等必需的环节操作。据统计,沿海地区有约七成的外贸中小企业选择通过代理公司来完成外贸流通环节。最近几年,由于传统外贸的转型,外贸综合服务平台也得到了进一步的发展。据跨易达跨境电商物流综合服务平台数据统计,2015 年帮助外贸企业代寄国际(地区间)小包寄递业务量为63.3 万件,同比增幅达 460%。预测 2020 年全球跨境 B2C 电商交易额将达到 9940 亿美元。另外业界表现最为突出是阿里巴巴—一达通,据其提供的数据,2015 年全国出口额比 2014 年下降了 1.8%,而一达通出口额逆势增长超过 150%,当年海关信息网显示其位列全国一般贸易出口百强榜第二位。此外外贸综合服务企业还包括中建材国际贸易有限公司、宁波世贸通国际贸易有限公司、厦门嘉晟供应链股份有限公司、广东汇富控股集团股份有限公司等。

四、理论研判依据

(一)知识点一: 整体解决方案相关知识点

1. 整体解决方案概述

关于整体解决方案,主流观点认为它是一个以满足客户商业需求为目的、包含定制化产品和服务的整体组合。学术界和实业界关于整体解决方案的概念界定体现出以下3 个共同特征。

第一,整体解决方案是产品和服务的组合。

第二,这种产品和服务的组合是根据客户特殊个性需求而进行的定制化设计。

第三,方案中的产品和服务相互组合,是一个协调统一的整体解决方案,是以客户的消费需求为中心,为客户提供"一站式"服务。

2. 整体解决方案的优点

(1)有利于方案提供者提高解决效率

一个好的整体解决方案带来的利益是多方面的,对方案的提供者来说,由于能够提供统一的进出口服务,包括物流报关退税等,促使它们对接了企业资源和海关资源,简化了客户进出口的流程,提高了效率。另外,由于方案是由同一个提供者提出的,各子方案模块之间可以达到无缝衔接,客户很快就能上手了,减少了客户的培训成本,提高了问题解决效率。另外,方案提供者能够更好地对整个方案进行维护和管理,根据实际情况,方案提供者也能将方案进行整体修改。

(2)有利于提升客户评价

与未接受整体解决方案企业客户相比,接受整体解决方案企业客户的产品质量得到显著提高,客户满意度和忠诚度都相应提升,而生产成本却显著下降。这就很容易促使提供整体解决方案企业的销售业绩和市场份额也显著地超过了那些没有提供整体解决方案的企业。这是因为对于方案的接受者来说,一站式的解决方案节约了自己的时间,把所有的问题一次性解决,更便捷、更高效也更省钱,而且一旦方案出现了某些问题,方案接受者也能轻易对方案提供者进行追责,而不必先判断由哪部分的细节出现问题导致整体方案的失效。

(3)能够促进方案提供者全面发展

由于企业的营收状况与方案提供者提供的方案效率密切相关,则方案提供者会十分积极改善企业所存在的问题,而不仅仅只是局限于解决某一个局部问题。例如在跨境电商贸易中,外贸综合服务企业会考虑到物流通关以外的如融资保险合规等多个方面,促使方案提供者更全面地进入外贸企业进出口的整个环节,从而促进方案提供者的全面发展。

(二)知识点二: 共同配送相关知识点

共同配送也称共享第三方物流服务,指多个客户联合起来共同由一个第三方物流服务公司来提供配送服务。它是在配送中心的统一计划、统一调度下展开的。其本质是通过作业活动的规模化降低作业成本,提高物流资源的利用效率。

共同配送在国际(地区间)贸易领域特别是跨境电商物流的兴起,主要是因为共同配送可以实现以下三方面的功能。

1. 共同配送能够实现从多点到一点

现在很多第三方物流服务公司都提供共同配送服务,而且通过与 ECR(有效消费者响应)和连续补货方式相联系,显现出其独特之处。尤其在零售业,共同配送非常流行,因为零售业的一个重要特点就是产品种类多,因此一个零售商要由很多的供货商向其供货。

共同配送虽然具有很多优点,但是运作起来也很复杂,它不仅仅是将几家货物装到一个车上那样简单,还需要做很多技术上的工作。它需要第三方物流商提供更多的技术和管理系统来对由多个供应商所提供商品组成的订单进行整体优化从而形成整车运输。此外,实现共同配送的另一个前提条件就是第三方物流服务商同样要有同一行业的大量客户。而跨境电商平台恰恰能够满足这些条件,平台里有众多卖家,而且面对大量的境外客户,有利于进行整体优化。

2. 共同配送可以做到风险性最小化

共同配送已经形成了一个潮流,而且它的广度与深度已经超越了整合运输的这种简单形式。随着经济的发展,很多公司都想扩展自己的业务、开拓新的市场,或进入其他的产品市场。但是,在进行投资之前这些公司都非常谨慎并希望投资风险尽量减小,基于此方面的原因,很多公司采取了共同配送的运作形式。

共同配送可以帮助厂商对市场需求做出快速反应,例如,跨境生物技术企业是共享配送网络的最大客户之一,这是因为为了快速履行订单,他们必须在主要的销售点附近保存少量的存货,因为在这些销售点相对来说空间很小,为保证在有限的空间内陈列更多的商品,就不能保有太多的库存,因此采用共同配送进行及时补货是非常适合的。其他的行业如跨境电子产品供应商,当产品短暂的生命周期和狭小的库存空间使得公司必须强调物流网络的完善和节省资金占用时,共同配送同样也是降低风险的好选择。由于共同配送避免了厂商在仓库等建筑物、物料搬运系统设备、人工以及支持性的信息系统这些方面的投资,又能及时满足客户的需求,因而受到厂商等客户的欢迎。因为对于厂商来说采用共同配送所需的成本只是实际的货运量带来的变动成本,节省了固定成本,因此他们可以用节省下来的资金投资于自己的核心业务活动如产品开发、市场营销以及其他创收活动。

3. 共同配送可以做到柔性最大化

共同配送本身所具有的柔性同样是其深受广大公司青睐的一个重要原因。大客户一般都倾向于与第三方物流服务商签订长期合同,或者频发更换第三方物流服务商。与之相比,共享服务对象所签订的合约往往是短期的,甚至是在平台中按单签订。因此这种服务方式非常柔性。如果客户更倾向于按单位产品的费率来收费,那么相应的第三方物流商就可以按照他们所处理的实际货运量的大小来收费。而跨境电商企业由于面临网上交易和跨境贸易的双重风险则偏好选择更为柔性的物流形式。

(三)知识点三: 境外仓与 FBA 仓的比较

FBA 的全称是 Fulfillment By Amazon,中文翻译叫作亚马逊物流。它是由亚马逊提供的包括仓储、拣货打包、派送、收款、客服与退货处理的一条龙式物流服务。作为世界上最大的在线零售商,亚马逊在美国的菲尼克斯(凤凰城)拥有最大的仓库,有 28 个足球场大小。

境外仓相较于 FBA 仓而言,具有以下优势。

1. 更安全的存储支配

总的来讲,存放在境外仓的货物,其货物安全性是独立的。

Amazon 平台规则以及产品自身的各种问题,造成卖家的 Amazon 账号被封,从而使存放在 Amazon 仓库的货物被查封甚至销毁。一旦出现此类情况,需要卖家将货物运出 Amazon 仓库,这会产生大笔的费用,Amazon 的退货收费相当高。如果销毁,那么卖家的损失就更大了。

当货物存放在境外仓时,就不会存在这个情况,当账号遇到上述问题,客人完全可以自由支配存放在境外仓的货物,不受账号被封的影响。

2. 更便利的沟通服务

境外仓的第二个优势是容易沟通。如果一个包裹需要拆分服务、合并服务、打印贴标签服务、拍照服务……这些服务亚马逊未必能提供,因为存在时差和语言差异,FBA仓并不负责货物的清关问题,各种清关手续都需要客户自己来处理。境外仓库作为收件人,有权利去处理货物的清关问题。另外一个还存在一个问题就是,亚马逊仓库拒收并退回异常货物,会产生高额的物流费,亚马逊 Amazon FBA 也是不会帮您找适合的路线帮您退货的,而境外仓是可以根据客户的不同需要,来处理这些货物。这些都是境外仓库比亚马逊 Amazon FBA 仓库有优势的地方。

3. 更自由的库存共享

存放在境外仓的货物,卖家所有的销售平台完全可以共用一个库存,卖家只需告诉境外仓服务人员收货地址、货物型号、发货数量,境外仓即可完成订单的处理。而在Amazon 仓库的货物,不同店铺之间相同的货物都不能使用一个库存,这就给一些拥有不同商铺的企业带来麻烦。

另外,使用境外仓还能够降低物流成本和清关费用,FBA 每个月需 120 人民币每立方米的仓储费,而一些境外仓可能只需要其一半左右的费用。使用境外仓还能高效管理货物,快捷处理订单。而且一旦需要挪出产品进行展示或是广告时,境外仓也更容易实现,有利于形成品牌效应、规模效应,提升产品竞争率。此外,使用境外仓对于卖家而言也更能提升购买信心。

当然,FBA 也具有优势,主要体现在亚马逊平台和 FBA 仓的结合上。如提高Listing 排名,帮助卖家成为特色卖家和抢夺购物车,提高客户的信任度,提高销售额;消除由物流引起的差评纠纷;亚马逊专业客服;多年丰富的物流经验,仓库遍布全世界,智能化管理等。因此,跨境电商需要根据自己的需要选择适当的仓库。

(四)知识点四: 保税进口

保税进口是保税仓备货模式下的货物进口发货,跨境电商企业根据大数据分析提前将热卖商品批量运入自贸区、保税区、保税仓库等海关特殊监管区域,发挥这些特殊监管区域的"保税功能"与"物流分拨"功能,再根据国内消费者网络订单情况,将相应商品从国内这些特殊监管区域交由物流企业直接配送至国内收货人。2013 年起,从跨境电商试点开始,保税进口已经成了跨境电商的一个主要物流模式。当前的保税进口则是从跨境电商试点城市里的保税仓发货。

保税进口具体有如下几个优势。

1. 成本价格低

跨境电商保税进口商品有着较大的价格优势,与其他方式相比更节省成本,更有竞争力。某些乳制品采用跨境电商的保税进口后的价格甚至是个人代购的一半左右。跨境保税进口节省下的成本主要来源于批量运输节省的运输成本,集中化、扁平化节省的经销成本和采用行邮税模式下节省的关税成本。

2. 收货时间短

以保税模式进口的商品已提前从境外备货至国内保税仓。消费者网络下单后,货物直接从保税仓通过国内物流快递给消费者。提前备货节省了境外运输段的时间,国内保税仓发货缩短了国内消费者的收货时间。在正常情况下国内消费者 3~7 天就可以收到从保税仓发出的商品。与之相比,境外代购、境外直邮等则是从境外直接发货经过长距离的境外运输部分,消费者从下单到收货平均历时在 30~40 天左右。

3. 品质有保障

在商品质量监管方面,"保税进口"产品整个物转流程是在海关监管下进行操作的,比直邮等模式更安全规范。跨境贸易电子商务公共服务平台免费为广大电商、支付、物流、仓储企业提供全天候 24 小时的贸易、通关和物流数据交换服务，推动海关、检验检疫、外汇管理、税务等部门实施集中监管，每件商品都可追溯，品质有保障。

4. 售后服务更方便

消费者以境外直邮、境外代购等方式购买商品时，往往面临着退货难、维权难、售后服务不到位等问题。而跨境保税进口商品未过海关分拣线之前，可以全额退货退款；在收到商品 7 日内与国内网购一样可以申请退换货。这就能让消费者的福利得到最大化。

（五）知识点 5： 合规管理的相关知识点

1. 合规的定义

"合规"是从英文"compliance"一词翻译而来的。Compliance 原意为"遵守、服从"，但从 20 世纪 90 年代以来，在国际金融领域中，compliance 逐渐成为一个有特殊含义的词汇。

国际金融组织对合规有如下定义。

（1）合规是使公司经营活动与法律、管治及内部规则保持一致（瑞士银行家协会）。

（2）与目标连用，具体指必须致力于遵守企业主体所适用的法律法规（COSO）。

（3）代表管理层独立监督核心流程和相关政策和流程，确保银行在形式和精神上遵守行业特定法律法规，维护银行声誉（荷兰银行）。

而在中国一般认为合规管理是指企业通过制定合规政策，按照外部法规的要求统一制定并持续修改内部规范，监督内部规范的执行，以实现增强内部控制，对违规行为进行持续监测、识别、预警、防范、控制、化解合规风险的一整套管理活动和机制。简单地说，合规是指企业的经营活动必须符合法律法规、商业道德、社会伦理。

2. 合规管理体系

合规管理，与业务管理、财务管理并称企业管理的三大支柱，是内控的一个重要方面，也是风险管理的一个关键环节。有效的合规管理有助于企业应对不确定性、风险和机会，有助于保护和增加股东价值，降低未预期损失和声誉损失的可能性。对比整个商界，银行业由于需要规范的资产管理而十分重视合规管理。而跨境电商作为新兴的贸易形式，重视合规管理会让自身规范而快速地成长。而当前中国企业建设合规管理体系需要思考三个内容。

（1）合规应该作为公司的基本价值理念

企业的最高管理层应该坚持并让企业的员工相信，合规是一个企业长期稳定发展的基石。无论一个企业取得多大的进步，获得多高的利润，一旦企业出现了合规问题，企业都不仅会遭受政府制裁、经济处罚，还会面临商业名誉的危机，甚至几十年的努力都会化为乌有。这对于跨境电商企业来说尤其重要，因为当前针对跨境电商企业的法案还未成熟，跨境电商企业需要在普通企业规范前提下努力形成自身的行业规范，约束行业行为。

（2）要制定符合公司运营实际和战略目标的合规制度

企业应该首先审视本身的战略目标，评估实现企业战略目标过程中可能面临的合规风险。在这个基础上，企业应在企业章程上规定或者另行制定《合规管理准则》，明确合规组织架构、职能、履职保障及检查监督。企业应根据不同的人员层面、不同的岗位职责制定不同的合规制度，明确合规职责，比如针对董事会层面的《合规政策》、针对高级管理层层面的《行为守则》以及针对员工的《岗位合规手册》。其中对董事和高级管理层提出明确的合规管理责任，对于员工提出具体岗位责任和尽责义务。

（3）建设企业合规文化

合规文化的培养是合规管理能够切实发挥功效的基础。毫无疑问，企业合规文化的建设是一个长期的过程。企业合规文化的建设首先要从高级管理层做起，高级管理层应该切实承担起在整个企业推行诚信与正直的价值观念的责任，为员工做好表率和榜样。其次，需要向所有的员工传达这样的信息：合规不仅仅是合规部门的工作，而是和每一个员工的日常工作息息相关的。最后，需要持续和有效的合规培训，强化员工的合规意识。跨境电商的发展不能缺少合规文化的建设。

五、案例分析思路与要点

（一）案例分析思路

绿道平台是孙晓青不断探索中国对外贸易发展的实际所创建的提供外贸综合服务的平台。这个平台的核心在于通过一站式解决方案来实现对跨境电商供应链各个环节的管理，此处引出整体解决方案的知识点。这些一站式解决方案主要分别由跨易达和以易合规为主的易系列两类平台负责。首先，跨易达具备整合物流的功能，在提升效率的同时有效降低通关、物流等跨境供应链成本，此处可以联系共同配送的知识点。其次，跨易达还协助客户进行境外建仓，境外仓储则体现了与FBA仓比较的优势。最后，跨易达对跨境电商进口的支持强调了保税进口的重要性。而作为最新发展起来的易系列，易合规的案例则体现了合规管理的重要性（见图1）。

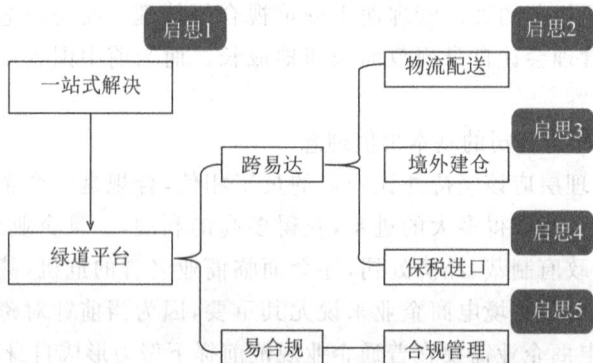

图 1 案例分析思路

（二）启发性思考题解答要点

1. 启发性思考题（一）解答要点

启发性思考题（一）：试说明绿道平台采用一站式解决方案应对跨境电商问题有哪些好处？

此题需要用到整体解决方案的知识点，讲解时需配合板书。本案例中绿道解决跨境电商供应链难题的方法是采用整体解决方案，即在一个网站中汇总几乎所有的跨境电商难题一并解决，提供"一站式"服务。如案例中，绿道向老刘提供了产品和服务的组合，并定制化设计整体解决方案，"一站式"解决问题。具体而言，整体设计方案提高了绿道为客户解决问题的效率，如老刘在绿道平台的帮助下快速解决以往存在的通关、物流、预归类等问题，正是因为承担全部难题的绿道能够将其企业资源与海关进行对接，从而提供一个全模块、低学习成本的整体解决方案。当然，整体解决方案也能够提升客户的满意度和忠诚度，其关键正是因为保证了解决问题的品质。如老刘在使用过绿道平台后十分满意，并且将其作为外贸综合服务平台的首选，正是因为其实现了老刘在使用前所期盼的通过一个公司将出口的所有环节都串联起来的想法。最后，整体解决方案要求提供者不断全面发展，而绿道平台不仅提供了传统外贸的多项服务，还向外贸融资等新兴外贸服务发展，真正提供外贸综合服务。

2. 启发性思考题（二）解答要点

启发性思考题（二）：绿道平台是如何减少跨境物流成本，提高跨境物流效率的？并分析这样做的好处。

此题需要用到有关共同配送的知识点，讲解时可配合板书。绿道平台通过共同配送来达到减少物流成本，提高物流效率的目的。其关键正是共同配送的三个重要的优势，使得像顾先生这类拥有境外仓的顾客受益匪浅。共同配送能够通过汇聚多个统一目的地的零散企业，有规律地运到当地，为当地境外仓进行适当地补货，达到了从多点到一点的目的。跨易达既能做到订单整体优化，也能在跨境外贸方面拥有庞大的用户，满足共同配送的条件。共同配送也能大大地节约物流成本，在案例中主要体现在顾先生从原来由自己联系货代，承担高额运输成本到后来由平台联系物流公司，通过拼箱等方式降低物流成本。同时，共同配送对市场的高速响应也使得境外仓迅速补货，进一步降低了物流成本。共同配送也能使物流柔性最大化，在以前，顾先生必须和货代达成长期协议，或者承担不稳定换货代的风险，但在使用跨易达平台后，顾先生能够真正根据自己的需要选择物流的频次以及运输的规模，从而不必受制于物流企业。

3. 启发性思考题（三）解答要点

启发性思考题（三）：绿道平台的境外仓与亚马逊 FBA 仓有何区别？

此题需要考虑到跨境电商境外仓与 FBA 仓之间的比较。在本案例中，陈经理使用过 FBA 仓和境外仓。他发现使用 FBA 仓时面临着沟通问题，需要逆时差用英语交流，而境外仓就能够自然交流。他还发现 FBA 仓只管存货，不管通关服务，若通关时或者退货时存在问题,则只能白白销毁货物,承担损失。而境外仓不仅具备更安全的存储支配,如不必担心货物被封,还能享受通关协助服务,还有更自由的库存共享和更低廉的存储价格。这不仅大大节约了陈经理的仓储成本,还能让其销售的产品具有更好的本地效应,有利于客户了解产品和便于退换产品的同时,实质上也推动了产品的销售并提供了深层次的保障。此外,绿道平台的境外仓计划覆盖了包括美国在内的多个境外重要市场,为平台用户提供了更多选择。所以对于像陈经理那样想要发展多个跨境电商平台的企业来说,不能只紧盯着 FBA 仓,转向境外仓更符合其实际效用。

4. 启发性思考题(四)解答要点

启发性思考题(四):绿道平台如何协助跨境电商进口企业?

此题需要用到外贸综合服务平台如何协助保税进口的相关知识点。首先,在本案例中,因为绿道承担的是整个三胞集团的保税进口业务,这种进口方式既通过批量运输节省运输成本,又不需要考虑经销商的经销成本,还能节省关税成本,因而能够实现消费者、三胞集团、绿道平台的三方共赢。其次,绿道平台有专门的空运快线保证爆品的快速送达,大大缩短了委托人的收货时间。另外,绿道平台协助保税进口在出货时进行集体报关,这就使得产品一直处在海关的监管之下,充分保障了产品的质量和仓储的安全。最后,由于保税进口的商品有部分库存在保税区内,给商品的售后服务带来了极大的便利,在绿道平台协助下能够大大促进企业在保税区进行售后服务的质量。

5. 启发性思考题(五)解答要点

启发性思考题(五):跨境电商应当如何实现规范贸易?请以易合规为例回答。

此题属于开放性题目,但需要在对合规管理的理解上进行作答。在本案例中,绿道希望通过易合规的帮助使得客户的交易符合法律法规、行业规范及社会伦理。首先,企业必须要有合规的意识,即企业需要重视合规管理的重要性。案例中找到绿道平台协助合规管理的企业正是意识到其重要性。另外,绿道平台规范了公司实际运营当中的具体操作和制度安排。当然,绿道平台也必须协助客户来培训其员工以培育合规文化。可以看出,跨境电商作为对外贸易的新兴形式,其规范管理虽然刚刚起步,但仍然需要得到重视。其关键正是在于如何利用商务知识实现传统外贸规范与新兴信息技术规范的结合。

六、教学组织方式

案例授课班级人数不宜过多,应该控制在 20~30 人,可以 4~6 人为一组分成 5 个小组。教室的桌椅布局要让所有的课堂参与者围坐四周,以使其容易听到和看到同组成员为基本原则。教师中应具备电脑、投影仪、黑板、粉笔等设备。同时,为方便学生更好地参与案例课堂讨论,教师可以在课前提醒学生做课前准备工作,例如,熟悉案例,浏览;绿道平台网站,体验旗下跨易达、易合规等跨境电商平台服务,以更好地熟悉跨境电商综合服务平台的环境。

（一）课时分配

案例回顾与概述（5分钟）：介绍案例背景，回顾案例内容，理清案例思路，明确案例主题。

提出问题与小组讨论（20分钟）：结合板书提出启发性思考题，分小组讨论并形成组内答案。

小组汇报与教师引导（50分钟）：针对每一道启发性思考题，选一个小组进行回答，其他小组补充。教师需结合板书和多媒体对学生引导，得出最终答案。

案例评价与总结（10分钟）：对知识点进行梳理，对案例教学过程进行评价，总结学习心得体会。

其他问题（5分钟）：教师回答学生的一些其他问题。

（二）板书设计

启发性思考题（一）：试说明绿道平台采用一站式解决方案应对跨境电商问题有哪些好处？启发性思考题（一）及解答要点如图2所示。

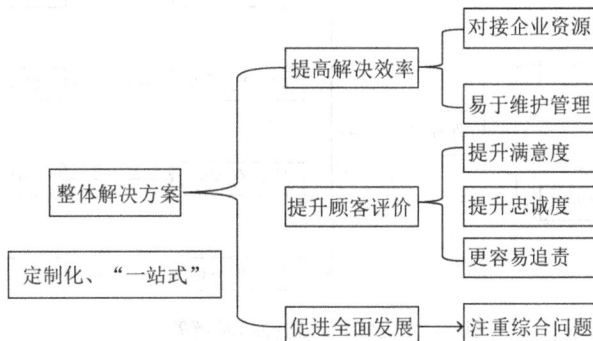

图2　启发性思考题（一）及解答要点

启发性思考题（二）：绿道平台是如何减少跨境物流成本，提高跨境物流效率的？并分析这样做的好处。启发性思考题（二）及解答要点如图3所示。

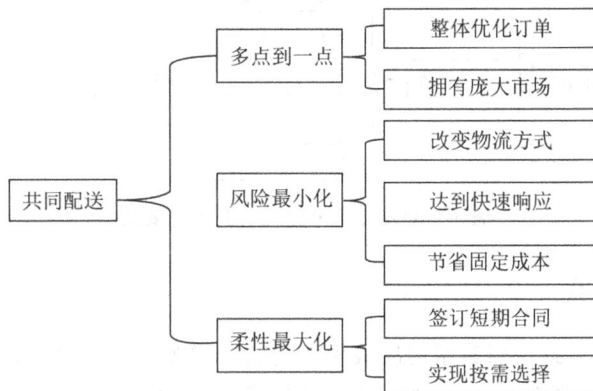

图3　启发性思考题（二）及解答要点

启发性思考题(三):绿道平台的境外仓与亚马逊 FBA 仓有何区别?启发性思考题(三)及解答要点如图 4 所示。

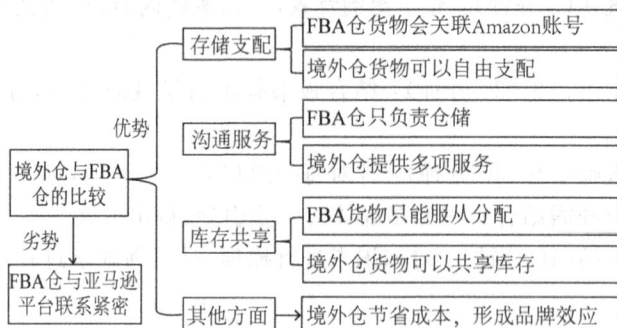

图 4　启发性思考题(三)及解答要点

启发性思考题(四):绿道平台是如何协助跨境电商进口企业?启发性思考题(四)及解答要点如图 5 所示。

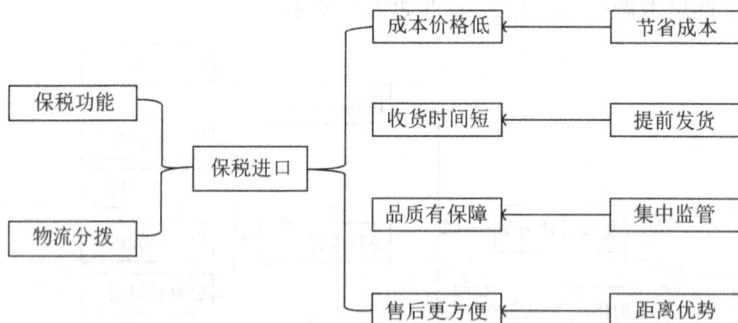

图 5　启发性思考题(四)及解答要点

启发性思考题(五):跨境电商应当如何实现规范贸易,请以易合规为例。启发性思考题(五)及解答要点如图 6 所示。

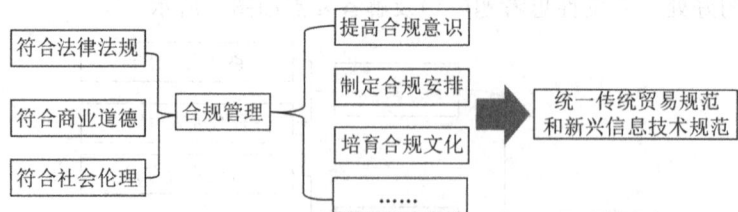

图 6　启发性思考题(五)及解答要点

(三) 讨论方式

案例讨论应该大致按照典型的决策模型进行。模型包括:①定义问题;②分析案例具体情况;③形成备选方案;④选择决策标准;⑤分析并评估备选方案;⑥选择首选方案;⑦制定行动方案和实施计划。

　　大多数案例讨论的核心推动力是组织中某个具体决策或问题的解决方案,因此,根据课时分配,案例讨论可以这样进行:在提出问题和小组讨论环节中,小组内根据 5 道启发性思考题进行讨论,并形成组内答案;在小组汇报与教师引导环节中,对每一道问题,教师从 5 组学生中选一组回答,其他小组补充,形成多种备选方案,教师根据决策标准引导学生分析评估备选方案,选出首选方案,并制定行动计划。

　　在案例讨论时,教师需鼓励学生形成良好的讨论习惯,如勇于提出不同意见、讨论前做好准备、讨论时及早发言、讨论后及时总结,避免盲目从众、提前背稿。

七、其他教学支持材料

(一)计算机支持

　　由于本案例在有关课程中当作讨论材料使用,需要展示给学生。所以在计算机中需要安装 PowerPoint 软件。

(二)网络支持

　　本案例中提到跨境电子商务案例,需要学生连接互联网,通过登录电商网站、跨境电商综合服务平台和相关社交网站体会和了解实务现状。

参考文献

[1] 宾厚. 电子商务环境下中小物流企业共同配送模式探讨[J]. 商业经济研究,2008(9)：95-96.

[2] 何景华. 共同配送——配送物流发展的新趋势[J]. 世界海运,2001(5)：28-29.

[3] 李红. 新税制下跨境电商的保税进口模式探究[J]. 经济管理：文摘版,2016(4)：231-232.

[4] 彭小雨. 保税进口模式助推跨境电子商务发展[J]. 文摘版：经济管理,2015(1)：239-239.

[5] 覃鹤,谢佳林,唐玲梅,等. 中小企业全程电子商务"一站式"服务模式研究[J]. 现代情报,2012,32(2)：94-97.

[6] 王志乐,蒋姮. 借鉴国际经验强化企业合规管理[J]. 中国经贸,2012(5)：53-55.

[7] 邢娟. 论企业合规管理[J]. 企业经济,2010(4)：37-39.

[8] 张丽. 浅析跨境电商"保税进口"模式[J]. 对外经贸,2015(12)：86-88.

致　谢

本案例获绿道平台(Greenpass)授权发布,在采编过程中得到了绿道平台的鼎力支持。感谢绿道平台总裁孙晓青女士和接洽人员文梦黎女士等为本案例提供一手企业资料和宝贵意见,丰富了案例的时效性和内涵,特此致谢;案例正文的压缩版已先行在《浙商》杂志 2017 年第 11 期发表,感谢杂志主编张远帆和记者陈抗为案例行文、措辞提供的宝贵意见。

不忘初心：斑马的跨境物流征程

◎ 马述忠　厉佳玮　柴宇曦
（浙江大学马述忠工作室）

■■■ **摘　要**：本案例描述了作为跨境电子商务物流企业的斑马物联网，依托"不忘初心，方得始终"的企业运营理念，多次抓住市场痛点，实现稳步发展的历程。从代收转寄业务起步，斑马物联网通过整合物流信息系统和自动化设施助推境外仓业务，破除了价格战困局，通过完善内部管理，利用标准化作业程序解决了企业扩张问题。斑马物联网管理层运用差异化战略，帮助企业成为行业的领头羊。

■■■ **关键词**：第三方物流；代收转寄；境外仓；标准化作业程序

Remember the Original Intention: the Global Cross-Border Logistics Development of 360 Zebra Group

© Ma Shuzhong   Li Jiawei   Chai Yuxi

(Mashuzhong STUDIOS, Zhejiang University)

Abstract: This case describes that as a cross-border e-commerce logistics company, 360 Zebra Group follows its original intention and meets the market demands several times from the beginning. To promote the development of the oversea location, 360 Zebra Group made an integration of logistic information system and the hardware such as Automatic Distribution Line to jump out of the price war in logistics industry. Also, this company uses Standard Operating Procedure (SOP) to solve the problem when it is in progress of globalization. Above all, 360 Zebra Group adopts Differentiation as its corporate strategy, which makes 360 Zebra Group a leading firm of the industry.

Key words: third-party logistics; forward; oversea location; standard operating procedure

上篇　案例正文

一、引言

　　2009 年,美国加利福尼亚州,经过一番激烈的讨论,汤姆(Tom)决定了企业的名称:斑马物联网。他所带领的团队摩拳擦掌,谋划着要在"代收转寄"这块鲜有人登陆过的新土地上插上自己的旗帜。然而,自斑马物联网团队开始做代收转寄业务之后,不少其他公司纷纷效仿,行业里转瞬间满是硝烟的味道。企业间的价格战以及客户争夺战愈演愈烈,稍有不慎就可能会被挤出市场。同样,当斑马力图向全世界进军的时候,其他同行也凭借各种方式争夺斑马开辟的国际(地区间)市场。然而,斑马一次又一次地成为"吃螃蟹的人"。每次公司遇到危机,汤姆总裁都会在公司内部会议上重申斑马的原则:"不忘初心,方得始终。"企业副总裁乔纳森(Jonathan)则总会在旁用手中的笔在纸上写写画画来整理思绪,在反思斑马面对的困局的同时苦苦探索破除困局的具体方法。

二、企业背景

　　跨境电子商务作为一个新生的概念,自"物联网"这一概念诞生起就得到了极大的关注。总体来看,传统出口贸易不断线上化、信息化,越来越多的外贸企业依托互联网获得商机。同时,围绕跨境电商的各类服务不断发展,其中作为中流砥柱存在且前景广阔的,就是起到联系卖家和买家作用的物流行业。当前物流行业关注的最主要的问题便是如何提高商品物流的效率以及降低物流成本。而跨境物流行业又因为其特殊的服务内容,在解决这几个关键问题时会遇到比一般物流企业更大的困难。

　　斑马物联网(360 Zebra Group)正是跨境电商物流行业的领军企业之一,是最早开展代收转寄业务的国际(地区间)物流公司,也是一家专为跨境电子商务提供物流解决方案的集团性企业。2009 年 2 月,汤姆和他的团队在美国俄勒冈州和新泽西州建立了物流中心,次月开始开展代收转寄业务,9 月在加州正式成立斑马美国公司,踏出了征程的第一步。2010 年,斑马在中国投资成立了中国运营中心,为的便是抓住中美线蕴藏着的巨大市场潜力。自 2011 年以来,从代收转寄业务开始,斑马物联网深耕市场,积累了丰富的跨境物流业务经验,企业实力不断提升,业务范围也逐渐扩大到涵盖境外仓储、集货转运、跨境干线运输、落地配送、供应商管理库存①等所有跨境电商进出口物流及其相关服务。依托现代化物流中心,斑马为跨境电商、电商平台、外贸进出口商家和庞大的海淘客户群体提供一系列量身定制的多元化整体物流解决方案。经过七年的发展经营,在美国、英国、德国、澳大利亚、日本、韩国、中国等多个国家建立物流中心的基础上,斑马整合了各类渠道资源,形成了强大的全球仓配一体化服务能力,向着进一步成为全球供应链物流云平台的目标不断前行。

三、代收转寄——斑马初辟市场

随着跨境电商的不断发展,在 2016 年的今天,已经有无数境内外消费者热衷购买国外的商品,他们通过各大电商平台,以境外代购的形式买到自己心仪的境外商品,享受互联网以及跨境电商带来的便利。境外代购这一行为在物流领域的体现就是代收转寄业务。现今,代收转寄已经成为许多跨境物流企业提供的基础服务之一,而斑马则是这一领域最早的开拓者。

让我们把时间回溯至 2008 年,当时,物流仓配一体化这一过程尚在襁褓之中,哪怕是现在最常见的代收转寄业务也远远没有达到规模化的程度,中国的海淘消费者一直在苦苦寻觅"人肉"②以及境外直邮之外其他更经济且有保障的运输途径。汤姆的一个朋友鲍勃(Bob),之前在美国从事金融行业的工作,自己家有个很大的车库,由于 2008 年金融危机的影响,鲍勃失去了自己的工作,家庭也失去了主要的收入来源。鲍勃想重新寻找一份工作来维持家庭的日常开支,但是由于经济低迷,他屡屡碰壁。一个偶然的机会,他了解到中国不少消费者希望购买美国商品却苦于没有相关的途径。鲍勃发现只要提供美国的收货地址就可以顺利在网上购物,然后帮助转寄到买家国内地址。抓住了这一商机,他与亚马逊卖家相联系,让买家在美国电商网站买下需要的商品先寄到自己家中,随后自己再联系快递公司,通过跨境物流将物品邮往中国,除物流费用外,鲍勃还向每个买家每单收取 2~5 美元不等的服务费。经过一段时间的经营,鲍勃抓住中国买家的需求,不断更新商品,吸引了越来越多的买家光顾他的店铺,他一天要处理的订单数也越来越多,从最开始的 10 单左右到 40~50 单,一个月之后每日订单量甚至超过了 150 单,大件商品的数量也在不断增加,鲍勃的仓库时常因为快递公司收件员某一天因故未能过来收件而爆满。一个月过去了,网上接待客户、下单、收货、再联系快递公司手动填单发货,数量不断增长的订单让鲍勃手忙脚乱,妻子和他的两个儿子都过来帮忙,但是还是难以满足不断增长的订单数量。由于夜以继日的工作,鲍勃渐渐感到难以支撑,订单数量的爆炸式增长也使店铺的服务质量与发货速度远不如刚开店的时候,不少买家均表示了不满。鲍勃出于无奈,只能控制每天接单的数量,以此来勉强取得收入、服务和业余生活的平衡,每月由此获得的 5000~6000 美元左右的收入也使家庭生

---

① 供应商管理库存:即 VMI,Vendor Managed Inventory,是一种以用户和供应商都获得最低成本为目的,通过达成共同协议,由供应商管理库存并对协议不断改进,使库存管理得到持续改进的合作性策略。

② "人肉":指买家自行或拜托亲朋好友从国外购买商品,回国时以自用的名义带入国内的一种海淘途径。

活基本回到了他失业前的水平。过了一段时间,经济有好转的趋势,鲍勃又开始在网上寻找金融行业的工作,一心只想摆脱替人代购的劳累生活。鲍勃与汤姆聚会闲聊时候说出的这段经历,在汤姆的大脑中点亮了一盏灯。

斑马物联网副总裁乔纳森后来表示,每个有单独车库的家庭都可以开展这类代收转寄业务并以此获得足够的收入,但是订单量一旦超过一定的规模,就很难单纯依靠个体商户的力量继续扩大了。当时并没有大公司在乎这个市场,汤姆抓住了这一契机,一举成立了斑马物联网,建立跨境电商物流平台为海淘买家提供转运业务,开始了作为一家主营海淘转运的第三方物流公司的征程。由于业务实质上并不需要很高的门槛,斑马作为首家海淘转运企业,在刚进入这个行业之后就遇到了很多跟随而来的竞争者。斑马依靠自建的仓库,以及初步规划的系统化运作方案,很快做到了每天 1000 余单的业务量,汤姆和他的团队发现了代收转寄市场的巨大前景。

企业经营代收转寄业务一段时间以后,规模不断增大,但是增速却有所放缓。之前规划的系统化运行方案逐渐难以应付日益增加的订单量,处理效率似乎已经到了极限。汤姆考察了行业内从事类似业务的公司,发现它们似乎也都存在同样的问题,不断扩张之后达到了现有系统运行的极限,效率似乎再也无法提升了。由于每家公司开展的服务性质高度同质化,因此很难通过其他方式来提高利润并扩大企业规模,不少公司开始降价,试图以此吸引客户、扩大规模进而提升企业收入。汤姆的团队对行业的情况以及斑马自身的情况再度进行了分析,最终决定为了保证每单的服务质量和利润而不加入价格战,坚持处理好业务的每一个细节。

但是,有不少老客户开始对自己公司稍高的价格表示不满,汤姆心里显得有些不安,他回想起当初创立斑马时自己对团队说的那些话,"不忘初心,方得始终""我们一直在被模仿,从未被超越"……如果加入价格战大军,那么谈何"一直在被模仿,从未被超越"呢?斑马真的不能维持原有的风格,终于要"泯然众人"了么?

四、独辟蹊径——斑马的解决方案

2010 年 3 月,斑马物联网运营团队开始筹划研发"e 仓储①"产品,在进口代收转寄业务竞争日益激烈的大环境下试图率先开拓跨境电商出口物流业务,而境外仓就是出口物流业务其中的一种模式,而顺利开展境外仓业务的前提是能够高效率地对仓储进行管理。汤姆认为,要想跳出进口代收转寄业务的价格战,依托新开辟的出口业务提高企业收入,实现企业发展的话,一套成熟的物流系统显然是必不可少的。汤姆以及负责物流系统研发设计的副总裁卡尔(Karl)坚持自己的初心,试图做出斑马自主的、独一无二的物流管理系统。

物流管理的环节包括很多方面,仓储管理则是中心环节,起着连接采购、运输和配

---

① e 仓储:斑马的一项服务内容,即卖家把商品批量运输到斑马物联网境外仓存储,斑马根据卖家在系统平台下达的指令完成分拣、包装、贴单出库的业务。

送这三者中转站的作用,管理的核心目标是提高仓库的运作效率,建立一整套有效的仓储管理系统(WMS,Warehouse Management System)有助于提高物流企业的工作效率,降低物流成本。在物流仓储约占跨境电商交易额 20% 有余的当下,一套成熟的仓储管理系统的重要性不言而喻。同时,对于一家第三方物流企业而言,包含配送方案设计与决策制定、配送执行、结果跟踪反馈以及应急处理预案的运输管理系统(TMS,Transportation Management System)也显得尤为重要。

之前为某国际(地区间)快递公司研发过物流解决方案的卡尔以及他的团队现在接下了让斑马继续领跑行业的重任,他将 WMS 系统与 TMS 系统进行了有机整合,提升了整套系统的运作效率。斑马物联网作为一家专门为跨境电子商务提供物流解决方案的企业,整合 WMS 与 TMS 建立新的系统的目的便是提供电商 B2C 仓的管理工作,符合这一职能的系统主要侧重于仓库管理和配送管理的一体化,而卡尔的团队研发出的这套物流管理系统高效地完成了这项任务。

仅仅花费数月时间,斑马自主研发的物流管理系统就完成了,"e 仓储"业务也因此得以顺利开展。2010 年 5 月,斑马"e 仓储"业务在洛杉矶物流中心启动。依托"e 仓储"业务,卖家只需将商品批量运输到斑马物联网境外仓进行存储,由斑马根据卖家在系统平台下达的指令完成分拣、包装、贴单出库。在"e 仓储"推广过程中,斑马的物流系统也在不断完善,为境外仓的发展打下了坚实的基础。2010 年 6 月,斑马美国纽约分拨中心也启动了"e 仓储"业务,同年 7 月到 8 月,斑马先后对"e 仓储"的其他服务进行了完善,分别开通了便于多级商家之间转移货物的库内交易功能以及库内件拍照等增值服务,有效满足了商家多元化的仓储需求。同时,斑马也开始进军美国其他州与其他欧美国家,在美国特拉华州、俄勒冈州以及英国伦敦启动了"e 仓储"业务。在俄勒冈州的仓库建立之初,每日的订单量不足百余,但汤姆特别青睐俄勒冈州的免税优势,坚持在该州继续开展境外仓业务。正是俄勒冈州的免税优势加上斑马成熟的物流系统,帮助斑马物联网在阿里巴巴选择北美物流合作伙伴的过程中脱颖而出。

而汤姆和卡尔的战略远不止于此,斑马又将订单管理系统(OMS,Order Management System)与 WMS、TMS 一同整合为全球物流管理系统(GLS,Global Logistics Solution),为合作电商提供一套标准的应用程序编程接口(API,Application Programming Interface)接入方案,实现了合作伙伴信息系统和斑马信息系统的无缝对接,为斑马物流业务的进一步扩张提供了"软件"上的支持。并且,由于美国极高的人力成本,许多其他开展境外仓业务的物流公司都面临高昂的仓储和配送成本的问题。斑马再一次抓住了市场契机,2014 年在洛杉矶物流中心首次建立了自动化流水线,与 GLS 解决方案相配合,在物流管理层面独辟蹊径,匹配了国内外不断发展壮大的电商平台的相关需求。

坐在洛杉矶办公室里的副总裁乔纳森与其他同事每次讨论企业的战略抉择与策略制定之时,就会想起汤姆对斑马"一直被模仿,从未被超越"的坚持。正是因为对企业自身技术和管理的坚持,以及对市场契机的准确把握,斑马物联网才获得了今日的发展,一直走在跨境电子商务第三方物流行业的前端。

一天,乔纳森整理完文件筐里的文件,发现最底下躺着一本蓝色封皮的小册子,于是他想起了自己刚成为公司副总时,企业扩张正好遇到瓶颈,正是这本小册子的诞生帮助斑马克服了企业内部管理的一个最大障碍。他的思绪回到了2011年,如今已是产品规划部门某项目组组长的小王参加面试时候的场景……

五、精致内芯——斑马的企业管理

2011年,上海斑马物联网中国总部人力资源部,应届生小王正在接受人力资源部许经理的面试,面试已经到了最后一个流程,许经理对面前的这个毕业于J大计算机信息工程专业的小伙子十分满意。但是小王仍有些担心,虽然对自己的软件设计和数据处理能力很有自信,但他还从未接触过跨境电商以及第三方物流行业,生怕在这方面的劣势会成为加入斑马的阻碍。"许经理,虽然我没有从事跨境电商以及物流行业的经验,但是……"他将装有曾获过国家级奖项的一份程序设计方案的文件夹递给坐在他对面的许经理并说到,"我设计软件和提供解决方案的能力应该是贵公司所需要的。"

许经理没有打开那个文件夹,而是从电脑里打开一个文件,面带微笑地给面前略显紧张的小王看:"这是你负责的这个岗位的标准化作业程序(SOP)①手册。试用期间,请你好好熟悉这上面的每一项流程,不用担心其他问题。祝工作顺利。"

小王仔细阅读了许经理发给他的这本手册,看到手册中详细的条目,心中尚存的担忧渐渐消失了。通过SOP手册,小王对他所要开展的工作有了细致的了解,开展工作不到一周就完全熟悉了整体流程,为公司物流系统的优化处理做出了贡献。

斑马物联网质量管理部经理里克(Rick)在最初接任这一职位的时候,由于企业规模越做越大,在多地同时开始兴建仓库,因此对于新员工的需求也就日益增加。但是,由于物流运输环节相关的操作十分复杂且对精细程度有着极高的要求,他发现,不少新员工要花费数月的时间才能够熟悉自己岗位的相关操作,使得新开设的仓库要等待很长时间才能正式投入运行,大大降低了企业的扩展和运作效率。纵使企业拥有先进的GLS系统,但是新员工无法以最短的时间和最高的质量掌握系统的操作方法,那么这套系统在实际运作过程中也就不能实现效率最大化。

里克试图在斑马内部找到合适的解决方案。为此,他对斑马现有的每个物流中心培养新员工以及规范操作的办法进行了仔细研究,试图找到最优的解决方案并应用到所有物流业务的开展以及其他部门的工作之中。最后,他在与一位日本企业高管的交流中找到了合适的解决之道,这便是小王拿到的那本小册子的核心内容:标准化作业程序(SOP)。

标准化作业程序(SOP)将某一具体事务的标准操作步骤和要求以统一的、规范化的格式描述出来,用以指导和规范日常的工作。通过对物流与仓储环节每一个步骤的

---

① 标准化作业程序:SOP,Standard Operating Procedure,是指将某一事件的标准操作步骤和要求以统一的格式描述出来,用来指导和规范日常的工作。

研究,里克和他的部门很快制定出了每个岗位的 SOP 流程,并且在一般物流企业 SOP 步骤数量的基础上增加了好多倍。同时,斑马不仅在物流系统的操作中建立了 SOP,也在客户服务乃至管理层等公司其他岗位上建立了 SOP 体系,将业务的操作流程精细化到了极致。2012 年,整个公司的 SOP 管理体系正式建立并全面推广,与 GLS 物流管理系统相辅相成,极大地提升了斑马的运作效率。斑马也破解了复杂的员工培训以及低效率的员工管理带来的企业业务扩张缓慢的困局,立足美国与中国的物流中心,在全球开始布局。

此时,新的危机又出现了,由于斑马主要业务是跨境电商物流,运输的商品货物在出入境的时候势必会遇到通关的问题,由于单量和规模越来越大,清关①所花的时间和成本变得越来越高,这不可避免地影响到了物流的效率,给客户带来了不好的体验。许多小型的第三方物流公司便在此处做文章,它们通过走"灰色清关②"的途径,仅仅支付正规通关费用二分之一甚至三分之一的成本就解决了商品入境的问题,从而能以更低的价格吸引客户。此外,不少其他大型物流平台也抓住电子商务不断发展,跨境电商有利可图的时机,建立了电商平台,开始参与 B2C 与 B2B 的业务,分流走了不少客户。

在斑马全球扩张不断推进的这个阶段,面对小型物流公司利用"灰色清关"发起的又一次价格战以及其他物流平台自建电商网站夺取上游市场的冲击,斑马再次遇到了客户流失、利润下降、市场被压缩的危机。面对严峻的外部形势,汤姆在高管会议上又一次打出了"不忘初心"这张王牌,这让乔纳森十分不解:"汤姆,可以告诉我你一再强调这句话的原因吗?"

六、不忘初心——斑马的差异化战略

"这几年一路走来,在别人还专注于国内电商物流的时候,我们一起开拓跨境电商物流;在别人模仿我们争相开展进口代收转寄业务的时候,我们已经着手研发平台合作产品、垂直电商物流产品并在全球建立物流中心;在别人争相跻身美国市场的时候,我们将境外物流中心建到了世界各地;当别人在扩充仓库,增加人手,靠蛮力提高业务量时,我们已经利用 WMS 和 TMS 以及自动化流水线实现了物流中心的现代化。人无我有,人有我优,不断超越自己。"汤姆简单地回顾了一下企业的发展历程,便不再多说,向乔纳森微笑着。

乔纳森回想起,从开拓代收转寄业务直到现在,斑马便一直走在行业的前头,从未回头关注过其他企业采取什么样的策略来应对开拓跨境电商物流市场的过程中的行业困局,只专注于做好自己业务和产品的发展。乔纳森发现,斑马如此坚持自我,是对自己企业"不忘初心,方得始终"理念下企业战略的高度自信。物流企业的客户最在乎的,并不是稍多的清关费用及时间,而是自己托付给企业的商品能否顺利、安

---

① 清关:即结关,是指进出口或转运货物出入某一关境时,依照各项法律法规应当履行的手续。

② 灰色清关:指出口商为了避开复杂的通关手续与高昂的税费,将各项与通关有关的事宜交由专门的清关公司,通过"包机包税"等方式,帮助进口商品以低于法定水平的关税进入某国(地区)市场的行为。

全、高效地运送到收货人手中。斑马坚持不通过"灰色清关"手段解决通关问题,避免暴露在随时可能增大的出入境监管政策风险下,才能保证货物运输的顺利进行以及企业自身的合法性。同时,斑马的合作对象主要是各国(地区)的电商平台,为他们提供全面的跨境物流服务,如果斑马自己建立平台,势必会对客户的利益产生威胁,反而会造成更严重的客户流失。此外,斑马当前的另一大优势在于拥有完全自主知识产权的物流系统以及丰富的报关通关经验,能够在物流运输和仓储管理这一块做到业内最优,保证客户的体验。"斑马自身拥有核心技术,全面考虑客户对于第三方物流行业的需求,似乎全球布局中面临的这一困局也不难破解。"乔纳森此前的困惑已经迎刃而解。

不忘初心,斑马独辟蹊径,在美国代收转寄市场先行立足并站稳脚跟,解决了传统国际(地区间)贸易形式存在的供应品种单调、客户体验差等问题;不忘初心,斑马在完善进口物流业务的同时,也把握住了跨境电商发展趋势,率先开拓跨境电商出口物流业务,已经与多个出口电商平台相对接;不忘初心,斑马整合 GLS 系统和自动化流水线,为全球跨境电商的物流服务提供了成熟的解决方案,破解了国内外电商平台物流和仓储成本较高、不能专注于产品销售的困局;不忘初心,斑马坚持以纯粹的第三方物流企业的身份将自己的业务做到极致,树立了跨境电商物流企业的标杆。

从 2010 年下半年到 2011 年,斑马的代收转寄和境外仓业务不断向全球扩张。除中国分公司之外,斑马先后在悉尼和首尔建立了物流中心,把中美线的业务扩大到了大洋洲和亚洲其他地区。2011 年 7 月,斑马物联网通过整合其他国际(地区间)快递运输公司的运力开通了近 20 条专线和全球线路的代收转寄业务。2013 年,斑马物联网在原有的代收转寄和"e 仓储"业务的基础上推出了整合集货、检验、出口报关、空海运输、进口清关和当地配送的"e 联运"服务,将物流服务一体化做到极致,全面发挥全球物流管理系统的优势,不断开发诸如配送管道定制、信息批量导入等增值服务。此外,斑马还凭借 SOP 超精细化管理在境外扩仓中取得先天的优势,能够比其他企业更快的速度占领市场。2014 年,因为斑马拥有自主研发、完善的 GLS 软件系统以及自动化流水线,加上俄勒冈州仓库带来的免税优势,试图在美国寻找转运公司伙伴开展境外购业务的阿里巴巴从 40 余家同类企业中选择了斑马作为合作伙伴;同年双十一,与阿里合作开展业务的斑马完成了 10 万单的成绩,包裹无一破损;2015 年的双十一,斑马更是做到了 80 万单的巨量规模。当满载货物的飞机在中国降落的时候,汤姆一直以来秉承的企业理念得到了最好的实证。

七、结束语

跨境电商这个概念才兴起了几年时间,但是由于激烈的价格战和同质化竞争,传统的经营和扩张模式已经受到了严峻的考验。跨境电商物流企业更是呈现出了两极分化的马太效应,强者愈强,弱者愈弱:大型物流企业凭借自身完善的物流管理系统,迅速开拓市场,满足客户的各类需求,而小型物流企业则面临着"在夹缝中求生存"的困境,缺乏空间与硬件竞争,很难获得更多的市场份额。

斑马物联网自 2009 年创立起,秉承汤姆倡导的"不忘初心,方得始终"的理念,依靠对物流系统的专注不断发展,一直站在跨境电商物流行业的顶端。在未来,斑马意图通过与更多电商平台的合作,以完善的物流系统为基础,将物流效率最大化、物流成本最小化,将成熟的自动化系统复制到全球各物流中心,提高生产力。依靠自己的互联网基因,斑马试图建立一个以自身产品为核心的生态链,为 B2B 和 B2C 的两端客户做好对接和引流工作,立足最基本的物流服务,建立一套以科技和大数据为基础的相关产业链延伸服务体系,为品牌商提供全球供应链服务,最终打造一个以大数据服务为核心的全球化跨境电商云供应链平台。

不忘初心,方得始终,汤姆和乔纳森带领斑马物联网一直在前进。

附录

斑马物联网物流服务的信息技术与数据技术基础如图 1 所示。

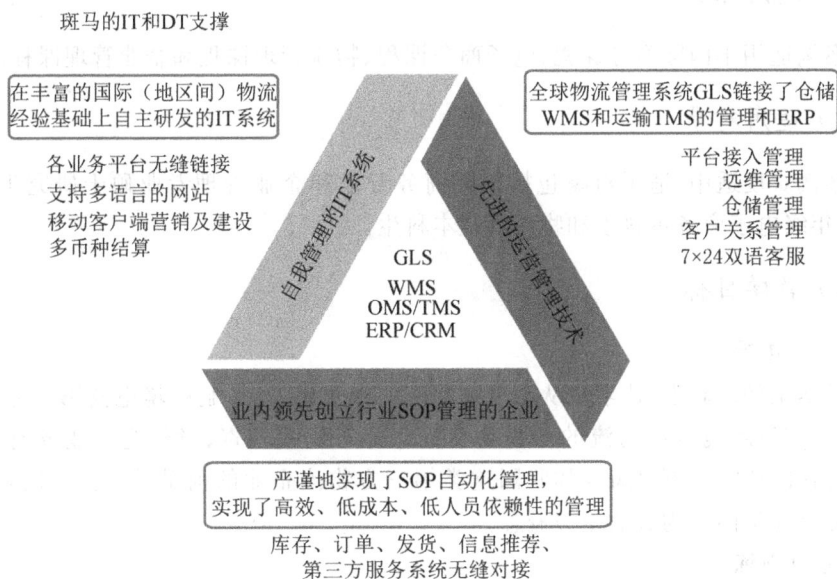

斑马的IT和DT支撑

在丰富的国际(地区间)物流经验基础上自主研发的IT系统

各业务平台无缝链接
支持多语言的网站
移动客户端营销及建设
多币种结算

自我管理的IT系统

全球物流管理系统GLS链接了仓储WMS和运输TMS的管理和ERP

平台接入管理
远维管理
仓储管理
客户关系管理
7×24双语客服

先进的运营管理技术

GLS
WMS
OMS/TMS
ERP/CRM

业内领先创立行业SOP管理的企业

严谨地实现了SOP自动化管理,实现了高效、低成本、低人员依赖性的管理

库存、订单、发货、信息推荐、
第三方服务系统无缝对接

图 1　斑马物联网物流服务的信息技术与数据技术基础

下篇 案例使用说明

一、教学目的与用途

本案例是为国际商务课程撰写,也可供电子商务课程、物流管理课程和企业管理课程使用。本案例为学生展示了企业把握市场痛点,利用自身竞争力领跑行业的一种战略模式,我们希望通过设置一个真实的案例环境,强化学生判断市场,抓住机会的能力和找出市场痛点,提出针对性解决方案的应变能力。

(一)适用课程

本案例适用于国际商务课程、电子商务课程、物流管理课程和企业管理课程。

(二)适用对象

本案例难度适中,适用对象包括国际商务专业和企业管理专业硕士研究生、MBA学生,高年级电子商务本科生和物流管理本科生。

(三)教学目标

1. 知识传授

通过本案例的教学,让学生从斑马物联网的视角出发,了解跨境电商第三方物流行业的现状,理解跨境电商物流的一些基本概念并对代收转寄、境外仓等业务有基本认知。同时在阅读完案例对斑马物联网这类第三方物流企业的前景进行探讨时,让学生了解跨境电商第四方物流的相关概念。

2. 能力训练

通过本案例中斑马物联网发展历程的介绍,提升学生发现市场痛点,把握市场机遇的能力,培养学生结合行业整体发展趋势,对企业未来发展方向进行把握和决策的能力。

3. 观念更新

通过本案例中对斑马物联网在跨境电商中的定位分析和对斑马物联网的业务介绍,加强学生对于跨境电商不断发展的大环境下对第三方物流企业的定位理解,更新学生对物流行业的传统观念。同时,通过讲授斑马物联网整合 GLS 软件系统和自动化流水线硬件系统的发展过程,提升学生对于物流企业业务管理的理解。最后,引入的跨境电商第四方物流的概念可以帮助学生提升对跨境电商物流行业发展方向的认识。

二、启发性思考题

（一）相较于传统境外代购手段而言，斑马最开始从事的代收转寄业务的优缺点是什么？

（二）斑马的"e 仓储"即境外仓业务的特点是什么？

（三）与其他第三方物流公司相比，斑马在企业内部管理的 SOP 模式上最大的优势在哪里？这种模式的缺点又是什么？

（四）在互联网融入物流行业的背景下，斑马是如何实现跨境电商物流企业的改革发展的？

（五）斑马物联网作为一家第三方物流企业，未来可能的发展方向是什么？

三、案例分析背景

（一）制度背景

2009 年之前，跨境电子商务在中国还处在萌芽期，几乎没有相关的法律法规进行支持。2009—2010 年，商务部、央行等中央机构连续出台了一系列诸如《商务部关于加快流通领域电子商务发展的意见》《跨境贸易人民币结算试点管理办法实施细则》等意图规范跨境电商业务以及鼓励支持跨境电商的文件和规定，在制度层面开始为跨境电商的发展保驾护航。在这一时期，商务部提出了加快流通领域电子商务发展的主要目标：以市场为导向，以企业为主体，以信息化带动流通现代化为主要手段，加快流通领域电子商务应用的推广进程。这个目标为跨境电商企业随后的发展奠定了总的基调。2013年末，财政部发布了《关于跨境电子商务零售出口税收政策的通知》，进一步完善了跨境电商出口退税政策，海关总署也在 2014 年发布了《关于跨境贸易电子商务进出境货物、物品有关监管事宜的公告》，进一步完善了有关跨境电商进出口货物通关的制度规定，促进了跨境电商业务的发展。2015 年底，中国海关总署政策法规司相关领导在"北京大学电子商务法律发展研究基地年会"上表示，海关拟在 2016 年出台跨境电商零售进口税收政策，意图引导跨境电商通过建立保税仓的形式来解决目前存在的一系列问题。2016 年中国政府工作报告中明确表示，要求"扩大跨境电子商务，支持出口企业，建设一批出口产品'境外仓'，促进外贸综合服务企业发展"。

在本案例中，斑马物联网 2010 年在中国建立分部，同时把工作重心放在了信息化物流系统的建设上，并且将该系统与自动化流水线相结合，在此基础上构建了拥有完全自主知识产权的物流管理系统，并将业务重点放到跨境出口物流的境外仓模式上，展现出与其他物流企业不同的差异化优势。作为一家主要为电商平台提供物流服务的第三方物流公司，在跨境电子商务不断得到制度支持获得无限发展空间的大背景下，斑马物联网选择专精物流业务，把握住了电商平台飞速扩张时代对于物流的市场需求。

（二）行业背景

近年来,随着全球和区域经济一体化的深度推进,以及信息技术尤其是互联网技术在多个国家(地区)的广泛应用,全球物流业的发展经历了深刻的变革并获得了越来越多的关注。当前,现代物流已经发展为包括第三方物流,地面运输,快递及仓储等多个领域在内的体系。截至 2013 年底,全球物流业市场的规模已经超过 8.5 万亿美元,相比于 2009 年 6.62 万亿美元的规模增长了 29%。同时,受经济发展水平和各国区域与产业结构差异的影响,全球物流市场的区域发展差异较为明显。根据中国产业信息网的统计数据显示,2015 年,我国跨境电商的交易额已经达到 5.2 万亿人民币,根据《2015—2020 年中国电商物流行业投资前景及发展战略研究分析报告》,2020 年中国跨境电商将形成约 1 万亿美元与 10 亿消费者的市场,并且物流仓储业创造的价值占到总交易额的 20%,足以证明物流仓储在跨境电商不断发展壮大的今天拥有巨大的发展前景。

一般行业的生命周期发展情况如表 1 所示。

表 1   行业生命周期

发展阶段	初创期	成长期	成熟期	衰退期
阶段特点	技术不成熟,销售增长慢	利润快速增长,市场逐步规范	利润增速下降,竞争企业增多	销量持续下降,出现替代产品
市场需求	产业品种少,需求不旺盛	需求迅速上升	市场饱和	
产业集中度	10%～30%	20%～45%	45%～75%	75%～80%

目前,跨境电子商务行业仍处在成长期,市场格局尚未定型,没有出现一家消费者普遍认同的跨境电商,因此,各大电商平台近年来仍在进出口两端展开布局。依托连接电商平台、供应商和客户的第三方物流企业也相应地有了极大的发展空间。同时,跨境电商出口作为一种新型跨境贸易模式,在中国取得了较快的发展,并已成为中国电商市场新的增长点和电商行业新的"蓝海",但在通关、物流、监管等方面依然存在着制约其进一步发展的问题。

根据《中国第三方物流行业研究报告》对于物流行业的分析,物流总费用构成中,运输费用占比从 2004 年的 58% 下降到 2014 年的 51%,相对地,保管费用有所上升,可见,随着第三方物流企业的不断发展,建立系统化高效化的物流管理体系是大势所趋。降低物流成本是物流企业最需关注之处,需要系统地构建物流平台,进而优化流通流程,提高服务水平,实施协同运作,加强硬件设施建设,提高信息化数据化水平等。

四、理论研判依据

(一)知识点一: 代收转寄的相关知识

代收转寄是跨境电商物流的业务类型之一,是指买家先通过境外电商平台在网上下单,之后向转运公司下达代收指令,使用转运公司提供的指定目的地国家(地区)以外的收货地址代收货件,转运公司再根据买家下达的转寄指令将货物转寄到目的地国家(地区)收件人手中的行为。

代收转寄业务相对于传统直邮服务的优点在于,解决了部分境外网购商品由于平台物流的限制不能直接寄回国(地区)内的问题。同时,相对于提供直邮服务的平台,代收转寄拥有更低的物流成本。另外,依托代收转寄业务,消费者可以自行完成海淘的所有环节。降低消费者为了海淘寻找专业代购所支付的额外成本。最后,消费者可以享受到开展代收转寄服务的物流企业所提供的额外增值服务,包括合并包裹降低运费(如果在不同境外网站购物,等所有商品都到达物流企业的代收仓库后,可以选择合并包裹,将所有商品一起运回)、拆包分别运输,加固包裹,退货管理等。

而代收转寄也存在着不少缺点。相对于境外直邮,代收转寄多了代收与仓储的环节,提升了运输途中的潜在风险,某种程度上也会降低运输的效率。

(二)知识点二: 境外仓的相关知识

境外仓是跨境电商出口业务的模式之一,是指跨境电商企业按照一般贸易方式,将商品批量出口到境外仓库先行存储,当境外消费者在电商平台下单之后再将商品直接从境外仓库通过当地物流送达消费者的行为。

通常,境外仓服务主要涵盖以下几个步骤:①卖家将自己的商品运至境外仓储中心,或者委托承运商或物流公司将货物发至承运商或物流公司在境外的仓库。②卖家运用物流公司的物流信息系统,在线远程对境外仓库中的货物进行管理,保持数据与信息的实时更新。③物流公司根据卖家的指令,利用自动化设备或人工,对货物进行存储、分拣、包装、配送等操作,将货物发往既定的目的地。④物流公司在发货完成后对仓库信息系统进行及时更新,让卖家实时掌握产品库存状况。其服务成本主要包括以下三个方面:①头程费用:货物从国内到达境外仓库的运输费用。②仓储及处理费用:客户货物存储在境外仓库发生的仓储和管理费用。③本地配送费用:仓库所处国家(地区)对卖家仓储的商品进行配送而产生的当地快递费用。

境外仓具有以下优点:①从境外直接发货,能够降低物流成本,符合当地消费者消费习惯,提升商品的直接竞争力。②加快物流时效。让境外消费者选购的商品可以在下单后从当地仓库发货,省去了跨境直邮的时间,同时降低了运输风险。③提升客户满意度。由于采用境外仓的电商平台直接将商品仓库设在境外,境外的消费者遇到质量或满意度问题可以直接在仓库进行重发货与退换货,提升客户体验度的同时也降低了卖家的处理成本。④提高产品曝光率。境外消费者在搜索产品的时候，发货地在当地国家(地区)的商品排名比发货地在其他国家(地区)的排名要靠前，因此境外仓可以增加产品的曝光率。⑤有利于电商开拓境外市场。因为境外仓更能得到境外买家的认可，从另外一方面，如果卖家注意口碑营销，自己的商品在当地不仅能够获得买家的认可，也有利于卖家积累更多的资源去拓展市场，扩大产品销售领域与销售范围。⑥在监管方面能够实现清关的规模化和规范化，有利于降低监管成本，提高通关效率，避免偷税漏税。

境外仓这一表述在 2016 年中国政府工作报告中第一次被提到，因此，采用境外仓模式的出口企业势必在未来会得到国家的大力支持，获得更广阔的发展机遇。

(三)知识点三： 标准化作业程序(SOP, Standard Operating Procedure)

标准化作业程序，是指在作业系统调查分析的基础上，将现行作业方法的每一操作程序和每一动作进行分解，以科学技术、规章制度和实践经验为依据，以安全、质量效益为目标，对作业过程进行改善，逐步达到安全、准确、高效、省力的作业效果的一种优化作业程序。

在 18 世纪初，手工工场时代，制作一件产成品往往不需要通过复杂的分工就能完成，因此其人员的培训是以学徒的形式，通过长时间学习与实践来实现的。随着工业革命的兴起，生产规模不断扩大，产品日益复杂，分工日益细化，消费者对品质的要求不断上升，各工序的管理日益困难，保证产品品质统一化所花费的成本也日益提升。如果只是依靠口头传授操作方法，就很难保证产品品质的统一化。采用学徒形式培训已不能适应规模化的生产要求，因此，必须以作业指导书的形式对各工序的操作步骤及方法进行规范，这就是所谓的标准化作业程序。

企业为其所有日常业务建立标准化作业程序，其目的在于提高业务开展的效率和准确性，最大限度地减少差错，预防不良后果的发生，提高产品的统一化水平，从而提高企业运行的整体效率，有助于企业维持在较高的管理和运营水平之上。

一份 SOP 既可以是一本操作手册，也可以是一部指导作业书，其中包含了操作相关流程以及相关表格、作业流程图和说明等。满足以下五点基本要求的一份 SOP 才被认为是可行的：①目标指向，即按照标准的操作程序总是能够保持生产出相同品质的产品，或得到同样的结果；②说明操作的前因后果，一个程序步骤中需要讲清楚用何种方法、如何操作、获得何种结果；③准确，需要避免抽象的描述；④具体化，每个阅读标准化作业程序的人必须能以相同的方式解释标准；⑤可操作性，标准必须是现实的，可操作的。

(四)知识点四： 互联网技术发展背景下跨境电商物流行业的改革

跨境电商的主要物流模式有：邮政小包、国际(地区间)快递、专线物流和境外仓。上述跨境物流模式各有优劣，跨境电商交易的卖家在选择物流时，可根据自身的交易规模和实力进行选择。交易规模大，实力强的卖家可选择境外建仓。交易量小、市场集中的卖家,可选择专线物流以降低物流成本。小型卖家还可利用跨境电商平台的配送渠道,将货物发运到平台境外口岸仓库,再由境外仓平台完成货物的配送。同时,跨境电商商家可以联合在一起,组成物流联盟,与国际(地区间)物流企业协商,制定物流专属线路,享受专线物流的折扣。总体上说,所有类型的客户在选择合适的物流模式这一点上最关心的仍然是物流运输的时间成本和费用成本。而跨境电商物流在这一方面因为环节复杂,各国(地区)政策不同等原因,还存在着物流配送时间长,物件追踪困难,报关清关手续复杂、费用高等问题。

当今物流行业主要关注的问题是如何提高商品物流的效率并降低物流成本。商品从制造商送到顾客手中的整个物流过程中,物流/配送中心起着相当重要的作用,且其营运成本占据了物流总成本的很大一部分,因此降低物流中心的营运成本并提高其经营效益是非常重要的物流改革着力点。

互联网融入跨境电商物流行业以后,情况出现了一些变化:①在需求方面,信息平台的建立将直接导致货主与承运方的交易渐趋扁平化,价值链会越来越短。同时,市场结构的精简化会帮助使用物流服务的客户节省选择成本和使用成本。②在物流服务方面,物流行业的技术应用越来越广泛。硬件平台的建立包括公路港、物流园区平台化的整合,进一步推动了物流成本的下降。物流服务商通过对定位数据的分析,依托互联网技术,能够提供大量诸如快件实时追踪等提高客户体验的服务内容。③在物流行业内部,越来越多的在线交易场景需要由O2O的物流产品来承载。物流行业内部从原先一对一、点到点合作的链状价值体系协同进化为多对多、按照行业分层自主寻找合作方的网状价值体系。物流服务商之间可以依托网络场景,根据临时或长期的业务设定,快速、准确、安全地找到合作方,共同建立和实施服务流程。

(五)知识点五:跨境电商第四方物流

跨境电商具有境外推广、交易支持、在线支付、售后服务、信用体系和纠纷处理等多功能、综合性的特征,要求其物流服务也向小批量、多频次、周转快的趋势发展。由于跨境电商物流活动涉及多个国家(地区)的物流系统,还和国际(地区间)贸易的通关、检验检疫国际(地区间)货物保险业务等紧密相关,因此作业流程复杂,物流路程更远、时间更长、风险更高,对货物递送的可视化和时效性要求高。现有的第三方物流服务商可能在某个环节或主要环节做得比较出色,但在全球范围内整合资源、跨供应链运作的能力有限,不能满足跨境电商物流的综合性、敏捷性、柔性化、低成本、高效益的要求。因此,基于供应链集成性解决方案、致力于提供各项增值服务的第四方物流就成为物流行业发展的必然选择。

第四方物流(4PL,Fourth-Party Logistics)是供应链的集成者,是专门为第一方、第二方和第三方[①]提供物流规划、咨询、物流信息系统、供应链管理等活动的服务类型。这

---

① 第一方指卖方,即生产者或供应方;第二方指买方,即销售者或流通企业;第三方指通过与第一方、第二方合作来为他们提供专业化物流的服务平台。

一概念是 1998 年美国埃森哲咨询公司率先提出的。在帮助企业有效地降低成本与整合资源的基础上,第四方物流服务依靠优秀的第三方物流供应商、技术供应商、管理咨询以及其他增值服务商,为客户提供独特和广泛的供应链解决方案。

跨境电商第四方物流具有如下优势:①基于价值链理论和供应链管理技术,突破了第三方物流在跨越全供应链运作与整合供应链流程方面的战略与技术瓶颈,依靠其合理灵活的协调机制使其整合资源的范围达到最广,能够为客户提供跨行业、跨功能、跨国度和一体化的完善服务。②第四方物流能利用合理的利益分配机制调节供应链联盟中的关系,并且通过信任机制减少交易和融资成本,抵御市场竞争风险,还能够凭借信息共享机制提高整个跨境电商供应链联盟对市场的响应速度。③基于组织间学习理论、战略联盟理论和委托代理理论等,第四方物流的管理服务能够为客户提供整体供应链的高质量服务,而不只停留在优化运输、配送和库存等单个功能的改进。因此,第四方物流能够有力地满足跨境电商对物流管理的相关需求。

根据第四方物流联盟中核心成员的不同,第四方物流存在以下几种模式:①以规模较大的第三方物流公司为核心,利用其资本市场和金融市场相对发达的背景,联合大型跨境电商平台,通过资产重组、并购、委托代理等形式,形成第四方物流联盟体。②以大型跨境电商网站平台为核心,通过物流、信息、资金和单证“四流合一”模式,整合各能力服务商实现协同运作。③以专业的供应链管理咨询公司为核心,用电子化的信息平台对传统的贸易链条进行一种全新的整合,提供一站式的贸易服务。④由政府主导、根据地方特色成立的综合性第四方物流平台。

现阶段我国基于跨境电商的第四方物流平台还刚刚兴起,需要政府、社会等各方面的支持以及 4PL 自身的不断成长完善,才能有力促进跨境电商的迅猛发展。

五、案例分析思路与要点

(一)案例分析思路

斑马物联网一开始抓住行业契机,开辟代收转寄业务市场,之后面对行业对手的“价格战”,斑马坚持自我,通过自主物流信息系统和硬件系统破除危机,开展境外仓业务率先占领跨境电商出口物流业务的市场。借由对斑马业务发展的介绍,引入代收转寄和境外仓的概念与特点。之后,斑马在应对全球扩张速度缓慢的困局时,采用精细化 SOP 管理破除困局,实现全球发展,此处引入 SOP 对企业发展作用的相关思考。通过对斑马物联网成长历程的研读,引导学生对斑马所代表的跨境电商第三方物流企业发展前景的思考,进而引入第四方物流的概念(见图 2)。

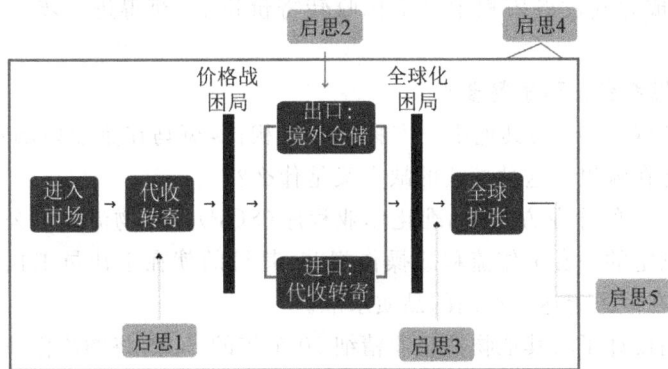

图 2　案例分析思路

(二) 启发性思考题解答要点

1. 启发性思考题(一)解答要点

启发性思考题(一)：相较于传统海外代购手段而言,斑马最开始从事的代收转寄业务的优缺点是什么?

相对于传统直邮服务,代收转寄业务解决了部分境外网购商品由于平台物流的限制不能直接寄回国内的问题,同时拥有更低的物流成本。另外,依托代收转寄业务,消费者可以自行完成海淘的所有环节。降低消费者为了海淘寻找专业代购所支付的额外成本。最后,消费者可以享受到开展代收转寄服务的物流企业所提供的额外增值服务。

而代收转寄也存在着不少缺点,相对于境外直邮,代收转寄多了代收与仓储的环节,提升了运输途中的潜在风险,某种程度上也会降低运输的效率。

斑马物联网将代收转寄这项物流服务规模化,极大提高了转运效率,同时利用自建仓储和专业化管理,进一步降低了代收转寄的成本,同时最大限度规避了代收转寄的缺点,从而得以在跨境物流行业中立足。

2. 启发性思考题(二)解答要点

启发性思考题(二)：斑马的"e仓储"即境外仓业务的特点是什么?

相对于将商品从国内直邮给境外消费者,境外仓模式依靠境外仓库,事先将商品运输至境外,在消费者下单后将商品直接发给境外消费者,省去了跨境运输的时间,提升了境外消费者的消费体验,同时有效提高了产品的曝光度和与当地电商的竞争力。

因此,境外仓模式最关键的要点在于境外仓库的建立、管理以及与当地物流的对接,其最本质的优势在于商品所处的位置(IL,Item Location)。由于货物必须事先运输到境外仓,因此这一模式更加适用于质量大、体积大以及高价值的商品,能够极大降低运输成本与风险。相对地,偏向买家定制化以及较零散、不成规模的商品则较不适合采用境外仓模式对外出口销售。

斑马物联网在出口电商境外仓模式中主要扮演"跨境运输＋仓储"的角色,利用自身物流系统、仓库管理系统、自动化流水线以及地区覆盖广的优势,在行业竞争中具有领先地位,因此成为其发展历程中跳出代收转寄价格战,获得进一步发展的核心要素之一。

3. 启发性思考题(三)解答要点

启发性思考题(三):与其他第三方物流公司相比,斑马在企业内部管理的 SOP 模式上最大的优势在哪里? 这种模式的缺点又是什么?

针对物流企业的作业方式,标准化作业程序(SOP)是由物流企业公司内部为每个物流操作环节制定的一套工作流程或操作规范,其目的就在于让员工执行相同的标准作业流程,以期在业务上达到相同的品质水准。

斑马物联网设计了较其他物流企业精细 10 余倍的 SOP,将物流作业以及其他工作中每项任务与相关操作的步骤进行细化分解,让新入职的员工以最快的速度熟悉物流系统的操作方法,解决了企业扩张中业务培训效率较低,市场拓展速度较慢的困局,实现了物流中心高速扩张的目标,帮助斑马迅速建立了全球市场。

但是,由于各项规定非常细致,过于精细的 SOP 也会对员工的工作带来限制。例如,一项任务在 SOP 手册上只有三个步骤,做完这三个步骤就能得到一个合适的结果。随着市场的改变,也许会存在潜在的第四步骤,能够帮助该任务获得更好的结果,但是因为 SOP 的限制,大多数员工并不会发现潜在的第四步骤的存在。因而,SOP 管理也存在创新力不足,工作量大等缺点。

4. 启发性思考题(四)解答要点

启发性思考题(四):在互联网融入物流行业的背景下,斑马是如何实现跨境电商物流企业的改革发展的?

根据《中国第三方物流行业研究报告》,2014 年中国物流费用占 GDP 比重达到 16%,高于欧美发达国家的平均水平 10%,与中国的经济发展水平不相符合。因此,利用互联网技术,加强物流行业的信息化建设是帮助跨境电商物流企业破除高成本困局实现改革发展的重要途径。物流业和互联网结合后,就可以通过网络平台来协调货物和运力间的配送关系,形成“互联网+物流”的方式,实现物流业的变革转型。

斑马物联网整合互联网技术,在物流信息系统上运用自主研发的 GLS 系统,使用标准 API 与买家和卖家的数据平台相对接,提高了信息处理的效率与准确性。并且在硬件上建立自动化流水线提高物流速度和准确性。斑马物联网通过这两个方面的努力,解决了传统物流企业转型的头号问题——降低物流成本。同时斑马利用物流中心和自主研发的物流系统的优势,顺利在全球对境外仓业务进行布局,凭借全链路的物流信息服务体系以及云供应链平台,依托互联网,将物流服务的客户体验最大化。

5. 启发性思考题(五)解答要点

启发性思考题(五):斑马物联网作为一家第三方物流企业,未来可能的发展方向是什么?

斑马物联网可以利用自身经营跨境电商第三方物流的经验与数据优势,率先牵头组建跨境电商物流供应链联盟,向一家主要提供第四方物流服务同时兼营第三方物流服务的跨境电商物流平台转型。

首先,斑马应当把握好跨境电商发展契机,利用好自身物流解决方案以及物流中心覆盖地区广的优势,积极匹配电商平台存在的境外仓储需求、B2C 业务中存在的囊括所有物流业务的供应商需求以及制造厂商可能面临的境外退货、货物积压问题,建立全链路的物流信息服务平台。同时,可以扩大物流服务的范围和种类,尽快建立物流大数据分析系统,创造新的核心竞争力。

随后,斑马物联网可以利用核心竞争力以及数据分析的优势,联合大型跨境电商平台,通过资产重组、并购、委托代理等形式,初步形成跨境电商第四方物流联盟。随后,以合作的电商平台为核心,通过物流、信息、资金与单证"四流合一"模式,整合各能力服务商实现协同运作,在利用供应链技术提高物流运作效率的同时,将原来物流行业较为封闭的供应链体系打造为一个开放的供应链生态圈,在生态圈内协作创新,为客户提供高端增值服务。

六、教学组织方式

案例授课班级人数不宜过多,应该控制在 20～30 人,可以 4～6 人为一组分成 5 个小组。教室的桌椅布局要让所有的课堂参与者围坐四周,以使其容易听到和看到同组成员为基本原则。教室中应具备电脑、投影仪、黑板、粉笔等设备。同时,为方便学生更好地参与案例课堂讨论,教师可以在课前提醒学生做课前准备工作,例如,熟悉案例,浏览斑马物联网官方网站(http://www.360zebra.com),对其主要业务内容进行了解,熟悉跨境电商物流企业的基本业务,阅读《中国第三方物流行业研究报告》,了解行业基本情况等。

(一)课时分配

案例回顾与概述(5 分钟):介绍案例背景,回顾案例内容,理清案例思路,明确案例主题。

提出问题与小组讨论(20 分钟):结合板书提出启发性思考题,分小组讨论并形成组内答案。

小组汇报与教师引导(50 分钟):针对每一道启发性思考题,选一个小组进行回答,其他小组补充。教师需结合板书和多媒体对学生引导,得出最终答案。

案例评价与总结(10 分钟):对知识点进行梳理,对案例教学过程进行评价,总结学习心得体会。

其他问题(5 分钟):教师回答学生的一些其他问题。

(二)板书设计

启发性思考题(一):相较于传统境外代购手段而言,斑马最开始从事的代收转寄业务的优缺点是什么?启发性思考题(一)及解答要点如图 3 所示。

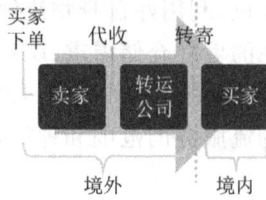

图 3　启发性思考题(一)及解答要点

启发性思考题(二)：斑马的"e 仓储"即境外仓业务的特点是什么？启发性思考题(二)及解答要点如图 4 所示。

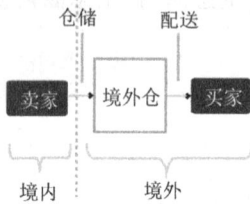

图 4　启发性思考题(二)及解答要点

启发性思考题(三)：与其他第三方物流公司相比,斑马在企业内部管理的 SOP 模式上最大的优势在哪里？这种模式的缺点又是什么？启发性思考题(三)及解答要点如图 5 所示。

图 5　启发性思考题(三)及解答要点

启发性思考题(四)：在互联网融入物流行业的背景下,斑马是如何实现跨境电商物流企业的改革发展的？启发性思考题(四)及解答要点如图 6 所示。

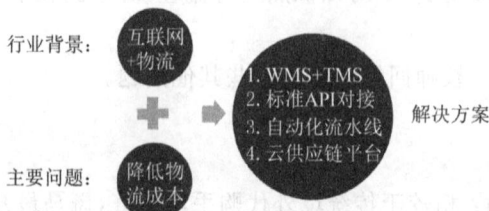

图 6　启发性思考题(四)及解答要点

启发性思考题(五)：斑马物联网作为一家第三方物流企业,未来可能的发展方向是什么？启发性思考题(五)及解答要点如图7所示。

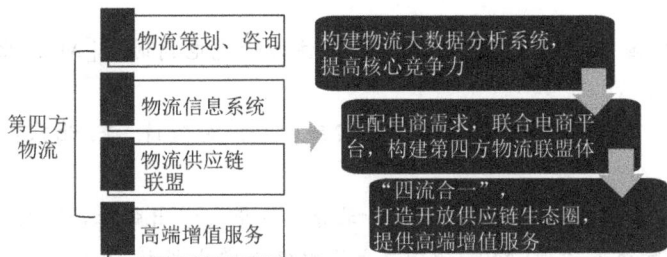

图7 启发性思考题(五)及解答要点

(三) 讨论方式

案例讨论应该大致按照典型的决策模型进行。模型包括：①定义问题；②分析案例具体情况；③形成备选方案；④选择决策标准；⑤分析并评估备选方案；⑥选择首选方案；⑦制定行动方案和实施计划。

大多数案例讨论的核心推动力是组织中某个具体决策或问题的解决方案,因此,根据课时分配,案例讨论可以这样进行：在提出问题和小组讨论环节中,小组内根据五道启发性思考题进行讨论,并形成组内答案；在小组汇报与教师引导环节中,对每一道问题,教师从五组学生中选一组回答,其他小组补充,形成多种备选方案,教师根据决策标准引导学生分析评估备选方案,选出首选方案,并制定行动计划。

在案例讨论时,教师需鼓励学生形成良好的讨论习惯,如勇于提出不同意见、讨论前做好准备、讨论时及早发言、讨论后及时总结,避免盲目从众、提前背稿。

七、其他教学支持材料

(一) 计算机支持

由于本案例及配套板书幻灯片在有关课程中作为讨论材料使用,需要展示给学生。所以在计算机中需要安装 PowerPoint 软件。

(二) 网络支持

本案例涉及跨境电子商务案例,需要学生连接互联网,通过登录电商网站、跨境电商平台和相关社交网站体会和了解实务现状。

参考文献

[1] 阿里巴巴(中国)网络技术有限公司.挡不住的跨境电商时代[M].北京:中国海关出版社,2015.

[2] 斯蒂芬·P.罗宾斯.管理学:原理与实践[M].毛蕴诗,译.北京:机械工业出版社,2015.

[3] 万立军,闫秀荣.物流企业管理[M].北京:清华大学出版社,2011.

[4] 张海东.国际商务管理[M].上海:上海财经大学出版社,2015.

[5] 赵广华.破解跨境电子商务物流难的新思路:第四方物流[J].中国经贸导刊,2014(26):16-20.

致　谢

本案例获斑马物联网(360 Zebra Group)授权发布,在采编过程中得到了斑马物联网方面的大力支持,特别要感谢 CEO 芦田先生、战略发展副总裁姜巍先生和市场部经理桂在勤先生等提出的宝贵意见。案例正文的压缩版题为"斑马:破局海淘转运"已先行在《浙商》杂志 2016 年第 16 期发表,感谢杂志主编张远帆和记者陈抗为付梓做出的努力。

顺友：跨境物流一帆风顺之友

◎ 马述忠　陈奥杰　濮方清
（浙江大学马述忠工作室）

■■■摘　要：在跨境电商 B2C 市场快速发展的时代大背景下，迅速增加的 B2C 成交额给传统的国际（地区间）物流行业带来了巨大的挑战。纷杂独立的邮政机构与种类繁多的跨境电商物流模式，给卖家物流方式的选择带来了困扰。作为一家新兴的跨境电商物流企业，顺友通过整合全球邮政资源，以三大核心优势和两项产品优势为依托，为卖家提供低廉、快捷、安全的国际（地区间）运输服务，成为跨境电商物流行业当之无愧的新标杆。

■■■关键词：物流模式；产品优势；战略定位

Resource Integration:
Shunyou's Road of International Logistics

◎ Ma Shuzhong   Chen Aojie   Pu Fangqing

(Mashuzhong STUDIOS, Zhejiang University)

Abstract: This case describes Shunyou as a cross-border e-commerce logistic service provider, offering a variety of services including international postal parcel, international (interregional) liner logistics and FBA transportation. On the means of establishing cooperative relationship with global various post, Shunyou integrates postal resources and helps sellers do delivery at a low price. By practicing and summarizing, Shunyou develops three core advantages and two product advantages to offer cheap and fast international (interregional) logistics service. And Shunyou will continue to perfect their international (interregional) logistics network to improve their service.

Key words: logistics pattern; product advantage; strategic positioning

上篇 案例正文

一、引言

"热烈祝贺顺友物流成为深圳市跨境电商协会副会长单位!"颁奖典礼会场掌声雷动,顺友物流董事长兼 CEO 姚总微笑着接过了"深圳市跨境电商协会副会长单位"荣誉证书。"听说顺友物流是跨境电商第三方物流行业中的佼佼者,他们所提供的物流服务深受跨境电商商家和企业的褒奖与青睐呢!"颁奖典礼议论纷纷。顺友物流是何方神圣? 为何如此具有魅力? 顺友又是如何从众多跨境电商物流企业中脱颖而出的呢?

二、企业背景

"跨境电商"这个名词 2011 年 9 月才首次见诸媒体,但我国跨境电商产业的发展可以追溯至 2005 年。当年,国内首个为中小企业提供 B2B 网上交易的跨境电商企业敦煌网上线。2006 年,国内第一家上市的跨境电商 B2C 企业 DX 成立。2007 年,曾一度引领我国跨境电商平台发展的兰亭集势上线。随后,我国的跨境电商行业进入了快速发展的年代,以米兰网、FocalPrice、大龙网等为代表的众多的跨境电商平台快速涌现,跨境电商市场规模快速增长。

正是在这个我国跨境电商产业开始腾飞的年代,姚总敏锐地捕捉到了传统物流与跨境电商产业之间存在的不完全兼容性。在我国跨境电子商务产业中,体积小、重量轻的食品、纺织服装、电子产品占主导地位,跨境电商 B2C 交易也存在周期短、批次多、批量小、金额小的特征。如果通过联邦快递(FedEx)等大型国际(地区间)快递公司进行国际(地区间)快递运输,其高额的物流成本将极大地削弱产品通过跨境电商平台销售的价格优势,降低产品的适销性。另一方面,各国(地区)邮政提供的邮政小包服务产生的物流成本则相对低廉很多,因此邮政小包成了跨境电商物流运输的主要途径。但是邮政小包服务也存在诸如时效差、物流信息不透明等缺陷,从而在一定程度上影响了消费者在跨境电商平台的购买体验。为了弥补这些缺陷,为消费者和跨境电商企业提供更好的物流服务,顺友物流应运而生。

2007 年,顺友香港公司和深圳公司先后成立。在随后的数年内,顺友先后整合了多个国家和地区的邮政资源,打造具有顺友特色的跨境电商邮政小包服务——顺邮宝专线、顺友通小包和顺速宝专线。与此同时,顺友还积极开拓新的物流渠道,扩大自己的业务范围,推出了美国 FBA 头程运输、全球速递以及仓储订单处理服务。如今,顺友在深圳、义乌、广州、香港、洛杉矶、法兰克福、吉隆坡等地拥有共计超过 30000 平方米的包裹处理及仓储中心,日均处理国际(地区间)包裹达数 10 万件,累计服务超过 10000 家跨境电商企业,是 eBay、PayPal、速卖通、亚马逊等知名电子商务网站推荐的国际(地区间)物流公司。

三、深入研究打造核心优势

在跨境电商快速发展的时代,究竟什么样的物流模式才是真正符合跨境电商物流需求的?顺友如何才能在众多跨境电商物流企业中脱颖而出,占据跨境电商物流市场的一席之地?面对这些问题,姚总有着自己独到的见解。

在顺友物流成立之初,绝大部分跨境电商平台都是通过国际(地区间)邮政小包和国际(地区间)快递两种途径进行货物运输的,但这两种方式都存在自身的优势与不足。国际(地区间)快递的优点在于时效快、信息透明度高。利用这种运输方式,买家在购买商品之后,往往在一周之内便可以收到购买的商品,同时也能通过网络查询商品的实时物流信息。但是国际(地区间)快递有一个致命的缺点——费率高。因此,只有比较贵重的高附加值产品或者对时效要求高的顾客才会选用这种运输方式。这极大地限制了国际(地区间)快递在跨境电商物流领域内的应用。而国际(地区间)邮政小包则恰好相反。由于万国邮政联盟的存在,国际(地区间)邮政小包的运输费率远低于国际(地区间)快递,但是其时效性较差,信息透明度低。更为重要的是,对相同的商品进行运输,由于各国(地区)政策的不同,各国(地区)邮政所收取的费率并不一致。因此,虽然国际(地区间)邮政小包是跨境电商物流运输最主要的方式,但是如何挑选合适的邮政机构进行物流运输,成了众多跨境电商卖家的难题。在了解到这些情况后,姚总心中萌生了一个想法:"整合各国(地区)邮政资源,提升国际(地区间)邮政小包的服务质量,推出集国际(地区间)快递与国际(地区间)邮政小包优点于一身的产品,必将具有巨大的市场空间。"就这样,基于姚总对跨境电商敏锐的直觉,顺友确定了其主要的运营模式。

然而,要想真正在跨境电商物流圈里站稳脚跟,仅仅依靠好的创意是不够的。2015年,顺友就遇到了若干突发事件,从而导致了多次邮政小包延误的情况发生:8 月 8 日,由于法国加莱港口罢工,大量移民通过卡车非法进入英国,导致英国交通严重混乱,寄往英国以及经英国中转的邮政小包、运转以及派送服务都遭受了不同程度的延误。到了 2015 年下半年,由于顺友公司政策调整,取消了部分从中国香港直飞目的地的货运航线,所有国家或地区的货物都经过吉隆坡转运。但是由于双十一的货量激增超出了预期,也远远超过了当时预定的固定仓位,不得不临时增加很多中转航班来进行包裹的寄送,造成了一定程度的延误。

经过 2015 年一系列突发事件的冲击,姚总意识到了顺友存在的不足:突发情况应急机制不完善。为此,姚总带领团队苦思冥想,完善顺友的突发情况应急机制,最终磨出了"三把枪",进而打造了顺友 2016 年的核心优势"三个多":多邮路、多转运中心、多航线。"大家可别小看这三个多,有了它们,就有了可控性。就像策划一场大型活动一样,总归要有个 Plan B 来应对突发情况、掌控局面的。"姚总介绍道。

多邮路方面,顺友与韩国、泰国、马来西亚、柬埔寨等国进行合作,邮政资源,同时对内地和香港的邮政资源加以整合。在此基础上,顺友在进行物流配送时就可以合理比较各家邮政的运输费率和商品限制,挑选最实惠的航线进行物流运输,从而降低物流成本;在物流高峰时期,则可以利用备选航线进行商品分流,从而保证运输时效。此外,和市面上其他公司与邮政机构建立的合作关系不同,顺友与邮政机构之间的合作关系可以称之为深度合作。具体来说,其他跨境电商物流企业与邮政机构的合作只限于基本的收货交货环节,首段航班送达指定邮政仓库后,剩下的运输工作都交由邮政来负责,物流企业相当于邮政机构的代理收件中心。而顺友在与邮政机构的合作中则占据更大的主动。在运输过程中,顺友全权控制处理首段航班和末段航班,并在转运机场安排有自己的保税仓和员工。"只有掌握了运输过程中的主动权,顺友才能在物流配送时灵活地安排航班与仓储,更加快捷地进行物流信息采集与发布。"

多转运方面,顺友建设自营转运中心而不使用航空公司转运仓库,其主要目的有两个:一是为了更好地监控货物在转运机场的上机情况,二是可以更自主地切换优质航线。目前顺友的转运中心主要分布在马来西亚吉隆坡、阿联酋迪拜、泰国曼谷、中国台北、印尼雅加达,在其他地区还有一些转运中心正在建设当中。其中,马来西亚转运中心和泰国转运中心是辐射全球的转运中心,阿联酋转运中心专门用于服务寄往欧洲的包裹,印尼转运中心用于寄往澳洲的包裹,中国台北转运中心则负责运输寄往美国、加拿大的货物。

多航线方面,经过多次的谈判与磋商,顺友与多家航空公司建立了合作关系,包括马航①、亚航②、华航③、国泰④等。这些航空公司各具特色,合理地选用不同的航线不但可以保证运输的时效,也能较大程度地降低运输成本。

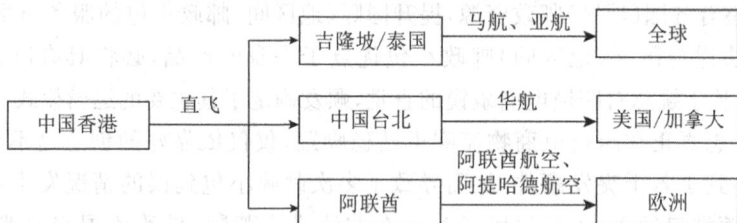

图 1　顺友物流部分邮路示意

在这三个核心竞争力的支撑下,顺友建立了自己的邮路。图 1 显示了顺友部分邮路的运行方式。第一条邮路是为运送至全球的货物设计的邮路,从中国香港出发直飞至吉隆坡,选择马航和亚航进行运输。"值得一提的是,我们多了泰国这一备选方案,以便在旺季进行分流,保证时效。"姚总介绍道。第二条邮路是面向美国和加拿大的解决

---

① 马航,即马来西亚航空公司,一家国际(地区间)网络型航空公司,其开设的航线以中远程航线居多。
② 亚航,即亚洲航空公司,是马来西亚第二家国际(地区间)航空公司,也是亚洲地区首家低成本航空公司。
③ 华航,即台湾中华航空公司,为中国台湾首家通过国际(地区间)航空运输协会作业安全查核认证的航空公司。
④ 国泰,即国泰航空公司,总部位于中国香港,是全世界七家评级为五星级的航空公司之一。

方案,从中国香港直飞中国台北,选择中华航空进行运送,直飞美国。从中国台北进行转运的原因主要在于中国台北到北美的直飞航班不仅多,而且价格低,时效快。第三条邮路则是面向欧洲的邮路,从中国香港直飞阿联酋,主要选择阿提哈德和阿联酋航空飞往目的地。"阿联酋的航空资源十分丰富,不仅是中东地区的转运中心,也是欧洲的主要转运中心。这样丰富的资源我们当然不能错过。"

四、勇于探索塑造产品优势

自顺友成立以来,姚总就带领着顺友的广大员工们不断尝试,从成功中吸取经验,从失败中总结教训。在经历了2015年的波澜曲折之后,顺友最终在黑暗中摸索到了自己的核心优势,磨出了在与其他竞争对手比拼中处于不败之地的"三把枪"——多邮路、多转运中心和多航线。

然而,顺友得以腾飞的原因并不仅仅是这三大核心优势。除了顺友之外,市面上还存在许多跨境电商物流企业,其中不乏物流产品与顺友比较接近的企业:国际(地区间)邮政小包服务也是云途物流、ESlink、环球易派等知名跨境电商物流企业的主营业务之一。顺友之所以能在与它们的竞争中脱颖而出,除了顺友的核心优势之外,更是凭借顺友所具备的两项产品优势:完整的平邮跟踪信息与高效的自动分拣技术。

美国第42任总统克林顿曾经说过:"信息产业革命是人类有史以来最大的一次革命,也是人类几百年才有的一次机遇。"在这个信息爆炸的年代,能否掌握足够多的信息,往往可以决定一家企业的业绩。而对于跨境电商企业来说更是如此。现如今,大多数跨境电商平台的货物都是通过国际(地区间)邮政小包进行运输的,而国际(地区间)邮政小包又分为平邮和挂号两种模式。对于平邮的包裹,邮政机构不提供包裹信息的查询;对于挂号的包裹,消费者可以查询包裹的信息,但需要额外支付一笔挂号费。另一方面,通过国际(地区间)邮政小包进行货物运输,少至一周,多至一个月才能运输到达,延误的事件也时有发生。一旦包裹发生延误,没有按照预定时间运输到消费者手中,其消费体验就将受到很大的影响。因此,顺友对平邮的国际(地区间)小包服务进行了升级。

2008年,顺友自主研发设计的物流管理系统上线。利用这套全新的物流管理系统,顺友不但大幅提升了对包裹的处理能力,而且为平邮国际(地区间)小包服务提供了完整的平邮跟踪信息,可以跟踪至目的地邮政OE扫描[①]。图2展示了顺友物流国际(地区间)邮政小包递送的完整流程。在收到电子预报后,包裹均将在邮件中心进行入仓扫描和集中分拣。随后,所有包裹都将被发往中国香港,再从中国香港发往各个转运中心,由转运中心发往目的地。在航班落地时,顺友包裹处理系统会接收到相应信息。随后,包裹在清关之后到达目的地邮政。目的地邮政会扫描顺友的邮袋编号[②],用于收件

[①]　OE 的全称是 Office of Exchange,也就是邮政互换局,每个国家(地区)都会有指定的 OE。

[②]　邮袋编号指的是邮袋的报关单号,邮政内称之为 CN35。

邮政和发件邮政之间的结算。通过这一流程，顺友可以获取包裹的清关和投递进度信息，从而在监控包裹投递进度的同时，为消费者提供包裹物流信息查询服务①。

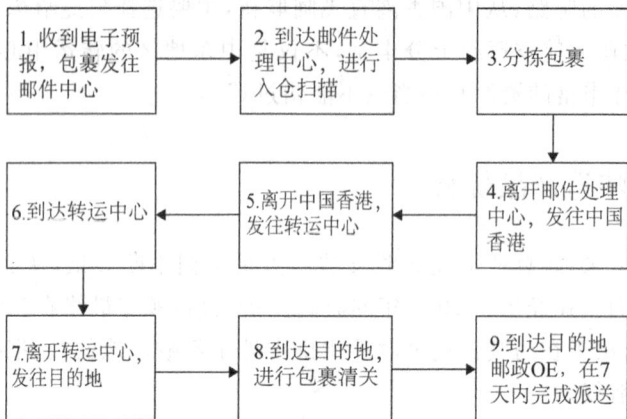

```
┌─────────────┐     ┌─────────────┐     ┌─────────────┐
│1.收到电子预   │ ──> │2.到达邮件处  │ ──> │3.分拣包裹     │
│报，包裹发往   │     │理中心，进行  │     │              │
│邮件中心      │     │入仓扫描      │     │              │
└─────────────┘     └─────────────┘     └─────────────┘
                                                 │
                                                 ▼
┌─────────────┐     ┌─────────────┐     ┌─────────────┐
│6.到达转运中心 │ <── │5.离开中国香港 │ <── │4.离开邮件处理 │
│             │     │，发往转运中心 │     │中心，发往中国 │
│             │     │             │     │香港          │
└─────────────┘     └─────────────┘     └─────────────┘
      │
      ▼
┌─────────────┐     ┌─────────────┐     ┌─────────────┐
│7.离开转运中心 │ ──> │8.到达目的地  │ ──> │9.到达目的地   │
│，发往目的地   │     │，进行包裹清关 │     │邮政OE，在7    │
│             │     │             │     │天内完成派送   │
└─────────────┘     └─────────────┘     └─────────────┘
```

图 2　顺友国际(地区间)邮政小包递送流程

在自主研发的物流管理系统帮助下，顺友成功地完成了对国际(地区间)邮政小包服务的升级，顺应信息化潮流提升了顺友国际(地区间)邮政小包的产品竞争力。然而，美国管理大师彼得·杜拉克曾经说过："在企业内部，只有成本。"加强成本控制与管理，树立全方位的成本意识并提高企业竞争力，是企业最紧迫、最核心的问题之一。

和国内大多数物流运输公司一样，顺友在成立之初，所有包裹的包装、扫描和入库均是由人工完成的。虽然在自主研发的物流管理系统帮助下，顺友在一定程度上提升了包裹的处理效率，降低了包裹处理成本，但是随着人均国民收入的增长和人口红利的消失，人工处理包裹的成本越来越高。在2015年"双十一"期间，突然激增的货运量完全超出了顺友员工的包裹处理能力。为此，顺友不得不临时招募了一些新员工以加快包裹处理的速度。然而，由于没有经过系统的培训，新员工对包裹处理的熟练度远低于老员工，分拣错误率也有所增加。经历了这一事件，姚总意识到，人工分拣包裹的现状必须有所改变。在姚总的全力推动下，2016年顺友引进了一条全自动智能分拣线，专门用于包裹处理。这条全自动分拣系统拥有自动识别、自动入仓、数据整理、自动数据检测和验证等功能，实现了从安检设备出口运输至自动分拣机、下料打包、袋牌打印、最终运输至成品发货库的一体化操作。在包裹数据方面，全自动分拣线可以根据不同渠道进行大包袋子编号，其提供的包裹编号以及发货明细不仅可以满足邮政对包裹数据的需要，同时也能满足海关报关需要。目前，这条全自动分拣线的包裹处理速度为10800件/小时，实测分拣错误率为2.5‰，可长时间持续工作不停机。全自动分拣设备的引进既大幅提升了顺友对包裹的分拣效率，也大幅降低了包裹的分拣成本。"由于现在是淡季，顺友目前上线了一条全自动分拣线，计划到下半年再上一条。毕竟机器比人可靠，分拣成本也比人工分拣要低得多。当然，我们也会把节省的分拣成本分享给我们的客户，就像沃尔玛创始人萨姆·沃尔顿所

---

① 平邮可以查询到抵达目的地邮政 OE 为止的所有信息，挂号可以查询到妥投信息。

说的那样,'为顾客节省每一分钱'。"姚总说道,"未来,顺友还将逐步引进先进的技术,进一步降低我们的运营成本。"

凭借完整的平邮跟踪信息和高效的自动分拣系统,顺友成功取得了市场竞争中的有利地位,在短短几年内飞速发展了起来。然而,稳定而持续的发展更需要精准的战略定位和合理的产品体系来支撑。那么,顺友的战略定位是什么?顺友又是如何构建产品体系的呢?

五、确定战略提供多样化服务

"自顺友成立以来,顺友追求的目标一直没变,那就是为跨境电商提供全面、高效、快捷、可靠的物流服务,成为物流行业标杆企业。"为了实现这一目标,姚总对跨境电商物流行业进行了深入的研究与分析。

在跨境电商 B2C 行业发展之初,商家主要通过传统的国际(地区间)邮政小包和国际(地区间)快递两种方式进行货物的运输。但国际(地区间)邮政小包存在着时效慢、丢包率高、非挂号件无法跟踪等缺点;国际(地区间)快递也存在着价格高、对在偏远地区的货物还需额外缴纳一笔附加费等缺点。这些劣势在一定程度上限制了国际(地区间)邮政小包和国际(地区间)快递在跨境电商领域的应用。即便如此,各国(地区)邮政和 DHL、UPS、TNT、FedEx 等四大国际(地区间)快递公司依旧凭借各自的物流服务瓜分了跨境电商 B2C 物流市场的份额。在实力强劲的双方统治下,新成立的顺友该如何从中夺取自己的生存空间?

顺友作为一家新成立的物流企业,无论是打造一种新的物流模式,还是通过建立自己的国际(地区间)快递网络来与垄断了国际(地区间)快递业务的四大国际(地区间)快递公司竞争,都是天方夜谭。既然如此,顺友只能选择整合全球邮政资源,或是与四大国际(地区间)快递公司合作。在这一时期,国际(地区间)邮政小包占据了跨境电商 B2C 市场的较大份额。整合各国(地区)邮政资源,顺友就可以借助邮政渠道降低运输成本,提升竞争力。另一方面,与降低国际(地区间)快递的成本相比,提升国际(地区间)邮政小包的服务质量相对更容易一些。借助邮政渠道,顺友可以获得产品改进与创造的更大空间。显然,整合各国(地区)邮政资源是顺友最好的选择。

"顺友发展的方针,就是通过与邮政合作,整合各国(地区)的邮政资源,利用邮政低廉的运输渠道布局物流网络。"在这一战略方针的指导下,顺友先后整合了多个国家和地区的邮政资源,深入挖掘国际(地区间)邮政小包的市场潜力。在全体员工的努力下,顺友终于推出了自己的国际(地区间)邮政小包服务——"顺邮宝"。"顺邮宝"是整合了多家邮政资源与优势的产物,相较其他国际(地区间)邮政小包产品而言,安全性和时效都有一定的提升。另外,"顺邮宝"独具的平邮跟踪信息服务也使得其迅速地占据了跨境电商物流市场的一席之地。为了满足部分顾客对时效的要求,顺友也和四大国际(地区间)快递公司签订了合作协议,成为四大国际(地区间)快递公司在中国的代理机构。

在"顺邮宝"和国际(地区间)快递服务代理两项业务的支持下,顺友成为跨境电商物流行业的冉冉新星。然而,随着跨境电商行业的快速发展,国际(地区间)快递和国际(地区间)邮政小包各自的缺点越来越突出。为了满足跨境电商物流市场的需求,一些新型物流模式开始出现。紧跟市场的脚步,顺友也推出了一系列自己的新产品。秉承充分利用邮政资源的原则,顺友推出了自己的国际(地区间)专线物流服务——"顺速宝"。在 2016 年,针对单个包裹在 100 克以上的重货,顺友还推出了"顺邮宝 plus"。和"顺邮宝"不同,"顺速宝"采用的是空运直飞目的地的模式。在这种模式下,相对于"顺邮宝","顺速宝"的时效大大缩短,通常一周之内可以到货。另外,由于是通过邮政渠道进行运输的,"顺邮宝"和"顺速宝"的价格虽然要高于国际(地区间)邮政小包,但是要比国际(地区间)快递低廉不少。然而,"顺邮宝"和"顺速宝"的局限,就是对运输目的地有较大的限制。在确保盈利的条件下,定期的直飞航班对运输目的地提出了要求。因此,顺友目前只对货运量稳定且流量大的几个目的地国家(地区)开通了直飞的航线。

除了国际(地区间)专线服务之外,顺友还推出了 FBA 头程运输服务。FBA 头程运输是顺友针对大型包裹所推出的物流产品,通过空运从深圳直飞目的地的顺友仓库,尾程采用快递进行派送,具有时效短、价格低的特点(见表1)。

表 1　顺友部分物流产品服务特征

产品	目标市场	时效	价格	商品重量
顺友通	全球	长	低	轻
顺邮宝	俄罗斯、美国、德国等主要国家(地区)	较短	较低	轻
顺邮宝 plus	俄罗斯、美国、德国等主要国家(地区)	较短	较低	较轻
顺速宝	俄罗斯、美国、德国等主要国家(地区)	较短	较低	轻
全球速递	全球	短	高	不限
FBA 头程	欧洲、美国、日本	短	低	重

"接下来顺友的主要工作仍将围绕着完善物流网络开展。"2016 年 8 月,顺友增加了两条新的线路,其一是从中国香港直飞美国的线路,每周三班的全货机直飞,平均耗时可以缩短到 3 天,而且价格也会低很多;其二是推出"K 邮宝"产品,初期只开通至美国的线路,10 天内妥投,有签收信息。"随着顺友物流网络的不断完善,顺友必将为顾客提供越来越便捷、完善、周到的服务。"

六、结束语

"我们的核心战略在于整合,整合全球的邮政资源和航空资源,为卖家们提供最专业的国际(地区间)运输服务。"姚总信心满满地总结道。顺友为卖家们提供的物流服务涵盖了国际(地区间)邮政小包、国际(地区间)专线、国际(地区间)快递和 FBA 头程等主流的跨境电商物流模式。经过对跨境电商物流市场的不断分析、探索、实践和总结,顺友确立了"多邮路""多航线""多转运中心"三大核心优势,打造了完整的平邮跟踪信息与高效的自动分拣系统两项产品优势。在跨境电商物流这条路上,顺友一直在为向顾客提供更快捷、更优惠、更安全的物流服务而不断摸索,不断前行。随着顺友全球物流网络的不断完善与升级,顺友必将引领中国跨境电商物流行业迈向更美好的明天!

附录

顺友仓库如图 3 所示。

图 3　顺友仓库

顺友全自动分拣线如图 4 所示。

图 4　顺友全自动分拣线

下篇 案例使用说明

一、教学目的与用途

本案例是为国际商务课程撰写的,也可供国际物流课程、物流管理课程使用。本案例介绍了顺友物流以邮政资源为基础的跨境电商物流的战略发展之路,并以顺友物流为例详细描述了目前跨境电商所采用的主要物流运输方式以及特征。通过本案例的学习,学生可以了解跨境电商物流的发展现状和跨境电商物流的主要模式。

(一)适用课程

本案例适用于国际商务课程、国际物流课程和物流管理课程。

(二)适用对象

本案例难度适中,适用对象包括国际商务专业硕士研究生、低年级国际经济与贸易专业本科生和物流管理专业本科生。

(三)教学目标

1. 知识传授

通过本案例的教学,学生应掌握以下知识,并学会将相关理论运用到实践中。第一,以顺友的三大核心优势和两项产品优势为依据,分析并掌握传统物流与现代物流的区别。第二,结合顺友的两项产品优势,了解并掌握物流行业最新的技术。第三,在跨境电商物流领域,顺友物流为跨境电商卖家提供了种类丰富的物流产品。学生了解并学习目前跨境电商主要的物流方式以及每种物流方式的优点与不足,适用的物流包裹对象等。第四,结合顺友的发展历程,了解跨境电商物流行业的发展历程。

2. 能力训练

通过介绍顺友物流分析跨境电商物流市场需求、优化创新跨境物流模式的历程,增强学生对跨境电商需求的认知能力和对跨境电商发展方向的判断能力,帮助学生掌握并提升信息筛选和归纳总结的能力,加强因地制宜分析问题的能力,提升通过自身经历总结和分析问题的能力。

3. 观念更新

在学习本案例后,学生能够对跨境电商物流行业的发展历程有基本认识;对跨境电商物流新技术有基本的认识;对跨境电子商务物流企业的产生环境、商业模式探索和服务完善过程有较深入的认识。

二、启发性思考题

（一）为什么国际（地区间）邮政小包会成为跨境电商物流运输的主要途径？顺友物流是怎样改进邮政小包服务，使之更适应跨境电商需求的？

（二）顺友物流属于传统物流还是现代物流？

（三）顺友物流开发了哪些物流产品？它们的特点分别是什么？

（四）波特竞争优势理论中的三类成功型战略思想在顺友的发展过程中分别有什么体现？

（五）结合你自身使用跨境电商物流的经历，你认为物流企业在哪些方面存在问题？对顺友物流产品的开发和改进有什么建议？

三、案例分析背景

（一）制度背景

2009 年，国务院印发了《物流业调整和振兴规划》（以下简称《振兴规划》）。《振兴规划》首次完整、科学地提出了物流业在国民经济中的地位与作用，从国家、区域、行业、企业四个层面，明确了物流业短期和中长期的十大任务，重点规划了九大物流工程，明确了物流业本身的发展思路和应该达到的目标。《振兴规划》的出台绘就了我国物流业振兴的蓝图，为之后我国物流业发展提供了一个新的契机。

2014 年，国家发改委会同有关部门制定了《促进物流业发展三年行动计划（2014—2016）》（以下简称《计划》）。《计划》将物流业发展划分为着力降低物流成本，着力提升物流企业规模化、集约化水平等 5 个维度，并制定了相应的 62 个物流业发展目标，全面指导和促进物流业的发展。《计划》的出台确定了 2014—2016 年物流业发展任务，为我国物流业的全面发展奠定了基础。

2015 年，在《计划》的指导下，《全国电子商务物流发展专项规划（2016—2020 年）》（以下简称《专项规划》）发布。《专项规划》提出了建设支撑电子商务发展的物流网络体系、提高电子商务物流标准化水平、提高电子商务物流信息化水平等七项主要任务和电商物流标准化工程、电商物流公共信息平台工程、电商物流跨境工程等八项重大工程，计划到 2020 年基本形成"布局完善、结构优化、功能强大、运作高效、服务优质"的电商物流体系。《专项规划》是《计划》在电子商务领域工作的进一步细化，为电商物流的发展明确了方向。

（二）行业背景

随着我国跨境电子商务的快速发展，以兰亭集势、米兰网、大龙网、速卖通等为代表的众多跨境电商 B2C 交易平台快速兴起,我国跨境电商 B2C 贸易额快速增长。然而,相对国内的物流运输而言,我国跨境物流运输发展相对落后。传统的邮政物流渠道和国际(地区间)快递由于时效和物流成本等限制,不能很好地满足跨境电商 B2C 贸易的发展。在此背景下,跨境电商物流企业应运而生。

境外跨境电商物流行业起步较早,其中 DHL、UPS、TNT、FedEx 四大国际(地区间)快递公司已经建立了比较完善的全球物流配送网络,垄断了国际(地区间)快递市场。我国跨境电商物流市场仍处于快速发展的阶段,市场格局尚未成熟,加上越来越多的传统国内物流企业进入国际(地区间)市场,行业将面临竞争加剧和洗牌的过程。境内主要的跨境电商物流企业有菜鸟物流、云途物流、顺友物流等。其中菜鸟物流是阿里巴巴集团主推的第三方物流企业,通过境外仓建设和航空干线资源整合,提供邮政小包、境外直邮、仓储物流等多种物流服务;云途物流则主推国际(地区间)邮政小包服务,同时也提供国际(地区间)快递、FBA 头程等国际(地区间)运输服务;顺友则主要整合各国(地区)邮政资源,提升国际(地区间)邮政小包的服务质量,推出了集国际(地区间)快递与国际(地区间)邮政小包优点于一身的产品。

四、理论研判依据

(一)知识点一: 关于跨境电商 B2C 贸易与国际(地区间)邮政小包的知识点

从事跨境电商 B2C 贸易的主要是中小微型企业,所进行的交易具有周期短、批次多、批量小、金额小等特点。在这些跨境电商交易特点的影响下,跨境电商对物流有着独特的要求:速度快、价格低、使用便捷、信息透明等。而国际(地区间)邮政小包具有价格低、使用便捷等优点,比较符合跨境电商对物流的需求。

国际(地区间)邮政小包这些优点的获得离不开万国邮政联盟的帮助。万国邮政联盟(Universal Postal Union,UPU),简称"万国邮联"或"邮联",是商定国际(地区间)邮政事务的政府间国际组织。其宗旨是组织和改善国际(地区间)邮政业务,发展邮政方面的国际(地区间)合作,以及在力所能及的范围内给予会员所要求的邮政技术援助。万国邮联规定了国际(地区间)邮件转运自由的原则,统一了国际(地区间)邮件处理手续和资费标准,简化了国际(地区间)邮政账务结算办法,确立了各国(地区)邮政部门争讼的仲裁程序。万国邮联的存在使得国际(地区间)邮政业务有着价格低、便捷性好、清关快等优点,但也存在着运输时间长、平邮不提供实时物流信息、安全性较低等缺点。

(二)知识点二: 传统物流模式与现代物流模式的区别

现代物流与传统物流最主要的区别在于,传统物流过程中的各个环节相互割裂,没有整合。传统物流中的运输、装卸、仓储、加工等环节,由互不沟通的不同经济实体分别承担,他们之间似乎不存在利益的共生关系。因此,造成了他们之间的较烦琐的物流转移程序,这些程序使伴随物流的信息被人为地割裂开来。虽然这并没有影响物资的实际流动(即从生产者到用户的整个过程),但是却影响到物资流动的绩效和成本。下面展示了现代物流和传统物流的三个主要区别。

1. 传统物流只是提供简单的位移,现代物流提供的还有增值服务

传统物流是按生产和销售部门的要求进行保管和运输。现代物流是现代化的仓库、交叉理货平台和信息网络的结合体,个性化服务特征明显,可以为客户提供量身定做的服务。物流企业提供的服务不仅包括运送,还增加了一系列增值性服务,如分配、包装、仓储等。客户的不同货品,不管有多复杂,物流企业都可按不同要求分到不同的包裹,准确、及时地运送到指定地点。

2. 传统物流侧重点到点或线到线的服务,而现代物流构建了全球服务网络

传统物流只是由生产企业到批发企业和零售企业的物流运动,它是点到点或线到线的运输,而且运输工具单一。现代物流业是厂商直接与终端用户打交道,物流的领域将扩大到全球的任何一个地方。它提供的是一种门到门的服务,只要消费者需要,通过网络提供全面的服务,通过综合运输将产品送货到位,这就促使现代物流必须构建一个全球服务性网络。

3. 传统物流是单一环节的管理,现代物流是整体系统化的管理

在传统物流业中,受传统体制影响,运输、仓储、货运代理企业等物流各环节各自为政,相互割裂,互不越界,没有整合。由于这些环节由互不沟通的不同经济实体分别承担,它们之间似乎不存在利益的共生关系,无统一服务标准。现代物流业的首要问题便是整合资源,使之充分、有效、高效而协调地有机连接运行。它有多个环节,通过一个计划、管理、控制的过程,把这几个环节加以组织,以最少的费用、最高的效率、客户最满意的程度把产品送到用户手里。

（三）知识点三：跨境电商物流模式

1. 邮政业务

目前跨境物流使用的主要是邮政业务,我国跨境电子商务出口业务70%的包裹都是通过邮政系统投递的,其中中国邮政占据了50%左右的份额,中国香港邮政、新加坡邮政等也是我国跨境电子商务卖家常用的物流方式。这与当前跨境电子商务主要的产品结构有关。在我国跨境电子商务中,食品、纺织服装、电子产品占主导地位,这些产品体积小、重量轻,而使用邮政业务具有方便性等优点,但由于量小,导致存在部分地区配送成本较高、时间长、退换货麻烦以及海关对货物的处理查扣等问题。对电子商务来说,时效性的影响程度较大,部分跨境邮政业务的周期长达一个月左右,这大大降低了顾客购买的欲望。另外,随着电子商务业务规模的扩大,邮政业务的处理能力也有待提高。

2. 国际(地区间)快递

国际(地区间)快递业务具有速度快、服务好、丢包率低的特点,尤其是发往欧美等发达国家(地区)非常方便。传统B2C模式下,一般消费者需求的商品数量小,且要求商品购买价格较低,因此普遍要求物流的低成本。对快递业务来说,其流程本身决定了收费价格较高,难以在B2C模式中普及。国际(地区间)快递业务近年来发展迅速,但仍然只是邮政业务的补充。对我国物流企业来说,要想在国际(地区间)市场上站稳脚跟,必须在各国或各区域走本土化的道路,不仅企业管理需要本土化,企业人才、市场、企业文化等也都需要本土化,只有如此,才能更好地降低企业运营成本,才能更为迅速地融入国际(地区间)市场。另外,所遵守的标准和操作模式也不相同,国际(地区间)快递市场对快递企业责任和义务的要求与国内市场有所不同,在计费依据、计费标准、服务时限、售后服务等方面存在很大差异,这些都在一定程度上提高了国际(地区间)快递业务的成本。

3. 境外仓

境外仓又称境外仓储,指在跨境电子商务目的地预先租赁或建设仓库,通过国际(地区间)物流预先把商品送达仓库,然后通过互联网销售商品,当接到顾客订单后从境外仓库进行发货与配送。境外仓是跨境电子商务与跨境物流的一大突破,能够解决国际(地区间)邮政小包和国际(地区间)快递的短板,如物流时效、物流成本、海关与商检、本土化、退换货等问题。但是境外仓的租赁、建设与运营也需要专业的人员与资金,且在商品预运前要有准确的销售预期,否则会产生商品运送后因滞销而造成库存与积压。

4. 国际(地区间)物流专线

国际(地区间)物流专线是针对某一特点国家(地区)的跨境专线递送方式。物流起点、物流终点、运输工具、运输线路、运输时间基本固定。物流时效较国际(地区间)邮政小包快,物流成本较国际(地区间)快递低,且保证清关。针对固定路线的跨境电子商务而言是一种较好的物流解决方案。国际(地区间)物流专线具有区域局限性,是其突出的弊端。国际(地区间)物流专线主要包括航空专线、港口专线、铁路专线、大陆桥专线以及固定多式联运专线。如郑欧班列、中俄专线、渝新欧专线、中欧(武汉)冠捷班列、国际传统亚欧航线、顺丰深圳—台北全货机航线等。

5. 边境仓

边境仓指在跨境电子商务目的国(地区)的邻国(地区)边境内租赁或建设仓库,通过物流将商品预先运达仓库,通过互联网接受顾客订单后,从该仓库进行发货。根据所处地域的不同,边境仓可分为绝对边境仓和相对边境仓。绝对边境仓指当跨境电子商务的交易双方所在国家(地区)相邻,将仓库设在卖方所在国家(地区)与买方所在国家(地区)相邻近的城市。相对边境仓指当跨境电子商务的交易双方不相邻,将仓库设在买方所在国家(地区)的相邻国家(地区)的边境城市。相对边境仓对买方所在国(地区)而言属于边境仓,对卖方所在国(地区)而言属于境外仓。境外仓的运营需要成本,商品存在积压风险,送达后的商品很难再退回国(地区)内,这些因素推动着边境仓的出现,如对俄罗斯跨境电子商务中,我国在哈尔滨设立的边境仓和临沂(中俄)云仓。一些国家(地区)的税收政策和政局不稳定、货币贬值、严重的通货膨胀等因素,也会刺激边境仓的出现,如巴西税收政策十分严格,境外仓成本很高,那么可以在与其接壤国家(地区)的边境设立边境仓,利用南美自由贸易协定,推动对巴西的跨境电子商务。

6. 保税区、自贸区物流

保税区或自由贸易区(以下简称"自贸区")物流,指先将商品运送到保税区或自贸区仓库,通过互联网获得顾客订单后,通过保税区或自贸区仓库进行分拣、打包等,集中运输,并进行物流配送。这种方式具有集货物流和规模化物流的特点,有利于缩短物流时间和降低物流成本。如亚马逊以中国(上海)自由贸易试验区为入口,引入全球商品线,跨境电子商务企业可以先把商品放在自贸区,当顾客下单后,将商品从自贸区发出,有效缩短配送时间。通过自贸区或保税区仓储,可以有效利用自贸区与保税区的各类政策、综合优势与优惠措施,尤其各保税区和自贸区在物流、通关、商检、收付汇、退税方面的便利,简化跨境电子商务的业务操作,实现促进跨境电子商务交易的目的。

7. 集货物流

集货物流指先将商品运输到本地或当地的仓储中心,达到一定数量或形成一定规模后,通过与国际(地区间)物流公司合作,将商品运到境外买家手中,或者将各地发来的商品先进行聚集,然后再批量配送,或者一些商品类似的跨境电子商务企业建立战略联盟,成立共同的跨境物流运营中心,利用规模优势或优势互补的理念,达到降低跨境物流费用的目的。如米兰网在广州与成都自建了仓储中心,商品在仓储中心聚集后,通过与国际快递合作将商品发至境外买家。

(四)知识点四: 波特竞争优势理论

波特认为,在与五种竞争力量的抗争中,蕴涵着三类成功型战略思想,这三种思路分别是总成本领先战略、差异化战略和专一化战略。

1. 总成本领先战略

成本领先要求坚决地建立起高效规模的生产设施,在经验的基础上全力以赴降低成本,抓紧成本与管理费用的控制,以及最大限度地减小研究开发、服务、推销、广告等方面的成本费用。为了达到这些目标,就要在管理方面对成本给予高度的重视。尽管质量、服务以及其他方面也不容忽视,但贯穿于整个战略之中的是使成本低于竞争对手。该公司成本较低,意味着当别的公司在竞争过程中已失去利润时,这个公司依然可以获得利润。

赢得总成本最低的有利地位通常要求具备较高的相对市场份额或其他优势,诸如与原材料供应方面的良好联系等,或许也可能要求产品的设计要便于制造生产,易于保持一个较宽的相关产品线以分散固定成本,以及为建立起批量而对所有主要顾客群进行服务。

总成本领先地位非常吸引人。一旦公司赢得了这样的地位,所获得的较高的边际利润又可以重新对新设备、现代设施进行投资以维护成本上的领先地位,而这种再投资往往是保持低成本状态的先决条件。

2. 差别化战略

差别化战略是将产品或公司提供的服务差别化,树立起一些全产业范围中具有独特性的东西。实现差别化战略可以有许多方式:设计名牌形象、技术上的独特、性能特点、顾客服务、商业网络及其他方面的独特性。最理想的情况是公司在几个方面都有其差别化特点。例如履带拖拉机公司不仅以其商业网络和优良的零配件供应服务著称,而且以其优质耐用的产品质量享有盛誉。

如果差别化战略成功地实施了，它就成为在一个产业中赢得高水平收益的积极战略，因为它建立起防御阵地对付五种竞争力量，虽然其防御的形式与成本领先有所不同。波特认为，推行差别化战略有时会与争取占有更大的市场份额的活动相矛盾。推行差别化战略往往要求公司对于这一战略的排他性有思想准备。这一战略与提高市场份额两者不可兼顾。在建立公司的差别化战略的活动中总是伴随着很高的成本代价，有时即便全产业范围的顾客都了解公司的独特优点，也并不是所有顾客都将愿意或有能力支付公司要求的高价格。

3. 专一化战略

专一化战略是主攻某个特殊的顾客群、某产品线的一个细分区段或某一地区市场。正如差别化战略一样，专一化战略可以具有许多形式。虽然低成本与差别化战略都是要在全产业范围内实现其目标，专一化战略的整体却是围绕着很好地为某一特殊目标服务这一中心建立的，它所开发推行的每一项职能化方针都要考虑这一中心思想。这一战略依靠的前提思想是：公司业务的专一化能够以高的效率、更好的效果为某一狭窄的战略对象服务，从而超过在较广阔范围内竞争的对手们。波特认为这样做的结果，是公司或者通过满足特殊对象的需要而实现了差别化，或者在为这一对象服务时实现了低成本，或者二者兼得。这样的公司可以使其赢利的潜力超过产业的普遍水平。这些优势保护公司抵御各种竞争力量的威胁。

但专一化战略常常意味着限制了可以获取的整体市场份额。专一化战略必然地包含着利润率与销售额之间互以对方为代价的关系。

（五）知识点五：目前中国跨境物流发展面临的挑战

1. 物流成本高

物流成本一般为总成本的30%～40%，但是中国跨境电商的物流成本则更高。由于涉及跨境贸易和跨境物流，物流的产业链和环节更长，包括境内物流、境内海关、国际（地区间）运输、境外海关、境外物流等多个环节，尤其是海关和商检，操作难度和风险更高，无形中增加了中国跨境电商的物流成本。

2. 运输及配送周期长

根据Focalprice的客户满意度调查，当前客户对跨境电商最大的抱怨集中在物流方面，而物流周期长又是客户抱怨的重点。跨境贸易自身的特点使得物流的产业链和环节更长，加上清关和商检的周期，导致中国跨境电商物流周期要远远长于境内电商物流。在跨境物流上，运输与配送时间问题突出，短则半个月一个月，长则数个月，遇到购物旺季，如圣诞节，物流时间会更久。许多电商止步于物流配送，加上清关和商检的时间，跨境物流的周期则更久，这已成为制约中国跨境电商发展的一道屏障。

3. 退换货物流难以实现

中国跨境电商物流环节多、涉及面广，整个物流链条的各节点都会产生退换货物流，退换货也是困扰跨境电商的一大难题。电子商务的自身特点导致退换货比例高、物流周期长、货品质量问题、货品的丢失、海关和商检的风险、配送地址的错误等一系列问题,都导致了退换货物流的产生。尤其在欧美发达国家(地区),当地"无理由退货"的消费习惯和文化,使得中国跨境电商的退换货率呈现持续增长趋势。由于涉及跨境通关和物流,退换货很难有一个顺畅的通道返回国(地区)内,各种相关成本的增加,甚至出现由退换货导致的费用严重超出货品的价值,这是中国跨境电商无法接受的,从而出现难以实现退换货的现象。

五、案例分析思路与要点

(一)案例分析思路

通过对跨境电商市场的调查和分析,顺友物流总结归纳了跨境电商市场的交易特点,把握了跨境电商市场对物流的需求特点,从而将邮政业务定为自己的主要业务,由此引出跨境电商 B2C 市场的交易特点和国际(地区间)邮政小包相关知识点。顺友在发展过程中遇到了一系列问题,这些问题的存在推动了顺友完善自己的物流网络,提升自己的技术水平,并凝练出了顺友的三大核心优势和两项产品优势,由此引入传统物流模式与现代物流模式的区别的知识点。随后案例进一步介绍了顺友的物流产品体系,由此引出跨境电商物流模式的相关知识点。通览全文,总结归纳顺友的发展战略,由此引出竞争优势理论相关知识点(见图 5)。

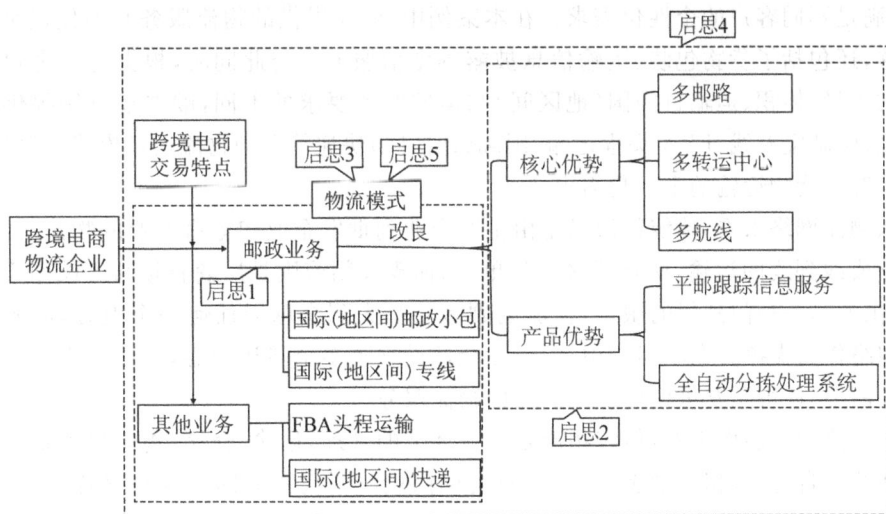

图 5　案例分析思路

(二)启发性思考题解答要点

1. 启发性思考题(一)解答要点

启发性思考题(一):为什么国际(地区间)邮政小包会成为跨境电商物流运输的主

要途径？顺友物流是怎样改进邮政小包服务,使之更适应跨境电商需求的?

此题需要用到跨境电商交易特征和国际(地区间)邮政小包相关知识点,讲解时需要配合板书。在我国跨境电子商务中,食品、纺织服装、电子产品占主导地位,这些产品有体积小、重量轻的显著特点。除此之外,跨境电商 B2C 交易还存在着周期短、批次多、批量小、金额小的特点。这些特点就导致了跨境电商市场要求物流服务应该具备速度快、价格低、使用便捷和信息透明等属性。由于万国邮联的存在,国际(地区间)邮政小包有着价格低、使用便捷和清关快的优点。除此之外,国际(地区间)邮政小包适合体积小、重量轻的商品。这也和跨境电商市场交易的产品特点相符。因此国际(地区间)邮政小包成为跨境电商物流运输的主要途径。但是国际(地区间)邮政小包也存在着运输速度慢和平邮信息不透明等缺点。

在本案例中,与其他物流企业不同,顺友与各国(地区)邮政之间的合作更加深入。顺友不仅仅是简单地调用各国(地区)邮政的运输渠道,而且建立了自己的平邮信息采集系统,可以为消费者提供跟踪至目的(地区)邮政 OE 扫描为止的物流运输信息。这在一定程度上弥补了国际(地区间)邮政小包平邮信息不透明的缺点。

2. 启发性思考题(二)解答要点

启发性思考题(二):顺友物流属于传统物流还是现代物流?

此题需要用到传统物流和现代物流相关知识点,讲解时需要配合板书。

从提供的物流服务来看,传统物流是按生产和销售部门的要求进行保管和运输,提供的仅仅是对货物的简单位移服务;而现代物流在此基础上,还会提供众多的增值服务,以满足不同客户的个性化需求。在本案例中,顺友提供的物流服务并不仅仅是简单的位移,还包括了货物包装、运输信息披露等增值服务。与此同时,根据每个客户运输商品的重量、体积、运输目的国(地区间)和运输时效要求的不同,顺友还分别提供顺友通小包、顺邮宝专线、FBA 头程运输、国际(地区间)快递等多种物流运输模式,可以较好地满足客户货物运输的个性化需求。

从物流网络来看,传统物流只是由生产企业到批发企业和零售企业的物流运动,是点到点或线到线的运输,而且运输工具单一;而现代物流则是厂商直接与终端用户打交道,提供的是一种门到门的服务,物流的领域将扩大到全球的任何一个地方,需要全球物流网络作为支撑。在本案例中,顺友在全球设立了多个转运中心,从而建立了全球物流服务网络,使得顺友可以提供门到门的物流服务。

从物流管理层面来看,传统物流是单一环节的管理,运输、仓储、货运代理企业等物流各环节各自为政,相互割裂,互不越界,没有整合;现代物流则将这些整合在了一起,使之充分、有效、高效而协调地有机连接运行。在本案例中,顺友和多家邮政机构和航空公司建立了合作关系,整合了邮政和空运资源,从而提高了物流的时效性。与此同时,顺友对物流产品提供全面的物流信息查询服务,全面管理和监控货物的入仓、扫描、打包、运输、清关等环节。综上所述,顺友拥有现代物流的特征,属于现代物流企业。

3. 启发性思考题(三)解答要点

启发性思考题(三):顺友物流开发了哪些物流产品?它们的特点分别是什么?

此题需要用到物流模式相关知识点,讲解时需要配合板书。在本案例中,顺友的物流模式包括国际(地区间)邮政小包、国际(地区间)专线、国际(地区间)快递和FBA头程运输,其中:①国际(地区间)邮政小包有价格低、清关方便、使用便捷等优点,但也存在着速度慢的缺点。和传统的国际(地区间)邮政小包不同,顺友提供平邮信息跟踪服务,弥补了国际(地区间)邮政小包平邮信息不透明的缺点。②国际(地区间)快递和国际(地区间)邮政小包相反,有着速度快、服务好、丢包率低等优点,但其价格偏高,对于偏远地区来说还要收取一笔高额的额外费用。③国际(地区间)专线则介于国际(地区间)邮政小包和国际(地区间)快递之间。物流时效较国际(地区间)邮政小包快,物流成本较国际(地区间)快递低。但由于货物运量等限制,国际(地区间)专线有着区域限制。在本案例中,顺友只对俄罗斯、美国、德国等主要国家(地区)提供国际(地区间)专线运输服务。FBA头程运输则是顺友针对大型包裹所推出的服务。通过空运直飞目的地顺友仓库,尾程采用快递进行派送,具有时效短、价格低的特点。

除此之外,现在还存在着境外仓、边境仓、保税区、自贸区物流和集货物流等物流模式,其中:①境外仓指在跨境电子商务目的国(地区)预先租赁或建设仓库,通过国际(地区间)物流预先把商品送达仓库,然后通过互联网销售商品,当接到顾客订单后从境外仓库进行发货与配送,能够解决国际(地区间)邮政小包和国际(地区间)快递的短板,如物流时效、物流成本、海关与商检、本土化、退换货等问题。但是境外仓的租赁、建设与运营也需要专业的人员与资金,且在商品预运前要有准确的销售预期,否则会产生商品运送后因滞销而造成库存与积压。②和境外仓将仓库设在目的国(地区间)境内不同,边境仓将仓库设在目的国(地区)的邻国边境内,使得商品退回国(地区)内有一定的可行性,从而降低了境外仓商品积压造成损失的风险。③保税区、自贸区物流指先将商品运送到保税区或自贸区仓库,通过互联网获得顾客订单后,通过保税区或自贸区仓库进行分拣、打包等,集中运输,并进行物流配送。这种方式具有集货物流和规模化物流的特点,有利于缩短物流时间和降低物流成本。集货物流指先将商品运输到本地或当地的仓储中心,达到一定数量或形成一定规模后,然后再批量配送的物流模式。集货物流拥有规模优势,可以降低物流运输的成本。

4. 启发性思考题(四)解答要点

启发性思考题(四):波特竞争优势理论中的三类成功型战略思想在顺友的发展过程中分别有什么体现?

此题需要用到波特竞争优势理论相关知识点,讲解时需要配合板书。在波特竞争优势理论中,有三种成功型战略思想:总成本领先战略、差异化战略和专一化战略。

成本领先战略要求坚决地建立起高效规模的生产设施,在经验的基础上全力以赴降低成本,抓紧成本与管理费用的控制,以及最大限度地减小成本费用。在本案例中,顺友自主研发了物流管理系统,并引进了先进的全自动分拣设备,从而降低了顺友的物流成本。另外,顺友主要发展的是基于邮政系统的相关业务,利用邮政系统的低价格,降低自己的物流成本。

差别化战略是将产品或公司提供的服务差别化,树立起一些全产业范围中具有独特性的东西。在本案例中,顺友独特地为平邮国际(地区间)邮政小包提供了包裹信息跟踪服务,使得顺友的国际(地区间)邮政小包服务与市面其他邮政小包服务有了显著的差别。另外,在顺友实践过程中确立了多邮路、多航线、多转运中心三大核心优势以及平邮跟踪信息和全自动分拣系统两项产品优势,使得顺友的物流服务相对其他物流公司时效更有保障、服务更加周全。这使得顺友的物流服务和其他物流企业提供的物流服务有了一定的差别。

专一化战略是主攻某个特殊的顾客群、某产品线的一个细分区段或某一地区市场。在本案例中,顺友是一家专门为跨境电商卖家提供物流服务的公司,所提供的物流产品以小包裹为主。除此之外,顺友提供的物流服务大都建立在邮政渠道的基础上。这体现了顺友在跨境电商邮政运输领域的专一化战略。

5. 启发性思考题(五)解答要点

启发性思考题(五):结合你自身使用跨境电商物流的经历,你认为物流企业在哪些方面存在问题?对顺友物流产品的开发和改进有什么建议?

此题为开放性思考题,需要结合案例中顺友物流现有的物流模式、经营理念以及自身网购的物流服务体验来分析。例如,"我觉得物流企业的运输成本还是偏高,在我曾经想买某商品的时候,由于该商品的价值比较低,因此所付的运费超过了商品本身的价值。在这种情况下,虽然网购的商品价格要低于线下实体店,但是加上运费后和从线下实体店购买相差不多,甚至更多。这就导致了我选择放弃从线上购买该商品。因此我建议顺友把降低物流成本作为一个产品改进的主要方向"。

六、教学组织方式

(一)课时分配

案例回顾与概述(5分钟):介绍案例背景,回顾案例内容,理清案例思路,明确案例主题。

提出问题与小组讨论(20分钟):结合板书提出启发性思考题,分小组讨论并形成组内答案。

小组汇报与教师引导(50分钟):针对每一道启发性思考题,选一个小组进行回答,其他小组补充。教师需结合板书和多媒体对学生引导,得出最终答案。

案例评价与总结(10分钟):对知识点进行梳理,对案例教学过程进行评价,总结学习心得体会。

其他问题(5分钟):教师回答学生的一些其他问题。

(二)板书设计

启发性思考题(一):为什么国际(地区间)邮政小包会成为跨境电商物流运输的主要途径?顺友物流是怎样改进邮政小包服务,使之更适应跨境电商需求的?启发性思考题(一)及解答要点如图6所示。

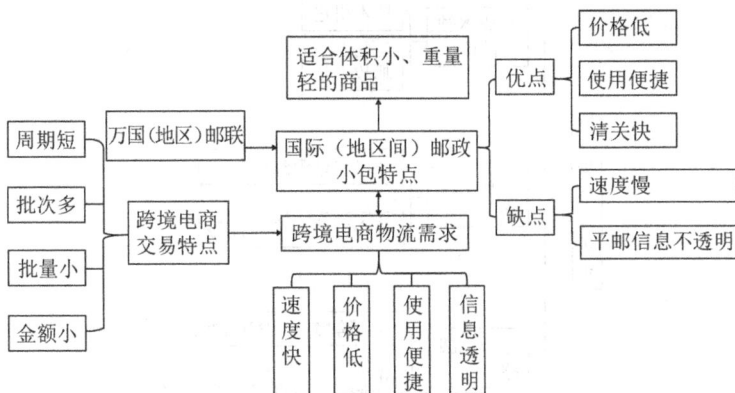

图 6 启发性思考题(一)及解答要点

启发性思考题(二):顺友物流属于传统物流还是现代物流?启发性思考题(二)及解答要点如图 7 所示。

图 7 启发性思考题(二)及解答要点

启发性思考题(三):顺友物流开发了哪些物流产品?它们的特点分别是什么?启发性思考题(三)及解答要点如图 8 所示。

物流模式		
国际(地区间)邮政小包	价格低、清关方便、速度慢、平邮信息不透明	
国际(地区间)专线	价格低于国际(地区间)快递,速度介于国际(地区间)邮政小包和国际(地区间)快递之间	
国际(地区间)快递	速度快、服务好、丢包率低、价格高	
境外仓	速度快、支持退换货、成本低、需要进行商品预运	
边境仓	和境外仓相比商品可退回境内,避免风险	
保税区、自贸区物流	有集货物流和规模化物流的特点,清关、收付税便捷	
集货物流	商品聚集后统一配送,存在规模优势	

图 8 启发性思考题(三)及解答要点

启发性思考题(四):波特竞争优势理论中的三类成功型战略思想在顺友的发展过程中分别有什么体现?启发性思考题(四)及解答要点如图 9 所示。

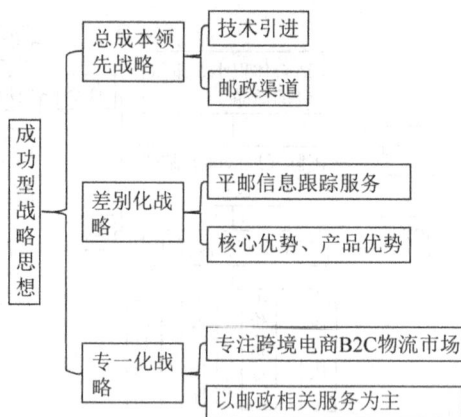

图9 启发性思考题(四)及解答要点

启发性思考题(五):结合你自身使用跨境电商物流的经历,你认为物流企业在哪些方面存在问题? 对顺友物流产品的开发和改进有什么建议? 启发性思考题(五)及解答要点如图10所示。

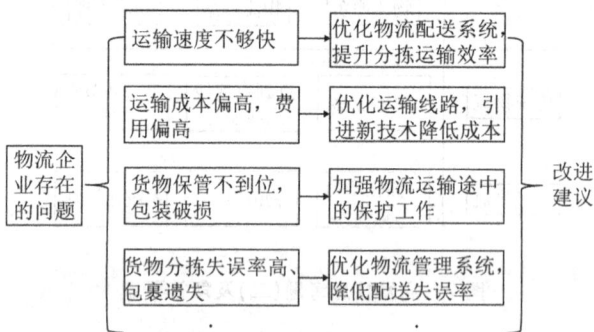

图10 启发性思考题(五)及解答要点

(三)讨论方式

案例讨论应该大致按照典型的决策模型进行。模型包括:①定义问题;②分析案例具体情况;③形成备选方案;④选择决策标准;⑤分析并评估备选方案;⑥选择首选方案;⑦制定行动方案和实施计划。

大多数案例讨论的核心推动力是组织中某个具体决策或问题的解决方案,因此,根据课时分配,案例讨论可以这样进行:在提出问题和小组讨论环节中,小组内根据5道启发性思考题进行讨论,并形成组内答案;在小组汇报与教师引导环节中,对每一道问题,教师从5组学生中选一组回答,其他小组补充,形成多种备选方案,教师根据决策标准引导学生分析评估备选方案,选出首选方案,并制定行动计划。

在案例讨论时,教师需鼓励学生形成良好的讨论习惯,如勇于提出不同意见、讨论前做好准备、讨论时及早发言、讨论后及时总结,避免盲目从众、提前背稿。

七、其他教学支持材料

（一）计算机支持

由于本案例在有关课程中当作讨论材料使用，需要展示给学生。所以在计算机中需要安装 PowerPoint 软件。

（二）视听辅助手段支持

本案例提供顺友物流全自动智能分拣系统的介绍视频，需要配备投影仪、音响，并在计算机中安装视频播放软件。

参考文献

[1] 范静,袁斌.国外跨境电子商务物流模式创新的经验与启示[J].商业时代,2016 (11):133-135.

[2] 何黎明.2014年我国物流业发展回顾与2015年展望[J].物流技术与应用,2015 (2):24-28.

[3] 冀芳,张夏恒.跨境电子商务物流模式创新与发展趋势[J].中国流通经济,2015 (06):14-20.

[4] 跨境电商鹰熊汇.一共就几年!详解跨境电商的发展史[EB/OL].(2015-09-30) [2016-08-31].http://www.siilu.com/20150930/150845.shtml.

[5] 李德库.电子商务环境下的物流管理创新[J].中国流通经济,2013,27(08): 39-43.

[6] 李向阳.促进跨境电子商务物流发展的路径[J].中国流通经济,2014(10): 107-112.

[7] 庞燕.跨境电商环境下国际物流模式研究[J].中国流通经济,2015(10):15-20.

[8] 宋耀华,侯汉平.论传统物流与现代物流[M].传统物流与现代物流.北京:中国物资出版社,2007:10-16.

[9] 宋耀华,侯汉平.现代物流与传统物流的基础理论研究[J].中国流通经济,2006,20 (04):9-12.

[10] 王昕天,汪向东.电子商务背景下物流信息化的新趋势——基于信息化物流的研究框架[J].中国流通经济,2015(01):57-63.

致　谢

　　本案例获深圳市顺友物流有限公司授权发布，在采编过程中得到了顺友物流的大力支持，特别是张佳敏、姚云等为本案例提供大量一手资料，保证了案例的翔实可信，特此致谢；案例正文的压缩版题为"跨境电商如何建邮路"已先行在《浙商》杂志 2017 年第 2 期发表，感谢杂志主编张远帆和记者陈抗为案例行文、措辞提供的宝贵意见。

PingPong：跨境电商资金自主的唯一之选

◎ 马述忠　王雨婕　段桦　柴宇曦

（浙江大学马述忠工作室）

▇▇▇ **摘　要：**长期以来，由于语言不通、对欧美法律体系不了解、消费支付习惯差异以及跨境结算等各方面因素，我国跨境电商面临着跨境支付平台收费高、资金回流慢、账户不稳定等问题，且迟迟无法解决。在华尔街工作了 10 年的精算师陈宇敏锐地发觉了跨境电商行业的这些痛点，他果断决定辞职回国，并于 2015 年创立 PingPong 金融，致力于为中国跨境电商卖家提供低成本的跨境支付、企业信贷、企业征信以及其他个性化定制的金融服务。本案例既讲述了 PingPong 帮助中国跨境电商化解痛点的尝试和探索，另一方面也围绕国际（地区间）结算体系、主流国际（地区间）结算电子系统、中国跨境清算流程的改进等主题做了介绍。

▇▇▇ **关键词：**跨境支付；国际（地区间）结算；金融服务

PingPong: Export E-commerce's Only Choice for Capital Independency

◎ Ma Shuzhong   Wang Yujie   Duan Yan   Chai Yuxi

(Mashuzhong STUDIOS, Zhejiang University)

Abstract: Due to their unfamiliarity with local language and legal systems, cross-border merchants in China have long been commonly confronting with high fees of payment platforms, low speed of money recollecting and account instability. CHEN Yu, an Wall-Street actuary with ten-year work experience, noticed these "pain points" of the industry. Decisively he gave up his well-paid job then came back to China, and founded PingPong in 2015, devoted to offer Chinese cross-border e-commerce merchants the cost-effective international payment collection, business loan and other customized financial services. This case relates PingPong's exploration to assist cross-border merchants, and also tries to introduce international(interregional) settlement system and improvements in Chinese transnational liquidation process.

Key words: cross-border payment; international (interregional) settlement; financial service

上篇 案例正文

一、引言

年关将至。周末晴而冷,王老板在一家简约现代的咖啡厅里,长久地凝视着面前的笔记本电脑,它的屏幕上显示着过去一年来的商业收款情况——他在亚马逊开设了一家网店,将自己工厂的产品出售给其他国家或地区的消费者。为了给消费者的支付提供最大化的便利,从而带来更好的用户体验,他的网店接了亚马逊平台所支持的所有付款方式。但是到了核对账目的时候,王老板无奈地发现,虽然网店的成交量不小,许多买家也已经"确认收货"了,但实际收到的货款与应收到的数目相比还是存在很大的差距——这部分资金还在到账的漫漫长路上。

王老板经营网店多年,对这些支付平台有很大的意见:"到账慢""在途占用多""转账费用高""账户不稳定"等问题一直令他十分头疼。为了避免这些问题的出现,王老板在这些跨境支付平台上注册会员,年年都咬牙缴纳高额年费,然而令他感到不平的是,情况并没有得到很大的改善。

看着面前屏幕上的一列列数字,王老板虽是心急,却也毫无办法。就在这时,他的手机突然响了。接起电话,那头传来了一个陌生的声音:"王老板您好,我叫陈宇,有幸从一位朋友口中听到了您开网店的经历。听说您有很多关于'跨境支付'的感想,正巧我对这方面很感兴趣,您什么时候有空,咱们见面聊聊吧?"这时王老板才想起来,几天前自己的一位同样从事跨境电商的朋友确实跟他提起过这么一个人。"新年说不定能有新气象。"想到这,他就答应了下来。

二、企业背景

随着国际(地区间)贸易的日渐繁荣,从事商品进出口的跨境电子商务平台数以千计,其中规模较为可观的有亚马逊、eBay、速卖通、Sasa.com、iHerb、DHgate.com、Lightinthebox.com、Wish 等。当前,我国商品境外销售主要集中在亚马逊、速卖通、eBay 这三家平台上[①],Wish 则是最近几年发展最快的移动电商平台,大有挤入前三强之势。

速卖通定位于电子商务新兴市场,eBay 偏重于具有价格优势的小额零售;而亚马

---

① 321 电商学院. Amazon、eBay、速卖通:三大平台你该如何选择?[EB/OL]. (2015 - 12 - 3)[2016 - 7 - 16]. http://www.321sxy.cn/information/san-da-ping-tai-ni-gai-ru-he-xuan-ze.html.

逊是跨境商务的鼻祖,在全球拥有巨大的用户流量。近几年,亚马逊推行"全球开店"战略并推出了相应的中文操作界面,因此对于供货源稳定、产品质量过硬、拥有品牌的优质外贸企业而言,亚马逊是最理想的销售平台,也能够为店铺提供相对最优的竞争环境。

在 PingPong 横空出世之前,跨境支付方式繁多:境外注册企业、中国香港账户、境外支付公司、代理公司、套壳支付公司甚至地下钱庄等等,可谓是八仙过海各显神通。"PingPong 率先从底层重构了整个跨境支付体系,这也是 PingPong 一上线就能支持 Amazon、Wish 等多个重量级平台的核心原因。"其中,亚马逊平台有 5 种收款方式:Payoneer、WorldFirst、Currencie Direct、美国银行卡和香港账户转账结汇[①];eBay 主要通过 PayPal 付款;Wish 则通过 Payoneer、PayEco 和 Bill. com 进行收款。总体而言,从进出口商品平台的支付手段选择上,Payonner、PayPal 和 WorldFirst 是其中最为重要的三家,因而也是我国跨境电商接触最多的支付平台。

表 1 是这三家支付平台在收费、到账时间等方面的对比。

表 1 三家支付平台对比分析

支付手段	币种	入账提款手续费标准	提现费用、汇损	时间	其他
Payoneer	美元欧元英镑	P 卡(Payoneer 账户 + 预付万事达卡)年费 29.95美元;美元入账需缴纳 1% 手续费,累计入账 20 万美元后入账免费;欧元和英镑入账及平台入账无须手续费;提款到国内银行需要 2% 的手续费[②]	人民币结汇、外币电汇收费在 1.2%～2% 之间,并根据累计入账额有减免;P 卡 ATM 机直接提现需支付每笔 $3.15 的提现费,汇损不超过万事达卡市场汇率的 3%;新用户提现费为 2%,随着累计入账的金额增加而减少,最低可降到 1%(累计入账 300 万美元)[③]	2～5 天到账[④]	所有币种均支持多平台店铺;个人与公司均可注册

---

① 福步外贸论坛. 亚马逊收款方式对比[EB/OL]. (2016－2－29)[2016－7－16]. http://bbs. ichuanglan. com/thread－27837－1－1. html.

②③ Payoneer. 官网价格费用说明[EB/OL]. (2014－11－5)[2016－7－16]. https://www. payoneer. com/zh/help/fees/.

④ 创蓝论坛. 亚马逊收款方式对比[EB/OL]. (2013－8－18)[2016－7－16]. http://bbs. ichuanglan. com/thread－623－1－1. html.

续 表

支付手段	币种	入账提款手续费标准	提现费用、汇损	时间	其他
WorldFirst①	美元 欧元 英镑 加元	美国账户：一次性转款 1000 美元以下每笔 30 美元；1000 美元以上免手续费； 英国账户：一次性转款 500 英镑以下每笔 10 英镑；500 英镑以上免手续费； 欧元账户：一次性转款 500 欧元以下每笔 10 欧元；500 欧元以上免手续费； 加元账户：一次性转款 1000 加元以下每笔 30 加元；1000 加元以上免手续费	各币种的相关费用和最低提现金额有所不同；使用 WorldFirst 收款，汇损为 1%～2.5%，货币转换汇率高于银行牌价 0.4%～0.8%②	1～2 个工作日	个人与公司均可注册
PayPal③	美元、加元、欧元、英镑等几乎所有的主流货币	网站、账单和电子邮件付款：4.4%＋0.30 美元或以收款币种计算的近似固定费用；根据月销售额的上升有一定减免，最低费率为 3.4%；eBay 付款：3.9%＋0.30 美元或以收款币种计算的近似固定费用；根据月销售额的上升有一定减免，最低费率为 2.9%； 数字商品小额付款：每笔交易收取 6.0% 手续费及 0.05 美元或以收款币种计算的近似固定费用	提现到中国银行账户：人民币、美元单笔金额需高于 150 美元，其他币种有不同规定；人民币提现收取提现金额 1.2% 手续费；美元、欧元、加元、英镑、日元等大多数货币提现收取 35 美元手续费；银行可能会另外收取手续费。支票提现费有其他规定	提现到国内银行账户需 2～3 个工作日到账④	包括电汇与支票两种形式

---

① 雨果网. 跨境出口电商平台收款方式及费用对比[EB/OL]. (2016-2-19) [2016-7-16]. http://www.cifnews.com/article/19181.

② 福步外贸论坛. 亚马逊收款方式对比终极篇[EB/OL]. (2015-11-25) [2016-7-16]. http://bbs.fobshanghai.com/thread-6225231-1-1.html.

③ Paypal 官网. 收费标准介绍[EB/OL]. (2015-3-2) [2016-7-16]. https://www.paypal.com/c2/webapps/mpp/paypal-fees.

④ Paypal 官网. 人民币提现[EB/OL]. (2015-3-2) [2016-7-16]. https://www.paypal.com/c2/webapps/mpp/cny-withdrawal.

三、如鲠在喉

处理着手边的事情，很快就到了见面那天。在简短的自我介绍与寒暄之后，陈宇开口问道："在亚马逊摸爬滚打这么多年，您对于各种收款方式一定很有体会；能具体说说您生意上这方面的难处吗？"王老板沉默了一会儿，提起了自己在跨境收款上的困难："换汇损失大，对于大笔转账而言，按他们的汇率算出来的结果实在是令人心疼……转账的手续费也相当高，三个点左右——而且资金回流太慢！现在我还有一笔规模挺可观、但已经拖了很久的货款没有到账。另外，关于存在那些支付平台账户里的资金，那些账户并不是特别稳定，总让人心里不那么踏实。"

"那么，您有没有想到过或者采取过什么解决办法？"陈宇问。

"2014、2015年那会儿，我身边好些熟人收到了Paypal账户冻结的通知——有说他们侵权的；有被通知账户资金来源不明的；还有把Paypal借给家里人收钱不小心'躺枪'的，因为家里人使用他们的账户时违反了PayPal的一些规定导致账户冻结。他们之中好几个还得去美国打官司①。我的这些朋友也不是没想过走法律途径，毕竟身正不怕影子歪；但是你看，我们英文普遍不好，对他们那套'洋法律'也不懂。在已经资金冻结的情况下，来回路费加上请律师又是一大笔钱，这可是把辛苦钱像泼水一样花出去啦！如果不去，我有些朋友账户上的资金直接就被清零了！遇上这些问题，我实际上也很难拿出什么好的解决办法。"

让王老板束手无策的问题，其实还有很多，陈宇的出现让他似乎看到了解决的希望。

"这就是跨境电商的痛点了。"其实在谈话之前，陈宇已经对这些问题有所耳闻。陈宇在脑海中简短地总结了以王老板为代表的中国跨境电商面临的问题："他们在Amazon、eBay、Wish等网站开店时普遍面临'回款难'困境，以及境内外汇监管、国际（地区间）上出于反洗钱动机对金融方面的严格风控，加上语言不通、法律障碍等因素，导致支付环节费用高、时效差；而当业务做大时，这个问题就愈发严重。"

陈宇在华尔街做了十年的精算师，丰富的工作经验与经历使得他能够快速找到上述问题的根源。

首先，当前占据主导地位的境外支付公司，为了简化流程，或者由于对中国较为严厉的外汇监管政策水土不服，又或者因为他们自身在国（地区）内"本地化"能力的欠缺，

---

① 案例中所涉及事迹来自以下新闻，引自央广网—中国之声：李岸. 卖假货留漏洞大量中国商户PayPal账户被冻结或清零[EB/OL]. 央广网. (2015 - 02 - 02) [2016 - 7 - 16]. http：//china. cnr. cn/ygxw/20150202/t20150202_517607378. shtml. 王忻. Paypal账户数千美金不翼而飞钱去哪了说不清[EB/OL]. 央广网. (2014 - 10 - 09) [2016 - 7 - 16]. http：// finance. cnr. cn/gs/201410/t20141009_516569132. shtml. 姜萍. 中国商户网上生意遭美国品牌商打假PayPal账户被冻结[EB/OL]. 央广网. (2015 - 02 - 02) [2016 - 7 - 16]. http：//china. cnr. cn/xwwgf/20150202/t20150202_517614608. shtml. 李岸. 中国跨境电商在美国遭遇法律纠纷账户资金或被清零[EB/OL]. 央广网. (2015 - 02 - 03) [2016 - 7 - 16]. http：// china. cnr. cn/yaowen/20150203_517619619. shtml. 杜鹃. 大批PayPal账号"挨冻"清零外贸收款路在何方？[EB/OL]. 央广网. (2015 - 03 - 03) [2016 - 7 - 16]. http：//sc. cnr. cn/sc/2014cj/20150303/t20150303_517856201. shtml.

往往在跨境清算时依靠开设在跨国(地区)清算行的账户进行清算,或者帮助卖家进行国(地区)内国(地区)外账户之间的清算。

其次,中国现阶段的外汇监管政策包括对清算银行的限制,通过港澳的间接清算体系,针对电子商务支付的跨境支付牌照以及业务范围限制等,这些政策目前已经很难满足我国对外贸易资金跨境结算的现实需要。

"为什么银行间跨境结算比较慢?"王老板不解地问道。

"因为人民币交易涉及两套系统之间的通信,而商家的款项并不一定适用于逐笔实时资金结算,因此带来了资金在途时间长的问题。"陈宇解释说。

为了能够真正掌握自己的资金,也为了避免再被支付平台"牵着鼻子走",与陈宇道别后,王老板又做了一些功课,现在他终于对国际(地区间)及中国跨境结算体系有了大致的了解。

目前,世界主流的国际(地区间)结算电子系统主要有 CHIPS、CHAPS 和 SWIFT 这三大国际(地区间)电子结算系统。其中,SWIFT 已经成为国际(地区间)银行间进行信息交流的标准,CHAPS 和 CHIPS 分别是英镑和美元的全球专属结算系统。因为美元在全球交易中不可取代的地位,CHIPS 实际上与每家跨境电商都有着密切的联系。

CHIPS 全称为"清算所银行同业支付系统(纽约)"(Clearing House Interbank Payment System),于 2007 年成为全球最大的私营支付结算系统之一,该系统采用了多边和双边"净额轧差"机制,从而实现了实时全额清算系统和多边净额结算系统的有效整合,可以最大限度地提高各国金融机构美元支付清算资金的流动性。CHAPS (Clearing House Automated Payment System,清算所自动化支付清算系统)是位于伦敦的主要大额支付清算系统,可以在同一个平台上办理境内英镑支付和跨境欧元支付。SWIFT(Society for Worldwide Inter-bank Financial Telecommunications,环球同业银行金融电信协会)是国际(地区间)银行同业间的非营利性国际(地区间)合作组织,运营着世界级的金融电文网络,银行和其他金融机构通过它与同业交换电文来完成金融交易。

国内方面,综合人民币国家化发展以及国家金融安全方面的因素,人民币跨境支付系统(Cross-border Interbank Payment System,CIPS)一期于 2015 年 10 月 8 日在沪正式上线运行。CIPS 和传统的国内银行支付系统"中国现代化支付系统(CNAPS,China National Advanced Payment System)"在运营时间、运营机制上相互独立,但需要CNAPS 为 CIPS 提供最终国内层面的资金结算。境内外银行均可成为 CIPS 的直接参与者,通过 CIPS 直接进行资金清算。但是这一系统目前仍不完善,因此仍然无法取代传统清算行模式。

在 CIPS 系统上线之前,跨境人民币结算主要通过"清算行""代理行"模式实现,具体流程如图 1 所示。在清算行模式下,买家将款项付到境外结算银行后,港澳清算行将根据境外参加行的汇款指令划扣其人民币资金,将汇款指令发送至人行大额支付系统,随后通过人民银行开立的账户对境内银行进行资金的跨境清算,在境内银行收到汇款指令之后贷记收款人账户。在代理行模式下,境外银行划扣其客户资金后,通过在境内代理行开立的同业往来账户进行汇款,汇款指令采用 SWIFT 国际(地区间)标准格式,境内代理行收到汇款指令后划扣境外银行账户资金并贷记境内收款人账户。在这一系列操作中,跨境时判断是否采用大额资金逐笔实时清算、两套清算体系间的时差、银行间 SWIFT 传输的时间、银行内部清算所需时间等因素都减缓了资金的到账速度。

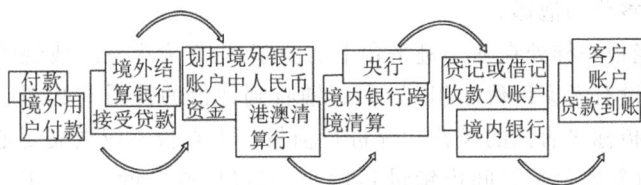

图 1　清算行模式下的人民币跨境支付

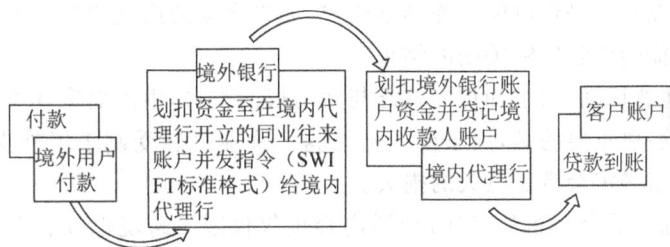

图 2　代理行模式下的人民币跨境支付

至于为何 PayPal 等境外支付平台的收费会如此之高,垄断地位及其导致的中间费用是关键。这些境外支付平台利用自身的垄断优势,实现高额定价。例如,PayPal 的支付费率为 2.9%～3.9%,并且每笔交易需要收取 0.3 美元的银行系统占用费;跨境业务每笔收取 1.2% 的跨境费用,提现业务每笔收取 35 美元。

陈宇发现,在目前拥有电子商务境外支付牌照的 23 家企业中,没有一家境外支付平台。这迫使它们绕道港澳,进行代理结算。"为什么不能为国内的跨境电商打造一家支付平台,帮助他们走出眼前的困境呢?"创业的金点子就这样出现在陈宇心头。

四、动辄得咎

有了想法之后,陈宇立刻上网找了些行业背景资料,发现王老板提的冻结事件其实已经发生过多次了。由于中美之间存在差异的专利制度与专利观念,资金冻结、专利纠纷成为跨境电商避之不及的噩梦。

2014 年 12 月,国内诸多卖家因售卖仿牌产品而遭遇 PayPal 账户冻结资金,并面临清零危机。

2015 年 2 月,多名中国跨境电商卖家 PayPal 账户遭冻结,涉千万资金。

……

关于我国跨境零售经销商资金账户被国际(地区间)支付第三方平台冻结甚至清零

的新闻,每逢跨年过节等销售旺季都会成批出现。除了销售平台的审核与监管之外,其与支付平台联手对中国卖家的"整顿"也给不少商家造成了相当的损失。因为专利、投诉等问题暂停使用关联收、付款账户,不仅对经销商的正常经营产生了很大的影响,也让经销商的劳动成果时时面临着被剥夺的危险。因为规则差异而造成的处罚也使得不少商户的辛苦积蓄化为泡影。

此外,像王老板一样处在亚马逊平台上的商家,也在为审查战战兢兢。

亚马逊平台设有卖家评价小组,根据店铺收到评价的性质与数量、订单取消数量、发货及时程度等指标对店铺的经营状况进行衡量。王老板不仅要费尽心思应对持续一个月的常规审查(新账号短时间内销量猛增、出现侵权遭投诉行为、正常运营的账号短时间内出现异动——比如销量忽高忽低,纠纷、差评突然增多,发货时效突然拉长等都可能遭遇常规审查),每天还要时刻关心自己店铺的声誉有没有下降。一旦店铺被评定为"声誉欠佳",亚马逊平台可能会冻结该账户,如果卖家的店铺声誉没有改善或者没能够申诉成功,可能会面临店铺关闭的结果。

陈宇清楚地意识到,由于知识的贫乏与话语权的丧失,中国商家在维护自身利益之时只能保持沉默;更重要的是,由于资金流通这一商业命脉受制于境外支付平台,一旦冻结或关闭,卖家必定会遭受巨大的损失。

王老板与陈宇的会面非常普通,谈话内容也仅仅限于跨境电商目前的处境。王老板对陈宇也没有留下什么深刻的印象,只认为他不过是个想要加入跨境电商行业的普通海归罢了。然而,就在几个月后的 2015 年 7 月,王老板接到一封邀请函,邀请他作为"PingPong 金融"的测试商户。

五、PingPong 是谁?

跨境电商近两年的蓬勃发展,催生了对于跨境支付服务的需求。境外支付平台如 PayPal 等迟迟无法获得中国支付牌照,使得它们只能"曲线救国"——通过港澳银行间接与内地银行进行业务往来。

在中国境内,较早进入跨境支付领域的是银联,随后支付宝、财付通等机构也陆续进入,提供多币种的跨境支付、外汇结算服务。用户可以使用人民币卡在境外的网站上进行购买消费。以支付宝为例,用户在支付宝内开设资金账户来进行线上跨境支付,而货币兑换和付款流程等具体工作则由与支付宝合作的托管银行完成,间接实现跨境支付。同时,支付宝也提供线下跨境支付,用户在境外的实体店进行消费时可以像在境内一样使用支付宝支付,其背后的运作流程与线上跨境支付是一样的。

早在与王老板会面之前,陈宇就对跨境电商的困境有所耳闻。金融领域里十年的摸爬滚打,让他在金融、法律等方面积累了许多经验,加上他持续多年对中国经济发展的关注、对中国跨境电子商务行业的调研和考察,使他下定决心放弃高薪的"金领"工作回国,为跨境电商解决问题。

归国后陈宇先找到了某"传统"支付公司的市场总监,自信地把自己的想法告诉了他。没想到的是,这位总监言辞尖锐地"教育"了他一个半小时,将他的想法全盘否定:"想都不要想,你没有任何机会。"理由就是因为跨境支付的中间业务环节繁多,涉及法规、银行、外汇等许多问题,要搭建这种全球通道已经非常困难,更别说削减费用了。行业巨头都没有做到的事,一个没有任何创业经验的人,怎么可能完成?

跨境电商的困难无人解决的原因有以下两点。

一是与个人跨境消费行为相比,跨境电商的资金总流量要大得多。而许多支付平台在外汇数量、洗钱等方面存在监管空白,在遇到投诉甚至法律纠纷时,这些支付平台无法为商户提供相关证据。

二是目前政府对于跨境支付平台的配额限制使得平台无法全力承担与经营跨境电商的业务。电子商务跨境支付公司只有取得支付牌照才能够在指定领域内经营;目前我国政府对于从事货物贸易的跨境支付限制是单笔不得超过10000美元。然而近几年来跨境电商发展迅速,全球跨境电子商务交易额在2012年就已经突破1万亿美元大关,截至2015年12月,中国电子商务服务企业直接从业人员超过270万人,由电子商务间接带动的就业人数,已超过2000万人。从2011—2015年的5年间,我国跨境电子商务交易额从1.7万亿元增长至5.4万亿元。

这盆冷水并没有浇灭陈宇的热情,相反,他很激动。陈宇相信自己能做到这些巨头做不到的事。"要是说完后有人觉得主意好,那可能就麻烦了,短时间便会招来很多竞争对手。但别人跟我谈了一个半小时,还不明白这个事儿好,我就真心觉得很好。"

在经历了一年多的辛苦打造之后,陈宇和他的团队——一群和他有着同样抱负的同事与朋友——终于让"PingPong金融"顺利地正式上线。

六、唯一之选

PingPong称自己为"唯一之选",是有足够底气的。PingPong是唯一一家同时受到中国官方和境外监管机构推荐的跨境支付机构,也是唯一一家自己掌握全部核心环节的支付企业。相较于形形色色的"代理支付机构""纯外资机构"而言,PingPong的安全性是最高的。假如遇到监管政策加码、国际局势风云突变,只有PingPong可以保障客户企业完全没有后顾之忧。因此,除了傲视群雄的低费率外,业界领先的合规性与安全性也是PingPong的最大卖点。

首先,合作伙伴的选择使得PingPong在价格和效率上具有优势。PingPong资金境外结算部分选择的是像中行、工行这样的一级清算机构,从而使得支付业务和账户系统能够搭载在它们的系统上。该系统专门为中国跨境电商的境外收款业务而定制,在稳定性、效率和成本上都具有优势。同时,利用本身充分"合规"的优势,PingPong积极与外管局、跨境电商综合试验区合作,持续优化跨境清算链路。

其次,PingPong通过自主结算的方式降低中间费用。因为能够直接与商户对接,使得PingPong能够从跨境结算的底层开始重构,成了目前唯一一家可实现"交易逐笔还原""交易背景还原"的跨境支付公司,从而能够以清晰的账目避免合规性上的损失,最大限度地降低成本。同时,相比于本身收费高昂的大型境外跨境支付平台,以及借用 Master 或 Visa 组织结算的小型平台,PingPong 作为一家中国人创立的、为中国人解决境外支付问题的跨境金融公司能够得到更多的政策优势,而境外支付公司在严厉的金融监管政策背景下,难以在中国独立开展业务,需要借助代理渠道,当前代理公司的资质、素质参差不齐,无形中增加了收款费用。

此外,亲和力也是 PingPong 的独特优势之一。地理位置相近,带来了用户心理层面安全感的提升和业务中转的便利。相较于境外平台而言,PingPong 能够进行更加本土化的宣传,拥有国内用户看得见摸得着的实体存在。这一切都使得用户对 PingPong 产生了强烈的信任感:比起语言不通、规则迥异的亚马逊与审查严格的 PayPal,家门口的 PingPong 无疑显得更加亲切。

最后,PingPong 的竞争优势还体现在自身的高度合规性上。PingPong 拥有中美两国的金融支付资质,也是除支付宝(美国)外少数几家可以达到美国监管要求的中国背景第三方金融公司。它也拥有自主的先进反洗钱技术,并正在进行相关专利的申请。交易流程和交易状况上的安全保障不仅提升了用户信任、增加了用户数量、减少了无谓损失,同时也降低了支付成本。

"我们团队的核心成员均为来自国内外名校的博士硕士与金融技术专家。保障低费率与高合规性的人,是陈宇和一批与他有着同样志向的优秀人才,其中有四位是曾与他相交已久的好伙伴,他们分别放弃了在纽约、旧金山、伦敦和法兰克福的高薪职位,与陈宇一道在中国市场上从零开始。团队中还有一批'持续创业者',他们对商户们所处的困境有最切身的体会,也对中国的市场有着丰富的经验和理解。"

七、幕后故事

"跨境电商重要的核心部分——支付与金融资产都由境外掌控,利润被层层盘剥且资产随时可能被冻结,造成中国的跨境电商事实上完全受制于人。许多境外的支付公司会选择一些小银行,采用折中甚至灰色的支付环节解决方案。"陈宇一心想要实现"一削为零"的目标,不仅要降低费用,做得更加规范、安全,还要能够获得官方的认可。

很快,机会就来了。2015 年 3 月,国务院批复同意设立杭州跨境电子商务综合试验区(以下简称"综试区")。陈宇便去向综试区的工作人员展示他的项目。他用一个月前在 PayPal 上发生的国内 5000 家商户资金被冻结事件作为开头,花了不到 10 分钟的时间,就让工作人员认识到了这个项目的价值。几天之后,陈宇得到了综试区的支持——PingPong 金融的名字出现在了综试区推荐的金融服务名单里。

三个月后,陈宇开发出了"PingPong 金融"系统,将商户、电商平台、银行以及境内的支付机构联系在一起:商品被售出后货款由亚马逊收取,这笔交易通过 PingPong 的合规性审核之后,货款将进入 PingPong 账号;卖家如果发起提现申请,在通过 PingPong 第二次合规审核之后,货款将会通过最合适的第三方支付公司进行结汇,并分发至卖家的境内银行账户,流程如图 3 所示。整个过程中,相关信息都会在系统里同步显示。

图 3　PingPong 金融参与后的人民币跨境支付

2015 年 7 月,PingPong 迎来了第一家测试商户,到账时间为 2 个工作日,获得了商户的满意评价。2016 年 1 月,PingPong 正式上线,一个月内,靠口碑传播与用户间的推荐,PingPong 的用户数量就增长到了 150 多家。到了 2016 年年中,这个数字是数万家!资本界也认可了 PingPong 的价值,PingPong 连续获得了多轮融资,投资方包括全球最大投资基金富达国际、多家知名投资机构与政府基金等。

"我们的目标是为基于互联网的国际(地区间)贸易提供最高效率的全球化金融服务。PingPong 不仅仅是一家跨境支付公司,我们还在积极推动行业底层的重大创新,为全面跨境金融服务提供征信、评级、定价基础。就像人民币加入国际(地区间)货币基金组织 SDR 一样,PingPong 要改革跨境交易的游戏规则,让中国力量拥有定价权和决策权,成为全球金融体系的重要基础设施。"陈宇说。

八、结束语

"费率高""回款时间长""账户不稳定"……面对这些"痛点",陈宇携手 PingPong 努力为中国跨境电商量身打造实惠、快捷、安全的支付平台。

在这一过程中,PingPong 创造性地从底层开始重构跨境支付清算、结算流程,克服巨大的困难,获得国内外一级监管机构的认同和肯定……种种努力都一点一滴地提升了跨境支付的速度与安全性。

除此之外,PingPong 金融在平台达到一定规模之后,还将进军电商信息服务等全新的领域。这一选择不仅能够进一步降低跨境支付的费用,同时也能够更加充分地集合并利用平台能够获取的信息资源,应用大数据更好地服务跨境电商。

如今,国内上线仅仅半年有余、正式开拓市场不过数月的 PingPong,一个月处理的订单数额就超过了美国一家小银行一年的数额。2016 年 8 月末,PingPong 正式对外宣布完成由斯道资本(富达国际有限公司自有资金投资机构)领投、多家知名投资机构跟投的新一轮融资。利用富达国际在全球金融市场上的雄厚优势,PingPong 将继续优化用户体验,推出更多优秀产品。相信在不久的将来,中国跨境电商能够在 PingPong 的帮助下找回资金自主,货通天下!

下篇　案例使用说明

一、教学目的与用途

本案例是为国际商务专业理论和实践入门课程撰写的,也可供国际市场营销课程、网络营销课程使用。本案例介绍了 PingPong 金融创立前银行国际(地区间)支付的基本流程以及人民币国际(地区间)结算的体系沿革,在此基础上描述了 PingPong 金融的创立过程与发展现状,力图向学生展现出口电商资金流动的一种全新模式。通过本案例的学习,学生可以了解银行国际(地区间)支付流程、国际(地区间)结算的相关知识,并且对人民币国际(地区间)结算系统的发展趋势有所了解。

(一) 适用课程

本案例适用于国际商务课程、国际营销课程与国际金融课程。

(二) 适用对象

本案例难度适中,适用对象包括高年级国际贸易专业本科生、电子商务专业本科生、国际商务专业硕士研究生。

(三) 教学目标

1. 知识传授

通过本案例的教学,学生应掌握以下知识,并学会将相关理论运用到实践中。第一,国际银行支付的基本概念与流程。国际(地区间)银行支付是当下跨境支付的基础,我国大小出口电商收取外汇、兑换本币都需要国际(地区间)银行间支付的紧密参与,因此也是接触跨境电子商务需要掌握了解的基本知识之一。第二,一些电子结算系统在跨境结算中发挥了巨大作用,通过本案例的介绍,学生应能了解现有的主要跨境电子结算系统。第三,通过案例中对于行业背景的介绍,学生能够把握中国跨境结算、清算体系的发展现状,了解清算业务的三种模式及其流程,并比较分析中国跨境结算、清算体系的变化趋势,以及第三方支付平台在其中的作用。

2. 能力训练

通过本案例的学习,学生能够培养结合国际(地区间)结算体系现状分析我国跨境金融政策变动的能力,增强分析中国跨境结算、清算业务发展趋势以及第三方跨境支付发展趋势的能力,掌握并提升运用主流国际(地区间)结算电子系统的能力。

3. 观念更新

在学习本案例后,学生能够对国际(地区间)结算的整体流程有基本了解;对中国跨境结算、清算业务的过程与发展有较深入的认识;对出口电商资金流动新模式——"PingPong 体系"的原理及优势有深刻的认识;对于国际(地区间)结算议题能够积极地提出新观点、开辟新思路。

二、启发性思考题

(一)试介绍现行主流跨境支付的基石及其基本流程。

(二)为线上跨境支付提供技术支撑的主要是哪些电子系统,它们是如何工作的?

(三)在 PingPong 选择进入市场时,中国跨境结算清算业务的发展状况与趋势是怎样的?

(四)试分析第三方支付平台在跨境支付中的优势与不利因素。

(五)结合我国跨境支付业务发展的大环境来看,PingPong 的核心竞争优势是什么,今后发展有可能遇到什么样的阻碍?

三、案例分析背景

(一)制度背景

跨境电商作为外贸的新兴形式,利润丰厚,有利于我国外贸产业转型发展,因此近几年得到了我国政府的大力支持。2004 年中,国务院办公厅发布了《中华人民共和国电子签名法》,被誉为我国"首部真正意义上的信息化法律";半年之后,又发布了《国务办公厅关于加快电子商务发展的若干意见》,建议出台相关法规支持市场参与者发展。这一时段政府出台的政策主要集中在行业整管方面。2008—2012 年,政府陆续发布政策对跨境电商行业进行引导与组织。2013 年至今,政府已经出台 10 余项利好政策,集中发展跨境电商的出口部门,"跨境电商试点"区域开始在全国范围内出现,这也为跨境支付的发展带来了绝佳的政策机遇。

(二)行业背景

跨境电子商务的蓬勃发展带动了第三方跨境支付的快速增长。为了支持跨境电子商务发展,为了满足第三方跨境支付不断扩大的市场需求,国家外汇管理局在 2013 年 9 月底向第一批 17 家支付企业发放了"跨境支付牌照",2014 年又下发第二批 5 个支付牌照。

2015 年,《国家外汇管理局关于开展支付机构跨境外汇支付业务试点的通知》与《支付机构跨境外汇支付业务试点指导意见》先后出台,这些文件首先明确要在全国范围内扩大"开展支付机构跨境外汇支付业务试点",并进行"外汇资金收付及结售汇服务"试点;其次强调要加强当地人民银行分支机构支付结算管理部门对试点业务的审核工作。在外管局的前期文件中,试点机构的收付汇和结售汇业务存在明确的数额限制:货物贸易单笔交易金额不得超过等值 10000 美元,服务贸易单笔交易金额不得超过等值 50000 美元。在《指导意见》中,外管局将两项交易的最高限额均调整为等值 50000 美元。除此之外,《指导意见》还取消了对于备付金合作银行、备付金账户数量的限制,并且允许支付机构在满足交易逐笔还原的情况下采用轧差结算。

在这一时期,我国出口电商加快了国际化(区域化)扩展的步伐,但在美国、西欧等发达国家市场上的销售仍主要依靠境外销售平台,比如 Amazon、Wish 等。这些境外销售平台为了争抢商户,纷纷推出了各种便利条件,助推中国商户进一步征战境外市场,使得中国出口电商与境外销售平台的联系日益密切,成为跨境支付需求增长的背景。2012 年亚马逊“全球开店”项目正式在中国发布,有数据显示,三年内借助亚马逊中国“全球开店”项目走向国际(地区间)市场的中国卖家数量增长了 13 倍。2015 年,亚马逊“黑色星期五”促销季中,中国卖家在北美及日本市场的销售额是去年同期的 2.5 倍。与此同时,中国卖家所售品类与选品数量不断扩张:与 2012 年相比,2015 年中国卖家所售选品数量增加了 87 倍。

四、理论研判依据

(一)知识点一: 国际(地区间)银行支付基本概念

银行支付是指“银行代客户清偿因各种经济活动引起的债务债权”。银行要处理的支付关系可以分为上下两个不同的层次,即商业银行和客户之间的关系与商业银行之间的支付关系。前者一般称为银行结算,是银行支付系统的基础和最终服务对象,其特点是账户多、参与者多、业务量大;后者通常称为银行清算,是为完成银行的代理结算业务服务的,又可进一步细分为轧账(Clearing)和交割(Settlement)两个过程,前者是银行之间交换支付信息,后者则是银行之间完成支付转账。

银行支付的基本类型根据发出人不同可分为两类。如果是款项收入方向银行发出支付指令,要求银行借记支付方账户,称为“借记”;相反,如果由款项支出方发出指令要求贷记对方账户,则称为“贷记”。

国际(地区间)银行支付体系的工作原理与上述过程基本相同,也包括存款账户的开立、联系行的设立、清算中心及支付清算系统的建设。国际(地区间)银行清算业务与国内业务的最大区别在于业务双方分属于不同的国家(地区),因此以上业务往往涉及不同国(地区)别银行之间互开账户、建立代理行业务,或通过若干级“联系行”建立账户关系,或通过地区中心、全球性系统进行清算。

此外,银行间清算还可以从收款方式上分为“全额实时清算”和“净额清算”。“全额实时清算”通常针对资金量大、及时性要求很高的业务,资金的转账实时完成,而非在轧账之后进行;“净额结算”与之相反,在工作日接近尾声时,银行之间先进行轧账,得出账户之间借贷关系的净额后再进行交割。两者相比,执行全额实时结算往往意味着某一清算系统的规模较小(比如 2015 年前我国的跨境第三方支付),或达到了较高的技术水平(比如 2001 年纽约清算所银行同业支付系统升级,向实时清算系统过渡)。

无论"实时"还是"净额","对开账户"与"寻找联系行"的做法都依赖于银行的直接行动,仅仅在参与者数量较少时才能够正常运转。考虑到不同国家(地区)银行业之间的不同规则、不同语言、信息传递的不同格式、对于同一信息的不同理解,这种基础的"银行对银行"的清算不仅工作量惊人,而且出错率高,为银行带来了很大的风险。

为了能够接入更多的银行并在更大程度上便利日益复杂的交易,同时对银行实现风险控制,"票据清算所"(Clearing House)应运而生。银行可以选择将其收取的票据全数送到票据清算所,并在那里与其他银行之间进行票据交换与冲抵。作为配套,每家银行都在同一银行(通常为中央银行)处开立账户,用于交割每天票据的往来差额。

(二)知识点二: 跨境清算的主要电子系统及其工作原理

当前,清算程序的优化仍不能满足业务处理时间和风险性的要求,国际(地区间)清算亟需技术革新与国际(地区间)规范建设。传统银行间结算通过票据完成,称为纸结算;而包括"清算无纸化"和"信息规范化"两部分的"电子结算",正日益成为国际(地区间)结算的又一发展点。

"清算无纸化"依赖电子清算系统的建设。根据对转账资金的不同处理方式,电子清算系统有全额实时清算系统与净额批量清算系统之分;按照单笔资金的数量又可分为大额支付系统和小额支付系统。例如,用于工资、社保支付的美国自动清算所(Automated Clearing House,ACH),以及 ATM、POS 就属于净额批量清算系统,同时也属于小额支付系统;美国的联邦储蓄通信系统(Federal Reserve Banks Wire Network,Fedwire)、英国清算所自动支付系统(Clearing House Automated Payment System,CHAPS)与瑞士同业银行清算系统(The Swiss Interbank Clearing Payment System,SIC)则既属于全额实时支付系统,也属于大额支付系统。美国纽约清算所银行同业支付系统(Clearing House Interbank Payment System,CHIPS)原本是实行净额批量清算的大额支付系统,但已于 2001 年改进为全额实时清算。

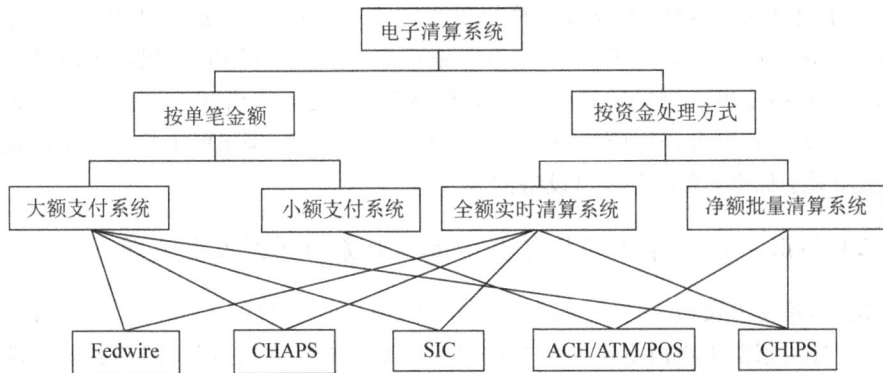

图 4　电子清算系统分类

在当今对外贸易中,美元和英镑仍旧占据了重要的地位。因此在清算无纸化与电子清算系统中规模最大的是美国 CHIPS、英国 CHAPS 两大清算系统。

CHIPS,全称为 Clearing House Interbank Payment System,即"清算所银行同业支付系统(纽约)"。CHIPS 于 1970 年建立,由纽约清算所协会(NYCHA)经营,主要进行跨境美元交易的清算。CHIPS 脱胎于 Paper Exchange Payment System,因此在 1981 年以前一直保持着隔日交割,1981 年之后采用同日交割,2001 年之后采用实时轧差,成为全额实时清算系统。在实时轧差制度下,现金交割在工作时间结束后进行。CHIPS 的办公时间通常为 7 时至 16 时 30 分。16 时 30 分后,电文传递系统关闭,CHIPS 在 15 分钟内通知各成员日内轧差结果;截至 17 时 30 分,所有成员应当同意进行交割,并在 15 分钟内向 CHIPS 代理纽联储设立的清算账户中打款。在 18 时之前,CHIPS 完成现金交割,当日清算完成。

CHAPS(Clearing House Automated Payment System,清算所自动化支付清算系统)是伦敦的主要大额支付清算系统,提供以英镑计值、以欧元计值两种独立清算服务,其中欧元清算与欧洲统一支付平台 TARGET 连接。得益于此,CHAPS 系统的成员可以在同一个平台上办理境内英镑支付和跨境欧元支付,确保了英镑和欧元在伦敦金融市场交易中具有同等的计值地位。

除了"清算无纸化"之外,"信息规范化"也是电子结算发展的一个重要方面,因此需要介绍用于清算的信息传递系统 SWIFT。SWIFT(Society for Worldwide Inter-bank Financial Telecommunications,环球同业银行金融电信协会),是国际(地区间)银行同业间的非营利性国际(地区间)合作组织,成立于 1973 年,总部设在比利时的布鲁塞尔,同时在荷兰阿姆斯特丹和美国纽约分别设立交换中心,并为各参加成员开设"集线中心"。SWIFT 本身并不是清算或支付系统,而是银行和其他金融机构用于与同业交换电文(Message)来完成金融交易的系统。截至 2008 年,全球 208 个国家或地区接近 8500 个活跃用户已经使用 SWIFT 发送了 1257110454 条电文。

在 SWIFT 时代之前,西方国家已经建立起了同业信息传递网络 Telex。但随着银行的国际化(区域代)扩张,Telex 的密押交换越发烦琐,出错率居高不下。于是,经过紧张的协商和标准遴选,各大银行达成共识,建立 SWIFT 体系。SWIFT 通过标准化同业电文提升了电文的兼容性,为银行清算提供更加安全、可靠、快捷、标准化、自动化的通信业务。缩减了跨境清算的工作量,提升了银行的清算速度,同时也很好地降低了银行因为跨境清算指令不清而犯错的风险。如今,SWIFT 使用的格式已经成为信用证的主要电文。因为接口繁多,SWIFT 在统一化上并非尽善尽美,但 SWIFT 也在不断地进行改良,比如对于标准 SWIFT 接口设备的开发等。

(三)知识点三: 中国跨境结算、清算业务的模式及其发展

传统上,跨境人民币支付主要通过实行"清算行""代理行"模式实现。在"清算行"模式下,境外买家购买境内卖家商品并付款。买家首先将款项付到境外银行后,港澳清算行将根据境外参加行的汇款指令划扣其人民币资金,并将汇款指令发送至人民银行

大额支付系统;随后,港澳清算行通过其在人民银行开立的账户与境内银行进行资金的跨境清算;在收到汇款指令之后,境内银行才会贷记收款人账户,也就是,卖家最终收到了钱。在"代理行"模式下,境外银行划扣其客户资金后,通过在境内代理行开立的同业往来账户进行汇款,汇款指令采用 SWIFT 国际(地区间)标准格式;境内代理行收到汇款指令后借记境外银行账户资金并贷记境内收款人账户。在"清算行""代理行"操作中,银行对指令的执行速度、不同银行之间的清算时滞、指令多次传输的时间、指令繁复的密押校对等都可能减缓资金的到账速度。

中国跨境结算、清算业务的主要内容是"人民币跨境支付"。综合人民币国际化(区域化)发展以及国家金融安全方面的因素,人民币跨境支付系统(Cross-border Interbank Payment System,CIPS)一期于 2015 年 10 月 8 日在上海正式上线运行。CIPS 是中国人民银行专门为跨境人民币支付业务开发的资金清算结算系统,旨在为境内外金融机构人民币跨境和离岸业务提供资金清算、结算服务,是重要的金融基础设施。CIPS 一期采用实时全额结算方式处理客户汇款和金融机构汇款业务;按照北京时间运行,以中国法定工作日为系统工作日,日间处理支付业务的时间为 9 时到 20 时。境内、外银行均可成为 CIPS 的直接参与者,通过 CIPS 直接进行资金清算。各直接参与者一点接入,集中清算业务,提高清算效率;采用国际(地区间)通用报文标准,便于参与者跨境业务直通处理。CIPS 和传统的国内银行支付系统——中国现代化支付系统(China National Advanced Payment System,CNAPS)在运营时间、运营机制上相互独立,但需要 CNAPS 为 CIPS 提供最终境内层面的资金结算。这一系统目前仍不完善,因此仍然无法取代传统清算行模式。

在 CIPS 上线的同时,人民币国际化(区域化)的步伐也在加快。2009 年 7 月 1 日,中国人民银行、财政部等几大部委共同制定了《跨境贸易人民币结算试点管理办法》,标志着人民币开始进入国际(地区间)贸易结算领域,成为继美元、欧元和日元之后的第四种国际(地区间)结算货币。随后几年中,人民币境外清算蓬勃发展,2013 年 2 月,工行获准成为新加坡人民币清算行;2014 年 11 月,北美、中东设立人民币清算行;12 月欧洲设立人民币清算行;2015 年 1 月,曼谷设立人民币清算行;人民币清算行的境外扩展为进一步扩大人民币跨境使用打下了良好的基础。2016 年 10 月 1 日,人民币加入特别提款权(SDR)货币篮子正式生效,人民币的国际化(区域化)程度进一步加深。

（四）知识点四： 中国跨境结算、清算业务中的第三方支付

银行间的清算活动是个人行为的集合,并不能够很好地满足个人用户的要求。近几年,跨境网购飞速发展,相比于单次消费额度,已经简化的汇款手续仍旧烦琐,等待时间也较长。于是,第三方支付跨境平台应运而生。

第三方支付平台营运商独立于商家与消费者,采用与各大银行签约的方式与银行支付结算系统对接,为电子商务中的买卖交易双方提供一个货款交付的中转站。第三方支付平台作为资金代收代付的中介,有效地解决了制约电子商务发展的一大瓶颈——网上支付的信用与安全问题,从而推动了电子商务的发展。

近年来,监管机构对于第三方跨境支付政策的不断"松绑"使得第三方跨境支付平台有了代替银行成为结汇售汇主体的可能,但当前对于第三方跨境支付平台的监管尚不到位。截至目前,此领域法律仅仅有《中华人民共和国电子签名法》。而在已经颁布实施的上位法,比如《中华人民共和国外汇管理条例》中,对第三方跨境支付还没有明确的规定;《中华人民共和国反洗钱法》中也未涉及第三方跨境支付洗钱行为的监管问题;《中华人民共和国消费者权益保护法》中对于沉淀资金产生的利息归属也没有明确规定。不可否认,在第三方跨境支付飞速发展的数年中,政府机构也做出了一定的努力,比如 2010 年中国人民银行发布《非金融机构支付服务管理办法》,2012 年发布《支付机构反洗钱和反恐怖融资管理办法》,2015 年国家外汇管理局发布《支付机构跨境外汇支付业务试点指导意见》等。然而,《金融机构反洗钱监督管理办法(试行)》中指定的监管机制尚不成熟、缺乏经验;《支付机构反洗钱和反恐怖融资管理办法》中对于准入门槛、审查制度、退出机制也缺乏明确的规定。这些法律上的空白如果不填补,无疑会给第三方跨境支付行业留下巨大的灰色地带。

（五）知识点五： 企业发展宏观环境的 PEST 分析法

PEST 分析是对企业所处宏观环境进行分析的一种方法,P 是政治环境(Political System),E 是经济环境(Economic),S 是社会环境(Social Environment),T 是技术环境(Technological)。企业所处的宏观环境,也可称作一般环境,是指影响一切行业和企业的宏观因素。借助 PEST 分析法,企业可以从总体上把握宏观环境,并评价这些环境因素对企业战略目标和战略制定的影响(见图 5)。

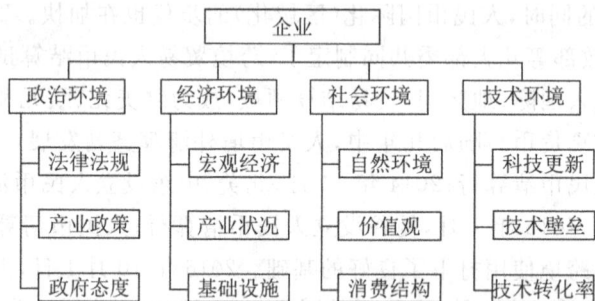

图 5 企业 PEST 宏观环境分析法

在进行分析时,分析者可以分别列出各元素所对应的情况,例如在"政治环境"的"法律法规"中,分析者可以考虑国家整体的法制建设状况、本行业相关法律的建设、与每个行业都息息相关的知识产权保护体系的完善程度、反垄断及反不正当竞争法律的完善程度等;在"产业政策"和"政府态度"中,分析者可以考虑政府目前对于本行业及企业的态度等;在"经济环境"中,可以考虑目前宏观经济处于发展还是衰退周期、产业的成熟度、聚集程度、竞争程度、基础设施是否完善等。

五、案例分析思路与要点

(一)案例分析思路

本案例以跨境支付初创公司 PingPong 为线索,介绍了 PingPong 金融创立的核心构想"对传统跨境转账途径进行革新",由此引出跨境清算的基本概念与途径——国际(地区间)银行支付的基本模式;随后引导学生关注 PingPong"线上金融"的热点定位,引出对于全球主流电子支付系统及其基本工作模式的解读。

此后,案例重点对 PingPong 选择进入"跨境清算市场"市场的核心竞争力进行了分析,引出决策背景——中国跨境结算、清算业务现状及发展趋势;最后,案例考察了 PingPong 所处的市场环境,引出对于第三方跨境支付平台发展现状及其群体竞争优势的关注(见图 6)。

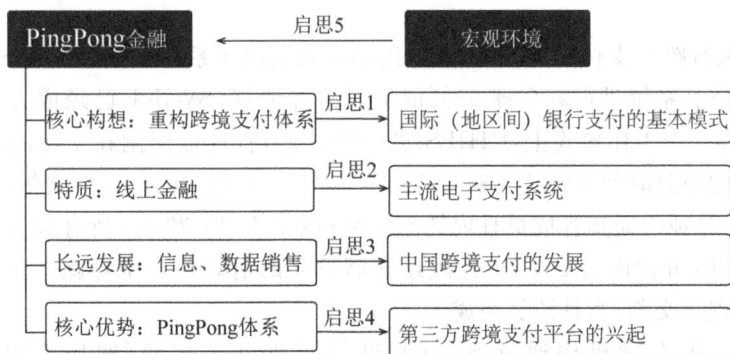

图 6 案例分析思路

(二)启发性思考题解答要点

1. 启发性思考题(一)解答要点

启发性思考题(一):试介绍现行主流跨境支付的基石及其基本流程。

根据中国、美国等主要国家(地区)的相关法律,PingPong 金融等支付机构的定位是非银行金融机构。在中国,这些支付机构(如支付宝)客观上对银行业务造成了实质上的分流。在我国外汇管理的大背景下,外汇支付试点机构与试点区域有可能成为结汇售汇的主体,但大多数跨境支付机构仍依赖央行进行底层跨境清算,因此了解第三方跨境支付体系离不开对于"银行支付"与跨境银行清算基本流程的考察。

银行支付是指银行代客户清偿因各种经济活动引起的债务债权。银行要处理的支付关系可以分为上下两个不同的层次,即商业银行和客户之间的关系与商业银行之间的支付关系。前者一般称为银行结算,后者通常称为银行清算。

跨境银行清算与境内银行清算之间的主要流程并无本质区别,都是通过账户的借、贷指令实现的。银行间进行清算主要有直接、间接两种途径,直接途径即两家银行之间对开账户(账户行);间接途径为在第三方(清算行)开立清算账户(非账户行)。如果双方互为账户行,则可以将清算的差额直接计入对方的来账账户中;否则,相关银行应该将信息传递给第三方银行或者是清算所,由第三方在相关银行开立的账户中进行借记、贷记。如果两家银行并未找到同一账户行,则需要寻找"账户行"的上级"账户行"进行上述操作。

除账户开立问题外,在跨境结算中,某家银行往往是与对方银行的"代理行"或"分行"等分支机构执行清算。跨境清算中的"代理行"是指接受其他国家或地区银行委托,代办国际(地区间)结算业务或提供其他服务的银行,与对方银行并不是同一家银行;而分行以及代表处、经理处、资银行、联营银行、银团银行等分支机构,可以视为对方银行的一部分。在进行业务办理过程中,代理行与分行在资费、权限等方面有时会存在差别。

2. 启发性思考题(二)解答要点

启发性思考题(二):为线上跨境支付提供技术支撑的主要是哪些电子系统,它们是如何工作的?

在中美银行跨境支付中,发挥重要作用的有两大电子系统:CHIPS 和 SWIFT。

CHIPS 清算系统进行着全球 95% 的美元跨境清算,SWIFT 已经成为全球通用的金融电文标准。在工作模式上,CHIPS 实行实时轧差,现金交割在工作时间结束后进行。CHIPS 的办公时间通常为 7 时至 16 时 30 分。16 时 30 分后,电文传递系统关闭,CHIPS 在 15 分钟内通知各成员日内轧差结果;截至 17 时 30 分,所有成员应该同意进行交割,并在 15 分钟内向 CHIPS 代理纽联储设立的清算账户中打款。在 18 时之前,CHIPS 完成现金交割,当日清算完成。

银行和其他金融机构通过 SWIFT 进行同业电文交换,例如信用证交换等。SWIFT 逐渐对电文进行了标准化建设——有了标准的格式与写法之后,电文在不同国家(地区)之间的兼容性显著提升。同时,标准的电文格式也减少了银行跨境清算的工作量,提升了银行的清算速度,显著地降低了银行因为跨境清算指令不清而犯错的风险。

对于试点中的跨境支付平台而言,跨境支付仅仅相当于内部清算,但是机构内部的沟通与指令发送也会很大程度上借鉴与使用 SWIFT 电文。

3. 启发性思考题(三)解答要点

启发性思考题(三):在 PingPong 选择进入市场时,中国跨境结算清算业务的发展状况与趋势是怎样的?

在 PingPong 决定进入跨境支付市场之前,境内外的银行已经摸索出了比较成熟的 B2B 跨境支付流程,比如人民币跨境支付的"清算行""代理行"制度。"清算行"模式就是港澳清算行作为境外银行与央行之间的清算中介,代表境外银行与央行直接进行同业清算。而境内银行的借记、贷记需要等待央行指令。在"代理行"模式下,境外银行首先应寻找境内代理行,随后通过在境内代理行开立的同业往来账户进行操作。

为了进一步推动中国商品走出去,境内的银行也在布局"人民币跨境支付"与"跨境贸易人民币结算"。其中最显著的就是人民币跨境支付系统的上线以及人民币境外清算行的设立。人民币跨境支付系统(Cross-border Interbank Payment System,CIPS)一期于2015年10月8日在沪正式上线运行,与中国人民银行建设的"现代化支付系统"(CNAPS)并行,后者负责境内清算。央行对于CIPS的定位是一个"以中国现代化支付系统为核心,商业银行行内系统为基础,各地同城票据交换所并存,支撑多种支付工具的应用和满足社会各种经济活动支付需要的中国支付清算体系"。CIPS一期采用实时全额结算方式处理客户汇款和金融机构汇款业务;境内、境外银行均可成为CIPS的直接参与者,通过CIPS直接进行资金清算。各直接参与者一点接入,集中清算业务,提高清算效率;采用国际(地区间)通用报文标准,便于参与者跨境业务直通处理。

4. 启发性思考题(四)解答要点

启发性思考题(四):试分析第三方支付平台在跨境支付中的优势与不利因素。

第三方跨境支付平台相较于传统银行业而言,竞争优势十分明显:①比银行操作更快捷、方便,具有更好的灵活性与用户体验。②银行在B2C、C2C跨境支付上并不成熟,第三方支付平台可以利用自身内部清算获取价格优势。③政策限制在不断放宽,自贸区的设立使得大环境改善。④"海淘"、中国商品"出海"等跨境购物行为日益增多,第三方跨境支付平台有着广阔的发展空间。⑤与银行之间存在合作的可能性,向银行提供企业信用信息、资金状况等也可能会成为一种崭新的业务模式。

另一方面,我国目前对于第三方跨境支付平台的监管制度还不完善,主要存在以下问题:①法律不完善,此领域法律仅有《中华人民共和国电子签名法》,而在已经颁布实施的上位法中对于第三方跨境支付还没有明确的规定,容易产生纠纷。②监管机制尚不成熟、缺乏经验,如反洗钱监管的不成熟可能会直接降低境外银行对于中国跨境支付平台的信任度,从而影响合作。③准入门槛、审查制度、退出机制缺乏明确规定,不能够有效地利用市场机制进行平台的优胜劣汰,在平台退出时消费者权益的保护也有待完善。这些制度上的漏洞虽然可以为一些平台企业"钻空子"非常规获利创造空间,但并不利于行业的长久发展。

5. 启发性思考题(五)解答要点

启发性思考题(五):结合我国跨境支付业务发展的大环境来看,PingPong的核心竞争优势是什么,今后发展有可能遇到什么样的阻碍?

此题属于开放性思考题,需要结合PEST模型分析跨境支付行业的宏观状况,得出第三方跨境支付平台相对于传统支付手段的行业优势;随后将传统的跨境支付方式与PingPong金融所使用的方法作对比,分析PingPong金融架构跨境支付体系的核心竞争力。

例如,从政治环境方面分析企业核心竞争力,当前政府对于我国第三方跨境支付的态度十分积极,因此一系列的利好政策能够保证行业的顺利发展;从经济环境来看,我国跨境电商发展方兴未艾,因此第三方跨境支付平台的发展空间还在不断扩张;就社会层面而言,我国民众消费习惯由实体转向网购,消费偏好由低价转向高质,对境外商品、服务的需求也越来越大,第三方跨境支付平台更能够顺应B2C、C2C模式,进而形成相对于传统B2B渠道的重大优势;科技环境方面,除CHIPS、SWIFT等电子清算、电文交换系统外,网络技术、存储技术的不断发展使得第三方支付平台有了与银行竞争结汇售汇主力的底气。在不远的将来,PingPong体系可以将商户、电商平台、银行以及境内支付机构联系在一起,商品被售出后货款由亚马逊收取,交易通过PingPong的合规性审核之后,货款将进入PingPong账号;卖家如果发起提现申请,在通过PingPong第二次合规审核之后,货款将会通过最合适的第三方支付公司进行结汇,并分发至卖家的境内银行账户。

公司阻碍方面,PingPong金融的目标是将跨境支付的费率削减到零,这意味着公司将会逐渐放弃依靠跨境支付佣金的现有盈利模式;不仅如此,面对激烈的市场竞争,仅仅依靠支付平台业务一根"独苗"也很难在日新月异的市场上保证公司的发展。由于支付平台本身可以提供真实的外贸大数据,当平台用户规模扩张到一定程度的时候,PingPong金融可以利用创业团队本身的经验,为跨境电商提供数据分析、模型构架、征信、评级、定价基础等金融配套服务。

六、教学组织方式

案例授课班级人数不宜过多,应该控制在20～30人,可以4～6人为一组分成5个小组。教室的桌椅布局要让所有的课堂参与者围坐四周,以使其容易听到和看到同组成员为基本原则。教室中应具备电脑、投影仪、黑板、粉笔等设备。同时,为方便学生更好地参与案例课堂讨论,教师可以在课前提醒学生做课前准备工作,例如,熟悉案例正文中的内容;阅读关于传统途径跨境支付的新闻,了解传统途径的局限;浏览PingPong金融主页,了解PingPong的主要职能;阅读主页上的用户体验,或者利用自身条件与用户进行访谈,或者实地感受PingPong金融的服务,以更好地体会PingPong金融在跨境支付中做出的巨大革新。

(一)课时分配

案例回顾与概述(5分钟):介绍案例背景,回顾案例内容,理清案例思路,明确案例主题。

提出问题与小组讨论(20分钟):结合板书提出启发性思考题,分小组讨论并形成组内答案。

小组汇报与教师引导(50分钟):针对每一道启发性思考题,选一个小组进行回答,其他小组补充。教师需结合板书和多媒体对学生引导,得出最终答案。

案例评价与总结(10分钟):对知识点进行梳理,对案例教学过程进行评价,总结学习心得体会。

其他问题(5分钟):教师回答学生的一些其他问题。

(二)板书设计

启发性思考题(一):试介绍现行主流跨境支付的基石及其基本流程。启发性思考题(一)及解答要点如图7所示。

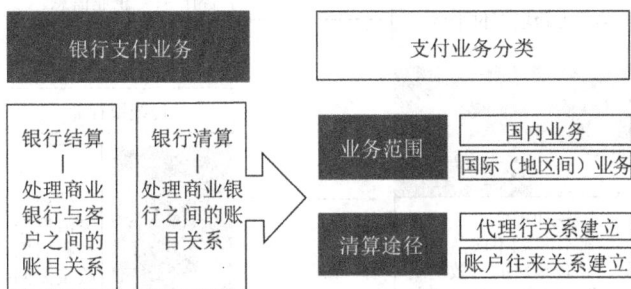

图 7 启发性思考题(一)及解答要点

启发性思考题(二)：为线上跨境支付提供技术支撑的主要是哪些电子系统,它们是如何工作的? 启发性思考题(二)及解答要点如图 8 所示。

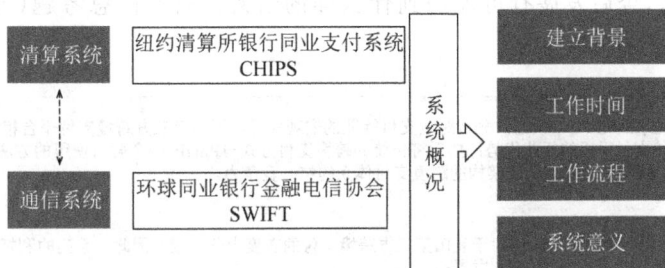

图 8 启发性思考题(二)及解答要点

启发性思考题(三)：在 PingPong 选择进入市场时,中国跨境结算清算业务的发展状况与趋势是怎样的? 启发性思考题(三)及解答要点如图 9 所示。

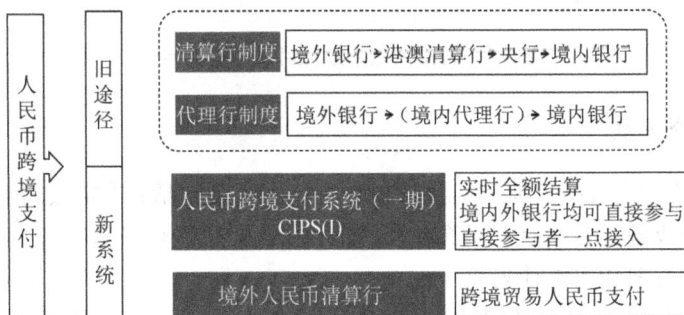

图 9 启发性思考题(三)及解答要点

启发性思考题(四)：试分析第三方支付平台在跨境支付中的优势与不利因素。启发性思考题(四)及解答要点如图 10 所示。

图 10　启发性思考题(四)及解答要点

启发性思考题(五):结合我国跨境支付业务发展的大环境来看,PingPong 的核心竞争优势是什么,今后发展有可能遇到什么样的阻碍? 启发性思考题(五)及解答要点如图 11 所示。

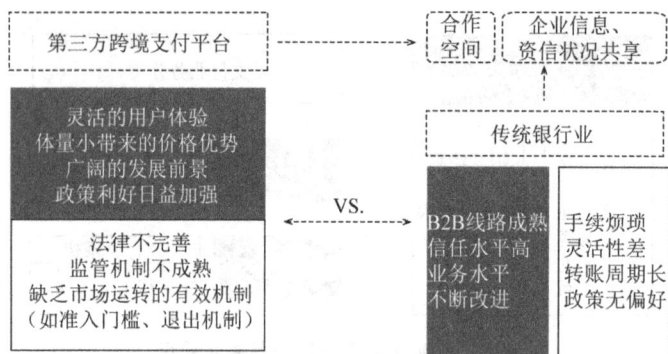

图 11　启发性思考题(五)及解答要点

(三) 讨论方式

案例讨论应该大致按照典型的决策模型进行。模型包括:①定义问题;②分析案例具体情况;③形成备选方案;④选择决策标准;⑤分析并评估备选方案;⑥选择首选方案;⑦制定行动方案和实施计划。

大多数案例讨论的核心推动力是组织中某个具体决策或问题的解决方案,因此,根据课时分配,案例讨论可以这样进行:在提出问题和小组讨论环节中,小组内根据五道启发性思考题进行讨论,并形成组内答案;在小组汇报与教师引导环节中,对每一道问题,教师从五组学生中选一组回答,其他小组补充,形成多种备选方案,教师根据决策标准引导学生分析评估备选方案,选出首选方案,并制定行动计划。

在案例讨论时,教师需鼓励学生形成良好的讨论习惯,如勇于提出不同意见、讨论前做好准备、讨论时及早发言、讨论后及时总结,避免盲目从众、提前背稿。

七、其他教学支持材料

（一）计算机支持

由于本案例在有关课程中当作讨论材料使用，需要展示给学生。所以在计算机中需要安装 PowerPoint 软件。

（二）网络支持

本案例涉及跨境电商支付企业案例，需要学生连接互联网，通过登录电商支付企业网站、第三方支付平台与相关社交网站体会和了解实务现状。

参考文献

[1] Lee, C, F., Lee A C. *Society for Worldwide Interbank Financial Telecommunications* [M]//Encyclopedia of Finance. Springer US,2006.

[2] McAndrews, J. The automated clearinghouse system：moving toward electronic payment[J]. *Business Review*,1994(6)：15 – 23.

[3] Scott, S. V., Zachariadis M. A historical analysis of core financial services infrastructure：society for worldwide interbank financial telecommunications (SWIFT)[R]. London：London School of Economic and Political Science，2010.

[4] Lee, J. F. Clearing House Interbank Payments System[J]. *Acm Sigcas Computers & Society*,1976,7(4)：6 – 9.

[5] Clair, R. T. The clearing house interbank payments system：A description of its operation and risk management [R]. Dallas：Federal Reserve Bank of Dallas，1989.

[6] 戴维.战略管理：概念与案例[M].11 版.北京：清华大学出版社,2009.

[7] 高玲.人民币跨境贸易结算的现状及发展前景[J].当代经济,2009(22)：82 – 83.

[8] 李海瑞.工行新加坡分行完成首笔 CIPS 清算业务[Z].[2015 – 10 – 08]. http://xinhuanet. com. sg/2015—10/08c_128297182. htm

[9] 杨扬.第三方跨境电子支付服务法律体系及监管问题研究[J].区域金融研究,2016(2)：79 – 85.

[10] 叶文琴,顾宏远. 国际贸易结算[M].杭州：浙江大学出版社,2007.

[11] 雨果网.2015 亚马逊全球开店数据大曝光,卖家数量是 2012 年的 13 倍[Z].http：// www. cifnews. com/article/182202016 – 10 – 03

[12] 张春燕.第三方支付平台沉淀资金及利息之法律权属初探——以支付宝为样本 [J].河北法学,2011,29(3)：78 – 84.

致　谢

　　本案例获杭州呼嘭智能技术有限公司授权发布,在采编过程中得到了 PingPong 金融的大力支持,特别是 PingPong 市场总监李岑先生卓有成效的配合,特此致谢;案例正文的压缩版题为"PingPong 金融:跨境电商资金自主的唯一之选"已先行在《浙商》杂志2017 年第 6 期发表,感谢杂志主编张远帆和记者陈抗为付梓做出的努力。